DAVE ZARUM

BEST of NBA

Bibliografische Information der Deutschen Nationalbibliothek
Die Deutsche Nationalbibliothek verzeichnet diese Publikation in der Deutschen Nationalbibliografie.
Detaillierte bibliografische Daten sind im Internet über http://d-nb.de abrufbar.

Für Fragen und Anregungen
info@m-vg.de

Wichtige Hinweise
Dieses Buch ist für Lernzwecke gedacht. Es stellt keinen Ersatz für eine individuelle medizinische Beratung dar und sollte auch nicht als solcher benutzt werden. Wenn Sie medizinischen Rat einholen wollen, konsultieren Sie bitte einen qualifizierten Arzt. Der Verlag und der Autor haften für keine nachteiligen Auswirkungen, die in einem direkten oder indirekten Zusammenhang mit den Informationen stehen, die in diesem Buch enthalten sind.

Ausschließlich zum Zweck der besseren Lesbarkeit wurde auf eine genderspezifische Schreibweise sowie eine Mehrfachbezeichnung verzichtet. Alle personenbezogenen Bezeichnungen sind somit geschlechtsneutral zu verstehen.

3. Auflage 2024
© 2021 by riva Verlag, ein Imprint der Münchner Verlagsgruppe GmbH
Türkenstraße 89
80799 München
Tel.: 089 651285-0

Die amerikanische Originalausgabe erschien 2020 bei Firefly Books unter dem Titel *NBA 75*. © 2020 by Firefly Books Ltd. Text © 2020 by Dave Zarum. All rights reserved.

Alle Rechte, insbesondere das Recht der Vervielfältigung und Verbreitung sowie der Übersetzung, vorbehalten. Kein Teil des Wer-kes darf in irgendeiner Form (durch Fotokopie, Mikrofilm oder ein anderes Verfahren) ohne schriftliche Genehmigung des Ver-lages reproduziert oder unter Verwendung elektronischer Systeme gespeichert, verarbeitet, vervielfältigt oder verbreitet werden. Wir behalten uns die Nutzung unserer Inhalte für Text und Data Mining im Sinne von § 44b UrhG ausdrücklich vor.

Übersetzung: Axel Schwind
Redaktion: Ronit Jariv
Umschlaggestaltung: Marc-Torben Fischer
Layout: Noor Majeed
Satz: Daniel Förster, Belgern
Druck: Florjančič Tisk d.o.o., Slowenien
Printed in the EU

ISBN Print 978-3-7423-1649-3
ISBN E-Book (PDF) 978-3-7453-1346-8
ISBN E-Book (EPUB, Mobi) 978-3-7453-1347-5

Weitere Informationen zum Verlag finden Sie unter
www.rivaverlag.de
Beachten Sie auch unsere weiteren Verlage unter www.m-vg.de

DAVE ZARUM

BEST of NBA

DIE HIGHLIGHTS AUS 75 JAHREN
Legendäre Spiele, außergewöhnliche Stars, unvergessliche Momente

riva

INHALT

Mein Freitag mit Jerry	**6**
Tip-Off	**8**
Mr Basketball	**10**
Globetrotters 61, Lakers 59	**13**
Die National Basketball Association	**16**
Die Barriere der Hautfarbe überwinden	**18**
24 Sekunden	**21**
Schayes und das City Game	**24**
Die Ära Russell	**26**
Baylor macht die 71	**30**
Der Mythos Wilt	**33**
Big O	**37**
Celtics gegen Lakers: Runde 1	**40**
Der Streik	**43**
Die ABA: Basketballs Wilder Westen	**46**
»Felton, Norman hier«	**50**
Jerry West – der gepeinigte Held	**53**
Die Schlacht um Lew Alcindor	**57**
Wird Willis Reed spielen?	**61**
Pistol Pete	**64**
Dr. J	**68**
33 STR8	**72**
Streetball	**75**
Der Slam-Dunk-Wettbewerb	**77**
Der Zusammenschluss	**80**
Bill Waltons Fluch	**83**
Skywalker gegen Iceman	**87**
Die Bullets tragen Ringe	**90**
Die NBA am Rande des Abgrunds	**93**
Die Magic und Larry Show	**96**
Die Showtime Lakers	**100**
Ein Draft für die Geschichtsbücher	**104**
Air Jordan hebt ab	**107**
Bowie: Top oder Flop?	**111**
Der afrikanische Traum	**113**
Celtics gegen Lakers: Runde 2	**116**
Der Verlust von Len Bias	**119**
Bad boys	**122**
Magic und HIV	**125**

Drei Titel am Stück	**128**
Das Dream-Team	**131**
Shaq Attack	**135**
Jordan spielt Baseball	**138**
MJs Herausforderer	**141**
Grant Hill	**144**
Die NBA kommt nach Kanada	**147**
Der Hauptgewinn	**150**
Der doppelte Three-Peat	**153**
Space Jam	**156**
Die Marke NBA	**159**
Jetzt sind wir dran	**161**
Der Lockout	**164**
Die Kobe-Shaq-Lakers	**167**
MJ und die Wizards	**172**
AI und der Kampf der Kulturen	**175**
Yao	**179**
»Malice at the Palace«	**183**
Der Weg der Spurs	**186**
Die Suns – sieben Sekunden oder weniger	**190**
Dirk	**193**
Kobes 81	**196**
King James	**199**
Ein Schiedsrichter auf Abwegen	**202**
Rettet unsere Sonics	**204**
Celtics gegen Lakers: Runde 3	**207**
Die Entscheidung	**210**
Derrick »One Hit Wonder« Rose	**214**
OKC – nur fast eine Dynastie	**217**
Kawhi	**220**
Curry und die Warriors	**223**
LeBron ist zurück	**228**
Der rastlose Superstar	**232**
Big Data und die Drei-Punkte-Revolution	**236**
Giannis und die globale Talentsuche	**240**
Zion und der Social-Media-Hype	**243**
Rollenspieler	**246**
Stichwortverzeichnis	**250**
Bildnachweis	**255**

EINLEITUNG
MEIN FREITAG MIT JERRY

Es geschah an einem ganz gewöhnlichen Freitagnachmittag. Ich räumte noch schnell meinen Schreibtisch auf und freute mich auf ein Wochenende im Grünen. Da klingelte mein Telefon.

»Dave? Jerry West hier.«

Zwei Monate zuvor hatte ich über die Golden State Warriors Kontakt mit West aufgenommen, der zu dieser Zeit als Sonderberater für sie tätig war. Die Warriors hatten West dazu auserkoren, sie zur Meisterschaft zu führen (was ihm auch gelang). Die Gründe hierfür waren naheliegend: West, der in den 1960ern und frühen 1970ern für die Lakers gespielt hatte, ist ein Hall of Famer und der einzige Spieler, der jemals als Finals-MVP ausgezeichnet wurde, obwohl er für das Verliererteam auflief. Später wechselte er in das Management des Vereins und trug maßgeblich zum Aufbau der Shaq-Kobe-Ära Anfang der 2000er-Jahre bei. Und nur so nebenbei: Das NBA-Logo ist der Silhouette von West nachempfunden.

Im Rahmen meiner Berichterstattung über die NBA vom kanadischen Toronto aus hatte ich das Privileg, viele interessante Leute zu interviewen. Dr. J ist definitiv einer der coolsten Typen auf dem Planeten. Vince Carters Auftritt beim Dunk Contest im Jahr 2000 haute mich aus den Socken. Wayne Embrys Geschichten über Wilt und Russell verschlugen mir die Sprache. Aber ernsthaft, Jerry West! Jahrzehntelang ein Teil der NBA-Geschichte, wer kann das schon von sich behaupten? Ich hielt mir den Hörer vor die Brust, atmete einmal tief durch und versuchte, nicht wie ein total peinlicher Fan rüberzukommen.

Ich sagte ihm, dass ich nicht vorhätte, seine Zeit zu lange in Anspruch zu nehmen. Daraufhin erwiderte er, dass er im ländlichen Kalifornien unterwegs sei, sein Auto sich in der Werkstatt befinde und er alle Zeit der Welt habe. Als ich mir vorstellte, wie Jerry West in einer Autowerkstatt rumsitzt und in Erinnerungen schwelgt, musste ich grinsen.

Ich hatte explizit darum gebeten, West interviewen zu dürfen. In diesem Moment jedoch erwischte er mich, wie so viele seiner ehemaligen Verteidiger, völlig unvorbereitet. Also improvisierte ich, fragte, warum er sich gerade Basketball als lebenslange Beschäftigung ausgesucht habe. Es entstand eine kurze Pause. »Basketball hat mich ausgesucht«, gab er mir zur Antwort. Er erzählte von seiner schwierigen Kindheit in West Virginia, von den unzähligen Stunden, die er als Zuflucht auf einem schlammigen, behelfsmäßigen Outdoor-Court verbracht hatte. Ich fragte ihn nach seinem Teamkollegen Elgin Baylor und er beklagte die »Tragödie« der Lakers, die es nach sechs Anläufen endlich geschafft hatten, den Meistertitel zu holen – just in dem Jahr, in dem Baylor verletzungsbedingt zurücktreten musste. Nur wenige hätten verstanden, wie unbezwingbar Baylor gewesen war, bevor Verletzungen ihn ins Aus katapultierten. Er berichtete davon, wie es war, in den 1960ern zu leben, und von den schwierigen Bedingungen, mit denen sein afroamerikanischer Teamkollege – und viele andere – klarkommen musste, weil er in einer von unverhohlenem Rassismus geprägten Zeit ein Leben im Rampenlicht führte. Er sprach über die Art und Weise, in der sich das Spiel geändert hat, und dass begnadete Shooter, wie er einer war, für die heutige NBA geradezu maßgeschneidert seien.

All das berichtete er einem völlig Unbekannten, der noch ziemlich grün hinter den Ohren und dazu auch noch schlecht vorbereitet war. West erzählte die Geschichte der League bemerkenswert detailliert und offen aus seiner Sicht nach. Für einen Fan wie mich, der schon früh ganze Bücher über die NBA verschlungen und den Wühltisch der Videothek nach alten Zusammenschnitten und Best-of-Tapes durchkämmt hatte, fühlte sich das Ganze wie Ostern und Weihnachten zusammen an.

Basketball unterscheidet sich deutlich von anderen bedeutenden Sportarten. Die Tatsache, dass es weder Gesichtsschutz noch physische Barrieren zwischen Fans und Spielern gibt, dürfte einer der Gründe dafür sein, dass die Stars der NBA als die wohl zugänglichsten aller Profisportler gelten. Wenn uns ob der gezeigten Kunststücke auf dem Court voller Bewunderung die Kinnlade runterfällt, spüren wir eine direkte Verbindung zu ihnen.

Dunkings, Crossovers, Swats, Swishes und Buzzer Beater: Alle haben ihre ganz eigene Geschichte.

Die NBA stand schon immer für weit mehr als nur Basketball. Auf dem Court werden gesellschaftliche Vorurteile und Missstände ins Rampenlicht gerückt. Die Schlacht gegen den Rassismus wurde hier ausgetragen, dem schwierigen Thema Aids mehr Verständnis entgegengebracht und Frauen eine große Bühne gegeben, auf der sie zeigen können, was sie draufhaben. Es ist auch der Ort, wo COVID-19 und die damit verbundene Pandemie für Millionen zur Realität geworden ist.

Seit über 75 Jahren betreten die besten Athleten der Welt die Courts der NBA, um sich miteinander zu messen. Sie hatten Hoffnungen und Träume im Gepäck, aber auch Ängste und Sorgen, genau wie Jerry West. Die Geschichte der NBA ist unwiederbringlich mit Unikaten wie ihm verbunden, die darauf brennen, ihre Story zu erzählen.

Du musst nur zur richtigen Zeit ans Telefon gehen.

West 1971 unterwegs zum Korb und 25. Sieg der Lakers in Folge.

1946
TIP-OFF

Zeitungsreklame im *Toronto Star*, Ausgabe vom 31. Oktober 1946

Am 6. Juni 1946 traf sich eine Gruppe von gut betuchten Unternehmern im Hotel Commodore in New York City. Sie waren allesamt Mitglieder der Arena Association of America – Inhaber einiger der größten Veranstaltungsorte Nordamerikas – und sie hatten ein noch vages Ziel vor Augen: die Gründung einer professionellen Basketballliga.

Da sich ihre Arenen in den bedeutendsten Städten im östlichen Teil Nordamerikas befanden (darunter Chicago, New York, Boston, Toronto, Philadelphia und Detroit), konnten sie die entsprechende Bühne gleich mit anbieten. Es handelte sich um erfahrene Veranstalter, wenngleich nur Ned Irish ein wenig Ahnung vom Basketball mitbrachte, da er seit 1934 Spiele von College-Mannschaften ausrichtete.

Der Rest der Gruppe konnte auf Erfahrungen im Hockeysport zurückgreifen, unter anderem Boston Celtics Gründer Walter Brown, der 1940 die umherziehende Ice Capades Show ins Leben gerufen hatte. Brown war auf der Suche nach einem Publikumsmagneten, der den Boston Garden auch an Abenden füllen würde, an denen die NHL-Bruins nicht antraten. Die wachsende Beliebtheit des College-Basketball konnte nicht länger ignoriert werden und die Tatsache, dass ein Basketball-Court problemlos in einer Eissporthalle unterzubringen war, ließ selbst die letzten Zweifler verstummen.

Am Ende des Meetings war ein ehrgeiziger Plan geboren: die Gründung einer Liga mit dem Namen Basketball Association of America, bestehend aus elf Mannschaften. Als Geschäftsführer für die neue Unternehmung wurde Maurice Podoloff, Präsident der American Hockey League, engagiert und in gerade einmal fünf Monaten sollte es »Tip-Off« heißen.

Seit dem ersten Basketballspiel am 21. Dezember 1891 auf dem Campus des Springfield College in Springfield, Massachusetts, hatte sich die Sportart stark weiterentwickelt. Der in Kanada geborene Pädagoge James Naismith war der Erfinder der neuen Ballsportart, die über die nächsten 55 Jahre hinweg eine drastische Umwandlung erfahren sollte. Die anfänglichen Pfirsichkörbe und Gewaltausbrüche, die man vom Rugby kennt, wurden schnell zu Relikten der Vergangenheit.

»Ich machte den großen Fehler, einfach nicht genug Regeln aufzustellen«, sagte Naismith rückblickend in einem Radiointerview im Jahr 1939. »Die Jungs fingen an, sich zu tackeln, zu treten und im Clinch setzte es Fausthiebe. Das Ganze endete in einer Massenschlägerei auf dem Hallenboden. Bevor es mir gelang, sie auseinanderzutreiben, war einer bereits bewusstlos, ein paar von ihnen hatten ein blaues Auge abbekommen und eine ausgekugelte Schulter gab es auch.«

Eine neue Regel wurde eingeführt: Mit dem Ball durfte nicht mehr gerannt werden. Dies führte zu einer geschickteren, temporeicheren Spielweise, bei der Koordination und Ballgefühl im Vordergrund standen. Naismiths Schüler hatten Spaß dabei und trugen den Sport weit über den heimischen Campus hinaus. Als Naismith 1894 anfing, für die University of Kansas zu arbeiten, tat er genau das Gleiche. Eine zunehmend größere Zahl an Studenten fand Gefallen an dem Sport und in den 1920ern und 1930ern wurden mehrere kleine, regionale Pro-Leagues gebildet, von denen die meisten jedoch nach ein paar Spielzeiten wieder von der Bildfläche verschwanden.

Die National Basketball League, unterstützt von namhaften Sponsoren wie General Electric, Firestone und Goodyear, bildete hier eine Ausnahme. Zwischen 1937 und 1949 unterhielt die NBL Teams im Mittleren Westen und diente George Mikan, dem fast 2,10 Meter großen Riesen, der mit den Chicago American Gears seine Laufbahn begann, als Sprungbrett zur Profikarriere. Die Stadionbesitzer an der Ostküste sahen die NBL allerdings nicht als ernsthafte Konkurrenz zu ihrer neu formierten BAA an.

Die Vorbereitungen für die Eröffnungssaison liefen auf Hochtouren und man suchte nach neuen Ideen, um sich von den anderen Ligen abzuheben. Ein Geistesblitz, der (zum Glück) keine Anwendung fand, war, dass zuerst die eine Mannschaft zwei Minuten im Ballbesitz sein sollte, dann die andere. Innerhalb dieser Zeit sollten so viele Punkte wie möglich ergattert werden – ähnlich den Innings beim Baseball. Ein weiterer Gedanke drehte sich darum, Fouls aufzuaddieren und mit den Freiwürfen bis zum Ende des Viertels zu warten. Der einzige Vorschlag, der übernommen wurde, war der, dass die Spiele 48 Minuten dauern sollten. Dies bedeutete, dass die Zuschauer im Vergleich zu den College-Spielen acht Minuten mehr für ihr Geld bekamen.

Die erste Begegnung der Saison 1946–47 fand in den Maple Leaf Gardens in Toronto, Kanada, statt. Die Toronto Huskies traten gegen die Gastmannschaft der Knicks an und wenngleich es bis zum Zusammenschluss von NBL und BAA (woraus die NBA wurde) noch bis 1949 dauern sollte, so ist man sich heute innerhalb der League einig, dass diese Partie den Startpunkt der NBA-Geschichtsschreibung markiert.

Die Vorbereitungen liefen auf Hochtouren und die Veranstalter zerbrachen sich die Köpfe darüber, wie sie diese relativ junge Sportart dem kanadischen Publikum verkaufen könnten. In den Lokalzeitungen wurden Anzeigen geschaltet, in denen von der Ankunft des »Big-Time Basketball« und »dem beliebtesten Sport auf dem Globus« die Rede war. Den Fans wurden »Nervenkitzel, Action und Speed« versprochen.

»Kannst du dies noch toppen?«, hieß es in einer weiteren Werbeanzeige, in der George Nostrand zu sehen war, der größte Spieler der Huskies. »Freier Eintritt zum Eröffnungsspiel für jeden, der Nostrands 2,08 Meter überbieten kann.« Konnte man dies nicht, musste man zwischen 75 Cent und 2,50 Dollar zahlen.

Der erste Korb in der Geschichte der NBA wurde von Ossie Schectman geworfen, einem Guard der Knicks mit jüdisch-amerikanischen Wurzeln aus Queens, New York. Schon in der Anfangsphase des Spiels konnten die Knicks eine 15-Punkte-Führung hinlegen. Doch »Big Ed« Sadowski, Spieler und Coach der Huskies, sorgte dafür, dass der Rückstand für Toronto zur Halbzeit auf acht Zähler geschmolzen war.

Im dritten Viertel wurde Sadowski aufgrund eines Fouls vom Platz gestellt und durch Nostrand ersetzt, der den Huskies zu einer 48-44-Führung auf dem Weg ins letzte Viertel verhalf. Mit 68-66 konnten die Knicks die Angelegenheit letztendlich für sich entscheiden, wobei Forward Leo Gottlieb mit 14 Punkten die meisten Treffer erzielte, gefolgt von Schectman, der es auf 11 Punkte brachte. Sadowski führte die Liste mit 18 Punkten an, gefolgt von Nostrand, der 16 Punkte für sich verzeichnen konnte.

Mit der Ehrfurcht gebietenden Action, die man heutzutage auf den Courts zu sehen bekommt, ist das Spiel von damals, in der Anfangszeit der NBA, sicherlich nicht vergleichbar. Bei den ständigen Pässen und Cuts bekam man eher das Gefühl, dass mit heißen Kartoffeln gespielt wurde. Dazu kamen die körperlichen Auseinandersetzungen: Die Entwicklungsjahre der League waren von kneipenähnlichen Schlägereien und Faustkämpfen geprägt, die von den Inhabern der Teams sogar gutgeheißen wurden. Eigentlich nicht verwunderlich, kamen diese doch aus dem Hockeysport.

Basketball wurde im Wesentlichen auf dem Boden gespielt, aber auch hier gab es Ausnahmen. Am 1. November 1946 ereignete sich in Boston Folgendes: In der Aufwärmphase vor einem Spiel versenkte Zweimetermann und Celtics Forward Chuck Connors den Ball dermaßen heftig im Korb, dass das Backboard in tausend Stücke zerbrach. Brown, Inhaber des Teams, war fuchsteufelswild. Woher sollte er auch wissen, dass drei Dekaden später der Slam Dunk Basketball auf der Beliebtheitsskala in ungeahnte Höhen katapultieren würde?

Als die NBA noch in den Kinderschuhen steckte, gingen zweihändige Set Shots den Jump Shots voraus und der Hook Shot galt als der ultimative Move für jeden Center, bis Bill Russell auf der Bildfläche erschien. Es war Joe Fulks, Forward bei den Philadelphia Warriors, der mit seiner Art, den Jump Shot zu spielen, der modernen Variante des Wurfs am nächsten kam. In der Premierensaison 1946–47 war Fulks der Superstar der League, der die Warriors zum ersten Meisterschaftstitel führte.

Nach dieser ersten Saison sollte die League maßgebliche Veränderungen erfahren. Vier Teams, die Detroit Falcons, Pittsburgh Ironmen, Cleveland Rebels und die Huskies, lösten sich auf und die BAA bestand nur noch aus sieben Mannschaften.

Die NBA allerdings war gerade erst dabei loszulegen.

ERSTE PUNKTETABELLE

KNICKS			HUSKIES		
SPIELER	**FG**	**PTS**	**SPIELER**	**FG**	**PTS**
Leo Gottlieb	6	14	Ed Sadowski	8	18
Ossie Schectman	4	11	George Nostrand	7	16
Stan Stutz	2	9	Charlie Hoefer	2	8
Ralph Kaplowitz	3	7	Mike McCarron	1	6
Jake Weber	1	6	Ray Wertis	3	6
Hank Rosenstein	2	5	Dick Fitzgerald	3	6
Dick Murphy	2	5	Bob Fitzgerald	1	4
Nat Militzok	2	5	Harry Miller	0	1
Tommy Byrnes	1	4	Frank Fucarino	0	1
Sonny Hertzberg	1	2	Hank Biasatti	0	0
Bob Mullens	0	0	Roy Hurley	0	0
Gesamtpunkte Team	**24**	**68**	*Gesamtpunkte Team*	**25**	**66**

Die Geschichte der NBA beruht auf ihren Stars und den um sie herum entstandenen Dynastien. In den Gründungsjahren der League schien kein Stern heller am Basketballhimmel als der von George Mikan – und kein Team verzeichnete mehr Erfolge als seine Minneapolis Lakers.

Der 2,08 Meter große Mikan kann gut und gerne als erster Superstar der NBA bezeichnet werden. In den sechs Jahren zwischen 1949 und 1954 konnten seine Lakers fünf Meisterschaftstitel einheimsen und dadurch zur ersten alles dominierenden Mannschaft der NBA aufsteigen. Vern Mikkelsen, Mikans Teamkollege, formulierte es einmal folgendermaßen: »Stell dir einfach Michael Jordan, Magic Johnson und Larry Bird in einer Person vor und du bekommst eine Idee davon, was George zur damaligen Zeit verkörperte.«

Mikan war eine Anomalie, ein Riese in einem Spiel, dessen Takt von kleineren und schnelleren Guards vorgegeben wurde. Alles drehte sich darum, Pässe zu spielen, sich schnell zu bewegen, und der Center hatte die Aufgabe, Rebounds zu ergattern und den Korb zu beschützen. Dies sollte sich an dem Tag grundlegend ändern, an dem Mikan auf dem Court auftauchte und den Weg für die wirklich großen Jungs bereitete, die die NBA für den Rest des 20. Jahrhunderts beherrschen sollten.

Mikan war alles andere als leichtfüßig und wirkte schwerfällig. Allerdings lernte er schnell dazu und hatte sich einen sicheren und überraschend flinken Hook Shot angeeignet, den seine kleineren Gegner unmöglich verteidigen konnten. Er entwickelte eine Technik, die es ihm ermöglichte, den Hook Shot mit beiden Händen zu werfen. Eine Technik, die als »Mikan-Drill« bekannt wurde und heute noch zur Verbesserung des Spiels in der tiefen Zone gelehrt wird.

Während seiner Zeit an der DePaul University arbeitete er an seiner Technik, verbesserte seine Beinarbeit und verpasste dem Gesamtkunstwerk Mikan den Feinschliff, der ihn letztlich in die Hall of Fame bringen würde. Zweimal ernannte die NCAA ihn zum Spieler des Jahres und einmal, als er gerade dabei war, DePaul zum Meisterschaftstitel zu führen, erzielte er bei einem 97-53-Sieg über Rhode Island mehr Punkte als die gesamte gegnerische Mannschaft zusammen.

George Mikan als junger Spieler in seinen Anfangstagen bei den Lakers

Nach seinem Abschluss 1946 wechselte Mikan zu den Chicago American Gears der National Basketball League und trug in seiner ersten Saison maßgeblich zum Erreichen des Meistertitels bei. Dann verließ Teaminhaber Maurice White die NBL, um eine neue Liga zu gründen, in der er alle 16 Teams sein Eigen nennen konnte. Whites League überlebte nicht einmal die ersten vier Wochen, bevor sie kollabierte, und der 23 Jahre alte Mikan stand plötzlich ohne Mannschaft da.

In der NBL war ein Team von Detroit nach Minneapolis gezogen und auf den Namen »Lakers« getauft worden, eine Anspielung auf die unzähligen Gewässer dieser Region. Die Lakers sicherten sich die Rechte an Mikan, der seinen Pflichten auch nachkam – obwohl er in seiner Zeit als Student in Minnesota bereits genug eisige Winter durchlebt hatte und nur wenig begeistert von der Idee war, die Twin Cities seine neue Heimat zu nennen.

Andere Mannschaft, gleiche Ergebnisse. In seiner ersten Spielzeit in Minneapolis gewann Mikan direkt eine Meisterschaft, als er mit seinem Team die Rochester Royals mit 3-1 in einer Best-of-Five Final Series bezwang. Die darauffolgende Saison sollten die Lakers erneut mit dem Gewinn des Meisterschaftstitels krönen, dieses Mal mussten die Washington Capitols mit ihrem noch jungen Cheftrainer Red Auerbach dran glauben.

Mikan galt mittlerweile als unaufhaltsam und untermauerte diesen Ruf noch weiter. Zwischen 1948–49 und 1950–51 führte er die NBA-Punkteliste in drei aufeinanderfolgenden Spielzeiten an. In einer Zeit, in der es ganze Teams auf ungefähr 80 Punkte pro Spiel brachten, erzielte er im Durchschnitt 28.

Mikan war solch eine Übermacht auf dem Court, dass die NBA sich gezwungen sah, ihr Regelwerk nachzujustieren. 1951 wurde der Bereich unterhalb des Korbs von 6 auf 12 Fuß, also von etwa 1,83 auf 3,66 Meter, erweitert, was als die Mikan-Regel bekannt werden sollte. Mit allen möglichen Verzögerungstaktiken versuchten gegnerische Teams einen Ballbesitz der Lakers (sprich: Mikans) zu verhindern, was letzten Endes zur Einführung der 24-Sekunden-Regel führte. Um Mikan das Leben etwas schwerer zu machen, experimentierte die NBA sogar damit herum, den Korb in einer Höhe von über 3,60 Meter anzubringen.

Änderungen des Regelwerks konnten solche Ausnahmetalente jedoch nicht stoppen, Mikan schon gar nicht. Als die NBA die Auszeichnung »Most Valuable Player« einführte, hatte Mikan seine Karriere bereits beendet. Was für ein Glück für Kareem Abdul-Jabbar, dessen Rekord von sechs MVP-Titeln sonst sicherlich ins Wanken geraten wäre.

Die Lakers waren ein herausragendes Team, mit oder ohne Mikan. Die Forwards Jim Pollard (»The Kangaroo Kid«) und Vern Mikkelsen waren All-Stars, die nur darauf warteten, von Point Guard Slater Martin den Ball geliefert zu bekommen. Vorausgesetzt, dass dieser ihn nicht gerade Mikan zuspielte, der in der Post-Zone lauerte – ein Spielzug, der zu ihrem Markenzeichen wurde.

Für eine Liga, die verzweifelt nach neuen Fans Ausschau hielt, war Mikan ein Geschenk des Himmels. Durch seine enorme Größe und unverwechselbare Erscheinung – mit seiner Brille und den schwarzen Haaren sah er ein wenig wie eine überdimensionierte Version von Clark Kent aus – hob er sich von allen anderen Spielern ab. Er wurde zu einer beliebten Werbeikone, die in Zeitungen und Magazinen zu sehen war und für Produkte wie das Bier »Pabst Blue Ribbon«, »Mennen«-Deodorant (»Meine bevorzugte Raumdeckung!«) und Unterwäsche (»Mr Basketball schwört auf Munsingwear-Unterhosen mit der Doppelnaht«) die Werbetrommel rührte.

GIB DEM SPIELER NICHT DIE SCHULD

Immer wieder waren Superstars der Anlass für Regeländerungen im Basketball. 1967 verabschiedete die NCAA die »Lew-Alcindor-Regel«, die als Antwort auf die Spielweise des UCLA-Stars den Slam Dunk untersagte. Bis zu dem Tag, an dem Bill Walton, ein weiterer alles dominierender UCLA-Center, 1976 vom College abging und in die NBA wechselte, sollte diese Regel Bestand haben. Wilt Chamberlain, einer der schlechtesten Freiwurfschützen aller Zeiten, entschied sich zumindest einmal für die Option, zur Freiwurflinie zu sprinten und (so will es die Legende) den Ball mit einem Dunking zu versenken. Daraus resultierte die Regel, dass die Spieler so lange an der Freiwurflinie stehen bleiben müssen, bis sie geworfen haben.

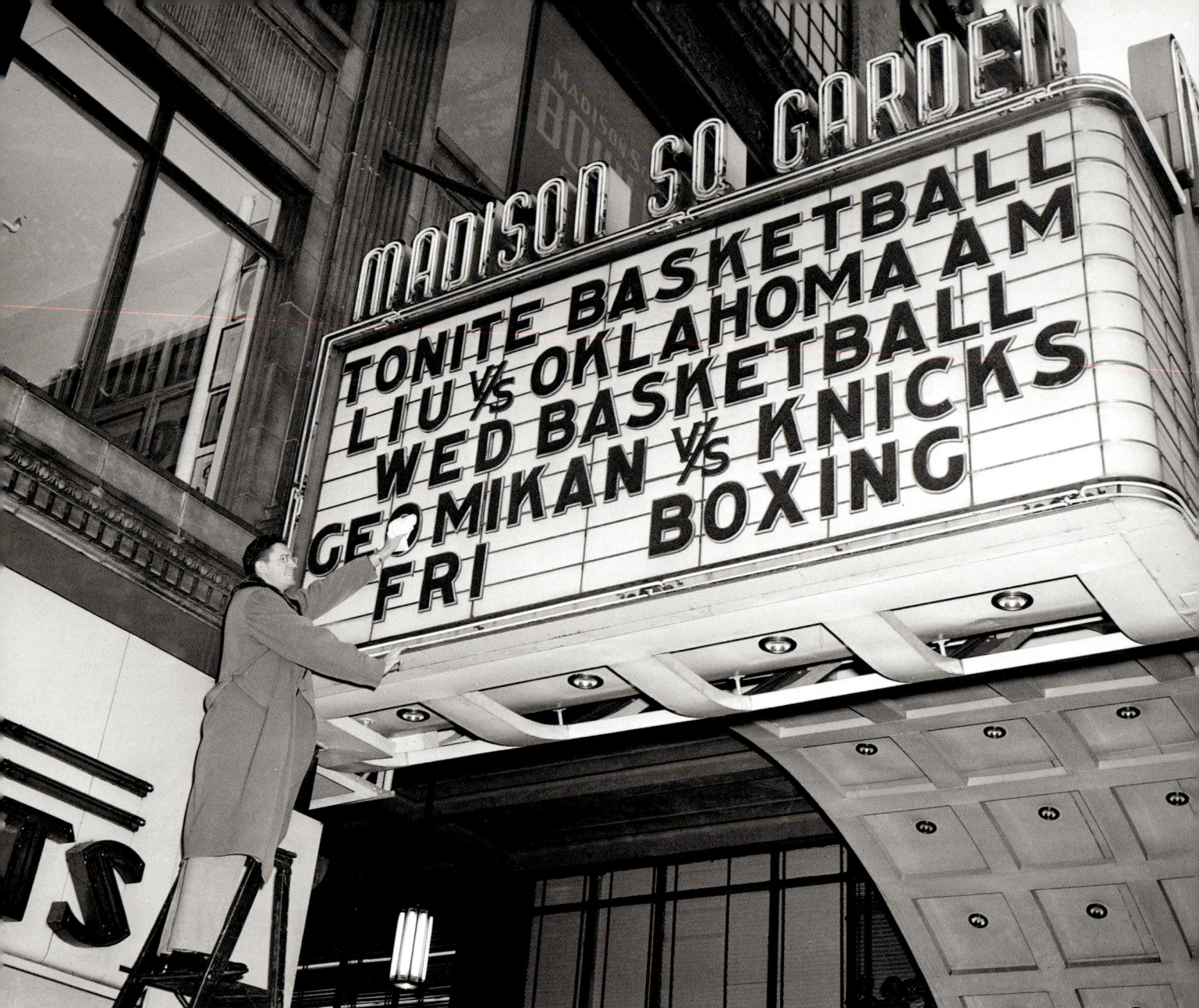

George Mikan legt persönlich Hand an der Anzeigentafel des Madison Square Garden im Jahr 1949 an.

Mikan tauchte in landesweit ausgestrahlten Talkshows auf und trug seinen Titel als Botschafter der NBA mit Stolz. Zu Auswärtsspielen reiste er regelmäßig im Voraus an, traf sich mit der lokalen Presse und kurbelte dadurch den Ticketverkauf für die Begegnungen an. Seine Anziehungskraft öffnete der League die Türen zu neuen Märkten, ein bedeutsamer Schritt für das erst vor kurzer Zeit gegründete Unternehmen.

Der Zusammenschluss der NBL mit der Basketball Association of America im Vorfeld der Saison 1949–50 war der offizielle Start der NBA. Die neue Liga übernahm Teams in so gefährlich kleinen Absatzmärkten wie Anderson, Indiana (Packers), Moline, Illinois (Tri-Cities Blackhawks), Waterloo, Iowa (Hawks) und Sheboygan, Wisconsin (Red Skins). Mannschaften bildeten sich schneller als ein Fast Break von Bob Cousy und genauso schnell verschwanden sie auch wieder. In der Saison 1951–52 – Mikans vierte bei den Lakers – konnte die NBA immerhin schon zehn Teams in ernst zu nehmenden Absatzmärkten wie New York City, Boston, Philadelphia, Syracuse, Baltimore, Rochester, Minneapolis, Fort Wayne, Indianapolis und Milwaukee vorweisen.

Am 12. April 1954 gewann Minneapolis in einer hart umkämpften Serie über sieben Spiele hinweg gegen Dolph Schayes mit seinen Syracuse Nationals seinen sechsten Titel in sieben Jahren. Der Lauf der Lakers sollte sich erst dem Ende zuneigen, als Mikan vor der Saison 1954–55 zurücktrat, um eine Karriere als Anwalt anzustreben (er baute eine erfolgreiche Kanzlei in Minneapolis auf).

Mikans acht Spielzeiten dauernde Laufbahn, die im Vergleich zu heutigen Maßstäben als kurz zu bezeichnen ist, hinterließ eine Formel, die über Generationen hinweg weitergegeben werden sollte: das Rezept zur produktiven Mannschaftsaufstellung. Seit Jahrzehnten werden die Teams um ein Alphatier herum aufgebaut – man denke nur an Wilt Chamberlain, Kareem Abdul-Jabbar, Bill Russell, Shaquille O'Neal, Tim Duncan oder Dirk Nowitzki. Aus diesem Grund wurde Hakeem Olajuwon noch vor Michael Jordan gedraftet und machen Center-Spieler 60 Prozent der First Overall Picks aus.

Mikan wurde von der Associated Press der Titel des größten Basketballspielers der ersten Hälfte des 20. Jahrhunderts verliehen. Niemand sonst wäre dafür infrage gekommen.

1948
GLOBETROTTERS 61, LAKERS 59

Am 19. Februar 1948 ließ eine Menschenmenge von 17 823 Basketballfans das Chicago Stadium fast aus allen Nähten platzen. Ein Schaukampf zwischen den Minneapolis Lakers und Harlem Globetrotters zog diese bis dato unerreichte Zuschauerzahl an.

Die damals noch junge NBA setzte alles daran, eine Fangemeinde aufzubauen, und schien mehr Schaukämpfe als Punktespiele auszutragen. Die League wollte Basketball als einen Zuschauersport verkaufen und ein Aufeinandertreffen von zwei Kultmannschaften erschien dafür gerade richtig. Was anfänglich als reine Showveranstaltung betrachtet worden war, sollte letztendlich dazu dienen, lang anhaltende Rassenvorurteile infrage zu stellen und den wichtigen ersten Schritt der NBA in Richtung Gleichberechtigung zu gehen.

Der Brille tragende Riese George Mikan war der Mittelpunkt der ausschließlich aus weißen Spielern bestehenden Lakers-Auswahl, die gerade zwei Meisterschaftstitel in Folge gewonnen hatte. Mit ihrer ernsthaften und überlegten Spielweise, bei der die zentrale Anlaufstelle der 2,08 Meter große Mikan war, galten die Lakers bei Fans und Presse gleichermaßen als das beste Team auf dem Planeten.

Die Globetrotters wiederum waren mit Abstand das beliebteste Team. Die ausschließlich aus afroamerikanischen Spielern bestehende Mannschaft zeichnete sich sowohl durch ein unbeschwertes Spiel mit witzigen Showeinlagen als auch durch athletisches Können aus. Ihren enormen Bekanntheitsgrad verdankten die »Globies« der einzigartigen Präsentation ihrer Künste sowie einem wirklich vollen Tourkalender. Ihrem Namen alle Ehre machend, zogen die Globetrotters über den Erdball, unter anderem als Botschafter für die USA. Ihr Talent und ihre Berühmtheit sollten zeigen, dass Amerika für Schwarze nicht der schlechteste Ort auf der Welt zum Leben war. Die Realität sah anders aus. Seit ihrer Gründung in einem segregierten Amerika im Jahr 1926 spielten Rassenvorurteile eine große Rolle für die Identität der Mannschaft.

Zur damaligen Zeit wurden die Globetrotters mit Schlagzeilen wie »Die Farbigen Fünf wollen es mit den Shelby Stars aufnehmen« angekündigt. Über Dekaden hinweg spielten sie Doubleheader, also zwei Spiele unmittelbar hintereinander am selben Tag, vor einem nach Hautfarbe getrennten Publikum. Sie waren nicht die erste Auswahl, die auf Tour ging und ausschließlich aus Afroamerikanern bestand. Anfangs galten sie nicht einmal als die Besten (diesen ruhmreichen Titel konnten die Harlem Renaissance für sich beanspruchen – sie waren es auch, von denen die in Chicago gegründeten Globetrotters einen Teil ihres Namens abgekupfert hatten). Binnen Kurzem jedoch wurden die Globetrotters zum mit Abstand gefeiertsten Publikumsmagneten.

Es war der in London geborene und in Chicago aufgewachsene Booking Agent Abe Saperstein, der das Team übernahm und für dessen großen Durchbruch sorgte. Saperstein erkannte das große schöpferische Talent seiner Spieler und bis zum Ende der 1930er-Jahre hatte er sie von einer von Spiel zu Spiel reisenden Mannschaft in einen Wanderzirkus verwandelt – dabei nahm er Gags wie blind gespielte Pässe und weitere Tricks ins Repertoire auf.

Die NBA hatte in Saperstein einen wichtigen Verbündeten gefunden und die Austragung von Doubleheadern an Liga-Schauplätzen wie dem Madison Square Garden, wo die Trotters üblicherweise ein noch größeres Publikum anzogen, bedeutete eine Win-win-Situation für beide Parteien. Mitte der 1940er-Jahre tauchten weiße Zuschauer in Scharen auf, um Mar-

Wilt Chamberlain und Abe Saperstein beim Lunch im Jahr 1958

ques Haynes Dribbelkünste (die an Hexerei grenzten) oder die komödiantischen Einlagen von Goose Tatum zu bestaunen. Wenn Goose, ein ehemaliger Spieler der Baseball Negro League, mit dem Ball dribbelte, sah es aus, als sei der Ball an einer Schnur befestigt.

Die Freude, die sie verbreiteten, zählte allerdings weniger als die Farbe ihrer Haut. Bei ihren Reisen durch das Land wurden sie öffentlich angespuckt, in Geschäften und Restaurants wurde ihnen der Einlass verwehrt. Obwohl sie eine weiße gegnerische Auswahl nach der anderen besiegten, mussten die Globetrotters weiterhin gegen das Vorurteil kämpfen, dass sie keine leistungsfähigen Athleten waren. Mannie Jackson, ehemaliger Spieler der Globetrotters, der den Verein 1992 kaufte, sagte: »Ich hörte Sachen wie ›Schwarze können nicht Point Guard spielen, weil sie nicht intelligent genug sind und nicht das Zeug zum Führungsspieler haben. Für Rebounds und harte Arbeit sind sie zu gebrauchen, aber auf dem Spielfeld kann man sich nicht auf sie verlassen, da ihnen einfach das Verständnis für die komplexen Spielzüge der NBA fehlt.‹«

Die Globetrotters wurden schnell als Zirkusnummer abgetan. 1948 bot ein Schaukampf gegen die Lakers die ideale Gelegenheit, das Publikum vom Gegenteil zu überzeugen. Das Spiel fand in einem von extremen Rassenunruhen geprägten Umfeld statt. Nur Tage zuvor war ein schwarzer Teenager von sechs weißen Männern mit einem Baseballschläger zu Tode geprügelt worden. Am Abend der Veranstaltung hielt Präsident Harry S. Truman eine richtungsweisende Ansprache gegen Rassentrennung und Voreingenommenheit an die Nation. Mit ihrer gewohnt hemdsärmeligen Spielweise gingen die Lakers im Chicago Stadium frühzeitig in Führung. Sie sahen zu, den Ball an Mikan loszuwerden, der in der Post Zone systematisch seine Hook Shots versenkte oder Pässe an die anderen Spieler verteilte. Zur Halbzeit hatten die NBA-Stars sich eine komfortable Zehn-Punkte-Führung herausgespielt.

In der zweiten Spielhälfte sollte sich das Blatt jedoch wenden. Durch konsequentes Doppeln hielt die Defense der Globetrotters den zukünftigen Hall of Famer im Post-Bereich in Schach, sodass dieser in der zweiten Halbzeit gerade einmal sechs Punkte erzielen konnte. In der Offense wiederum nutzten sie ihre Geschwindigkeit und Fast Breaks, um haufenweise Punkte zu sammeln.

Es stand unentschieden, als die Partie sich dem Ende zuneigte und Marques Haynes den Ball gefühlt stundenlang vor sich her dribbelte, bevor er ihn an Elmer Robinson abgab, der ihn zusammen mit der Schlusssirene im Korb versenkte: 61-59. In dem vielleicht wichtigsten Basketballspiel der Geschichte sorgten die Globetrotters für eine Menge Aufregung. Sie hatten die weiße Elite Amerikas geschlagen – mit absolut fairen Mitteln.

Globetrotters-Biograf Ben Green äußerte sich folgendermaßen: »Das war mit dem Sieg von Joe Louis über Max Schmeling vergleichbar – ein triumphales Ereignis. In den Straßen von Chicagos South Side wurde sie ausgiebig gefeiert, diese Mannschaft, die als Clowntruppe galt und das beste Basketballteam der Welt geschlagen hatte.«

Das Rückspiel im Jahr darauf markierte mit mehr als 20 000 Zuschauern einen neuen Besucherrekord und nach ihrem zweiten Erfolg erhielten die Globetrotters landesweite Aufmerksamkeit. Die Siege der Globies machten den Teambesitzern deutlich, dass eine ausschließlich aus weißen Profis bestehende NBA kaum für sich beanspruchen konnte, die besten Spieler des Landes unter Vertrag zu haben. Innerhalb eines Jahres wurden die ersten schwarzen Spieler der NBA verpflichtet, unter ihnen Nat »Sweetwater« Clifton, einer der Schlüsselfiguren bei den Siegen über die Lakers.

Plötzlich befanden sich NBA und Trotters in einem Wettstreit um die gefragtesten Talente. Die Globetrotters hatten ein Auge auf den College-Absolventen Chuck Cooper geworfen, den ersten afroamerikanischen Spieler, der von einem Verein gedraftet wurde. Aufgrund eines besseren Angebots unterschrieb er schließlich bei den Boston Celtics.

Durch die 1950er-Jahre hindurch sollten sich diese Bieterschlachten fortsetzen. Maurice Stokes, ein talentierter Forward am St. Francis College, wurde nach seinem Abschluss im Jahr 1955 von beiden Seiten umgarnt. Stokes entschied sich, wie zunehmend mehr junge Talente, für die NBA. Diese war auf dem Weg, den Globies bei der Anwerbung von Talenten den Rang abzulaufen, und entwickelte sich zur bevorzugten Wahl afroamerikanischer Spieler.

Das Ausnahmetalent Wilt Chamberlain ging einen anderen Weg. Der in Philadelphia geborene Center hatte bereits Kultstatus erreicht, als er noch für sein College in Kansas antrat. Auf den Schulhöfen Nordamerikas machten Geschichten über diesen außergewöhnlichen Spieler die Runde. Vom College-Basketball völlig unterfordert, wollte Chamberlain im Jahr 1958 frühzeitig die Schule verlassen, um sich ganz dem Basketball zu widmen. Die der NBA zugehörigen Philadelphia Warriors beanspruchten die Rechte an seiner Profikarriere (zwischen 1950 und 1965 gab es die Regel, dass Vereine ihren First Round Pick abgeben konnten, um einen Spieler innerhalb eines 50-Meilen-Radius zu wählen) und hatten Chamberlain gedraftet, als er noch in der Highschool war. Die damaligen Regeln jedoch bedeuteten, dass ein Spieler nach Beendigung seiner Zeit an der Highschool weitere vier Jahre warten musste, bevor er Profi werden konnte. Für einen Wechsel in die NBA nach seinem dritten College-Jahr bot ihm Eddie Gottlieb, Eigentümer der Warriors, 25 000 Dollar an, was ihn zum bestbezahlten Akteur der Liga gemacht hätte. Doch Wilt Chamberlain entschied sich für die Harlem Globetrotters, die das Doppelte plus Boni in Aussicht gestellt hatten.

»Ich unterschrieb bei ihnen, da sie ein Verein mit einer großartigen Geschichte sind«, sagte Chamberlain. »In den 40ern und frühen 50ern waren es die Globies, die die besten schwarzen Spieler hatten. Für sie zu spielen war etwas, von dem ein junger, farbiger Mann nur träumen konnte.« Nachdem er ein Jahr lang mit den Globetrotters unterwegs gewesen war, kam Chamberlain in die Staaten zurück und unterschrieb bei den Warriors.

Zehn Jahre nachdem die Globetrotters die Lakers geschlagen und dadurch alle Vorurteile gegen farbige Basketballspieler widerlegt hatten, nahm die Zahl der für die NBA an den Start gehenden Afroamerikaner rasant zu. Als die 1950er in die 1960er übergingen, konnte die League Jahrhunderttalente wie Chamberlain, Stokes, Elgin Baylor, Oscar Robertson und Bill Russell vorweisen. Jetzt konnte die NBA mit Fug und Recht von sich behaupten, die besten Spieler der Welt unter Vertrag zu haben.

GESAMTZAHL DER REBOUNDS

1.	Wilt Chamberlain	23 924
2.	Bill Russell	21 620
3.	Moses Malone	17 834
4.	Kareem Abdul-Jabbar	17 440
5.	Artis Gilmore	16 330

George Mikan erkämpft gegen Globetrotters Nat Clifton und Babe Pressley einen Rebound

1949
DIE NATIONAL BASKET-BALL ASSOCIATION

Der Sieg der New York Knicks über die Huskies in Toronto im Jahr 1946 mag als erstes Spiel der NBA gelten, jedoch sollte es noch drei weitere Jahre dauern, bis die National Basketball Association offiziell ins Leben gerufen wurde.

Die Knicks und die Huskies hatten der Basketball Association of America angehört, die sich am 3. August 1949 verbindlich mit ihrem Rivalen, der National Basketball League, zusammenschloss. Ohne diesen Zusammenschluss hätte die NBL, für die die neun Jahre zuvor gegründete BAA eine ernsthafte Bedrohung darstellte, nicht überlebt. Die Stadionbesitzer, die für die Gründung der BAA verantwortlich gewesen waren, verfügten über erhebliche finanzielle Mittel und kontrollierten die lukrativsten Absatzmärkte im Nordosten. Dazu kam, dass sie 1947 bereits vier Vereine davon hatten überzeugen können, die NBL zu verlassen, darunter die erfolgreichen Minneapolis Lakers und die Rochester Royals.

Mit den Spielstätten und einwohnerstarken Metropolen der BAA konnte die NBL nicht mithalten. Allerdings verfügte sie über die besseren Allrounder und als 1948 die Tri-Cities Blackhawks (die ihren Sitz in Moline, Illinois hatten) den Star der New York University, Dolph Schayes, für sich verpflichten konnten, schlug dies hohe Wellen, da Schayes von den Knicks aus seiner Heimatstadt ebenfalls schwer umworben worden war.

Im Sommer darauf, nur kurz vor dem Zusammenschluss, gründete die NBL ein neues Team namens Indianapolis Olympians, zu dessen Aufstellung die komplette Startmannschaft der Kentucky Wildcats gehörte, dem zu dieser Zeit amtierenden Champion der NCAA. Vier dieser Spieler hatten den Vereinigten Staaten bei den Olympischen Spielen von London im Jahr 1948 zur Goldmedaille verholfen.

Auch wenn die NBL ums Überleben kämpfte, so waren es genau Schachzüge wie diese, die sie zu einem wertvollen Partner für die BAA machte. Landesweit wurde in Zeitungen über die Fusion und die damit einhergehende Neugründung der NBA berichtet.

Die erste Begegnung unter der Flagge der NBA fand am 29. Oktober 1949 zwischen den Tri-Cities Blackhawks und den Denver Nuggets statt. In einer Liga, die überwiegend an den Great Lakes und der Ostküste der Vereinigten Staaten operierte, gab es kein Team, das tiefer im Westen lag als das der Denver Nuggets.

Die ungerade Anzahl von 17 Mannschaften, aufgeteilt in drei Divisionen, in Verbindung mit den großen Distanzen, die mit Bus oder Bahn überbrückt werden mussten, ließen die Planung zu einem logistischen Albtraum werden. Manche Teams hatten nur 62 Spiele zu absolvieren, andere wiederum brachten es auf 68 und es gab Vereine, die mehr unterwegs als zu Hause waren. Es war nicht ungewöhnlich, dass Spiele an neutralen Orten ausgetragen wurden – die Nuggets hielten mit elf Begegnungen dieser Art den Ligarekord.

In den folgenden Jahren streckte die NBA ihre Fühler in Richtung Norden, Süden und Westen aus. Manche Vereine würden es nicht schaffen, andere wiederum führten ein fast nomadenhaftes Leben. Das Ganze wurde noch mit unzähligen Schaukämpfen in über die Landkarte verteilten Kleinstädten gewürzt, sodass die NBA in ihren Anfangstagen einem eher unsteten Spektakel glich.

DIE LIGA DAMALS

Central Division	Eastern Division	Western Division
Minneapolis Lakers	Syracuse Nationals	Indianapolis Olympians
Rochester Royals	New York Knicks	Anderson Packers
Fort Wayne Pistons	Washington Capitols	Tri-Cities Blackhawks
Chicago Stags	Philadelphia Warriors	Sheboygan Red Skins
St. Louis Bombers	Baltimore Bullets	Waterloo Hawks
	Boston Celtics	Denver Nuggets

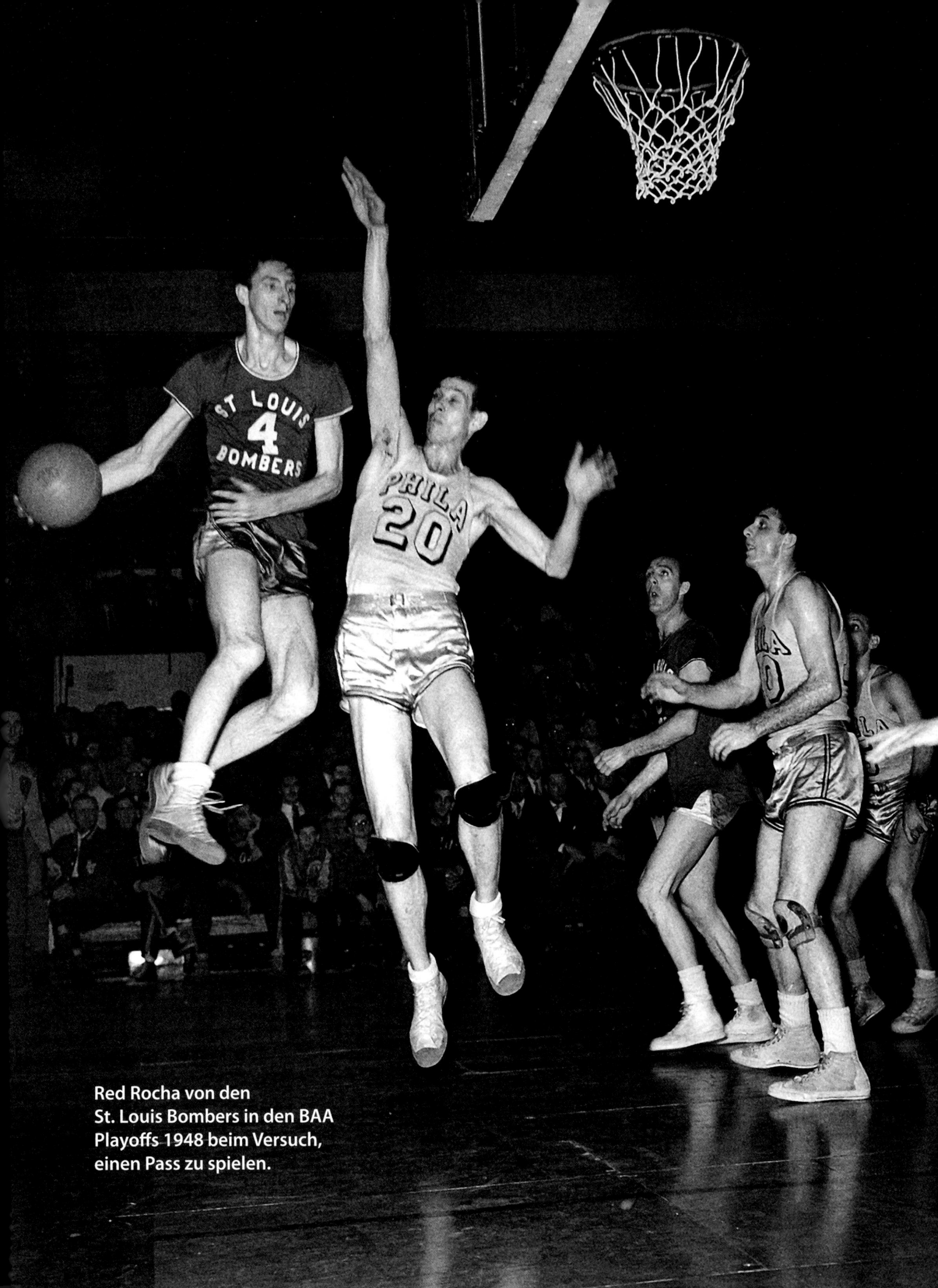

Red Rocha von den St. Louis Bombers in den BAA Playoffs 1948 beim Versuch, einen Pass zu spielen.

Nat Clifton posiert 1951 in seiner Knicks-Montur.

1950
DIE BARRIERE DER HAUTFARBE ÜBERWINDEN

Weder aus den Zeitungen noch aus dem Radio erfuhr man von dem historischen Ereignis, das am 31. Oktober 1950 stattfand: Earl Lloyd nahm als erster afroamerikanischer Athlet an einer Begegnung der NBA teil.

Mit der Ausnahme von Wataru Misaka, einem japanisch-amerikanischen Point Guard, der 1947 drei Spiele für die Knicks absolvierte, spielten in der NBA ausschließlich weiße Spieler. Am 25. April 1950 wurde Chuck Cooper als erster schwarzer Spieler von einem NBA-Team gedraftet. In der achten Runde folgte Lloyd, der von den Washington Capitols ausgewählt wurde. Doch bevor einer der beiden einen Deal mit ihren jeweils neuen Vereinen aushandeln konnte, unterschrieb Nat »Sweetwater« Clifton, ein ehemaliges Mitglied der Harlem Globetrotters, bei den New York Knicks und ging damit als erster schwarzer Spieler in die Geschichte ein, der einem NBA-Team beitrat.

Anfang der 1950er hielten Rassenspannungen die Vereinigten Staaten im eisernen Griff und die NBA war keine Ausnahme. Als Cooper, ein herausragender Forward und College-Spieler an der Duquesne University, zum NBA-Spieler aufstieg, wandten sich einige Vereinsbesitzer an Celtics-Inhaber Walter Brown und äußerten ihre Besorgnis über Coopers Hautfarbe. »Von mir aus kann er auch kariert sein«, teilte Brown ihnen mit. »Alles, was ich weiß, ist, dass der Junge es draufhat.«

Nicht wenigen Teambesitzern bereitete der Beitritt afroamerikanischer Spieler Kopfschmerzen. Zum einen befürchteten sie, dass niemand Geld ausgeben würde, um ihnen zuzusehen – was durch den Erfolg der Globetrotters jedoch bereits widerlegt worden war. Um mehr Eintrittskarten an den Mann zu bringen, teilten sich die damals noch jungen NBA-Teams bei der Ausrichtung von Doubleheadern nur allzu gerne die Bühne mit den Globies. Die Trotters betraten den Court als Erste, sodass eine volle Halle garantiert war – wenn die Spiele der NBA zu späterer Stunde begannen, leerten sich die Ränge.

Zum anderen waren die NBA-Bosse besorgt, sie würden mit dem Aufstellen schwarzer Athleten in direkte Konkurrenz mit den Globetrotters und damit mit ihrem Inhaber Abe Saperstein treten. Saperstein war zu dieser Zeit der mächtigste und einflussreichste Mann im Basketball. Bis zu jenem Zeitpunkt traten so gut wie alle schwarzen Spieler entweder für Sapersteins Trotters oder für andere umhertingelnde Clubs wie die Vagabonds an.

Die Knicks spielten mit dem Feuer, als sie ernsthaft versuchten, Sweetwater Clifton von den Globies abzuwerben, die wiederum alles daransetzten, Cooper für sich zu gewinnen, der schließlich bei den Celtics unterschrieb.

Lloyd, Cooper und Clifton waren große Bewunderer von Jackie Robinson, der drei Jahre zuvor unter weitaus schwierigeren Umständen die Barriere der Hautfarbe im Baseball überwunden hatte. Als Robinson anfing, für die Major League zu spielen, riefen gegnerische Spieler ihm rassistisch gefärbte Beinamen zu. »Solche Probleme kannten wir nicht«, sagte Lloyd. »Basketballspieler waren Leute vom College. Sollten sie rassistische Vorurteile gehegt haben, so waren sie clever genug, diese für sich zu behalten.«

Die Fans waren da ein anderer Fall. Die berüchtigten Anhänger der Hawks beispielsweise waren dafür bekannt, schwarzen Spielern Beleidigungen an den Kopf zu schmeißen und sie anzuspucken. Auch Begegnungen mit den Pistons in Fort Wayne, Indiana, waren immer problembehaftet.

Die afroamerikanischen Sportler konnten nicht im selben Restaurant wie ihre Mannschaftskollegen essen. Als er davon erfuhr, dass Lloyd der Zugang zum Speisesaal verwehrt worden war, nahm Coach Bones McKinney sein Essen mit auf Lloyds Zimmer. Dort aßen die zwei dann gemeinsam zu Abend.

Lloyd, Cooper und Clifton schrieben zwar gemeinsam Geschichte, da sie aber für verschiedene Mannschaften aufs Feld zogen, mussten sie sich dem alltäglichen Rassismus meistens allein stellen. Das Trio legte deshalb großen Wert darauf, Zeit miteinander zu verbringen. »Wir bildeten eine Art Selbsthilfegruppe. Wir wollten, dass jeder sich wohlfühlt, und es ist unmöglich, sich wohlzufühlen, wenn man allein in einem Hotelzimmer sitzt«, sagte Lloyd. »Hausmannskost mit Freunden zu genießen, bedeutete uns eine Menge.«

Seine Kindheit in Virginia durchlebte Lloyd in einer von rassistischen Vorurteilen geprägten Zeit. Weder war es ihm erlaubt, das örtliche, ausschließlich den Weißen vorbehaltene Schwimmbad zu besuchen, noch konnte er dieselben Toiletten wie seine weißen Altersgenossen benutzen. »Diese Erfahrungen hatten mich auf alles vorbereitet, was ich als Spieler für die NBA noch erleben sollte«, sagte er. Als er mit den Globetrotters über den Erdball zog, hatte Sweetwater Clifton ebenfalls die ganze Bandbreite des Rassismus erfahren.

Chuck Cooper hingegen war nicht annähernd auf das vorbereitet, was ihn erwartete. Geboren und aufgewachsen in Pittsburgh, hatte Cooper die Rassentrennung weniger extrem als sein Kollege Lloyd erlebt. Die Art und Weise, wie er 1950 bei einem Schaukampf in Charlotte im Vergleich zu seinem Rookie-Mannschaftskameraden Bob Cousy behandelt wurde, verletzte ihn tief. »Er konnte weder im selben Hotel übernachten noch in denselben Restaurants essen, nicht einmal pinkeln durften wir im selben Raum«, erinnerte sich Cousy. »Chuck war fürchterlich aufgebracht deswegen – und er hatte allen Grund dazu.« Anstatt sich nach dem Spiel eine eigene Unterkunft zu suchen, nahm Cooper den Mitternachtszug nach Hause. »Ich schaute mir diesen ganzen Müll an«, sagt Cousy, »und schämte mich dafür, ein Weißer zu sein.« Cousy begleitete Cooper auf der Zugfahrt zurück nach Boston. Bei einem Schaukampf drei Jahre später in Louisiana wurde es Cooper untersagt, auf den Platz zu gehen.

Die ersten schwarzen Spieler der NBA wurden nicht als Korbjäger angesehen und somit auch nicht als Stars. Sie waren für Picks und Rebounds zuständig und wurden von den Coaches regelmäßig gegeneinander aufgestellt. »Es fühlte sich an wie vier gegen vier, mit uns als fünftem Rad am Wagen«, resümierte Don Barksdale. »War es Absicht?«, fragte er Jahre später. »Sie sagten Nein. Was auch immer sie damit bezwecken wollten, das Ergebnis war erniedrigend.«

In der Saison 1951–52 traten drei weitere farbige Spieler der NBA bei. Einer von ihnen war Don Barksdale. 1948 war er der erste Afroamerikaner, der für das U.S.-Olympiateam den Court betrat, später wurde er zum ersten dunkelhäutigen NBA All-Star ernannt. 1958 wurde Elgin Baylor als erster Afroamerikaner als First Overall Pick gedraftet. Doch in seiner Spielzeit als Rookie wurde ihm und seinen beiden dunkelhäutigen Teamkollegen Boo Ellis und Ed Fleming im Vorfeld eines Schaukampfs in Charleston, West Virginia, der Einlass in das Mannschaftshotel verwehrt. Aus Trotz und um ein Zeichen zu setzen, weigerte sich Baylor an diesem Abend, auf dem Platz zu erscheinen.

Obwohl die NBA in den 1950ern nichtweißen Spielern ihre Türen geöffnet hatte, sollte es noch weitere zehn Jahre dauern, bis diese angemessen in der Liga vertreten waren. Anfang der 1960er betrug der Anteil an schwarzen Spielern in der Liga gerade einmal mickrige 26 Prozent. 1958 waren die St. Louis Hawks

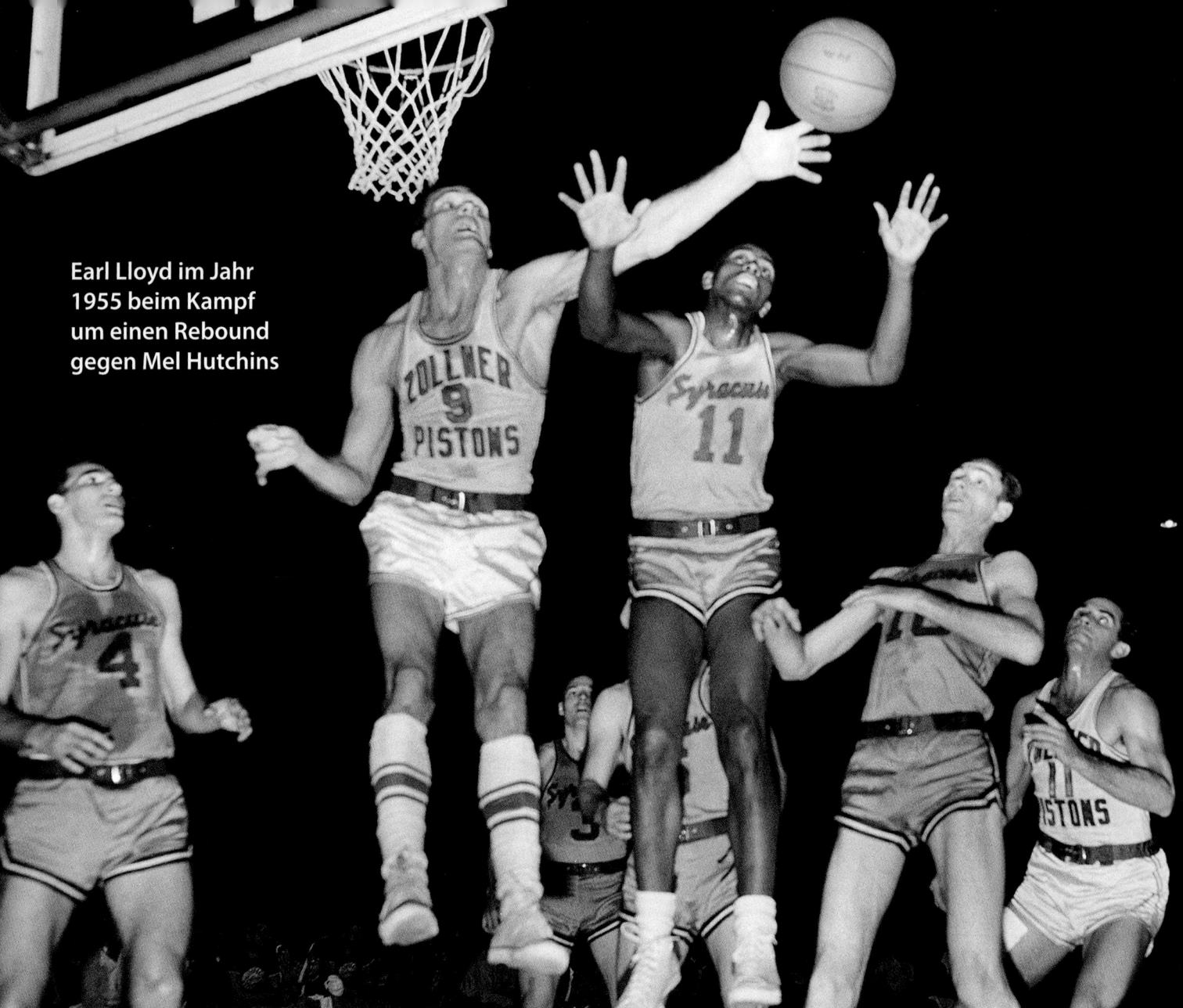

Earl Lloyd im Jahr 1955 beim Kampf um einen Rebound gegen Mel Hutchins

das letzte ausschließlich mit weißen Sportlern besetzte Team, das einen Meisterschaftstitel gewinnen konnte. »Hinter vorgehaltener Hand hieß es: ›Mit den Weißen wird das Geld verdient.‹«, so der ehemalige Laker Rodney Clark »Hot Rod« Hundley. »Die meisten der Teaminhaber befürchteten, dass zu viele schwarze Spieler die Fans vergraulen könnten.«

Die schwarzen Spieler vermuteten, dass es eine Art inoffizielle Quote gab, ein ungeschriebenes Gesetz, dass Vereine maximal zwei bis drei schwarze Spieler aufnehmen durften und diese deutlich besser als ihre weißen Pendants zu sein hatten, um sich ihren Platz in der Mannschaft zu verdienen. »Es war schlicht und einfach Rassismus«, sagte Hundley.

Gerüchte über eine damit verbundene Richtlinie machten die Runde. Danach musste für jeden farbigen Spieler, der ins Team aufgenommen wurde, ein anderer verkauft werden, um das Ganze ausgewogen zu halten – was beispielsweise passierte, als Al Attles 1960 zu den Philadelphia Warriors kam. »Es gab einfach zu viele dieser Beispiele, um die Angelegenheit als Zufall abzutun«, äußerte sich Attles.

Es steht außer Frage, dass die afroamerikanischen Spieler den Basketballsport auf das nächste Level hoben. Baylor, Russell und Oscar Robertson waren Beispiele für legendäre Karrieren. Wann immer jemand Kritik an der zunehmenden Zahl schwarzer NBA-Athleten übte, hatte Baylor folgende Message parat: »Ich werde gefragt, wohin all die weißen Spieler verschwunden seien. Ich habe so viele von ihnen der Liga beitreten sehen, die meisten von ihnen waren Ausnahmetalente. Aber dann verschwanden sie wieder, heirateten in reiche Familien ein oder fanden gut bezahlte Jobs. Sachen, die uns ganz sicher nicht passieren. Gebt uns die Möglichkeit, etwas anderes zu machen, und ihr habt eure weißen Ballspieler auf der Stelle zurück.«

Aber es gab auch Fortschritte zu verzeichnen. 1960 wurde Earl Lloyd zum ersten dunkelhäutigen Assistenztrainer ernannt und 1961 stellten die Chicago Packers die erste, ausschließlich aus farbigen Spielern bestehende Auswahl der NBA auf die Beine.

»Ich glaube, dass einfach jemand mit den Veränderungen anfangen musste – dass Jungs wie Chuck Cooper, Sweetwater Clifton, Don Barksdale und ich den Preis für die Chancengleichheit der heutigen Generation zahlen mussten«, sagt Lloyd. »Sie haben keinen blassen Schimmer davon, was wir bewirkt haben, ich aber schon.«

1954
24 SEKUNDEN

Wir befinden uns in Spiel 3 der Vorschlussrunde der Eastern Division im Jahr 1953. Die Boston Celtics treten gegen die Syracuse Nationals an. Am Ende der zweiten Hälfte zeigt Celtics Point Guard Bob Cousy sein Spezialmanöver – eine umwerfende Zurschaustellung seiner Dribblingkünste, die in einem aus dem Lauf heraus gespielten und fast fünf Meter vom Korb entfernten Hook Shot ihren Abschluss findet. Boston geht in Führung, dann kommt das Spiel zum Erliegen. Das war kaum die spannende und rasante Action, die den Zuschauern versprochen worden war.

Im Jahr darauf sollte die NBA die 24-Sekunden-Regel einführen, durch die der Ballbesitz zeitlich limitiert und das Spiel maßgeblich umgewandelt wurde. 1953 versuchte eine in Führung liegende Mannschaft jedoch noch, den Ball bis zum Erklingen der Schlusssirene zu halten. Celtics Coach Red Auerbachs Vorgabe an Bob Cousy lautete: den Ball so lange nicht abgeben, bis du gefoult wirst. In einem Wort: Zeitspiel.

Cousy hielt sich daran, steckte Fouls ein, marschierte zur Freiwurflinie – und eine Verlängerung folgte der Nächsten. Vier Extrazeiten wurden benötigt, um einen Sieger verkünden zu können. Was sich wie ein absoluter Klassiker liest, war in Wirklichkeit ein Fest für Schnarchnasen.

Gerade einmal sechs Jahre gab es die NBA und die Veränderungen waren unübersehbar. Die League verzeichnete stetig steigende Zuschauerzahlen und sicherte sich Verträge mit TV-Sendern; Profibasketball war auf dem Weg, sich in der nordamerikanischen Sportkultur zu etablieren. Auch auf dem Court entwickelte sich das Spiel. Der beidhändige Set Shot machte Platz für den effektiveren Jump Shot und Ballkünstler wie Cousy zogen das Publikum regelmäßig in ihren Bann.

Die Foul-Orgien zum Ende eines Spiels hin wurden jedoch immer mehr zum Problem. Mit Mannschaften, die – manchmal buchstäblich – auf dem Ball sitzen blieben, verlor das Spiel seinen Drive.

Niemals war dies deutlicher zu spüren als am Abend des 22. November 1950. Die Fort Wayne Pistons trafen auf George Mikan mit seinen Minneapolis Lakers, die auf dem Weg zu ihrem zweiten von insgesamt fünf Titeln in den Jahren zwischen 1949 und 1954 waren. Die Strategie der Pistons bestand darin, den Ball außerhalb des Drei-Sekunden-Raums und in möglichst sicherer Entfernung zum 2,08 Meter großen Mikan zu halten. Als Resultat bekamen die Zuschauer das wohl langweiligste Basketballspiel der Geschichte zu sehen. Der Endstand von 19-18 war sogar für damalige Verhältnisse ein Witz.

»Die Fans hassten es«, erinnert sich Lakers Point Guard Slater Martin. »Eine Zeit lang buhten sie uns aus, dann gaben sie auf und lasen Zeitung.« Am Ende des Spiels warfen sie die Zeitungen auf den Court und forderten ihr Geld zurück. Eine Begegnung, die dem Ansehen des Sports einen besonders großen Schaden zufügte, war die vom 20. März 1954. Landesweit verfolgten Zuschauer an ihren Fernsehapparaten die Partie zwischen Boston und New York – eigentlich die perfekte Werbemöglichkeit für die Liga. Mit zwei sich gegenseitig foulenden Mannschaften zog sich das Spiel über drei Stunden in die Länge. Während des letzten Viertels, das 45 Minuten in Anspruch nehmen sollte, schalteten die Zuschauer reihenweise ihre Fernseher aus. Das Netzwerk tat es ihnen gleich und beendete die Liveschalte schon vor dem Spielende.

Anfangs waren die ständigen Stopps und Fouls noch gutgeheißen worden. Dadurch wurde dem Spiel eine physische Komponente beigefügt, die ein wenig an den Hockeysport

Bob Cousy zeigt sein legendäres Dribbling.

erinnerte. Schiedsrichter wurden dazu ermuntert, Fouls zu ignorieren, die zum Ende der Partie hin begangen wurden, zu dem Zeitpunkt, an dem die Spieler sich regelrecht um den Ball schlugen. Das war zwar körperlich, aber gleichzeitig ruinierte es das Spiel und, was noch schlimmer war: Die Fans blieben aus.

Irgendetwas musste passieren.

Während der ersten Hälfte der 1950er-Jahre wurden hinsichtlich des Foulspiels einige

Regeländerungen vorgenommen, keine davon konnte jedoch verhindern, dass manche Begegnungen zäh wie Kaugummi waren.

Danny Biasone, Inhaber der Syracuse Nationals, setzte sich am vehementesten für durchgreifende Veränderungen ein. Biasone hatte sein Vermögen mit dem Betrieb einer Bowlingbahn in seiner Heimatstadt Syracuse gemacht und war eigentlich ein American-Football-Fan. Von Basketball hatte er wenig Ahnung, was den großen Vorteil mit sich brachte, dass er nicht betriebsblind war. Im Zuge der Diskussionen über das 19-18-Debakel der Pistons gegen die Lakers sprach er sich für einen zeitlich limitierten Ballbesitz aus. Im Football gibt es vier Downs, sinnierte er, und im Baseball drei Outs. Warum sollte es so etwas nicht auch im Basketball geben?

Auf der Sommersitzung der League im Jahr 1954 stellte er seine Idee der 24-Sekunden-Wurfuhr vor. Warum 24 Sekunden? »Ich habe mir die Ergebnistabellen von Spielen, die mir gefallen haben, angeschaut«, erklärte er. »Spiele, bei denen nicht herumgekaspert und künstlich Zeit vergeudet wurde. Mir fiel auf, dass jede Mannschaft ungefähr 60 Würfe absolvierte, was pro Spiel in Summe 120 macht. Ich nahm also die 48 Minuten (die volle Spielzeit) und teilte sie durch 120 Würfe. Das Ergebnis waren 24 Sekunden pro Wurf.«

Seine Berechnungen waren offensichtlich fundiert. Auch wenn der Basketballsport über die Jahrzehnte hinweg immer wieder umfassenden Reformen unterworfen wurde: Die 24-Sekunden-Uhr ist von der NBA bis heute nicht angerührt worden. Syracuse-Star Dolph Schayes brachte es auf den Punkt: »Danny Biasone war der Wilbur Wright des Basketballs.«

An Biasones Alma Mater in Syracuse fand ein Probespiel statt, an dem eine Mischung aus NBA-Athleten wie Schayes und lokalen Talenten teilnahm. Anfänglich hatte es den Anschein, dass die Spieler den Ball möglichst schnell wieder loswerden wollten, nach gerade einmal sieben oder acht Sekunden. Es dauerte jedoch nicht lange, bis sie einen Rhythmus fanden, der ein höheres Tempo zuließ und den Mannschaften noch genug Zeit gab, um komplexe Spielzüge durchzuführen.

Die Auswirkungen der Shot Clock waren unmittelbar spürbar – es wurde von nun an anders gespielt. Plötzlich war ein Anreiz da, den Ball aus größerer Entfernung zu werfen. In der Saison von 1953–54, der letzten vor der Einführung der Wurfuhr, wurden durchschnittlich 79 Punkte erzielt. In der folgenden Saison waren es bereits 93 und zum Ende der Dekade lag der Schnitt bei 115 Punkten, wobei Cousys Celtics die Tabelle mit 124 durchschnittlich erzielten Punkten pro Spiel unangefochten anführten.

Die Installation der Shot Clock sollte aus dem Star Cousy den Superstar Cousy machen. Mit seinen an Zauberei grenzenden Fähigkeiten, den Ball zu kontrollieren, fügte der auch als »Houdini of the Hardwood« (»Houdini des Parketts«) bezeichnete Cousy dem Basketball einen enormen Unterhaltungswert hinzu. Der Sohn französischer Einwanderer war bereits zu seinen Highschool-Zeiten im New Yorker Stadtteil Queens eine lokale Berühmtheit und konnte sowohl den Titel des Stadtmeisters als auch ein Stipendium am ungefähr eine Stunde westlich von Boston gelegenen Holy Cross College in Massachusetts ergattern. Er wurde landesweit bekannt, als er mit Holy Cross in seinem vierten College-Jahr 26 Siege in Folge erzielte, und zum Bostoner Lokalhelden, als er als Rookie die Celtics zu ihrer ersten erfolgreichen Spielzeit in der Saison 1950–51 führte.

Der begnadete Schütze und Passspieler schien einen Pakt mit dem Ball geschlossen zu haben, der ihm folgte, als ob er an einer Schnur mit ihm verbunden gewesen wäre. Cousy spielte abwechselnd mit links oder rechts und ließ den Ball zwischen seinen Beinen hin- und herhüpfen. Seine Art, den Ball hinter dem Rücken zu spielen, widersprach jeglicher Logik. Marques Haynes und Goose Tatum von den Harlem Globetrotters waren vielleicht die einzigen Spieler der NBA, die ihm auch nur ansatzweise das Wasser reichen konnten. In Assists führte Cousy die Tabelle der NBA in acht aufeinanderfolgenden Jahren an, beginnend mit der Spielzeit 1952–53.

Nicht nur das Spiel wurde durch den Einfluss der Shot Clock immer interessanter, seine Person wurde es auch. Er war der Vorgänger von Jerry West, Magic Johnson, Steve Nash und den Ikonen, die noch folgen würden. Die schnellere Spielweise, die durch die Uhr eingeläutet worden war, war der Schlüssel zu den Erfolgen der Celtics, die es schafften, die Lakers von ihrem uneinnehmbar erscheinenden Thron zu stoßen. Cousy war der Akteur mit der gewaltigsten Anziehungskraft der Liga und sein Gehalt von 20 000 Dollar machte ihn gleichzeitig zum höchstbezahlten. Mit seinen 1,85 Metern war er im Vergleich zum turmhohen Mikan eher als durchschnittlich groß zu bezeichnen, aber sein einzigartiger Stil bot den Zuschauern Unterhaltung vom Feinsten.

»Cousy, die größte Attraktion im Profibasketball, hat fast im Alleingang dafür gesorgt, dass die League finanziell floriert«, war in einem Porträt der *Sports Illustrated* im Jahr 1956 über ihn zu lesen.

Dass die Mannschaften, für die er antrat, gewannen, schadete natürlich nicht. Nachdem Boston 1956 den Rookie und Center Bill Russell an Land gezogen hatte, konnten die Celtics eine fulminante Aufstellung präsentieren, darunter Bill Sharman, Tommy Heinsohn, K. C. Jones und Frank Ramsey. Nahm man dazu noch Cousy, der die Liste der Fast Breaks anführte, waren die Celtics eine Klasse für sich.

Mit seinen aus dem Lauf heraus und blind gespielten Pässen, großartigen Würfen und seinem Zuspiel an den im Drei-Sekunden-Raum lauernden Russell verzauberte Cousy im ausverkauften Boston Garden regelmäßig die Massen. Die sich auftürmenden Meisterschaftstitel taten ihr Übriges. Mit jedem Jahr seiner Karriere als Hall of Famer trug Cousy kontinuierlich zum Aufbau seines Heldenstatus bei – alle 24 Sekunden.

COUSYS REKORDABEND

In einem Duell, in dem es vier Verlängerungen gab, ließ Cousy nichts unversucht, um den Ball von den Nationals fernzuhalten. Während die Nats ihn wie eine wild gewordene Fußball-Jugendmannschaft verfolgten, dribbelte er den Ball hinter seinem Rücken, täuschte Pässe an und rannte über das ganze Spielfeld. Hauptsächlich jedoch hielt Cousy am Ball fest und bereitete sich auf Körperkontakt vor. »Geh in Führung und gib den Ball nicht mehr aus der Hand«, sagte er. Die Spieler der Syracuse foulten ihn – was hätten sie auch sonst tun sollen? – und Cousy warf einen Freiwurf nach dem anderen. Bis zum Ertönen der Schlusssirene holte er 32 Freiwürfe heraus, ein neuer Rekord. Die Bilanz: 30 von ihm versenkte Freiwürfe, insgesamt 50 Punkte – und der Sieg.

Boston Garden, 1954.
Bob Cousy holt einen Freiwurf gegen Dick McGuire heraus.

1955
SCHAYES UND DAS CITY GAME

In den NBA-Finals des Jahres 1954 trafen zwei völlig unterschiedliche Spielstile aufeinander. Auf der einen Seite standen die Minneapolis Lakers, die wie die meisten Teams aus dem Mittleren Westen ein kontrolliertes Spiel und sich wiederholende Spielzüge bevorzugten. Auf der anderen Seite standen die Syracuse Nationals. Sie spielten das »City Game«, einen fließenden Freestyle, entstanden auf den Asphaltplätzen New Yorks.

Die Nationals waren von Anfang an in der NBA mit dabei und hatten besonders leidenschaftliche Fans. Angeführt wurden sie von Dolph Schayes, der in zwölf aufeinanderfolgenden Jahren unter den zehn besten Schützen und Reboundern der Liga war und für den es nur das hektische Give-and-Go-Passspiel der Nats gab. Schayes wuchs in der Bronx auf. Anfang der 1920er, noch lange bevor der erste Basketball auf den Plätzen New York Citys auftauchte, wurden in den Gemeinschaftszentren der jüdischen Viertel der Lower East Side bereits Körbe geworfen. Die Kinder jüdischer Einwanderer machten das Ballspiel zu ihrem Sport, unter ihnen Schayes, dessen Eltern aus Rumänien stammten.

»Für Football und Baseball gab es keinen Platz«, so der in Brooklyn aufgewachsene Red Auerbach. »Alles drehte sich um Basketball.«

Schon bald bestanden die Spitzenteams der regionalen College-Mannschaften, wie beispielsweise das der New York University (Schayes Alma Mater), überwiegend aus jüdischen Athleten – auch der NCAA-Meister aus dem Jahr 1950, das New York Community College. Diese Sportler wechselten später in die ersten Profiligen, zu denen auch die Vorläufer der NBA zählten.

Ähnlich wie bei den afroamerikanischen Spielern war ihre Eingliederung ein Katalysator für den Antisemitismus. Im Jahr 1938 stellte der bekannte Sportjournalist Paul Gallico die Behauptung auf, dass Juden sich zum Basketball hingezogen fühlten, da »das Spiel einen besonders hohen Wert auf einen wachen, intriganten Verstand, demonstrative Tricksereien, geschicktes Ausweichen und generelle Neunmalklugheit legt«.

Die jüdischen Wurzeln der NBA sind unverkennbar. Viele prominente Schlüsselfiguren der damals noch jungen Liga waren jüdischer Herkunft. Man denke nur an Maurice Podoloff, ihren ersten Beauftragten, oder Red Auerbach. Die Philadelphia Warriors hießen ursprünglich sogar Philadelphia Sphas, was für »South Philadelphia Hebrew Association« stand. Den Titel »Warriors« legten sie sich erst mit ihrem Umzug nach Kalifornien zu.

Bei der ersten NBA-Begegnung im November 1946 zwischen den Toronto Huskies und New York Knickerbockers bot die Startaufstellung der Knicks fünf jüdische Spieler auf. »Wir spielten in Pittsburgh und als wir einliefen, hörte ich sie singen: ›East Side, West Side, hier kommen die Juden aus New York‹«, erinnert sich Nat Militzok, Ursprungsmitglied der Knicks.

Als Schayes die New York University verließ, hatten ihm die Knicks, die in ihm einen 2,02 Meter großen Low-Post-Spieler sahen, bereits einen Vertrag angeboten. Die in Upstate New York beheimateten Syracuse Nationals erkannten in ihm allerdings weitaus größeres Potenzial und boten ihm einen Deal über 7000 Dollar an. Er unterschrieb und spielte in der Saison 1948–49 für die Nats.

Am Anfang seiner Karriere zählte Schayes zu den langsamsten seiner Mannschaft, dieses Manko glich er jedoch durch unbändige Energie aus. »Sein Einsatz war überwältigend«, erinnert sich All-Star George Yardley. Schnelle Pässe, häufige Cuts durch die Zone und allgemeines Gewusel waren die Markenzeichen des City Games, mit dem Schayes aufgewachsen war.

Damals war der wenig effiziente Set Shot noch gebräuchlich, was erklärt, warum Schayes Wurfrate lediglich 38 Prozent betrug. Nach heutigem Standard eher unspektakulär, gehörte er damit in seiner Zeit der Elite an. Sein Radius erstreckte sich jedoch bis jenseits der Drei-Punkte-Linie. Später sollten Spieler, die mit Schayes auf dem Platz standen, ihn hinsichtlich seiner Offensivtaktiken mit Larry Bird vergleichen. Als er sich im Jahr 1954 während der Playoffs das Handgelenk seiner Wurfhand brach, ließ er sich einen Gips anlegen und spielte mit der linken Hand weiter.

Schayes war sowohl der erste Spieler, der in seiner Karriere die 15 000-Punkte-Marke knackte, als auch der Schütze bei den Nats, der Spielzeit für Spielzeit die Trefferliste anführte. Der Rest der Auswahl war ebenfalls eine Klasse für sich. Im Jahr 1954 draftete Syracuse den Center Johnny »Red« Kerr, mit dem sie nun endlich im Post-Bereich ein Mittel gegen Mikan und seine Lakers gefunden hatten. Im Rückraum verfügten sie mit George King über einen wahren Balljäger und Forward Earl Lloyd, der erste schwarze Spieler der NBA, bedeutete Schwerstarbeit für jedes gegnerische Team. Ihren Coach Al Cervi beschrieben die Nationals als einen »Straßenkämpfer« und übernahmen sein Image des Schlägertypen.

Der größte Vorteil der Nationals war allerdings ihr heimisches Publikum. Die Anhänger der Nats waren skrupellos. Gerieten die Spieler in körperliche Auseinandersetzungen, stürmten die Fans den Court und mischten fleißig mit. Gastspieler verließen regelmäßig völlig durchnässt den Platz, nachdem sie von der Tribüne aus mit Getränken übergossen worden waren. Es gab zumindest einen Fall, bei dem die Bankspieler der Gäste zu ihrer eigenen Sicherheit in der Umkleidekabine bleiben mussten, während der Coach hin- und herrannte, um Spieler auszuwechseln. Die Atmosphäre konnte durchaus als einschüchternd bezeichnet werden.

1954 verlor Syracuse das entscheidende siebte Spiel der Finals gegen Mikan und seine Lakers. Im folgenden Jahr jedoch, nach Mikans Rücktritt, traten die Nationals erneut in den Finals an, wo sie Yardley mit den Fort Wayne Pistons gegenüberstanden.

Spiel 7 fand in Syracuse statt, wo Schayes den Nationals zu einem Comeback im letzten Viertel verhalf. Pistons Center Larry Foust, der mit seinen 2,08 Metern und fast 115 Kilo nach dem Rücktritt von Mikan der körperlich imposanteste Star der Liga war, ging im Duell mit dem gegen ihn aufgestellten Neuling Kerr klar als Sieger hervor und konnte 24 Punkte erzielen.

Als nur noch 10 Sekunden auf der Uhr waren und die Nats mit 92-91 in Führung lagen, richteten sich alle Augen auf Foust. Doch es war Pistons Guard Andy Phillip, der mit dem Ball den Court runterlief, um von Syracuse-Spieler King gezeigt zu bekommen, wie ein waschechter Steal kurz vor dem Ertönen des Buzzers aussieht. Damit wurden die Nationals zum ersten Team, das in der Zeit nach Mikan den Meisterschaftstitel nach Hause holen konnte.

Für Schayes sollte dies der einzige Titel seiner Karriere bleiben. Im Jahr 1964 trat er zurück und blieb der NBA als der Mann in Erinnerung, der die meisten Spiele absolvierte und den zweiten Platz auf der ewigen Bestenliste der Scorer sowie den dritten Platz bei den Reboundern innehatte. Im Jahr 1996 wurde er in die Liste der 50 besten NBA-Spieler aller Zeiten aufgenommen.

Mit dem Titel der Nationals wurde der Anfang vom Ende der kürzesten Epoche in der Geschichte der NBA eingeläutet. Schon zwei Jahren später würden Bill Russell und die Boston Celtics den ersten Meisterschaftstitel ihrer alles dominierenden Ära gewinnen und die Liga für immer verändern.

Dolph Schayes und Bill Russell 1958 bei einem Zweikampf unter dem Korb

HELDEN VON DAMALS

Paul Arizin: Zehnmal zum All-Star ernannt. Der Spieler, der den Jump Shot populär machte und die NBA-Trefferliste bereits nach seiner zweiten Spielzeit anführte.

Bob Pettit: »Der Bomber von Baton Rouge« wurde in seiner Zeit mit den St. Louis Hawks elfmal zum All-Star und zweimal zum MVP ausgezeichnet.

Harry Gallatin: Forward der New York Knicks. Ein gnadenloser Rebounder und eine sichere Bank an der Frontline.

Bob Davies: Gilt als der Mann, der den »Behind-the-Back Dribble« auf die Courts der NBA brachte, und war als Guard für die Rochester Royals für seine Dynamik bekannt.

Joe Fulks: Verlässlichster Schütze der League. Innerhalb der ersten drei Spielzeiten der BAA erzielte er für Philadelphia durchschnittlich 23 Punkte pro Spiel.

1957
DIE ÄRA RUSSELL

Bill Russell ist kein Basketballspieler.
Bill Russell und sein Boston-Celtics-Teamkollege John Havlicek waren in der Stadt unterwegs, als jemand auf ihn zukam, hochschaute und fragte, ob er ein Basketballspieler sei.

»Nein«, erwiderte Russell, ohne auch nur stehen zu bleiben.

»Warum sagst du immer, dass du kein Spieler bist?«, fragte ihn Havlicek daraufhin.

»John«, sagte Russel zu ihm, »das ist das, was ich mache, nicht das, was ich bin.«

Bill Russell ist das fehlende Puzzlestück.
In ihren ersten zehn Spielzeiten in der NBA war es stets ein Genuss, den Celtics zuzusehen. Point Guard Bob Cousy verzückte die Fans und Coach Red Auerbachs Offensivtaktiken waren visionär. Allerdings hatte die Sache einen Haken: Sie gewannen zu wenig Spiele und kamen nur zweimal über die erste Runde der Playoffs hinaus. Im Sommer 1956 war Auerbach auf der Suche nach einem neuen Anlaufpunkt für seine Mannschaft. Er wollte einen Center, der den Korb beschützen, Rebounds ergattern und blitzschnell Fast Breaks einleiten würde.

Russell, frisch vom College und als herausragender Spieler bekannt, passte perfekt ins Bild. Im Vorfeld des Drafts von 1956 hatte Auerbach mit den St. Louis Hawks einen Deal ausgehandelt: zwei zukünftige Hall of Famer – den Center Ed Macauley und Forward Cliff Hagan – für die Rechte an Russells Draft. Auerbach erklärte dem 22-jährigen Center, dass Punkte – oder Statistiken jedweder Art – keine Bedeutung hätten. Für ihn zähle nur das Ergebnis. Damit rannte Red bei Russell offene Türen ein, dem ein Sieg alles bedeutete.

Russell wurde am 12. Februar 1934 in Monroe, Louisiana geboren. Aufgewachsen im von Rassenspannungen geprägten Süden, war er seit frühester Kindheit rassistischen Anfeindungen ausgesetzt gewesen. Daran änderte auch ein Umzug nach San Francisco nichts. Als Russell zwölf Jahre alt war, starb seine Mutter. Sie hatte ihm beigebracht, seinen weißen Nachbarn gegenüber auf der Hut zu sein und für sich selbst zu sorgen.

Im College war Russell einer der wenigen dunkelhäutigen Spieler im Aufgebot der University of San Francisco. Allzu oft wurde er zur Zielscheibe rassistischer Übergriffe. Bei einem Spiel in Oklahoma City wurde er während der Aufwärmphase mit Kleingeld beworfen. Er hob die Münzen vom Boden auf und lenkte seine Wut auf den Gegner des Abends um. Dieser wurde regelrecht überfahren von seinem Team, was Russell große Genugtuung gab.

»Schon früh in meiner Karriere kam ich zu dem Entschluss, dass der Kampf um den Sieg das Einzige ist, was wirklich zählt«, so Russell. »Dann wird es zu einer historischen Tatsache, die mir niemand mehr wegnehmen kann.«

Russell führte die USF zu einer Erfolgsserie von 60 aufeinanderfolgenden Siegen, wurde mit ihnen zweimal Landesmeister und erhielt die Auszeichnung »College-Spieler des Jahres«. Da er bei den Olympischen Spielen im australischen Melbourne im November 1956 die Goldmedaille für das amerikanische Team miteroberte, kam er für die Celtics erst am 22. Dezember zum ersten Mal zum Einsatz.

Dadurch hatte er das für einen Rookie so wichtige Trainingslager ausgelassen und in seinem Debüt als NBA-Profi – das die größte Anhängerschar der Saison in den Boston Garden gelockt hatte – wurde er als Auswechselspieler noch sparsam eingesetzt. Auch wenn viele mit dem Tauschhandel, dem Russell das grüne Trikot der Celtics verdankte, nicht einverstanden waren, wollten sie den 2,07 Meter großen Neuling doch endlich einmal mit eigenen Augen sehen. »Ich denke, dass sie für einen schwarzen Sportler einfach noch nicht bereit waren«, sagte sein Mannschaftskollege Tommy Heinsohn, »schon gar nicht für einen Schwarzen, der ein Spiel, von dem sie keine Ahnung hatten, regelrecht revolutionieren würde.«

Dem Coach war Russells Hautfarbe ziemlich egal. Arnold »Red« Auerbach wuchs in Brooklyn, New York, in einem Viertel namens Williamsburg auf. Seine Trainerlaufbahn begann er in Washington, D. C., wo er als talentierter College-Spieler aufgefallen war. Auerbach, ein Amerikaner mit jüdischen Wurzeln, dessen Vater aus Russland eingewandert war, schrieb Geschichte, als er 1950 mit der Auswahl von Chuck Cooper den ersten afroamerikanischen Spieler der NBA draftete und 1964 die erste ausschließlich dunkelhäutige Auswahl aufstellte.

In seinem ersten Spiel in den Farben der Celtics sprang Russell hoch in die Luft, um einen Wurf zu blocken. Der Schiedsrichter sah darin einen Regelverstoß, woraufhin Auerbach sich bei seiner leidenschaftlichen Beschwerde ein technisches Foul einhandelte. Russell erlebte einen Coach, der bereit war, für ihn zu kämpfen. Also war er auch bereit, für seinen Coach zu kämpfen.

In seiner Zeit als Rookie ergatterte Russell im Schnitt 19,4 Rebounds pro Begegnung – Ligarekord. Schnell wurde er zum Dreh- und Angelpunkt im temporeichen Spiel der Celtics mit den All-Stars Cousy und Bill Sharman im Rückraum sowie dem Rookie Heinsohn und Forward Jim Loscutoff als Flügelspieler.

Nachdem sie in den Playoffs die Syracuse Nationals vom Platz gefegt hatten, trat Boston gegen MVP Bob Pettit mit seinen St. Louis Hawks an. Die Runde ging über die vollen

Am 12. Dezember 1964 gratuliert Coach Arnold »Red« Auerbach Bill Russell zum 10 000. Punkt seiner NBA-Karriere.

sieben Spiele und Spiel 7 ging zweimal in die Verlängerung. Heinsohn holte 37 Punkte und Russell ergatterte 32 Rebounds und sorgte für den spielentscheidenden Block in der Schlusssekunde.

Bis zum Ende seiner Laufbahn sollten Russells Mannschaften nicht ein einziges Spiel verlieren, bei dem es um alles ging.

Bill Russell ist ein Vorreiter.
Als Russell seine zweite Saison bestritt, zweifelte niemand mehr seinen Status als beste Defensivkraft der Liga an. In einem Spiel gegen Philadelphia im November stellte er mit 49 Rebounds einen Rekord auf. Doch was ihn wirklich auszeichnete, war seine Art, den Ball zu blocken.

»Bevor Russell auftauchte, blockten Spieler schlicht und einfach keine Bälle«, so Auerbach. Er war der imposanteste und athletischste Spieler auf dem Feld. Er rannte am schnellsten, sprang am höchsten und drehte sich am geschicktesten. In alten Schwarz-Weiß-Aufzeichnungen ist er nur schemenhaft zu erkennen – die damalige Filmtechnologie war einfach noch nicht so weit, einen Athleten wie Russell in Bewegung festzuhalten. Es war, als hätte man LeBron auf einen NBA-Court der späten 1950er-Jahre gebeamt.

Der beliebteste Spieler bei den Celtics sollte Cousy bleiben. Für die Fans war es leicht, einen spektakulären weißen Spieler anzufeuern. Russell hingegen passte in keine Schublade. Für ein Publikum, das es nicht gewohnt war, Erfolge auf eine ausgezeichnete Defense zurückzuführen, war seine Dominanz anfänglich kaum erkennbar. Um seinem neuen Star mehr Anerkennung zu verschaffen, hielt Auerbach überschwängliche Reden vor der Presse, in denen er die unzähligen Arten lobpreiste, durch die sein Center Bostons Defense untermauerte.

Die Celtics fingen an, sich auf seine Shot Blocks zu verlassen. »Einmal blockte ich sieben Würfe in Folge«, erinnerte er sich. »Als wir endlich in Ballbesitz waren, nahm ich eine Auszeit in Anspruch und sagte: ›Dieser Scheiß muss sofort aufhören.‹«

Russell schmetterte die Würfe nicht einfach nur ab. Er war ein äußerst kluger Verteidiger, der die geblockten Bälle gezielt in Richtung seiner Teamkollegen dirigierte. Damals gab es noch keine Statistik für das Blocken, Schätzungen zufolge lag er überwiegend im zweistelligen Bereich. Dies hatte tiefgreifende psychologische Auswirkungen auf seine Gegner. Russells bloße Anwesenheit unter dem Korb genügte, um die Art und Weise, wie gegnerische Mannschaften ihre Würfe ansetzten, zu verändern. Es gibt keine Statistik, die so etwas festhält.

Im Jahr 1958 sollten die St. Louis Hawks ihre Revanche gegen ein verletzungsgeplagtes Celtics-Team erhalten. Boston stand 1959 allerdings bereits wieder in den Finals, wo sie sich mit Elgin Baylor und den Minneapolis Lakers auseinandersetzen mussten. Baylor und seine Lakers wurden von Boston weggefegt. »Er besiegte uns mental«, sagte Lakers Coach John Kundla nach der Serie über Russell. »Jeder der fünf (Lakers) fühlte sich bei jedem Spielzug von ihm gedeckt.«

Komplettiert durch Zukäufe wie Sam Jones, Tom »Satch« Sanders und Havlicek, waren die Celtics aber auch jenseits von Russells erstklassiger Defense ein wahrer Leistungsgarant. Von der Saison 1956–57 (Russells Rookie-Jahr) bis zur Spielzeit 1964–65 schlossen sie jedes Jahr als beste Auswahl ab. Innerhalb dieser Zeitspanne wurde Russell fünfmal zum MVP gewählt, in den Jahren 1961 bis 1963 dreimal hintereinander. Zwischen 1959 und 1966 holte seine Mannschaft achtmal in Folge den Meisterschaftstitel.

Nach dem Sieg über die Lakers in den Finals von 1966 trat Auerbach als Cheftrainer zurück, wechselte ins Management und übergab das Zepter an Russell. Er machte ihn damit zum ersten afroamerikanischen Coach im Profisport.

Bill Russell ist vorsichtig.

Russell war Dreh- und Angelpunkt der Celtics-Dynastie, zu den Bostoner Fans und der Presse hatte er jedoch ein frostiges Verhältnis.

Boston sah sich gerne als liberale Stadt im Nordosten, als »das Athen der Vereinigten Staaten«. Russell nahm die toxische, rassistische Schattenseite der Stadt allerdings von Tag eins an wahr. Er war ein stolzer, intelligenter Mann, der kein Blatt vor den Mund nahm und sich seiner Macht auf dem Platz sehr wohl bewusst war. Er hatte ein Selbstbewusstsein, das für eine mit Vorurteilen beladene Zuschauerschaft bedrohlich wirkte.

»Bill Russell bat nicht um Erlaubnis, existieren zu dürfen«, stellte Heinsohn fest, »und in unserer Gesellschaft gab es viele Weiße, die ein solches Auftreten eines Schwarzen nicht gewohnt waren.«

Die gleichen Fans, die Cousy verehrten, riefen Russell Verunglimpfungen zu. Kurz nachdem er ein Haus im weißen Vorort Reading gekauft hatte und mit seiner Familie dort eingezogen war, brachen Ortsansässige bei ihm ein. Sie zerstörten seine Trophäen, beschmierten die Wände mit Exkrementen und entleerten ihren Darm auf seinem Bett.

Über dieses Ereignis sprach er niemals mit irgendjemandem. »Er wollte diesen Fanatikern nicht die Genugtuung geben, ihn getroffen zu haben«, so Heinsohn. Doch von diesem Zeitpunkt an stellte Russell unmissverständlich klar, dass er für die Celtics spielte, nicht für Boston. Er wurde immer verschlossener und zog sich mehr und mehr zurück. »Unpersönlich«, wie er selber einmal sagte. Er weigerte sich, Autogramme zu geben, und mied die Presse. Als sein Trikot mit der Nummer 6 offiziell in den Ruhestand versetzt wurde, bestand er darauf, dass dies im kleinen privaten Kreis und ohne Anwesenheit der Fans geschah.

»Ich schulde der Öffentlichkeit gar nichts«, so Russell.

Bill Russell ist ein Aktivist.

Als die Bürgerrechtsbewegung in Amerika einen immer stärkeren Zulauf fand, kämpfte Russell, einer der freimütigsten und verantwortungsbewusstesten afroamerikanischen Prominenten seiner Zeit, an vorderster Front.

Als im Jahr 1963 in Jackson, Mississippi, Medgar Evers, der Anführer der NAACP (eine der ältesten und einflussreichsten schwarzen Bürgerrechtsorganisationen der USA), ermordet wurde, folgte Russell einer Einladung nach Jackson, um dort die erhitzten Gemüter etwas zu beruhigen. Er spielte eine zentrale Rolle bei der Zusammenkunft der herausragendsten schwarzen Athleten Amerikas in Cleveland, Ohio, im Jahr 1967. Sie waren angereist, um Muhammad Ali den Rücken zu stärken, der sich weigerte, seinen Militärdienst in Vietnam anzutreten. Bei dieser denkwürdigen Pressekonferenz saß Russell direkt neben ihm.

1975 wurde Russell als erster Afroamerikaner in die Hall of Fame aufgenommen. Er weigerte sich, den goldenen Ring anzunehmen, und begründete dies damit, dass andere farbige Spieler, Chuck Cooper beispielsweise, dies schon viel länger verdient hätten. Erst 2019, als Cooper endlich diese Ehre zuteilwurde, nahm Russell den Ring unter Ausschluss der Öffentlichkeit entgegen.

Bill Russell ist eine Führungspersönlichkeit.

»Es gibt zwei Arten von Superstars«, konstatierte Don Nelson, Russells ehemaliger Mannschaftskollege in Boston und erfolgreichster NBA-Coach aller Zeiten. »Solche, die auf Kosten anderer im Rampenlicht stehen, und solche, die die Spieler um sich herum besser aussehen lassen, als diese in Wirklichkeit sind.«

Wenn Letzteres auf einen zutrifft, dann auf Russell.

Er wusste um die Stärken seiner Teamkollegen wie auch um ihre Schwächen und setzte sie dementsprechend in Szene. Dies erklärt, dass in einer Zeit, in der Wilt Chamberlain einen Rekord nach dem anderen brach, Russell nie mehr als durchschnittlich 19 Punkte pro Spiel in einer Saison erzielte. Seine Laufbahn mit einem Schnitt von 15,1 Punkten, 22,5 Rebounds und 4,3 Assists pro Partie erzählt die Geschichte eines äußerst selbstlosen Akteurs, der sich selbst zurücknahm und die Mannschaft in den Vordergrund stellte.

Russell ging mit gutem Beispiel voran. Er war der gefürchtetste Konkurrent auf dem Platz, selbst dann noch, als die unzähligen Kilometer auf dem Court anfingen, ihre Spuren zu hinterlassen, und seine Knie langsam ihre Dienste verweigerten. Die Saison 1966–67, seine erste als Spielertrainer, trat er mit einer Fußverletzung an (später als gebrochener Fuß diagnostiziert) und die Celtics konnten ausnahmsweise nicht den Meisterschaftstitel für sich beanspruchen. In der darauffolgenden Saison war die Auswahl aus Boston aber wieder in der Spur. Sie heimsten zwei Titel ein und der alternde Russell hatte dabei von allen Spielern die höchste Einsatzzeit.

Bill Russell ist ein Garant für Erfolge.

Zieht man Erfolge als ultimativen Maßstab für Unsterblichkeit heran, dann dürfte Russell als unsterblich gelten.

Nachdem die Celtics im Jahr 1969 Chamberlain mit seinen Los Angeles Lakers in einer unbarmherzigen Seven-Game-Series bezwungen hatten, verkündete Russell seinen Rücktritt. Allerdings tat er dies nicht seinen Mannschaftskollegen gegenüber, sondern in einer Coverstory von *Sports Illustrated*, die den Titel »Ich bin fertig mit Basketball« trug.

Als Auerbach dies sah, rief er Russell an und sagte: »Hey, warum verkaufst du denen nicht noch eine Geschichte, mit dem Titel ›Warum ich meine Meinung geändert habe‹?«

Alles in allem gewann Russell elf Meisterschaftstitel in 13 Spielzeiten – mehr als irgendjemand im Profisport zuvor. Das ist eine historische Tatsache, die ihm keiner mehr nehmen kann.

Los Angeles am 24. April 1963.
Bill Russell umarmt Bob Cousy, nachdem die Celtics mit einem Sieg über die Lakers ihren fünften Meisterschaftstitel in Folge gewonnen haben.

Los Angeles, 18. März 1964. Elgin Baylor bahnt sich gegen die Philadelphia 76ers den Weg zum Korb.

1961
BAYLOR MACHT DIE 71

Vor LeBron James gab es Michael Jordan. Vor Jordan David Thompson und Julius Erving. Ihnen allen vorausgegangen ist Elgin Baylor.

Los Angeles erster Basketballstar und NBA-Überflieger veränderte die Art zu spielen grundlegend. Einem Spiel, das zum großen Teil den Gesetzen der Schwerkraft gehorchte, brachte er das Fliegen bei. Der smarte Einsatz seiner Sprungkraft erschuf Möglichkeiten zum Punktesammeln, die es vorher nicht gegeben hatte. Da kaum Videoaufzeichnungen aus seiner Blütezeit existieren, ist Generationen von Basketballfans unbekannt, wie sehr er das Feld dominierte und dem Spiel in den 1960er-Jahren Flügel verlieh. Hat man das Glück, auf eine der seltenen Aufzeichnungen zu stoßen, sieht man, wie er sich kraftvoll seinen Weg zum Korb bahnt, abhebt und auf die Reaktion der Defense wartet. Wie er gegensteuert, seinen Körper verdreht, von einer Seite des Korbs zur anderen hochschnellt und dem Ball diese oder jene, mögliche oder unmögliche Drehung mitgibt, sodass dieser vom Backboard direkt ins Netz plumpst.

Hätte es Russell nicht gegeben, hätte Baylor wahrscheinlich als der siegreichste Spieler der Liga gegolten. Die Lakers hatte er in seiner ersten Saison als Rookie zu den Finals geführt und nach seiner Symbiose mit Jerry West gelang ihm dies noch weitere sieben Mal. Den Titel musste Baylor jedoch sieben Mal in Folge Russell und seinen Celtics überlassen.

Wilt Chamberlain ist die Schuld daran zuzuschreiben, dass Baylor nicht als der erfolgreichste Schütze seiner Zeit in die Annalen einging. Zwischen 1960–61 und 1962–63 brachte er es im Schnitt auf 35 Punkte pro Spiel, mit dem Titel des Top-Scorers wurde er jedoch nie gewürdigt. In seiner Laufbahn erzielte er durchschnittlich 27,36 Punkte pro Spiel, was ihn auf Platz 3 der diesbezüglichen NBA-Bestenliste setzt. Vor ihm findet man nur noch Jordan mit 30,12 und Chamberlain mit 30,07 Punkten.

Als er 1960 gegen die New York Knicks 71 Punkte machte, stellte Baylor den Rekord für die meisten in einem Spiel erzielten Punkte auf. Diese Leistung sollte jedoch zu einer Fußnote der Geschichte degradiert werden, als Chamberlain zwei Spielzeiten später die 100 vollmachte. Schlechtes Timing war offensichtlich der einzige Faktor, der Elgin Baylor in die Quere kommen konnte.

Sein erstes Trainingslager bei den Minneapolis Lakers besuchte er im Herbst 1958. Dort stach er von Tag eins an heraus und knüpfte nahtlos an seine College-Zeit an. An der Universität von Seattle nannten sie ihn »Rabbit« und er führte die Redhawks bis zum NCAA-Meisterschaftsspiel. Niemand war verwundert, als Baylor im Draft von 1958 als Top-Pick gewählt wurde und damit der erste afroamerikanische Spieler war, dem diese Ehre zuteilwurde. Er hatte alles, was ein Spieler braucht: eine kompakte Statur von 1,96 Meter, mit der er den meisten Forwards seiner Zeit standhalten konnte, brachiale Kräfte, kombiniert mit einer Menge Energie, die ihn unaufhaltsam erscheinen ließen. Und da war noch seine Hang Time … Letztere war es, die ihn von allen anderen abhob – die ihn unberechenbar machte.

»Wie er den Luftraum ausnutzte, war unglaublich. Er kombinierte Ballett mit Basketball«, sagt Julius Erving, der in seiner Jugend Aufzeichnungen von Baylor studiert hatte. »Er war ein unglaublicher Ansporn für uns junge Spieler, mich eingeschlossen, dieses Zeug einfach mal auszuprobieren. Auf einmal merkten wir: Hey, das kann funktionieren.«

Baylor hatte eine Art Tick, der nur auf dem Platz zum Vorschein kam: Sein Kopf zitterte manchmal leicht. Dies brachte Verteidiger ziemlich aus dem Konzept. Tat er es mit Absicht? Wusste er überhaupt, dass er es tat? Zu einem späteren Zeitpunkt in seiner Laufbahn konsultierte Baylor deswegen verschiedene Ärzte, die es als nervöse Zuckung abtaten.

Die Spielzeit von 1958–59 sollte ihm sowohl den Titel des MVP als auch den des Rookie des Jahres bescheren. Baylor wurde zum Synonym für die Lakers. Im Sommer des Jahres 1959, kurz vor seiner zweiten Saison mit den Lakers, musste er zur Grundausbildung antreten. Die Lakers verlegten ihr Trainingslager kurzerhand nach San Antonio, Texas – Baylors Stützpunkt. Während seine Mannschaftskameraden bis spät in die Nacht feierten und in ihren eigenen Baracken versuchten, ihren Rausch auszuschlafen, unterzog sich Baylor von morgens bis abends einem militärischen Drill. Sobald seine Kameraden von der Army sich anschickten, die Füße hochzulegen, steckte er seine in Basketballschuhe und nahm am Mannschaftstraining teil.

Aufgrund seiner Verpflichtungen der Army gegenüber war es Baylor nicht möglich gewesen, auch nur an einem einzigen Schaukampf der Vorsaison teilzunehmen. Umso bemerkenswerter war seine Leistung im ersten regulären Spiel der Saison für die Lakers, in dem er mal eben 52 Punkte beim Sieg über die Pistons beisteuerte. »Ich kam aus dem Staunen nicht mehr raus«, so sein Teamkollege Rudy LaRusso. »Die ganze Zeit über dachte ich mir: Ohne jegliche Spielpraxis macht der 52 Punkte.«

Zum Beginn der Spielzeit des Jahres 1960 trafen die Lakers am 15. November im Madison Square Garden auf die Knicks. Es wurde eine typische Baylor-Performance: Er brannte wie gewohnt sein Feuerwerk von Moves und aus allen Himmelsrichtungen geworfenen Jump Shots ab, fegte über den Platz und jagte jedem Korbversuch hinterher, um einen Rebound zu verhindern. »Für sich genommen, waren die einzelnen Aktionen gar nicht mal so beeindruckend«, erinnert sich Knicks-Forward Johnny Green. »Elgin war einfach rundum ein außergewöhnlicher Spieler.«

Ein Jahr zuvor hatte er in einer Partie gegen die Boston Celtics bereits den NBA-Rekord von 64 erzielten Punkten in einem Spiel aufgestellt. Als sich das letzte Viertel im Spiel gegen die Knicks seinem Ende näherte, setzte Baylor die Latte erneut ein Stückchen höher: 71 Punkte. Mindestens genauso beeindruckend waren seine 25 ergatterten Rebounds. Regelmäßig sicherte sich Baylor mindestens so viele Abpraller wie die Top-Center-Spieler und genauso erstklassig, wie er den Ball im Korb versenken konnte, machte er sich das Backboard zunutze. Er kombinierte seinen reichen Erfahrungsschatz mit seinen körperlichen Voraussetzungen und machte Offensiv-Rebounds zur Waffe. Da er im Gegensatz zu seinen Verteidigern genau wusste, wo ihm der Ball wieder in die Hände fallen würde, warf er ihn absichtlich aus größerer Entfernung ans Backboard, rannte in Richtung Korb und sammelte ihn dort wieder ein. »Ich habe keine Ahnung, warum die Jungs diesen Spielzug heutzutage nicht mehr anwenden«, so Baylor.

DURCHSCHNITTLICH ERZIELTE PUNKTE PRO SPIEL

1.	Michael Jordan	30,12
2.	Wilt Chamberlain	30,07
3.	Elgin Baylor	27,36
4.	LeBron James	27,10
5.	Jerry West	27,03

Madison Square Garden, 24. April 1970. Dave DeBusschere zuckt vor Schmerz zusammen, als er mit Elgin Baylor kollidiert.

Kurz vor der Saison 1960–61 verlegten die Lakers ihr Hauptquartier von Minneapolis nach Los Angeles. In der Presse wurde Baylor mittlerweile als »der weltbeste Basketeer« betitelt. Zusammen mit Jerry West, damals noch Rookie und aufsteigender Stern am Basketballhimmel, war Baylor die Aufgabe übertragen worden, der Liga auch an der Westküste eine treue Fangemeinde zu verschaffen. Mit einem Mikrofon bewaffnet auf der Pritsche eines Lastwagens sitzend, wurden sie durch L.A. gekarrt und forderten die einheimische Bevölkerung auf, zu den Spielen der Lakers zu kommen.

Baylor fesselte die Zuschauer und seine Mannschaft schickte sich an, das ultimative Team an der Westküste zu werden – der perfekte Rivale für Boston an der Ostküste. Die Lakers wanderten von der Rück- auf die Frontseiten der Zeitungen. Baylor ebnete den Weg für zukünftige Charakterköpfe in Los Angeles: Magic, Kareem, Shaq, Kobe, LeBron.

Während der Spielzeit 1961–62 musste Baylor wieder bei der Army antreten. Von seinem Stützpunkt in Seattle erhielt er Ausnahmegenehmigungen für das Wochenende, um für sein Team zu spielen, wo auch immer sich dieses gerade befand. Oft musste er einen Nachtflug nehmen, um montagmorgens wieder pünktlich zum Dienst zu erscheinen. In dieser Saison spielte er in 48 Begegnungen, in etwas mehr als einer halben Saison brachte er es auf durchschnittlich über 38 Punkte und 18 Rebounds pro Partie.

Baylor war stets der Gejagte, nicht der Jäger, und dementsprechend stärker als andere körperlich belastet. Nach gerade einmal fünf Minuten im ersten Spiel der Playoffs von 1965 zog sich der 30-jährige Baylor eine schwere Knieverletzung zu. Er hatte bereits seit einem guten Jahr über Schmerzen geklagt, aber das war etwas anderes: Seine Mitspieler konnten deutlich einen Knall hören. An seinem linken Knie hatte sich die Spitze der Patella vom Rest der Kniescheibe gelöst, was den Anfang vom Ende seiner Karriere bedeutete. Mehrere Rückschläge im Rehaprozess ließen einen entmutigten Baylor zurück. »Schließlich akzeptierte ich die Tatsache, dass ich nie mehr spielen würde«, sagte er.

Dennoch befand er sich im Oktober 1965 zu Beginn der neuen Spielzeit wieder im Startaufgebot der Lakers. Die Knieprobleme wurden jedoch immer gravierender und nach neun Spielen in der Saison 1971–72 fand seine Karriere ein abruptes Ende. Er war zu stolz, um weiterzumachen, zu groß waren die Schmerzen bei jedem Vorstoß zum Korb. Im Alter von 37 Jahren verabschiedete Baylor sich vom Basketballsport, in dem er trotz acht Finalteilnahmen nie den Meisterschaftspokal in die Höhe strecken durfte. Nicht, dass er sich keine Mühe gegeben hätte. In den Finals von 1962 erzielte Baylor trotz massiver Abschirmung 61 Punkte gegen die Boston Celtics. Ein Rekord bei Playoffs, der bis 1986 Bestand haben sollte, als Michael Jordan 63 Punkte machte – wofür er allerdings zwei Verlängerungen brauchte.

Als bittere Ironie dürfte Baylor es empfunden haben, dass die Lakers ausgerechnet im Jahr 1972 den Meisterschaftstitel nach Hause holen konnten. Zu diesem Zeitpunkt hatte er allerdings schon längst Heldenstatus. 2018 enthüllten die Lakers vor ihrer Spielstätte, dem Staples Center in Downtown Los Angeles, eine Bronzestatue von Baylor und alle ehemaligen Laker-Stars waren anwesend, um den großen Anführer zu ehren.

Eloquent sprach West von Baylors liebenswürdigem Führungsstil und davon, dass er ihn auf dem Court als »majestätisch« empfunden hatte. Kobe Bryant erzählte von all den Lektionen, die Baylor ihm erteilt hatte, und Shaquille O'Neal forderte Kinder auf, sich über die Kultfiguren einer Generation zu informieren, in der Videoaufzeichnungen noch keine Selbstverständlichkeit waren.

»Du hast ein paar Sachen gemacht, die Dr. J, Michael Jordan, Kobe und ich einfach nicht draufhatten«, sagte Magic Johnson an Baylor gewandt. »Glaub mir, ich habe es wirklich versucht – aber ich konnte einfach nicht so lange oben bleiben wie du.«

Philadelphia, im März 1960. Wilt Chamberlain überflügelt die Bostoner Defense.

1962
DER MYTHOS WILT

Der Legende nach wurde Wilt einmal von einem Puma angesprungen, als er durch Arizonas Wildnis streifte. Der NBA-Star packte den Puma am Schwanz und schleuderte ihn in den nächsten Busch. Später erinnerte sich ein Offizieller der Knicks, riesige Kratzspuren auf Wilts Schultern gesehen zu haben.

In einem Spiel unter Giganten war Wilt Chamberlain der größte. Seine Heldentaten wurden zum Mythos, lange bevor er seine Karriere beendete. Er war eine äußerst imposante Persönlichkeit – weit mehr als ein Basketballspieler. Die Geschichten über ihn sind NBA-Legenden. Sportjournalisten verglichen ihre erste Begegnung mit dem leibhaftigen Wilt mit dem ersten Blick auf die New Yorker Skyline.

Chamberlain verbrachte seine 14 Spielzeiten in der NBA damit, Rekorde aufzustellen und diese wieder zu brechen. Innerhalb dieser Spanne schaffte er, was kein Spieler vor oder nach ihm geschafft hat. Zum Vergleich: Michael Jordan knackte die 50-Punkte-Marke beeindruckende 31-mal in seiner Laufbahn. Wilt brachte dies 45-mal in einer Saison zustande.

Wilt war »einer der weltbesten Athleten«, sagte sein ehemaliger Cheftrainer Alex Hannum, »…und ich meine aller Zeiten«. Dennoch wurde er weder damals noch heute nicht annähernd so gefeiert wie seine ihm ebenbürtigen Spielerkollegen. »Ich war einfach zu groß für das Spiel, hatte zu viel Talent«, sagte er einmal. Von einem Mann mit solch außergewöhnlicher Größe und überbordendem Talent erwartete man ganz einfach Außergewöhnliches. Wurden die Erwartungen erfüllt, verlangten die Leute nach mehr.

Während einer Party forderte Wilt den legendären NFL-Fullback Jim Brown zu einem Sprintduell auf dem Rasen heraus. Wilt gewann. Brown wollte eine Revanche. Wilt gewann noch einmal.

Der in Philadelphia aufgewachsene Wilt trug schon früh die Last der hohen Erwartungen auf seinen Schultern. Er war ein Koloss, herausragend in jeder Sportart, die er ausprobierte. Philly jedoch war eine Basketballstadt und es dauerte nicht lange, bis er die lokale Highschool-Szene dominierte. Mit 2,16 Meter und 125 Kilo Körpergewicht absolvierte er die 100 Meter in 10,9 Sekunden und konnte aus dem Stand fast 1,30 Meter vertikal in die Luft springen. Sein Paradetrick: ein 25-Cent-Stück vom Rand des Korbs zu schnappen.

Wilt erlangte schnell einen hohen Bekanntheitsgrad. In den Medien wurde vom Wunderkind »Wilt the Stilt« (»Wilt die Stelze«) berichtet, ein Spitzname, den er hasste, da er ihm den Beigeschmack eines Freaks gab. Er zog es vor, »Dipper« oder »Dippy« genannt zu werden, Spitznamen, die seine Freunde ihm für seine Art, sich unter dem Türrahmen hindurchzuducken, verliehen hatten. Daraus sollte bald schon »Big Dipper« werden, für den Dunk, der zu seinem Markenzeichen wurde. Seitlich zum Korb stehend, ging er kurz in die Hocke, um dann mit propellergleichen Armbewegungen nach oben zu schnellen und den Ball zu versenken.

Im Alter von 16 Jahren wurde Chamberlain dafür bezahlt, in einer Profiliga in Pennsylvania zu spielen, wo er im Schnitt 40 Punkte pro Partie erkämpfte. Mit 17 brachte er es in den Playoffs für die Quakertown Fays auf durchschnittlich 74 Punkte. Da die NCAA ihm keine Teilnahmeberechtigung erteilt hätte, trat er unter dem Pseudonym George Marcus an. Chamberlain gab die Schummelei später zu. »Ich habe mich immer dafür geschämt«, gestand er. »Nicht dafür, dass ich antrat, sondern dafür, dem verlogenen Spiel der NCAA nachgegeben zu haben, statt dagegen anzugehen.«

Wilt Chamberlain nach seinen 100 Punkten in einem Spiel am 2. März 1962.

In seinem ersten Spiel für die University of Kansas machte er 52 Punkte und erbeutete 31 Rebounds. Er war ebenfalls ein ausgezeichneter Leichtathlet, nahm an Wettbewerben im Kugelstoßen, Hochsprung und 400-Meter-Läufen teil. Drei Jahre in Folge errang er mit einer übersprungenen Höhe von 2,01 Meter den Titel des besten Hochspringers bei der Big Eight Conference (einem Ableger der NCAA). In seiner Jugend wollte er Zehnkämpfer werden, verstand jedoch schnell, dass man damit nicht viel verdienen konnte. In der NBA wurde er zum ersten Spieler, der einen Vertrag über 100 000 Dollar unterschrieb.

In der NBA-Saison 1959–60 wurde er zum MVP gewählt. Chamberlain war der beste Schütze der Liga und stellte Rekorde für erzielte Punkte (37,6) und Rebounds (27,0) pro Spiel auf. In seinem Jahr als Rookie wohlgemerkt. In der Spielzeit darauf brach er diese Rekorde wieder und in seiner dritten Saison gelang es ihm, durchschnittlich 50 Punkte pro Spiel zu werfen – niemals zuvor hatte jemand mehr als 37 geschafft.

Kein Spiel übertraf jedoch das vom 2. März 1962 in Hershey, Pennsylvania, als der Dipper sagenhafte 100 Punkte einsammelte (von dieser Begegnung existieren keine Videoaufzeichnungen). Für Basketballfans lagen 100 Punkte jenseits des Vorstellbaren. Für Wilt waren sie unvermeidlich. Er hatte in dieser Saison bereits einmal 78 und einmal 73 Punkte erzielt und in den drei vorangegangenen Begegnungen jeweils über 60. Knicks-Rookie Center Darrall Imhoff konnte dem Treiben nur ohnmächtig zusehen und wurde relativ schnell wegen Foulspiels vom Platz gestellt. Wilt spielte über die vollen 48 Minuten und landete 46 Sekunden vor Ende seinen 100. Treffer. Wilt verzeichnete mehr Würfe für sich als seine Mannschaftskollegen zusammengenommen: 63-52. »Jetzt mal im Ernst, 63 Würfe?«, sagte er. »Zieh so eine Nummer auf dem Asphaltplatz ab, und keiner will dich mehr in seiner Mannschaft haben.«

Zwei Abende darauf wollte Wilt bei einem Revanchespiel im Madison Square Garden noch einmal die 100 vollmachen, wurde aber von Imhoff und den Knicks immerhin so weit in Schach gehalten, dass bei 58 Schluss war. Imhoff erhielt dafür Standing Ovations.

Wilt behauptete, über 270 Kilo auf der Bank drücken zu können. Als er bei den Filmaufnahmen zu Conan der Zerstörer *fast 80 Kilo bei den Trizeps-Curls auflegte, versetzte er Co-Star Arnold Schwarzenegger in ehrfürchtiges Staunen. Dieser musste bei 50 Kilo aussteigen.*

Chamberlain erarbeitete sich den Ruf des körperlich stärksten Spielers auf dem Platz. Er besaß übermenschliche Kräfte, konnte mit einer Hand eine 16-Pfund-Bowlingkugel umfassen, seine Gegner mühelos in der Gegend herumwirbeln und Mannschaftskameraden vom Boden aufheben, als wenn sie Einkaufstüten wären. Er war einer der ersten NBA-Athleten, der das Krafttraining für sich entdeckte. »Ich war stärker als jeder andere, weil ich hart dafür trainierte«, so Wilt.

Im Laufe seiner NBA-Karriere wurde der einst spindeldürre Chamberlain zum wahren Hulk, der ein bulliges Kampfgewicht von bis zu 140 Kilo purer Muskelmasse auf die Waage brachte. Wilt wollte aber beweisen, dass er mehr als eine reine Kampfmaschine sein konnte, und war stets darauf bedacht, seinen Größenvorteil herunterzuspielen. Als die League aufgrund seiner enormen Körpergröße damit anfing, das Abstauben unter dem Korb als Regelverstoß zu ahnden, freute sich Chamberlain darüber, da er nun zeigen konnte, was sonst noch in ihm steckte. In der Post Zone entwickelte er eine geschickte Drehbewegung mit abschließendem Wurf. Kritiker deuteten an, dass Wilt Angst vor Körperkontakt hätte.

Als die Presse ihn als eigennützigen Punktesammler hinstellte, empfand er dies als Beleidigung. In der Saison 1967–68 überzeugte Chamberlain sie vom Gegenteil, als er die meisten Assists der NBA vorweisen konnte – bis heute ist er der einzige Center, dem dies je gelang.

Es wird erzählt, dass Wilt einmal so hart dunkte, dass der Ball Johnny »Red« Kerrs Zeh brach. Kerr gab vor, gestolpert zu sein, um die peinliche Verletzung nicht zugeben zu müssen.

In jeder seiner ersten sieben Spielzeiten führte der Dipper die NBA-Trefferliste an. Im Jahr 1965 wurde er von den Warriors (die nach seiner dritten Saison nach San Francisco umgezogen waren) an die Philadelphia 76ers verkauft. Seine Rückkehr nach Philly beherrschte wochenlang die Schlagzeilen.

Chamberlain wurde in das talentierteste Team aufgenommen, für das er jemals gespielt hatte. Sein Coach Alex Hannum bat ihn, seine Spielweise so anzupassen, dass er zukünftige Hall of Famer wie Hal Greer, Chet Walker und Billy »The Kangaroo Kid« Cunningham integrieren könne. Daraufhin gab Wilt den Ball viel öfter ab, statt ihn selbst im Korb zu versenken. Den ersten Meisterschaftstitel seiner Karriere strich Wilt im Jahr 1967 zusammen mit seinen 76ers ein. Nachdem Chamberlains Team Jahr für Jahr gegen Bill Russell und seine Celtics in den Playoffs verloren hatte, triumphierten sie diesmal mit 4-1 in der zweiten Runde, bevor sie in den Finals Wilts ehemalige Mannschaftskameraden aus San Francisco mit 4-2 niederringen konnten. Wilt holte in den Finals im Schnitt 17,7 Punkte, 28,5 Rebounds und fast sieben Assists pro Spiel.

Als in einem Artikel der *Sports Illustrated* die Behauptung aufgestellt wurde, Wilt, der gerade 30 Jahre alt geworden war, könne nicht mehr punkten, antwortete dieser mit 68, 47 und 53 Punkten in den nächsten drei Begegnungen. »Je länger ich spiele, desto weniger Punkte mache ich. Aber nur, weil ich das so will«, sagte er. »Wenn ich wollte, könnte ich jederzeit 50, 60 Punkte holen.«

Er konzentrierte sich daraufhin wieder mehr auf das Passspielen und in einer Partie gegen die Detroit Pistons im Februar 1968 steuerte er 21 Assists bei, so viele wie noch nie zuvor von einem Center in einem Spiel zuwege gebracht wurden. Außerdem erzielte er 23 Punkte und erkämpfte 25 Rebounds.

Obwohl das Blocken erst ab 1973 offiziell in den Statistiken auftauchte, wurden ihm auf dem Weg zur Meisterschaft in den Playoffs vier Quadruple-Doubles zugeschrieben. In einem Spiel im März 1968 schaffte er 53 Punkte, 32 Rebounds, 14 Assists, 24 Blocks und 11 Steals. In einem Aufeinandertreffen mit den Pistons zählten die Statistiker 26 Blocks.

Wilt wollte sich mit Muhammad Ali in einem Boxkampf messen. Man sah die beiden im Fernsehen, wo Wilts Größe und Reichweitenvorteil ganz klar ersichtlich waren. Es wird gemunkelt, dass Alis Manager einen Rückzieher machte, da er eine Niederlage seines Schützlings befürchtete.

Nach einem von ihm orchestrierten Verkauf an die Los Angeles Lakers im Jahr 1968 trat Chamberlain – mittlerweile die schillerndste Figur seiner Epoche – einer Starbesetzung mit Größen wie Jerry West, Elgin Baylor und Gail Goodrich bei. Bis weit in seine 30er hinein blieb er der führende Rebounder der Liga und schaffte es noch zweimal in die Finals.

Chamberlain trat 1973 als bester NBA-Schütze aller Zeiten vom Profibasketball zurück. Am stolzesten war er aber darauf, dass er in 1205 Spielen nicht einmal wegen Foulspiels vom Platz gestellt worden war. »Um das zu schaffen, musst du nicht nur stark, sondern auch clever sein«, sagte er.

WILTS ERRUNGENSCHAFTEN

- 100 Punkte in einem Spiel
- 50,4 Punkte pro Spiel in einer Saison
- Punkterekord für eine Saison: 4029 (1961–62)
- Die meisten Spiele mit 50 erzielten Punkten (118; Jordan belegt mit 31 den zweiten Platz.)
- Die meisten Spiele mit 60 erzielten Punkten (32)
- Durchschnittliche Trefferquote als Rookie: 37,6 pro Spiel
- Durchschnittliche Reboundquote: 22,9 pro Spiel
- 227 aufeinanderfolgende Double-Doubles (im Zeitraum 1964–67)
- Die meisten Rebounds und Assists in einer NBA-Saison (1968)

In einem Aufnahmestudio des Senders ABC am 10. März 1967 in New York mit Muhammad Ali, Weltmeister im Schwergewicht

HÖCHSTE PUNKTZAHL IN EINEM SPIEL

1. Wilt Chamberlain 100 (1962)
2. Kobe Bryant 81 (2006)
3. Wilt Chamberlain 78 (1961)
4. David Thompson 73 (1978)
   Wilt Chamberlain 73 (1962)
   Wilt Chamberlain 73 (1962)

Vom Basketball konnte er sich nie ganz losreißen und er gab bis weit in seine 40er hinein immer noch den Ton unter den Besten an. Als er auf dem Campus der UCLA an einer Partie gegen Magic Johnson teilnahm, stellte er deutlich unter Beweis, dass er noch nicht zum alten Eisen gehörte. An diesem Tag waren noch weitere Topstars auf dem Platz und Wilt bereitete es großes Vergnügen, alles zu blocken, was ihm über den Weg lief. Als er die 50 erreicht hatte, wollten ihn sowohl die New Jersey Jets als auch die Cleveland Cavaliers unter Vertrag nehmen.

Wilts Autobiografie aus dem Jahr 1973, **Wilt: Just Like Any Other 7-Foot Black Millionaire Who Lives Next Door**, *wurde zum Bestseller. In seiner Autobiografie von 1991,* **A View from Above**, *schrieb er, dass er mit über 20 000 Frauen geschlafen hatte.*

Wilt erschien im Fernsehen, um sein neuestes Buch vorzustellen und das Aussterben echter Center-Spieler zu beklagen, wobei er die Behauptung aufstellte, heutige Stars wie Shaquille O'Neal hätten zu seiner Zeit nur wenig ausrichten können. »Ich konnte mich nicht nur auf meine Größe verlassen«, sagte er. »Ich musste mehr auf die Reihe kriegen, als einfach nur groß zu sein.« Sein Auftritt erweckte den Eindruck, dass er einen Groll in sich trug. Er lag immer noch über Kreuz mit seinen Kritikern, die ihm vorgeworfen hatten, zu viele Punkte zu sammeln, und als er damit aufhörte, behauptet hatten, er hätte seinen Drive verloren.

»Wilt fuhr große Autos, hatte jede Menge Freundinnen und war sehr eigenwillig«, so Al Attles, ehemaliger Teamkamerad von Wilt. »Damit hatten die älteren Semester im Medienzirkus … so ihre Probleme.« Weil Perfektion bei Wilt stets vorausgesetzt wurde, behandelten sie ihn nicht immer fair. »Da alles, was er anpackte, zu Gold wurde, war nichts davon gut genug für die Leute«, stellte Bill Walton einmal fest. Sicherlich eine Erklärung dafür, dass er in dem Jahr, in dem er durchschnittlich 50 Punkte pro Partie erzielte, bei der Wahl zum MVP nur den zweiten Platz belegte. Oder dass er den Stempel eines eigennützigen Coach-Killers aufgedrückt bekam, obwohl er sein Spiel für Hannum und die 76ers umgestellt hatte. Und sicherlich auch dafür, dass er, obwohl Träger von zwei Meisterschaftstiteln, nicht als Siegertyp in Erinnerung blieb, da er immer wieder mit Russell verglichen wurde.

»All dieser Loser-Scheiß«, wie Wilt es nannte. Innerlich war der Dipper oft zerrissen. Er war ein Riese, der seine Fähigkeiten als Guard hervorhob, ein junger schwarzer Mann und doch überzeugter Anhänger Nixons. Eine Figur, die in der Öffentlichkeit stand und am liebsten allein sein wollte.

Wilt nahm aktiv an der Gestaltung von Ursa Major, seiner Villa auf dem einen Hektar großen Gelände in Bel Air teil. Bis heute wird diese weltweit als architektonische Meisterleistung angesehen. Auf Knopfdruck öffnete sich die Decke seines Schlafzimmers, sodass er durch ein hochmodernes Teleskop die Sterne betrachten konnte. Die Mehrzahl seiner Nächte verbrachte der »Big Dipper« unter einem Sternenzelt.

Chamberlain starb im Alter von 63 Jahren, nachdem er lange mit Herzproblemen zu kämpfen gehabt hatte. »Er war so ruhelos«, sagte seine Schwester Barbara, »es wundert mich nicht, dass sein Herz nicht mehr hinterherkam.« Sein Tod war ein Schock. »Dippy war so riesig«, sagte sein Freund und Globetrotter-Legende Meadowlark Lemon. »Wir dachten, er würde ewig leben.« Wie oft wurde Wilt als »überlebensgroß« bezeichnet?

Er hinterließ keine Kinder und galt als Amerikas berühmtester Junggeselle. Zusammen mit seinen beiden Katzen Zip und Zap lebte er zufrieden in seinem gigantischen Haus. Über 90 Prozent seines Vermögens vererbte er Wohltätigkeitsorganisationen.

Eine Laufbahn wie seine wird es so wohl kein zweites Mal geben. Über 14 Jahre hinweg heimste er sieben Scoring-, neun Shooting-, elf Rebounding- und vier MVP-Titel ein. Jede seiner Geschichten und Statistiken mutet überirdisch an, wobei eine beeindruckender ist als die andere. Auf sein 100-Punkte-Spiel angesprochen, sagte Chamberlain einmal Folgendes – eine Aussage, die symptomatisch für sein ganzes Leben stehen könnte:

»Es hat sagenumwobene Ausmaße angenommen, fast wie eine Paul-Bunyan-Story. Und mir gefällt es, Teil einer Sage zu sein.«

Bei einer Begegnung mit den Chicago Bulls, in Kansas City, Missouri, am 26 Januar, 1970. Oscar Robertson punktet aus der Distanz.

1962
BIG O

In der Geschichte der NBA gab es unzählige Moves, die zu Markenzeichen einzelner Spieler wurden. Bei Rebounds sieht dies anders aus. Oscar Robertson war einer der wenigen, der diesbezüglich einen ganz eigenen Stil kreierte. Der Point Guard sprang hoch in die Luft und spreizte seine baumstammgleichen Beine in dem Moment, als er den Ball fing. Das war zum einen unglaublich athletisch und zum anderen eine extrem effektive Methode, um sich Raum zu verschaffen.

Abgesehen davon lag Robertson jegliche Zurschaustellung fern. Seine Würfe waren durchdacht, ebenso sein Zuspiel, und er lenkte seine Mannschaft in Richtung einer effektiven Spielweise. »Der Dunk, dieser Hinter-dem-Rücken-Blödsinn – das sind keine guten Spielzüge«, sagte er. Robertsons Art, Basketball zu spielen, war unspektakulär. Die Ergebnisse waren es nicht.

»Seine Größe«, so Jerry West, »lag in seiner Einfachheit.«

Rebounds waren das, was ihn vom Gros der anderen Spieler unterschied: Robertson belegt den vierten Platz der ewigen Bestenliste für Assists pro Spiel. Er nimmt Platz zehn ein für erzielte Punkte pro Spiel und kein Guard erreichte eine höhere durchschnittliche Quote bei den Rebounds als Big O.

In seinen ersten drei Spielzeiten holte Robertson im Schnitt elf Rebounds pro Partie heraus und war unter den Top-Ten-Reboundern der NBA gelistet. Es gab Athleten auf dieser Liste, von denen der 1,96 Meter große Guard überragt wurde, verglichen mit anderen Point Guards war er allerdings ein Riese. Trotz seiner Größe verfügte er über genau die Manöver und blitzschnellen Bewegungen, die eher den agilsten Spielern zugeschrieben wurden. Bill Sharman formulierte es so: »Robertson war ein großer Mann, der sich wie ein fantastischer kleiner Kerl bewegen konnte.«

Alles in allem war Robertson der kompletteste Spieler seiner Ära.

Zu keiner Zeit konnte man das besser erkennen als in der Saison 1961–62. Mit 23 Jahren wurde Robertson zum ersten Athleten, der innerhalb einer Spielzeit durchschnittlich im zweistelligen Bereich bei Punkten (30,8), Rebounds (12,5) und Assists (11,4) lag. Es sollte 55 Jahre dauern, bis jemand dieses Kunststück wiederholte. Nicht ohne Grund wird Robertson auch »Mr Triple-Double« genannt.

Robertson wuchs in den Lockefield Gardens, einem sozialen Wohnungsbauprojekt in Indianapolis, Indiana, auf. In der Crispus-Attucks-Highschool war er eine Berühmtheit. Er führte sie 1955 und 1956 zweimal hintereinander zum Gewinn der Landesmeisterschaften. Damit wurde das Team zur ersten rein afroamerikanischen Mannschaft, die den Meisterschaftstitel errang. Als die Athleten nach Hause kamen, leitete die Stadt Indianapolis die Parade um, sodass sie nicht durch weiße Viertel ging.

Robertson war der erste schwarze Spieler an der University of Cincinnati, die er besuchte. In seiner College-Zeit wurde er zum ersten Spieler, der die landesweite Schützentabelle drei Jahre hintereinander anführte. In der Geschichtsschreibung der NCAA gibt es nur einen einzigen Spieler, dem es gelang, in einem Zeitraum von drei Jahren mehr Punkte zu sammeln – Pete Maravich.

Trotz seiner Erfolge im Hochschulteam erhielt er Drohbriefe vom Ku-Klux-Klan. Sogar unter seinen Mannschaftskameraden fühlte er sich ausgeschlossen. Vor einer Begegnung in Houston wurde ihnen bei der Ankunft in ihrem Mannschaftshotel mitgeteilt, dass dieses keine farbigen Gäste akzeptiere. Robertson wurde eine Übernachtungsmöglichkeit in einem nahe gelegenen College zugewiesen.

Seine typische Grantigkeit hatte also einen Grund. Er wurde bekannt dafür, Teamkollegen, Coaches, Schiedsrichter – vor allem Schiedsrichter – und Fans auf Abstand zu halten.

Kurz vor seinem Uniabschluss wurde er von den Harlem Globetrotters umworben. »Nur wenige Schritte von meinem Campus entfernt gibt es sowohl ein Café als auch ein Kino, in dem ich nicht willkommen bin«, sagte er. »Natürlich möchte ich bei denen [den Globetrotters] mitmachen.«

Als die Cincinnati Royals ihn jedoch zum First Overall Draft Pick des Jahres 1960 auserkoren, änderte er seine Meinung und unterschrieb einen Vertrag über drei Jahre und 100 000 Dollar.

Robertson war von der ersten Stunde an ein Star. Sein Debüt schloss er mit 21 Punkten, 12 Rebounds und 10 Assists ab. Es sollte sich zeigen, dass das für ihn ein schlechtes Spiel gewesen war. Im Jahr 1961 belegte er in der League mit 30,5 Punkten pro Spiel den dritten Platz, wurde zum Rookie des Jahres gewählt und erhielt die Auszeichnung zum MVP des NBA All-Star Game. Robertson brauchte nicht lange, um in die Geschichtsbücher einzugehen. Bereits in seiner zweiten Saison erreichte er im Schnitt einen Triple-Double.

Methodisch mischte er die Liga auf, hatte dabei eine große Klappe und zog über seine Gegner her. Robertson war versessen darauf, sich seinen Platz am oberen Ende der NBA-Hierarchie zu erkämpfen. Es bereitete ihm besonderes Vergnügen, an Wilt Chamberlain vorbeizukommen. – »Zu spät, großer Mann.« »Den kriegst du nicht, großer Mann, oder?« – Als er zum ersten Mal auf Wilt mit seinen Philadelphia Warriors traf, stellte Robertson mit 49 Punkten und 22 Rebounds die jeweiligen Höchststände dieser Spielzeit auf.

Er läutete eine neue Generation von Stars ein, durch die das Spiel schneller und offensiver wurde. Innerhalb von fünf Jahren hatte sich die durchschnittlich erzielte Punktezahl pro Partie um 20 erhöht. In Robertsons Triple-Double-Saison 1961–62 schlossen die Teams im Schnitt mit 118,8 Punkten pro Spiel ab, ein Rekord in der Geschichte der NBA. Es war das Jahr, in dem Robertson durchschnittlich 30,8 Punkte ansammelte und sich diesbezüglich mit Jerry West den vierten Platz teilte, weit hinter Chamberlain mit 50,4.

Robertsons allabendliche Dominanz verhalf den Royals zu ihrer ersten Spielzeit seit der Saison 1953–54 mit über 50 Prozent gewonnenen Spielen. Ob durch seine Spielweise oder schiere Präsenz: Er machte auch seine Mannschaftskollegen besser. Dank Robertsons Pässen wurde Royals-Center Wayne Embry zu einem All-Star; Embrys durchschnittliche Punktzahl stieg in der Saison 1961–62 um fünf Punkte auf fast 20 pro Begegnung.

»Er kontrolliert Vorgänge auf dem Court mit der Selbstsicherheit und autoritären Hand des Dirigenten eines Symphonieorchesters«, beschrieb New-York-Knicks-Forward Bill Bradley den Einfluss, den Robertson auf seine Mannschaft ausübte.

Robertsons Brillanz allein brachte den Royals jedoch keinen Titel ein. 1962 verloren sie in der ersten Runde und während seiner zehn Spielzeiten in Cincinnati schafften sie es gerade zweimal in die zweite Runde. Er ließ seinen Frust an seinen Mannschaftskameraden aus, von denen er verlangte, auf seinem unerreichbar hohen Niveau zu spielen. »Oscar war uns Normalsterblichen so weit voraus«, sagte Wayne Embry, »es war unmöglich, sein Level zu erreichen.«

Er hielt an seiner genialen Art zu spielen fest und wurde 1964 zum MVP der NBA ernannt. Bei den Assists führte er in diesem Jahr die Tabelle der League an, so wie er dies insgesamt siebenmal in seiner Laufbahn tat.

Im Jahr 1970 war Robertson es leid, für ein Verliererteam zu spielen. Die Royals wiederum hatten mittlerweile genug von ihrem streitsüchtigen Star und der Geschäftsführer des Teams, Joe Axelson, verkaufte ihn an die Baltimore Bullets. Robertson legte Einspruch ein, woraufhin es zu einem zweiwöchigen Stillstand kam. Am 21. April akzeptierte Robertson einen Deal mit den Milwaukee Bucks. Zum ersten Mal in seiner Karriere übernahm der 32-Jährige die Rolle des Supporters. Und zwar für niemand anderen als Milwaukees Wunderknaben und Center-Spieler Kareem Abdul-Jabbar. Robertsons durchschnittliche Punktezahl fiel auf 19,4 ab – das erste Mal, dass sie unter 20 sank. Aber sein Name tauchte immer noch in den Statistiken auf und Ende Januar machte er den ersten von insgesamt vier Triple-Doubles in dieser Saison.

Weitaus bedeutsamer war aber die Tatsache, dass er und Abdul-Jabbar schnell zum Dream-Team der NBA verschmolzen. Die Bucks marschierten zu den Finals von 1971 durch, wo sie die Bullets in vier Spielen abservierten.

»Heute habe ich zum ersten Mal im Leben Champagner getrunken«, sagte Robertson nach der Partie in der Kabine, »und ich glaube, ich könnte mich daran gewöhnen.«

In den darauffolgenden Jahren blieb er bei seiner Aussage, dass seine historische Triple-Double-Saison »zu sehr aufgeblasen wurde«. »Einen kompletten Spieler macht aus, dass er alles draufhat«, sagte Robertson. »Er rennt keinen Statistiken hinterher.«

Manchmal jedoch kam selbst er ins Grübeln. »Ich wünschte, ich hätte einen weiten, offenen Spielstil gehabt, so wie die Jungs es heute machen«, sagte Robertson einmal. »Mich würde wirklich interessieren, was die Statistiken dann sagen würden.«

DIE MEISTEN TRIPLE-DOUBLES

1.	Oscar Robertson	181
2.	Russell Westbrook	146
3.	Magic Johnson	138
4.	Jason Kidd	107
5.	LeBron James	94
6.	Wilt Chamberlain	78
7.	Larry Bird	59
8.	James Harden	46
9.	Fat Lever	43
10.	Nikola Jokić	40

Oscar Robertson bei einem Spiel gegen die New York Knicks im Madison Square Garden am 28. November 1970

RUNDE 1
CELTICS GEGEN LAKERS

Rivalitäten schaukeln sich durch wiederholte Konfrontationen auf und die wirklich ausgeprägten Feindschaften entwickeln sich über einen längeren Zeitraum. Zwei der unbarmherzigsten Gegner in den Rängen der NBA, die Boston Celtics und die Los Angeles Lakers, kämpfen seit über 60 Jahren um die Vorherrschaft im Basketball.

Je stärker die Rivalität, desto mehr steht auf dem Spiel. Diese zwei Mannschaften haben zwölfmal gegeneinander um den NBA-Meisterschaftstitel gekämpft – auch dies ein Rekord. Fünfmal hieß es »Alles oder nichts« im siebten Spiel.

Bei den fesselndsten Animositäten ist stets ein klarer Underdog auszumachen. Die Celtics haben neun der Begegnungen für sich entscheiden können.

Die Rivalitäten, die Bestand haben, werden meist zwischen hochkarätigen Teams ausgetragen. Zusammengenommen haben die Lakers und die Celtics 33 NBA-Meisterschaftstitel errungen. Boston hat mit 17 Titeln mehr als jede andere Mannschaft gewonnen, die Lakers folgen ihnen mit 16.

Orangene Bälle und Spielfelder mit Parkettholzboden gehören genauso zur Geschichte der NBA wie die Rivalität zwischen diesen zwei Mannschaften.

Das erste Mal trafen die beiden Teams in den Finals von 1959 aufeinander, als die Lakers noch in Minneapolis beheimatet waren. Die Lakers hatten fünf Jahre auf eine erneute Finalteilnahme warten müssen. Ihr Forward, Rookie Elgin Baylor, stellte sich als einer der Topspieler der NBA heraus, war mit 24,5 Punkten pro Match der Beste seiner Auswahl. Für Bob Cousy, Bill Russell und Co. waren die Lakers jedoch keine große Herausforderung. Diese hatten ihren ersten Titel im Jahr 1957 nach zweimaliger Verlängerung im siebten Spiel gegen die St. Louis Hawks nach Hause geholt. Die Lakers von 1959 hatten gegen die kampferprobte Truppe der Celts keine Chance.

Die Rivalität, wie wir sie kennen, fing erst in den Finals von 1962 so richtig an hochzukochen. Zu diesem Zeitpunkt hatte die Celtics-Dynastie bereits mächtig an Fahrt aufgenommen und drei Titel nacheinander eingefahren. Mittlerweile waren die Lakers nach Los Angeles umgezogen, was die Medien als Steilvorlage nutzten, um die Jungs aus dem düsteren Nordosten dem Glamour Hollywoods gegenüberzustellen.

Die Lakers konnten nun auch Jerry West vorweisen, der mit Baylor zusammen das schlagkräftigste Schützenduo der NBA bildete. Außer ihnen wurden in jenem Jahr noch Forward Rudy LaRusso und Guard Frank Selvy zum Team der Western Division des All-Star Games auserwählt. Boston hielt mit vier All-Stars aus den eigenen Rängen dagegen: Russell, Cousy, Tom Heinsohn und Sam Jones.

»Wir wussten, dass wir gegen die bessere Mannschaft antraten«, sagte Baylor, »wir hatten aber immer das Gefühl, gewinnen zu können.«

Russell und die viel gepriesene Defense der Celtics hatten mit den Lakers alle Hände voll zu tun. Im dritten Spiel luchste West Sam Jones den Ball ab und landete den Siegtreffer beim Ertönen der Schlusssirene. Im fünften Match stand Baylor im Fokus, als er mit 61 Punkten den Finals-Rekord aufstellte.

Die Lakers zwangen die Celtics zu einem siebten Spiel im Boston Garden, das an Spannung kaum zu überbieten war. Es stand unentschieden, als noch fünf Sekunden auf der Uhr waren und Lakers-Point-Guard Hot Rod Hundley versuchte, den Ball an West abzuspielen, der nicht ohne Grund den Beinamen »Mr Clutch« bekommen hatte. West jedoch war zu gut gedeckt, sodass Hundley sich entschied, den Ball an Frank Selvy zu passen, der einen Jump Shot aus gut fünfeinhalb Meter Entfernung versuchte. Der Ball sprang vom Rand des Korbs ab und Russell krallte sich den Rebound. Das Spiel ging in die Verlängerung, in der die Celtics die Partie mit 110-107 für sich entscheiden konnten. West schloss mit 35, Baylor mit 41 Punkten ab. Russell wiederum konnte 40 Rebounds vorweisen.

»Armer Frank, die Jungs taten mir wirklich leid«, erinnerte sich Cousy.

»Ich glaube, der Lauf der Geschichte wäre ein wenig umgeschrieben worden, wenn Frank diesen Wurf versenkt hätte«, so West Jahre später.

West und die Lakers hätten sich für die darauffolgenden Jahre sicher einen anderen Lauf der Geschichte gewünscht: Über die nächsten sechs Spielzeiten hinweg hieß es in den Finals weitere vier Male Celtics gegen Lakers und Boston ging jedes Mal als Gewinner vom Platz.

Im Jahr 1963 trug das entscheidende sechste Spiel zu einem gelungenen Abschied Cousys bei und ließ ihn seine Karriere als Sieger beenden. Um die Finals von 1965 zu erreichen, musste Boston eine äußerst kräfteraubende Seven-Game-Series gegen Wilt Chamberlain und seine Philadelphia 76ers überstehen. Die Celtics wurden hierbei kräftig von John Havlicek, der in seinem dritten Jahr für sie spielte, unterstützt. Boston lag mit zwei Punkten in

Bill Russell bei einem Vorstoß zum Korb während der NBA-Finals von 1969

Führung, als Russell von der Grundlinie einwarf und eines der Drahtseile erwischte, die das Backboard sicherten. Ballbesitz für Philly. Das Spiel stand auf Messers Schneide, als Havlicek zur Schlusssekunde hin einen Pass abgriff und damit den berühmten Ausruf »Havlicek hat den Ball gestohlen« ins Leben rief.

Nach der Serie gegen Philadelphia waren die Celtics ausgelaugt. Dennoch benötigten sie nur fünf Spiele, um die Lakers in die Schranken zu weisen.

Über die Jahre erweiterten beide Teams ihre Arsenale, sorgten dafür, dass ihre Stars von hochklassigen Talenten umgeben waren. In Boston bildete Havlicek mit Größen wie K. C. Jones, Wayne Embry und Bailey Howell eine Ehrfurcht gebietende Auswahl. Im Jahr 1965 verpflichteten die Celtics Don Nelson, der zwei nicht gerade denkwürdige Spielzeiten bei den Lakers hinter sich hatte. Ein Grund dafür war seine unterdurchschnittliche Leistung bei den Rebounds. Nach seinem ersten Training bei den Celtics nahm Russell ihn zur Seite und erklärte ihm, dass er sich über Rebounds nie mehr den Kopf zerbrechen müsse. Russell, der stets darauf bedacht war, das Beste aus seinen Teamkollegen rauszuholen, versprach Nelson, dass er dessen Schwäche schon ausbügeln würde. Laut Russell war Nelson ein ausgezeichneter Schütze, und genau darauf sollte sich sein neuer Mannschaftskamerad ab sofort konzentrieren.

In Los Angeles sorgten Archie Clark und Gail Goodrich für Verstärkung im Rückfeld, während »Big Man« Mel Counts und Forward Tom Hawkins in der Nähe des Korbs die Zuschauer begeisterten. Nach einer weiteren deutlichen Niederlage gegen die Celtics in den Finals von 1968 fuhren die Lakers mit dem Zukauf von Wilt Chamberlain allerdings schwerere Geschütze auf. Nicht nur, dass Los Angeles mit dem Chamberlain-Deal nun ein unvergleichliches Trio, die »Big Three«, in seinen Reihen hatte, auch die individuelle Rivalität zwischen Russell und Chamberlain erreichte ihre entscheidende Phase.

Russell und Chamberlain hatten beide ihre besten Jahre bereits hinter sich, übten allerdings immer noch enormen Einfluss auf das Spiel aus. Die Saison 1968–69 würde Russells letzte sein und es passte wie die Faust aufs Auge, dass es zu einem Showdown mit Wilt kommen sollte.

Im ersten Spiel steuerte West 53 Punkte bei und die Lakers gewannen. Russells Teamkameraden liefen jedoch wie immer, wenn es darauf ankam, zu Höchstform auf. Im vierten Spiel sorgte Sam Jones mit einem Jumper zur Schlusssirene für den Ausgleich. Wie schon dreimal innerhalb der letzten zehn Jahre sollte sich die Meisterschaft im siebten und letzten Spiel entscheiden.

Zum ersten Mal sollte das Entscheidungsspiel allerdings in Los Angeles ausgetragen werden. Es hatte eine ganze Weile gedauert, bis die Lakers in L.A. Fuß fassen konnten, mittlerweile jedoch waren die Fans verrückt nach ihnen – die Tatsache, dass eine Berühmtheit wie Wilt nun auch in Lila und Gold auflief, tat ihr Übriges dazu. Inhaber Jack Kent Cooke sah darin eine Chance, wie sie sich nur einmal im Leben auftun würde.

Er veranlasste, dass der Raum unter den Dachsparren mit Luftballons aufgefüllt wurde, und organisierte Flugblätter, die auf jedem Sitz im Forum zu liegen hatten – darauf der Ablaufplan für den Abend. Hatten die Lakers die Partie für sich entschieden, so war zu lesen, würde die Blaskapelle der USC »Happy Days Are Here Again« spielen. Dies wäre gleichzeitig das Stichwort für das Freisetzen der Luftballons, gefolgt von Interviews auf dem Court mit – und zwar in genau dieser Reihenfolge – Baylor, West und Chamberlain.

Das stachelte die Motivation der Celtics, die Russell natürlich wie zuvor Cousy als Sieger in den Ruhestand gehen lassen wollten, noch zusätzlich an. Boston ging explosionsartig in Führung und konnte diese über einen Großteil der Zeit halten. Mit einem verletzten Chamberlain auf der Bank setzten die Lakers ihre Hoffnungen auf Wests brillantes Spiel. Im letzten Viertel erzielten die Lakers mit 30-17 deutlich mehr Punkte

Während der NBA-Finals von 1968 hält Jerry West seine Gegner auf Abstand.

als die Celtics und West wurde mit 42 Punkten zum Top-Scorer der Partie.

Die Lakers verkürzten Bostons Vorsprung auf einen Punkt. Havlicek verlor den Ball, der in den Händen von Don Nelson landete. Dieser befand sich direkt an der Freiwurflinie. Ohne nachzudenken, zog er einen Jump Shot durch, der vom hinteren Rand des Korbs zum Backboard sprang, von dort abprallte und eine gefühlte Ewigkeit in der Luft verharrte, um dann durchs Netz zu plumpsen. Boston konnte die Führung halten und die Lakers erneut in die Knie zwingen. Zwischen den Jahren 1962 und 1969 trafen Celtics und Lakers sechsmal aufeinander und sechsmal trugen die Celtics den Sieg davon.

Alles in allem standen während dieser Celtics-Lakers-Schlachten zwölf Hall of Famer auf dem Court. Die Mannschaften waren durchaus als ebenbürtig zu bezeichnen, die Rivalität zwischen ihnen war aber nicht so emotionsgeladen, wie man vielleicht vermuten würde. War die Angelegenheit zu einseitig, um böses Blut entstehen zu lassen? Das hängt davon ab, wen man fragt.

»Ich kann mich nicht daran erinnern, die Lakers so gehasst zu haben wie einige andere Teams bei uns im Osten«, sagte Cousy.

West auf der anderen Seite gestand: »Lange Zeit konnte ich die Farbe Grün nicht ausstehen. Ich weigerte mich, etwas Grünes anzuziehen.«

Mit Russell ging gleichzeitig die Rivalität der beiden Teams in den Ruhestand. Fans mussten 15 Jahre auf eine Neuauflage warten. Das Warten sollte sich jedoch lohnen.

NOTLANDUNG

Es hätte nicht viel gefehlt und die Rivalität der Lakers und Celtics wäre niemals zustande gekommen. Am 18. Januar 1960 befanden sich die damals noch in Minneapolis beheimateten Lakers auf dem Rückflug von einem Spiel in St. Louis. Das komplette Team samt Betreuerstab saß in dem kleinen Charterflugzeug, als der Pilot in einem Schneesturm die Orientierung verlor und das Benzin knapp wurde. Die Maschine musste in einem Maisfeld in Carroll, Iowa, notlanden. Wie durch ein Wunder wurde niemand verletzt.

1964
DER STREIK

Walter Brown, Eigentümer der Boston Celtics, in Verhandlungen mit Tommy Heinsohn kurz vor dem All-Star Game von 1964

»Sag Bob Short, er kann mich mal!«, schrie Elgin Baylor aus der Umkleidekabine des Boston Gardens heraus.

Es war ein schneereicher Januartag und die Spannungen im Vorfeld des All-Star Games von 1964 hätten nicht größer sein können. Die Stars der Liga würden gegeneinander antreten, die Teameigner vor Ort sein und die bis dahin größte Zuschauerzahl aller Zeiten ein Spiel der NBA live an ihren Fernsehapparaten mitverfolgen – für alle Beteiligten stand viel auf dem Spiel.

Der Umkleideraum der Celtics war voll von zukünftigen Legenden – 13 Hall of Famer waren anwesend, unter ihnen Baylor, Bill Russell, Oscar Robertson, Jerry West, Wilt Chamberlain, Hal Greer und Tommy Heinsohn.

Mit Kamerateams, die darauf warteten, das All-Star Game landesweit zu übertragen, wollte die NBA eine neuen Ära einläuten. Ein andauernder Streit zwischen Spielergewerkschaft und Teaminhabern hing jedoch wie eine Gewitterwolke in der Luft.

15 Minuten vor Tip-Off weigerten sich die Spieler, auf den Court zu kommen.

Fast über eine Dekade hinweg hatten sich die Spannungen zwischen den Spielern und Besitzern der Vereine immer weiter aufgebaut. 1954 wurde ein Spielerverband ins Leben gerufen, nachdem Celtics-Star Bob Cousy sich an die jeweiligen Topspieler aller Teams gewandt hatte. Er wollte eine Gewerkschaft gründen, damit die Stimmen der Spieler im Kollektiv bei den Verhandlungen mit ihren Bossen mehr Gewicht hätten.

Die Sportler forderten grundlegende Arbeitnehmerrechte, aber die Eigentümer der League schenkten der neu gegründeten Gewerkschaft so gut wie keinerlei Beachtung. Walter Kennedy, der Commissioner und oberste Sportfunktionär der NBA, würgte ernsthafte Versuche, miteinander ins Gespräch zu kommen, regelmäßig ab.

Cousy sollte den Job nicht lange machen, allein die bürokratischen Aufgaben bereiteten ihm Kopfschmerzen. Nach kurzer Zeit schon gab er das Zepter an seinen Teamkameraden Heinsohn ab, der überrascht davon war, wie wenig Respekt die NBA-Bosse ihren Athleten zollten. Er erinnerte sich an Meetings in Kennedys Büro, bei denen die Spieler in der Lobby warten mussten, während der Commissioner sich mit ihren Anwälten unterhielt.

Heinsohn zeigte weit mehr Engagement, als Cousy es getan hatte, und rekrutierte mit Larry Fleisher einen Harvard-Absolventen, der ihnen bei den Verhandlungen mit der League zur Seite stehen sollte. Im Jahr 1962 übernahm Fleisher die Führung des Spielerverbands und erkannte sofort die große Ungleichheit zwischen den Spielern und deren Arbeitgebern. Die Spieler verdienten im Schnitt 7500 Dollar und so gut wie alle von ihnen mussten sich den Sommer über eine andere Beschäftigung suchen. Weder bekamen sie irgendeine Art von Absicherung noch den nötigen Respekt. »Im Basketball herrschten mittelalterliche Verhältnisse«, so Jerry West.

Die Inhaber reduzierten die Athleten auf ihre sportlichen Fähigkeiten. Ihrer Meinung nach mussten diese froh sein, Geld dafür zu bekommen, ihr Hobby auszuüben. Und sie waren der festen Überzeugung, dass Spieler austauschbar seien.

Fleisher fiel besonders die Haltung der Teambesitzer gegenüber dunkelhäutigen Athleten auf. Charakterköpfe wie Russell und Lenny Wilkens, die wohlüberlegt und eloquent ihre Situation schilderten, sah er schon als zukünftige Senatoren. Die NBA-Bosse wiederum sahen in ihnen nichts außer dribbelnde Gelddruckmaschinen.

Innerhalb der Gesellschaft jedoch fand gerade ein Wandel statt. Aufkeimende Bürgerrechtsbewegungen gaben berühmten afroamerikanischen wie auch anderen Mitgliedern ausgegrenzter Bevölkerungsgruppen den nötigen Mut aufzubegehren. Das All-Star Game von 1964 hatte für all diese Menschen Symbolcharakter.

Die Begegnung sollte vom Sender ABC live in alle Wohnzimmer des Landes gebracht werden, mit der unausgesprochenen Vereinbarung, dass im Fall von ansehnlichen Einschaltquoten in der nächsten Spielzeit noch deutlich mehr Spiele übertragen werden könnten. Sowohl die Spieler als auch die Teambesitzer wussten nur zu gut, dass diese Form von Aufmerksamkeit das Sprungbrett zu einem weitaus größeren Publikum bedeutete und der NBA den Status und die Popularität von Ligen wie der NFL bringen konnte.

1964 war es für die League schon ein größeres Unterfangen, einfach nur das All-Star Game ins Fernsehen zu bringen. Die neun Mannschaften der NBA waren voller außergewöhnlicher Talente, existierten aber lediglich am Rande des kollektiven amerikanischen Sportbewusstseins. Russell war ein paar Monate von seinem sechsten Titel in Folge mit den Celtics entfernt, sammelte seine Trophäen aber in relativer Anonymität ein. Baylor erfand das Spiel neu, aber nur vor ein paar Tausend Anhängern, die kamen, um die Lakers live zu sehen.

Das Fernsehen war der entscheidende Faktor. Und jeder wusste es.

Während der Saison hatten sich Vertreter von Gewerkschaft und Liga wiederholt getroffen. Nachdem alle Verhandlungen im Sande verlaufen war, hatten die Spieler mit Bill Russell als Wortführer einen möglichen Boykott des All-Star Games angedeutet.

Kurz vor dem Spieltermin waren die beiden Parteien noch Lichtjahre voneinander entfernt. Wenn die Spieler streiken wollten, dann war jetzt die Zeit dafür gekommen. Es war nicht absehbar, wann sie wieder so viel Druck würden ausüben können. Die Umkleidekabine war jedoch in zwei Hälften geteilt.

Auf der einen Seite standen Russell, Wilkens und Heinsohn, die unnachgiebig daran festhielten, dass keiner rausgehen sollte, bevor die Forderungen erfüllt wären. Auf der anderen Seite befanden sich Spieler wie Wilt Chamberlain, die schillerndste Figur der NBA, die für die Kameras spielen und die Dinge im Nachgang klären wollten. Es kam zu einer Abstimmung, die mit elf zu neun für einen Streik denkbar knapp ausfiel. Die Spieler blieben also weiter in der Umkleide und Fleisher flitzte zwischen dieser und der Suite, in der sich die Bosse befanden, hin und her, unterbreitete die Forderungen der Spieler und kam mit Antworten der Arbeitgeber zurück.

Jahre später sollten bei Auseinandersetzungen zwischen Spielern und Eigentümern mehrere Milliarden Dollar in die Waagschale geworfen werden, mit monatelangen Verhandlungen über die Verteilung von Einnahmen, die dann meistens hälftig aufgeteilt wurden. Die Spieler fingen an, um Vertragsauflösungsrechte (Free Agency) und andere Freiheiten zu kämpfen.

1964 handelte es sich um weitaus bescheidenere Forderungen. Es ging um die Zahlung einer Rente, um Sicherheit in einem Beruf, in dem die kleinste Verletzung den Verlust der Existenzgrundlage bedeuten konnte. Die Athleten verlangten nach fest angestellten Physiotherapeuten, die sich um die Gesundheit der Sportler kümmerten. Des Weiteren forderten sie, dass die endlose, kräftezehrende Tour der Schaukämpfe und unmittelbar aufeinanderfolgenden Begegnungen endete.

Die geplante Zeit für den Tip-Off kam – und ging. Auf dem Court waren keine Spieler zu sehen.

Die Tatsache, dass sie vor einem großen Livepublikum blamiert wurden, machte die Bosse besonders wütend. Irgendwann versuchte der Eigentümer der Lakers, Bob Short, in die Kabine der Spieler zu stürmen, wurde aber vom Sicherheitsdienst daran gehindert. Vom Flur aus beschimpfte er Baylor und West. Er drohte ihnen, dass sie, wenn sie nicht augenblicklich auf dem Platz erschienen, die längste Zeit für ihn gespielt hätten. Dieses Verhalten bestärkte die Befürworter des Streiks noch in ihren Ansichten.

»Ich habe mir fast in die Hose geschissen«, erinnerte sich Wayne Embry, Center-Spieler bei den Milwaukee Bucks. Fleisher jedoch gab ihnen Zuversicht und kam mit der Nachricht zur Umkleide zurück, dass sie alle Trümpfe in den Händen hielten.

Die Führungsriege von ABC war mittlerweile außer sich. Sie gaben den Bossen noch einmal 20 Minuten. Sollten bis dahin keine Spieler auf dem Court sein, würde das Netzwerk das Thema NBA gänzlich abhaken. Dies war eine Sprache, die die Eigentümer sofort verstanden.

Kennedy ging persönlich zu den Spielern in die Kabine und informierte sie, dass sie gewonnen hätten. Die Gewerkschaft wurde offiziell anerkannt und alle Forderungen der Sportler erfüllt. Was noch wichtiger war: Der Spielerverband erhielt einen festen Sitz am Verhandlungstisch bei allen zukünftigen Liga-Entscheidungen.

Weder die Fans im Boston Garden noch die Zuschauer zu Hause an ihren Fernsehapparaten hatten eine Ahnung davon, dass sie gerade Zeuge einer Revolution geworden waren.

All-Star Game im Boston Garden am 15. Januar 1964. Wilt Chamberlain versucht, den Ball zu blocken, während Jerry Lucas zum Wurf ansetzt.

1967
DIE ABA: BASKETBALLS WILDER WESTEN

Stellen wir uns eine NBA ohne Slam Dunks vor. Ohne Drei-Punkte-Linie. Ohne elegantes Zuspielen und atemberaubende Luftakrobatik. Ohne die Ausdrucksfreiheit, die den Basketballsport so stark von anderen Sportarten unterscheidet. Stellen wir uns also eine Welt vor, in der die American Basketball Association niemals existiert hat.

Die Liga, die einigen durch den kultigen, rot-weiß-blau-gestreiften Basketball in Erinnerung geblieben sein dürfte, veränderte nicht nur das Erscheinungsbild des Spiels, sie definierte auch die Art und Weise neu, wie Basketball gespielt und dessen Stars vermarktet wurden. Alles in allem existierte die »Spaß-Liga« gerade einmal neun Jahre, doch sie revolutionierte den Ballsport für immer.

Als die ABA 1967 vom Stapel gelassen wurde, konnte dies natürlich niemand ahnen. Die NBA steckte mit 21 Jahren noch halb in den Kinderschuhen und hatte sich bereits erfolgreich gegen eine neu gegründete Liga behaupten können: In weniger als vier Wochen war die American Basketball League, die als Konkurrenz zur NBA gedacht war, wieder von der Bildfläche verschwunden.

Unbeeindruckt vom Scheitern der ABL hielt Unternehmer Dennis Murphy an seinem Vorhaben fest, eine konkurrierende Liga ins Leben zu rufen, um letzten Endes mit der NBA zu verschmelzen. Ungefähr so, wie es die American Football League mit der NFL im Jahr zuvor bewerkstelligt hatte.

Wie auf einer Rinderauktion wurden die Vereine potenziellen Käufern angepriesen, wobei Preise von gerade einmal 5000 Dollar aufgerufen wurden – ein Schnäppchen im Vergleich zu den etwa 1,5 Millionen, die für Mannschaften der NBA auf den Tisch geblättert werden mussten. Schnell waren elf über das ganze Land verteilte Teams (eins weniger als die zwölf der NBA) zusammengestellt und die Liste neuer Eigentümer reichte vom Fuhrunternehmer bis zum Entertainer Pat Boone.

Murphys genialster Schachzug bestand darin, George Mikan – den Inbegriff der Glaubwürdigkeit – als Commissioner einzusetzen. Da er kurzsichtig war und auf dem Platz eine Brille getragen hatte, hatte er oft Probleme gehabt, den in der NBA gebräuchlichen braunen Lederball zu erkennen. Daraus entstand Mikans Idee mit dem rot-weiß-blauen Ball. Auf einer Pressekonferenz im Summit Hotel in New York präsentierte er den auffälligen Ball und verkündete weitere Alleinstellungsmerkmale der neuen Liga, insbesondere die Drei-Punkte-Linie oder den »Home Run«, wie er es nannte.

»Von dem Moment an, in dem dieser rot, weiß und blau gestreifte Ball zum ersten Mal in die Luft geworfen wurde, dachten wir, dass die ABA eine Liga von Sonderlingen sei, eine Art Spaß-Liga«, so NBA Center Wayne Embry. »Ich hielt sie für einen Zirkus.«

»Wir waren Sonderlinge, ja und?«, sagte Julius Erving, dessen ungezähmter Afro und spektakuläre Luftakrobatik der ABA ihre ganz eigene Charakteristik verlieh. »Was ist falsch an ein wenig Experimentierfreudigkeit und daran, dass Individuen sich in einer Mannschaftssportart verwirklichen?«

So ganz unrecht hatte Embry natürlich nicht. Die ABA war ein Zirkus. Dies machte einen Teil ihrer Anziehungskraft aus.

Die junge Liga war ein Magnet für exzentrische, freigeistige Charaktere, unter denen sich Stars befanden wie Fly Williams, Darnell »Dr. Dunk« Hillman (dessen Haupt der voluminöseste Afro der ABA schmückte), Levern »Jelly« Tart und Marvin »Bad News« Barnes, der sich einmal weigerte, ein Flugzeug zu betreten, dessen Enddestination in einer unterschiedlichen Zeitzone lag (»Ich setz mich in keine Zeitmaschine«, sagte er).

Regeln wurden spontan aufgestellt und Spieler wechselten regelmäßig und ohne Vorankündigung Vereine. So gut wie immer mit der Begründung, neue Fans in die Spielstätten locken zu wollen.

Es wurde alles versucht, um Tickets an den Mann zu bringen. Während die NBA einfach nur die Namen der am Abend aufeinandertreffenden Teams aushängen musste, bemühte sich die ABA um etwas kreativere Ansätze. So wurde sie zur Liga, wo man vor dem Spiel einem Willie-Nelson-Konzert beiwohnen und in der Halbzeit einen Wettbewerb im Kühemelken bestaunen konnte. Wo Victor, der ringende Bär, es mit allen Herausforderern aufnahm und regelmäßig Werbeveranstaltungen wie Denvers »Halter Top Night« (bei der weibliche Zuschauer schulterfreie Tops tragen sollten) stattfanden.

Es herrschte das Gesetz der Straße. In einer Liga, in der notorische Rabauken, die nicht einmal die Umkleideräume der NBA hätten betreten dürfen, am Werk waren – allen voran John Brisker, Warren Jabali und Wendell Ladner – war es nichts Ungewöhnliches, wenn Coaches Kopfgelder auf gegnerische Spieler aussetzten – knock einen von den bösen Jungs

Spieler der New York Nets und Denver Nuggets beim Kampf um einen Rebound im Nassau Coliseum in Uniondale, New York

der ABA aus und verdiene dir damit noch fix was nebenbei. Der Forward der Dallas Chaparrals, Lenny Chappell, wartete nicht einmal bis zum Beginn der Partie: Während des Tip-Offs in der Begegnung gegen die Pittsburgh Condors richteten sich alle Augen auf den emporsteigenden Ball, was von Chappell dazu genutzt wurde, sich aufzubäumen und den unvorbereiteten John Brisker mit einem langen Haken auf die Bretter zu schicken. Dies brachte ihm satte 500 Dollar ein.

In Salt Lake City gab es die »John Brisker Intimidation Night« (»John Brisker Einschüchterungsabend«), die gewaltig dazu beitrug, seinen mythischen Status als härtesten Typen der ABA zu untermauern. »Nur für den Fall, dass der stämmige, manchmal schlecht gelaunte Forward der Pittsburgh Condors heute Abend außer Kontrolle gerät, hat sein Management bereits vorgesorgt. Fünf der besten Boxer aus der Region werden bei der heutigen Begegnung um das Spielfeld herum platziert sein«, so stand es im ausgelegten Programmheft zu lesen. Verglichen mit der NBA handelte es sich bei der ABA um kaum mehr als einen Nebenschauplatz – den Wilden Westen des Basketballs. Was allerdings nicht ignoriert werden konnte, war die Art und Weise, in der sich das Spiel auf den Courts der ABA umformierte. Die Drei-Punkte-Linie sorgte nicht nur für ein spannenderes Spiel – Teams wurden dadurch in die Lage versetzt, Rückstände aufzuholen und wieder ins Match zurückzufinden –, sie hatte auch eine Öffnung der Court-Mitte zur Folge, was Spielern wie Erving die Möglichkeit gab, ihre Athletik und ihr Improvisationstalent zur Schau zu stellen. Die Spieler wurden dazu ermuntert, ihre persönlichen Grenzen auszuloten und ihr Handwerk stilvoll auszuüben.

Die NBA richtete Wettkämpfe aus, die ABA zog eine Show ab. Während in der NBA lehrbuchartige Bodenpässe gespielt wurden, zeigte man in der ABA blind oder hinter dem Rücken gespielte Pässe. Es war ein Aufeinandertreffen von Style gegen Handwerk. Cool gegen spießig. Jazz gegen Klassik. Stand die NBA für Lawrence Welk, so repräsentierte die ABA Little Richard.

In den späten 1960ern gehörte die NBA den Center-Spielern: Russell, Chamberlain, Unseld, Thurmond, Reed. Jede Auswahl, die etwas auf sich hielt, konnte eine Berühmtheit als Center vorweisen. Die ABA wiederum setzte vor allem in ihren Anfangstagen auf die Guards. Das höhere Tempo, kombiniert mit einer Schwerpunktsetzung auf Distanzwürfe, gab auch den kleineren Spielern die Gelegenheit, im Rampenlicht zu stehen, und machte aus Athleten wie Louie Dampier, dem 1,83 Meter großen Guard und besten ABA-Schützen aller Zeiten, echte Stars.

Dampier, der mit einer Frequenz, die selbst Steph Curry alt aussehen lassen würde, einen Dreier nach dem anderen versenkte, war ein College-Star an der University of Kentucky gewesen. Ausgewählt in der vierten Runde des NBA-Drafts von 1967, entschied er sich für die ABA und verstärkte die Auswahl der Kentucky Colonels in ihrer ersten Saison. Weitere Spieler folgten seinem Beispiel und versuchten ihr Glück in der ABA – nicht nur, aber auch wegen der lukrativeren Gehaltschecks (obwohl es Fälle gab – Jim McDaniels beispielsweise –, in denen das Kleingedruckte offenbarte, dass das Gehalt über einen Zeitraum von 25 Jahren ausgezahlt würde).

Die Mehrheit der ABA-Aspiranten indes stand nicht vor dem Luxusproblem, sich die Liga aussuchen zu können. Bei ihnen handelte es sich um Verstoßene der NBA und Basketball-Nomaden. Wie zum Beispiel Connie Hawkins, Überflieger an der Brooklyn Highschool, der wegen eines angeblichen Wettskandals in seinem Erstsemester von der NBA ausgeschlossen worden war. Irrelevant, sagte die ABA, Hauptsache Talent. Eine Liga, die noch grün hinter den Ohren war, brauchte davon so viel wie irgend möglich. Hawkins wurde von den Pittsburgh Pipers unter Vertrag genommen, mit denen er einen Meisterschaftstitel gewann und zum ersten MVP der ABA gekrönt wurde.

»Die junge Liga wird sich mit dem begnügen müssen, was sie kriegen kann – die etwas zu Kleinen oder etwas zu Alten, die mit bisher unerfülltem Potenzial und die Ausrangierten«, war in einem Artikel der *Sports Illustrated* von 1967 zu lesen. Freilich gab es Ausnahmen. Rick Barry zum Beispiel, aufstrebender Star bei den San Francisco Warriors der NBA, der im All-Star Game von 1966 38 Punkte erzielte und im Jahr darauf die Seiten wechselte und für die Oakland Oaks der ABA auflief. Artis Gilmore, 2,18 Meter großer MVP der ABA, gab der NBA den Laufpass und zog es vor, einen noch nie da gewesenen Deal über 2,5 Millionen Dollar mit den Colonels abzuschließen, einem der wenigen Vereine der ABA, die auf ein stabiles Fundament gebaut waren.

Sogar Wilt Chamberlain hatte einen kurzen Auftritt in der ABA, als er 1973 – nach seinem Rücktritt – Coach der San Diego Conquistadors wurde. (Als Arbeitskleidung bevorzugte er dabei Hemden mit Schmetterlingskragen und Sandalen.)

Und dann waren da noch diejenigen, die ihre steile Karriere, die sie bis in die Hall of Fame führen sollte, in der ABA begannen und beim Zusammenschluss der beiden Ligen im Jahr 1976 zu festen Größen des Ballsports wurden. Erving war der Superstar in einer Gruppe von Ausnahmeathleten wie George Gervin, Spencer Haywood, David Thompson, George McGinnis und Moses Malone, zukünftiger MVP der NBA-Finals. Malone war der erste Sportler, der direkt aus der Highschool in ein Profiteam wechselte, als er 1973 von den Utah Stars rekrutiert wurde. Damit machte er den Weg frei für Kaliber wie Kevin Garnett, Kobe Bryant und LeBron James, die ihm Jahrzehnte später folgen sollten.

Mitte der 1970er verfügte die Liga über einen großen, stetig wachsenden Pool an äußerst talentierten Spielern, die es problemlos mit der NBA aufnehmen konnten. Bei Schaukämpfen zwischen den beiden Ligen ging die ABA öfter als Sieger hervor als die NBA.

Die ABA spiegelte den Style der späten 60er- und frühen 70er-Jahre wider. Afros, Koteletten, Oberlippenbärte, Nerzmäntel und Schlaghosen gehörten genauso zum gängigen Outfit wie die schrillen und originellen Trikots, die die Spieler trugen. Das Spiel war frei und unkonventionell – Basketball wie von George Clinton dirigiert.

Die ABA war zwar auf besondere Weise mit ihrer kleinen, aber treuen Fangemeinde verbunden, bildete aber weiterhin lediglich ein Hintergrundrauschen in der amerikanischen Sportkultur. Die Athleten der ABA waren überzeugt, ihre Pendants bei der NBA in den Schatten stellen zu können, doch dies war ohne die Unterstützung des Fernsehens, wie sie ihre Kollegen bei der NBA genossen, äußerst schwierig. Die Einzigen, denen sie ihre Künste darbieten konnten, waren die Zuschauer, die zu den Livebegegnungen kamen – an manchen Abenden derart wenige, dass die Spieler sie beim Abspielen der Nationalhymne zählen konnten.

Die ABA war die »unsichtbare Liga«. Selbst Jahre später, als die Zuschauerzahlen stiegen – wobei die meisten wegen Erving kamen –, war die League in der Öffentlichkeit immer noch nicht präsent genug, um Gewinne abzuwerfen oder die Vormachtstellung der NBA auch nur ansatzweise zu gefährden. Im Jahr 1976 war ein Zusammenschluss mit der NBA der einzige Weg, um am Leben zu bleiben. Vier Teams der ABA – die San Antonio Spurs, Denver Nuggets, Indiana Pacers und New York Nets – verließen das sinkende Schiff und wechselten zur NBA.

Erst nach ihrem Untergang sollte die ABA Anerkennung erhalten. Sie brachte dem Sport nicht nur die Drei-Punkte-Linie, sie war auch die Liga, in der Blocks, Steals und Turnovers zum ersten Mal in Statistiken festgehalten wurden. Die Liga, in der Leute aus der Unterschicht ihre Chance bekamen und der Slam Dunk Contest ins Leben gerufen wurde. Ohne die ABA gäbe es Basketball, so wie wir ihn heute kennen und lieben, nicht.

Nicht schlecht für eine Spaß-Liga.

KEINE SPASS-LIGA

Auswahl einiger ABA-Werbeaktionen
- Victor, der ringende Bär
- »Halter Top Night« in Denver
- John-Brisker-Einschüchterungsabend
- Ein Brettspiel als Werbegeschenk
- »Buhruf-Festival« der Miami Floridians
- Indys Kuhmelk-Wettbewerb
- Ziggy, der Hund
- »Dancin' Harry« gegen »Robota, the Wicked Witch of the West«
- Nacht der Playboy-Häschen
- Glen Campbell LIVE!

Rick Barry bei seinem ersten Spiel in der ABA am 18. Oktober 1968

Wilt Chamberlain versucht in den Playoffs 1969, an Bill Russell vorbeizukommen.

1969
»FELTON, NORMAN HIER«

William Felton Russell und Wilton Norman Chamberlain waren zwei Giganten, deren Laufbahnen absolut einzigartig und doch ständig miteinander verbunden waren. Zwischen 1958 und 1968 brachten sie es zusammengenommen auf neun Auszeichnungen zum MVP. Sie sind nach wie vor die beiden einzigen Spieler, die in ihrer Karriere jeweils über 20 000 Rebounds ergattern konnten. In der Saison 1961–62, als Wilt durchschnittlich 50 Punkte pro Spiel machte, lag er bei der Wahl zum MVP auf dem zweiten Platz direkt hinter Russell.

Das ungleiche Paar brachte die NBA in die Wohnzimmer der Amerikaner, die von den auf Augenhöhe gegeneinander kämpfenden Kolossen fasziniert waren. Ihre Rivalität hatte einen höheren Stellenwert als das Spiel. »Es nahm biblische Ausmaße an«, sagte Dolph Schayes. Teamgeist gegen Einzelkämpfer. Selbstlos gegen selbstsüchtig. Gut gegen Böse.

Die Wege der beiden sollten sich schon früh kreuzen. Wäre es nach Celtics-Coach Red Auerbach gegangen, hätten die zwei dieselben Mannschaftsfarben getragen. Bevor das territoriale Draft-Verfahren im Jahr 1965 abgeschafft wurde, hatten Vereine oft das Vorrecht auf örtliche College-Stars. Red, der Wilt zu seinen Highschool-Zeiten über die Sommermonate hinweg im Kutsher's Resort gecoacht hatte, wollte ihn dazu überreden, nach Harvard zu gehen, sodass die Celtics ihn draften konnten. Wilt war immer der festen Überzeugung, dass Auerbach sich hintergangen fühlte, als er stattdessen an die Kansas University ging. Dies, so Wilt, sei der Grund dafür gewesen, dass Red so viel Zeit damit verbracht hätte, vor der Presse über sein Spiel herzuziehen und das von Russell überschwänglich zu loben.

Im Jahr 1959 stieß der 23-jährige Chamberlain zur NBA und betrat damit eine Welt, in der der 24-jährige Russell das Sagen hatte. Wilt war für Russell der erste ernst zu nehmende Gegner, seit dieser zwei Spielzeiten zuvor der Liga beigetreten war. Wilt war über zehn Zentimeter größer und gute dreißig Kilo schwerer als Russell, war geschickter im Umgang mit dem Ball und niemand haute den Dunk mit solch Furcht einflößender Wucht in den Korb wie er. Sollte es überhaupt ein menschliches Wesen auf Erden geben, das seinen Dunk blocken könnte, dann Russell.

Bills Teamkameraden meinen sich zu erinnern, dass Chamberlain ihn in ihrem ersten Aufeinandertreffen am 22. November 1959 »zerstörte«. In Wahrheit hielt Russell Wilt davon ab, mehr als 30 Punkte in einem Spiel zu machen, das an die Celtics ging. Es stand jedoch außer Frage, dass der »Big Dipper« für Russell mit Abstand die größte Herausforderung seiner Karriere bedeutete. In zwölf Partien gegen Russells Celtics gelangen Wilt in seinem Jahr als Rookie durchschnittlich 40 Punkte und 30 Rebounds.

Abseits des Spielfelds waren sie gute Freunde. In Russells erstem Jahr bei den Celtics nahm der gesellige Chamberlain, damals Student im zweiten Jahr an der Kansas University, Kontakt zu ihm auf. Ihre Freundschaft hatte

Bill Russell erkämpft 1967 gegen Wilt Chamberlain einen Rebound.

Bestand. Als die Celtics einmal in Philly antraten, lud Wilt Bill zu sich nach Hause ein, wo seine Mutter Olivia für sie kochte.

In der Öffentlichkeit wurden sie natürlich miteinander verglichen. Ihre Unterschiedlichkeit war alles, worüber die Leute redeten. Chamberlain war der böse Junge, Russell der Held. Chamberlain kümmerte sich mehr um seine Statistiken, Russell um seine Mannschaft. Chamberlain war ein notorischer Junggeselle, der in seiner Freizeit allein durch die Lande tingelte, Russell galt als Familienmensch, der gern mit seinen Teamkameraden abhing. Chamberlain wollte auf Biegen und Brechen geliebt werden, Russell war völlig egal, was die Leute von ihm dachten. Wilt verließ sich auf sein Talent, Russell hingegen arbeitete hart für den Erfolg.

Bob Cousy brachte es auf den Punkt: »Hätte er [Wilt] nur ein Drittel von Russells Willenskraft, Gott bewahre …«

Chamberlain spielte die Rivalität herunter. »Ich trat gegen Teams an, nicht gegen einzelne Spieler. Russell war einfach einer der Spieler, gegen die ich antrat«, sagte er. Doch die Vergleiche hörten niemals auf.

Russells Celtics eliminierten Chamberlains Mannschaften siebenmal in den Playoffs – davon zweimal in den Finals. In den Playoffs von 1965 erzielte Chamberlain im Schnitt über 30 Punkte und ebenso viele Rebounds und dominierte das Aufeinandertreffen mit Russell in der zweiten Runde. In der Endphase des siebten Spiels setzte sich Wilt mit einem Dunk gegen Russell durch und der folgende Einwurf bedeutete für Wilts 76er die Möglichkeit zum Sieg. Es war dann John Havlicek, der Guard der Celtics, der sich unsterblich machte, als er beim letzten Ballbesitz der 76er den Ball eroberte und seiner Mannschaft damit den Triumph bescherte.

In jenem Sommer wurde Chamberlain zum ersten Spieler, dem ein Vertrag über 100 000 Dollar angeboten wurde. Als Russell dies hörte, verlangte er 100 001 Dollar von seinem Arbeitgeber. Er sollte sie bekommen.

Im Jahr 1967 drehte Wilt den Spieß herum: Auf dem Weg zu seinem ersten Meisterschaftstitel verwies er Russell mit seinen Celtics auf die Plätze. Die zwei sollten sich in den Finals von 1969 wiedersehen, mittlerweile spielte Chamberlain für die Los Angeles Lakers. Aufgrund einer Knieverletzung musste Wilt im siebten Spiel das Feld verlassen. Er wollte unbedingt zurück ins Spiel, doch sein Coach ließ ihn während der zweiten Hälfte auf der Bank, womit er dazu verdammt war zuzusehen, wie Russell und seine Celtics wieder einmal über seine Mannschaft triumphierten.

Nach der Begegnung wurde Russell von einem Reporter unterstellt, dass Chamberlains Abwesenheit zum Sieg der Celtics beigetragen hätte. Erbost von dieser Behauptung, stänkerte Russell, dass er im Gegensatz zu Wilt schon auf dem Sterbebett liegen müsse, um eine Partie dieser Größenordnung zu verpassen. Diese Aussage verletzte Chamberlain sehr und die beiden sollten jahrelang nicht miteinander sprechen, bis Russell sich schließlich bei ihm entschuldigte.

Die beiden standen sich 143-mal auf dem Court gegenüber, kannten sich in- und auswendig. Russell ließ Chamberlain oft ganz bewusst punkten. Je mehr Körbe Wilt machte, stellte Bill fest, desto weniger bewegten sich seine Mannschaftskameraden, in ehrfürchtigem Staunen. Wilt versuchte, Bill zum Foulspiel zu nötigen, was Auerbach dazu bringen sollte, ihn von Wilt abzuziehen und diesem einen anderen Celtics Guard gegenüberzustellen.

»Ich habe mich oft gefragt, ob Russell bewusst war, dass er zu einem Rollenspieler degradiert wurde«, sagte Chamberlain. Genau das war es allerdings, was Russells Genie ausmachte. Er machte einfach das, was nötig war, um den Sieg davonzutragen.

Der Unterschied zwischen ihnen liege darin, dass Wilts Mannschaftskameraden »ihn mit Bällen füttern müssen, während ich mein Team mit Bällen füttere«, so Russell.

»Auf Russell konntest du dich jeden Abend zu 100 Prozent verlassen«, sagte Havlicek über ihn. »Wilt jedoch ließ sich zu Aussagen hinreißen wie: ›Heute Abend mach ich 60 Punkte oder schaffe 40 Rebounds oder 20 Assists.‹ Er war besessen davon, es irgendwelchen Leuten, die ihn anzweifelten, zu zeigen. Russell ließ sich auf so etwas erst gar nicht ein.«

Bill Russell wusste nur zu gut, was über sie beide so alles erzählt wurde. Nachdem er ein Jahrzehnt lang gegen ihn angetreten war, wusste er aber auch ganz genau, was für ein absoluter Ausnahmespieler Chamberlain war. »Weißt du, Wilt«, sagte er ihm immer, »ich bin der Einzige, der wirklich verstanden hat, wie gut du bist.«

Bei ihren Aufeinandertreffen schaffte Wilt es 26-mal, 40 oder mehr Punkte gegen Bill zu erzielen.

»Wilt und ich waren keine Konkurrenten«, so Russell. »Bei einem Konkurrenzkampf gibt es immer einen Sieger und einen Verlierer. Ein Verlierer war er nie.«

Ihre Freundschaft wurde erneuert, nachdem beide ihrer Profikarriere beendet hatten. Auf ihre alten Tage hielten sie Kontakt. Russell tauschte sein Trikot gegen einen altmodischen Hemd-und-Pullover-Look ein. Sein schon früh ergrautes Haar wurde von einer abgetragenen Baseballkappe verdeckt. Wilt bekam langsam eine Glatze, trug Sonnenbrille und einen pechschwarzen Ziegenbart und stellte seinen immer noch beeindruckenden Körper unter einem eng anliegenden T-Shirt zur Schau.

Sie pflegten sich gegenseitig anzurufen und stundenlang zu quatschen. Für gewöhnlich hinterließ Russell eine Nachricht auf Chamberlains Anrufbeantworter: »Wilton Norman Chamberlain, hier spricht William Felton Russell.«

Darauf rief Wilt ihn zurück und sagte: »Felton, Norman hier.«

Sie schwelgten in Erinnerungen, wobei Wilt sich immer über den Hype beschwerte, der um die aktuellen Stars betrieben wurde. »Kannst du diesen Scheiß glauben?«, fragte er seinen Freund, nachdem er eine Coverstory von *Sports Illustrated* gelesen hatte, in der es darum ging, ob Dennis Rodman der beste Rebounder aller Zeiten sei. Russell antwortete mit seinem berühmten Lachen, das eher einem hohen Heulton glich. »Wen interessiert dieser Mist schon?«, sagte er.

»Felton«, pflegte Wilt zu sagen, »du hast elf Ringe und nur zehn Finger. Warum gibst du mir nicht einen davon ab?« Und Russell erinnerte Wilt dann daran, dass er vor langer Zeit seine Chance gehabt hätte.

NBA-RIVALEN

Die Rivalität zwischen Wilt und Russell war einmalig, aber es gab in der NBA noch weitere berühmte Konkurrenzkämpfe:
- Bob Pettit gegen Dolph Schayes
- Walt Frazier gegen Jerry West
- Isiah Thomas gegen Michael Jordan
- Magic gegen Larry
- Shaq gegen Duncan
- LeBron gegen Kevin Durant

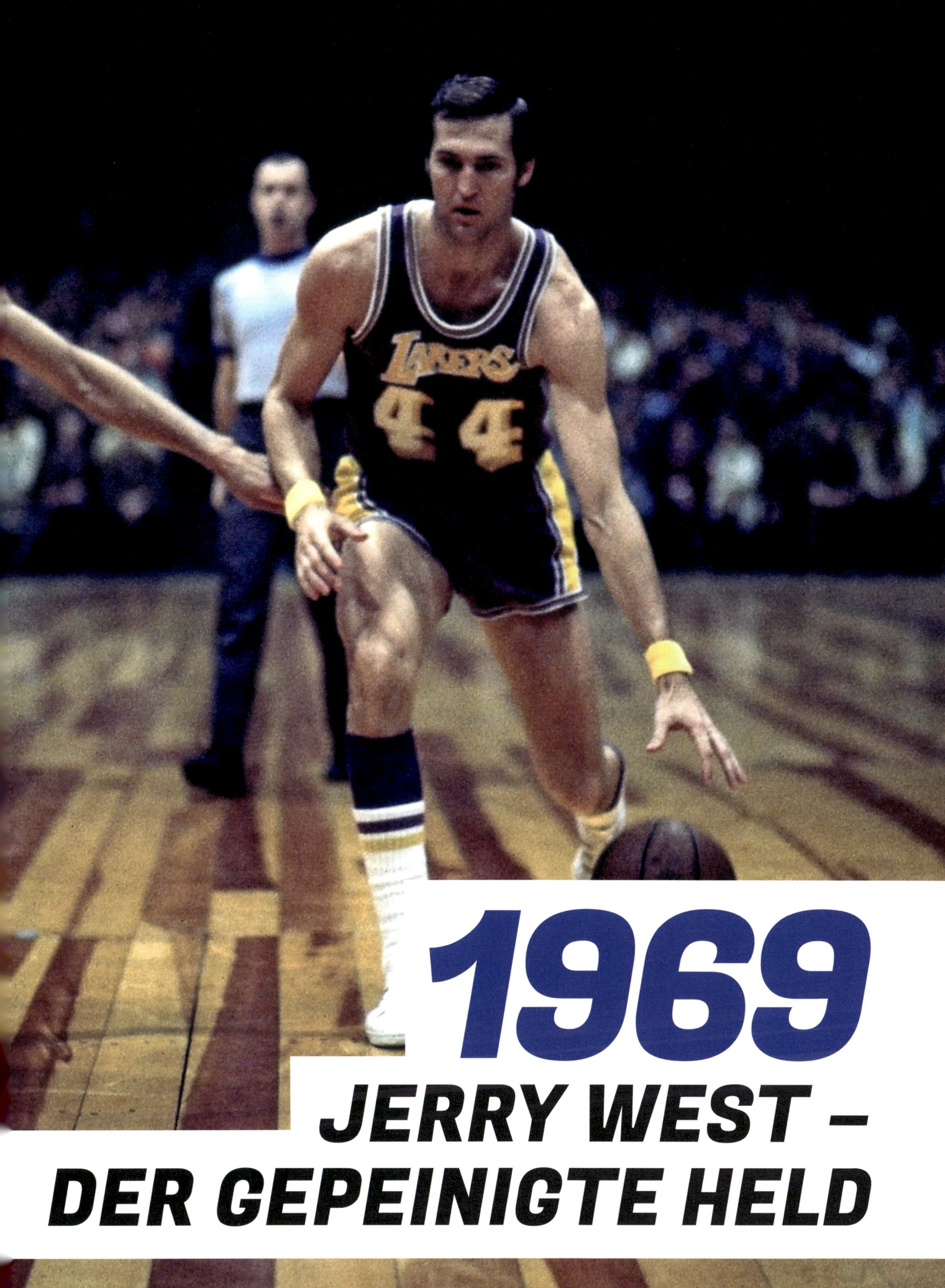

1969
JERRY WEST – DER GEPEINIGTE HELD

Jerry West bei einem Täuschungsmanöver gegen Willis Reed von den New York Knicks in den Anfangsminuten des ersten Spiels der NBA-Finals von 1973

Ein nasser, matschiger Ball springt von einem schmutzigen Boden ab. Ein Junge wirft ohne Unterlass auf einen selbst gezimmerten Korb, der mit einem Nagel am Nachbarschuppen befestigt ist. Von den unzähligen Stunden, die er damit verbracht hat, seine Kunst zu perfektionieren, sind seine Finger blutig und mit Blasen übersät. »Das war kein Training«, wird er später einmal sagen, »ich hatte einfach Angst, nach Hause zu gehen.«

Auf die Abenddämmerung folgt die Dunkelheit und der Junge weigert sich immer noch, ins Haus zu gehen. Hier draußen, allein, umgeben von den Bergwäldern West Virginias, fühlt er sich wohl. »Drei … Zwei … Eins«, zählt er im Geiste runter. Wurf.

Wenn Jerry West diese Spiele in seinem Kopf durchging, gewann er immer. Mit zunehmendem Alter hingegen sind es die Niederlagen, die ihn verfolgen.

»Ich fühlte nie diese Erfüllung, wenn wir gewannen«, sagte West lange, nachdem er seine Laufbahn beendet hatte. »Ich konnte immer nur an all die Spiele denken, die wir verloren hatten. Die werden mich bis zu meinem Tod verfolgen.«

Im Laufe seiner 14-jährigen Karriere – die er ausschließlich bei den Los Angeles Lakers verbrachte – stand West neunmal in den Finals der NBA. Davon war ihm nur ein einziges Mal der Sieg vergönnt. Warum? Schlechtes Timing. Als West der Liga im Jahr 1960 beitrat, waren Bill Russells Boston Celtics gerade auf der Überholspur und mittendrin in einer Erfolgsserie, die ihnen in 13 Jahren elf Meisterschaftstitel einbringen sollte. Sechsmal mussten sich Wests Lakers mit Boston in den Finals messen – und genauso oft mit dem zweiten Platz begnügen.

Man könnte anführen, dass West sein Team zu den Finals führte, von deren Erreichen die meisten Spieler höchstens träumen durften. Oder das einige der legendärsten Buzzer Beater aller Zeiten auf sein Konto gehen. Dass er als Spieler mehr als 700 Siege verzeichnete. Dass sein Jump Shot als der makelloseste auf dem Planeten galt. Dass er mit insgesamt durchschnittlich 27,03 erzielten Punkten pro Spiel Rang fünf in der Geschichte der NBA einnimmt. Dass seine 46,3 in einer Playoff-Runde erzielten Punkte pro Spiel einen Rekord markierten. Dass er in jedem Jahr, in dem er spielte, zum All-Star Game eingeladen wurde. Oder dass er solch einen Kultstatus hatte, dass die NBA seine Silhouette im Jahr 1969 als Vorlage für ihr Logo benutzte und seitdem nichts mehr daran geändert hat.

Rückblickend sieht West seine Karriere als vergeudet an. Aus diesem Grund hat er den Ruf, nicht nur einer der Besten der NBA gewesen zu sein, sondern auch der Traurigste.

West wuchs in bitterarmen Verhältnissen in Chelyan, West Virginia (Einwohnerzahl im Jahr 2010: 776), einer Minenarbeiterstadt, auf. Seine Kindheit verbrachte er in Einsamkeit. Sein Vater war ein Grubenarbeiter, der nach einem langen Tag in der Mine nach Hause kam und seinen Frust an seinen Kindern abarbeitete, indem er sie unbarmherzig schlug. Als West zwölf Jahre alt war, fiel sein älterer, von ihm vergötterter Bruder David im Koreakrieg. Die Misshandlungen zu Hause wurden schlimmer. »Der falsche Sohn ist gestorben«, begann West sich selbst einzureden.

Derart schüchtern, dass er Fremden gegenüber so gut wie kein Wort herausbrachte, zog West sich in seine eigene Welt zurück, die aus einem äußerst notdürftig errichteten Court bestand. Wenn es kalt wurde, trug er Handschuhe, nichts konnte ihn vom Dribbeln abhalten. Widmete er seine Zeit gerade einmal nicht dem Ball, rannte er mit einer gewaltigen Wut im Bauch durch die Schluchten am Fuße der nahe gelegenen Bergkette. Einmal war er von den vielen Stunden, die er draußen verbracht hatte, so erschöpft, dass ihm Vitaminspritzen verabreicht werden mussten.

Nach einer Kindheit, die ihn gezeichnet, isoliert und verschlossen zurückgelassen hatte, war der Basketball-Court für ihn ein Zufluchtsort. In der Highschool schaffte er es ins Basketballteam, da er jedoch kleiner als seine Mitspieler war, fristete er ein Dasein auf der Ersatzbank. Im Sommer vor seinem vierten Highschool-Jahr schoss er gute 15 Zentimeter in die Höhe, stellte einen landesweiten Schützenrekord und führte sein Team zum Gewinn der Landesmeisterschaft von 1956. Er blieb weiterhin in seiner Heimat, besuchte die West Virginia University, wo er zu einer Legende wurde, als er im vierten Studienjahr im Schnitt 29,3 Punkte pro Spiel erzielte – noch bevor es die Drei-Punkte-Linie gab – und West Virginia zum NCAA-Finalspiel führte.

Als West im Jahr 1960 sein Studium abschloss, wurde die NBA von den wirklich großen Jungs dominiert. Überlebensgroße Center-Spieler wie Russell und Chamberlain waren Publikumsmagneten und hielten die Liga am Laufen. Dies änderte sich in dem Moment, in dem West, der Second Overall Pick des Drafts von 1960, zusammen mit Oscar Robertson, dem First Overall Pick, auf dem Parkett erschien. Die zwei talentierten Guards hatten bereits landesweite Berühmtheit erlangt, als sie im Jahr 1960 federführend dem Team der Vereinigten Staaten zu olympischem Gold verholfen hatten.

In Los Angeles wurde West sofort zu einem Star. Er bildete mit Elgin Baylor ein legendäres Duo – West war »Mr Outside«, Baylor »Mr Inside« –, das den Profibasketball in Kalifornien populär machte.

Basketball war für West weit mehr als nur ein Spiel. Für ihn bedeutete es Heilung. Deshalb war Gewinnen wichtiger als alles andere und zu verlieren war die Hölle.

In seinem Rookie-Jahr war die Bilanz von Los Angeles mit 36 Siegen zu 43 Niederlagen nicht gerade rosig. Für West war dies die erste Spielzeit, in der er mehr Spiele verlor als gewann – kein gutes Gefühl. »Ich hatte große Angst, einen Fehler zu machen«, sagte er über seinen ersten Einsatz in der NBA, »da ich weder dem Team noch mir selbst schaden wollte.« In der Saison darauf sollte es dann klick machen. Wests Punktedurchschnitt sprang von 17,6 im Rookie-Jahr auf 30,8 pro Partie. Baylor machte in dieser Spielzeit im Schnitt 38 Punkte pro Spiel und die Lakers hatten im Jahr 1962 zum ersten Mal das Vergnügen, im Finale auf die mächtigen Celtics zu treffen.

In den Finals stand es mit 1-1 unentschieden, als West in der letzten Minute des dritten Spiels vier Punkte hintereinander erzielte und damit für einen Gleichstand sorgte. Drei Sekunden waren noch zu spielen, als Boston Einwurf hatte. West fing einen Pass von Celtics-Guard Sam Jones ab, rannte den ganzen Court hinunter und machte mit dem Buzzer durch einen Korbleger den Siegtreffer. Exakt so, wie er es in seiner Kindheit schon Tausende Male in seinem Kopf durchgespielt hatte. Es war diese Aktion, die ihm den Spitznamen »Mr Clutch« einbrachte. Nichtsdestotrotz sollten die Celtics den Titel im entscheidenden siebten Spiel gewinnen.

In den folgenden sechs Spielzeiten erreichten die Lakers viermal das Finale – und verloren viermal.

Wests Obsession mit Niederlagen begann, sich negativ auszuwirken. In den Minuten vor einer Partie saß er allein in seinem Umkleidekabuff, starrte ins Leere und visualisierte seine Gegner, an denen er die Traumata seiner Kindheit abreagieren wollte. Beim Tip-Off war er bereits geistig ausgelaugt.

Nach Heimspielen stieg er in sein Auto und fuhr bis zum Morgengrauen ziellos durch die Nacht. Bei Auswärtsspielen lag er nachts schlaflos in seinem Hotelbett, ging Schlüsselmomente der Partie wieder und wieder durch. Für erlittene Niederlagen gab er stets sich selbst die Schuld. Damit trug er eine schwere Last auf den Schultern, die ihn auch außerhalb des Courts niederdrückte. Er klebte seine Jalousien mit Isolierband ab, um das Licht fernzuhalten – seine Gedanken jedoch ließen sich nicht ausblenden.

Wests Höllenqualen sollten ihren Höhepunkt in den Finals von 1969 finden, dem letzten Jahr, in dem Bill Russell als Profi spielte. In dieser Saison konnten die Lakers Wilt Chamberlain an Bord holen, der einzige Spieler, der Russell im Hinblick auf Körpergröße und Athletik Paroli bieten konnte. Mittlerweile hatten die Lakers in den Finals in acht Jahren sechsmal gegen die Celtics verloren und mit Wilt im Boot sah West seine Chance, das Blatt endlich zu wenden.

West war in den sieben Spielen brillant. Im ersten Aufeinandertreffen explodierte er förmlich, erzielte 53 Punkte und die Lakers gewannen die Partie mit zwei Punkten Vorsprung. Boston konnte ausgleichen und zwang die Lakers in ein siebtes Spiel, das in ihrer Heimatstadt ausgetragen werden sollte.

Trotz einer Verletzung am Oberschenkelmuskel, durch die ein Bein stark angeschwollen war und kaum sein Gewicht tragen konnte, zog West eines der unvergesslichsten Spiele aller Zeiten durch. Er spielte über die vollen 48 Minuten, erzielte 42 Punkte, ergatterte 13 Rebounds und führte 12 Assists aus. Die Celtics konnten die Zitterpartie jedoch mit einer Zwei-Punkte-Führung für sich entscheiden – wieder einmal. Diese Niederlage würde West nach eigener Aussage für immer verfolgen. Zum ersten und einzigen Mal in der Geschichtsschreibung der NBA wurde einem Spieler der Verlierermannschaft die Auszeichnung des Finals-MVP zuerkannt: Jerry West.

»Los Angeles mag die Finals verloren haben«, sagte Russell nach der Partie, »aber Jerry West ist trotzdem der Sieger für mich.«

Die Auszeichnung zum MVP war bedeutungslos für ihn. »Eine zweifelhafte Ehre«

nannte er sie. Zusätzlich zu dieser Ernennung schenkte man ihm noch ein neues Auto. Er dachte darüber nach, es mit Dynamit in die Luft zu sprengen.

»Ich wollte meine Laufbahn so unrühmlich wie irgend möglich beenden«, schrieb er in seiner Autobiografie *West by West: My Charmed, Tormented Life*.

Im Jahr darauf standen die Lakers erneut in den Finals, diesmal waren die Gegner die New York Knicks. Im dritten Spiel gelang West mit dem Buzzer ein atemberaubender Treffer aus über 18 Meter Entfernung; das Spiel ging in die Verlängerung. Doch die Lakers verloren die Partie und New York gewann die Meisterschaft – ein weiteres Mal, dass Wests Traum wie eine Seifenblase zerplatzte und einen dunklen Fleck in seiner Erinnerung hinterließ.

Im Jahr 1972 sollte der größte Wunsch des mittlerweile 34-jährigen West endlich in Erfüllung gehen.

Die Lakers stellten mit 69 Siegen innerhalb der regulären Saison einen NBA-Rekord auf, darunter eine Erfolgsserie von 33 hintereinander gewonnen Begegnungen. West blühte unter der Ägide des neuen Head Coaches Bill Sharman förmlich auf und führte die League zum ersten Mal bei den Assists an. In den Finals ließen sie den Knicks keine Chance. Doch selbst im Moment seines größten Triumphes war West nicht in der Lage, diesen voll auszukosten.

Nach nur neun Spielen in dieser Saison sah Baylor sich gezwungen, aufgrund einer Verletzung vom Basketball Abschied zu nehmen. Er war vom ersten Tag an Wests verlässlichster Freund und Teamkamerad in Los Angeles gewesen, gemeinsam hatten sie eine Dekade voller enttäuschender Erfahrungen in den Playoffs erlebt. West bezeichnete den Titelgewinn von 1972 ohne Baylor später als »eine der traurigsten Angelegenheiten, die ich je erleben musste«. Er brauchte fast eine Woche, bis er den Sieg genießen konnte. »Ist es die Sache wirklich wert, wenn man sich ständig so schlecht fühlt?«, fragte er sich selbst.

Zum Zeitpunkt seines Rücktritts im Jahr 1974 hatte sich West zu Wilt und Robertson hinzugesellt, als der dritte Spieler in der Geschichte der League, der die 25000-Punkte-Marke knacken konnte. Seine einzigartige Karriere fand ihr Ende indes nicht auf dem Court. Er wechselte ins Management, wo er sich sogar noch besser schlug als auf dem Platz. Als General Manager der Lakers gilt er als Architekt der »Showtime-Ära« der Lakers-

Jerry West posiert für ein Mannschaftsfoto im Jahr 1969.

Dynastie in den 1980er-Jahren. Im Jahr 1996 draftete er den Highschool-Absolventen Kobe Bryant und rekrutierte Shaquille O'Neal von den Orlando Magics. Als Berater für die Golden State Warriors setzte er sich dafür ein, dass diese Klay Thompson im Draft auswählten und Steve Kerr als Cheftrainer verpflichteten.

Alles zusammengerechnet, kann er sich als Führungskraft 27 Finalteilnahmen und 13 Meisterschaftstitel auf die Fahne schreiben.

Doch die Niederlagen, die er erlitt, werden ihn auf immer und ewig verfolgen.

Nach dem Ende seiner Spielerkarriere setzte West nie wieder einen Fuß in die Stadt Boston. Zu viele negative Erinnerungen. »Ich werde immer noch von diesen Niederlagen gequält.«

»Ich war der festen Überzeugung, als ewiger Verlierer abgestempelt zu werden«, schrieb er in seiner Autobiografie. »Die Leute werden sich fragen, wann der Heilungsprozess beginnt. Und ich werde ihnen antworten: Niemals.«

DIE MEISTEN TRIPLE-DOUBLES

1.	Kobe Bryant	4
	Bob Pettit	4
3.	LeBron James	3
	Michael Jordan	3
	Shaquille O'Neal	3
	Oscar Robertson	3

1969
DIE SCHLACHT UM LEW ALCINDOR

Der Scheck über eine Million Dollar befand sich in George Mikans Hosentasche. Das Treffen mit Lew Alcindor war für Frühjahr 1969 anberaumt. Operation Kingfish verlief nach Plan.

Alcindor, der 22-jährige Center, der seinen Namen später in Kareem Abdul-Jabbar ändern sollte, hatte gerade eine legendäre Amateurlaufbahn an der UCLA hinter sich. Sein himmelhoher unaufhaltsamer Skyhook, das Markenzeichen mit dem höchsten Wiedererkennungswert in der Geschichte des Basketballs, hatte den Bruins in den Jahren von 1967 bis 1969 zu drei aufeinander folgenden Meisterschaftstiteln verholfen. Der in New York City geborene Alcindor wurde in jeder dieser Spielzeiten zum College-Spieler des Jahres nominiert, mit durchschnittlich 26 Punkten und 15 Rebounds pro Partie.

Der 2,18 Meter große Hüne war derart dominant auf dem Court, dass die NCAA im Vorfeld seiner zweiten Spielzeit als Student das Dunking verbot, um den anderen Mannschaften überhaupt eine Chance zu geben. Seit seinen Tagen an der Power-Memorial-Academy-Highschool in Manhattan galt er als der vielversprechendste NBA-Anwärter aller Zeiten, hatte er seine Schule doch mit einer Erfolgsserie von 72 Siegen zur Landesmeisterschaft geführt und dadurch nationale Berühmtheit erlangt. Sogar in den Südstaaten, in denen eine strikte Rassentrennung herrschte, gab es Colleges, die versuchten, ihn anzuwerben.

Kareem Abdul-Jabbar bei seinem gefürchteten Hook Shot gegen die Lakers in den NBA-Finals von 1970

Von all den talentierten jungen Stars, die sich in den späten 1960ern entschieden, Profibasketballer zu werden – Walt Frazier, Wes Unsell, Dave Bing –, traute man nur Alcindor zu, die Liga auf seinen schmalen Schultern zu tragen.

Als Alcindor die UCLA im Jahr 1969 verließ, befand sich der Krieg zwischen der ABA und der NBA auf seinem Höhepunkt. Es ging um die Rekrutierung von jungen Talenten und die beiden Ligen versuchten alles, um sich gegenseitig die aussichtsreichsten Athleten abzuluchsen. Alcindor war der mit Abstand begehrteste. Die NBA würde mit Alcindor die Lücke schließen können, die Chamberlain, der seine besten Tage mittlerweile hinter sich hatte, hinterließ. Für die ABA stand noch weit mehr auf dem Spiel: Sollte er sich für sie entscheiden, würde sie als dauerhafte Zweitliga neben der NBA angesehen werden.

»Operation Kingfish«, wie sie von ABA-Führungskräften getauft wurde, hatte schon früh in Alcindors letzter Spielzeit an der UCLA begonnen. Die Liga machte es sich zur Aufgabe, so viel wie möglich über Alcindor herauszufinden. Sie engagierten Privatdetektive, die nicht nur ihn, sondern auch seine Familie und Freunde bespitzelten. Psychologen wurden damit beauftragt, ein Profil von dem turmhohen Center zu erstellen und herauszufinden, was ihn antrieb. Sie legten eine Liste seiner Vertrauenspersonen an.

Die Ergebnisse waren umfassend und zeichneten ein Bild von ihm, das sich mit den Jahren bestätigen sollte: Alcindor war sein eigener Herr. Im Jahr 1968 brachte die *Sports Illustrated* einen Artikel über ihn heraus mit der Überschrift: »Lewie – die Ein-Mann-Minderheit«. Er traf sich genau einmal mit Repräsentanten der jeweiligen Liga, um danach allein eine Entscheidung zu fällen. Er zog weder seine Eltern noch seinen Berater hinzu. Da ihm Loyalität äußerst wichtig war, stand außer Frage, dass sein Beschluss endgültig wäre.

Die ABA übertrug die Rechte an Alcindors Draft den New York Nets, weil sie dachten, es würde ihm gefallen, für seine Heimatstadt aufzulaufen. In der NBA hatten sich die Milwaukee Bucks die Rechte an ihm gesichert. Vorteil ABA. Bei der ABA war man sich im Klaren darüber, dass man ein Ausrufezeichen setzen musste. Sie versuchten, den schwer greifbaren Milliardär Howard Hughes davon zu überzeugen, eine gewaltige Summe Geld zur Verfügung zu stellen, um damit Alcindor unter Vertrag nehmen zu können und um ihn herum ein Team aufzubauen, das als Headliner in Los Angeles auflaufen könnte. Die Tatsache, dass Hughes sich nicht festlegen wollte, brachte die ABA indes nicht vom Kurs ab. Die Liga-Bosse verabredeten sich zu einem Treffen mit Alcindor in einem New Yorker Hotel. Vorsorglich hatten sie einen Scheck über eine Million Dollar ausgestellt, einen »Unterschriftsbonus«, der ihn an Ort und Stelle zu einem reichen Mann machen würde – etwas, das den Nachforschungen zufolge einen großen Stellenwert für den Giganten hatte. Obendrauf kauften sie seiner Mutter einen Nerzmantel, da die Recherchen ergeben hatten, dass sie schon immer einen haben wollte. Im Vorfeld des Meetings nahm George Mikan, der Commissioner der ABA, für sich in Anspruch, die Liga zu vertreten – von einem großartigen Center-Spieler zum anderen. Nur Arthur Brown, Inhaber der Nets, sollte noch anwesend sein. Der Plan sah vor, dass Mikan und Brown einfach in das Zimmer hineingehen und den Scheck auf den Tisch legen sollten.

Mikan steckte den Scheck in seine Tasche und ging zu Alcindor aufs Zimmer. Als sie ein paar Stunden später wieder herauskamen, befand sich der Scheck noch immer bei Mikan. »Wir hielten es nicht für notwendig, ihm gleich unser bestes Angebot zu unterbreiten«, informierte Mikan eine entsetzte ABA-Führungsriege. »Wir glauben, dass er noch einmal auf uns zukommt und wir den Scheck dann in der zweiten Gesprächsrunde einsetzen können.« Mikan hatte Alcindor ein Gehalt von einer Million Dollar für vier Jahre in der ABA angeboten.

Das Angebot der Bucks lautete: 1,4 Millionen Dollar für fünf Jahre NBA. Alcindors Wahl fiel auf Milwaukee.

Repräsentanten der ABA versuchten, Alcindor noch am selben Abend ausfindig zu machen, um ihm den Scheck zu überreichen. Dieser befand sich jedoch bereits auf dem Rückflug nach Los Angeles. Die ABA hatte ihre einmalige Chance vertan und Mikan wurde im Sommer von seinen Pflichten als Commissioner entbunden.

Die schlimmsten Befürchtungen der ABA-Funktionäre sollten sich in dem Moment bewahrheiten, in dem Alcindor anfing zu spielen. In seiner ersten Saison von 1969–70 erzielte er im Schnitt 28,8 Punkte pro Partie und wurde zum Rookie des Jahres gewählt. Er verbündete sich mit Oscar Robertson und bescherte den Bucks 56 Siege in dieser Spielzeit, im Gegensatz zu 27 in der Vorangegangenen.

Eine der längsten und hochkarätigsten Karrieren der NBA-Geschichte nahm ihren Lauf.

Sein Skyhook sollte sich im Profisport als mindestens so effektiv erweisen wie an der UCLA oder auf den Asphaltplätzen New Yorks, wo er ihm den letzten Feinschliff verliehen hatte. Er hatte den Hook Shot, Standardwurf eines jeden Centers, genommen und dessen Reichweite erhöht. Der Move vereinte Zweckmäßigkeit mit Anmut und lief jedes Mal gleich ab: Er ließ seinen Kontrahenten gute drei Meter vor dem Korb stehen und drehte sich weg, sodass sich sein riesiger Körper zwischen dem Verteidiger und dem Ball in seiner rechten Hand befand. Mit einer schwungvollen Bewegung schickte eine schnelle Bewegung aus dem Handgelenk den Ball über die Hände des Verteidigers hinweg direkt ins Netz.

»Wie blockt man den Skyhook?«, fragte man ihn im Jahr 2017. »Gar nicht«, war seine Antwort. Es war der Wurf, mit dem er 75 Prozent seiner Punkte machte.

Im Jahr 1971 führte der 24-jährige Alcindor Milwaukee zum ersten Meisterschaftstitel. In den Finals hatten sie die Baltimore Bullets mit 4-0 weggeputzt und damit ebenfalls die Lakers und Chamberlain demontiert – den Spieler, mit dem Lew verglichen wurde, seit er zum ersten Mal einen Ball in den Händen gehalten hatte. Innerhalb eines Monats nach dem Gewinn der Meisterschaft von 1971 änderte Alcindor seinen Namen offiziell in Kareem Abdul-Jabbar.

Abdul-Jabbar war seit jeher politisch engagiert gewesen. Im Jahr 1967, während des Vietnamkriegs, saß er in Cleveland mit am Tisch, als das berühmte Treffen amerikanischer Topathleten stattfand, bei dem es darum ging, Muhammad Ali bei seiner Kriegsdienstverweigerung zu unterstützen. Kareem war in der Gruppe der einzige Student zwischen lauter meinungsstarken Stars wie Ali, Bill Russell und Footballspieler Jim Brown.

Das Meeting veranlasste ihn, seine Teilnahme an den Olympischen Spielen von 1968 abzusagen, eine Entscheidung, die ihm sicherlich keine neuen Fans bescherte, seinen Ruf, dass ihm die öffentliche Meinung nicht besonders wichtig war, jedoch untermauerte. Abdul-Jabbar wurde immer berühmter, seine Auftritte auf den Courts der NBA legendär. Gleichzeitig wurde er immer unbeliebter, behandelte Reporter von oben herab. Seine Koteletten waren ebenso überdimensioniert wie seine Schutzbrille (ein Resultat von zu vielen gegnerischen Fingern, die sich beim Versuch, ihn

Willis Reed und Lew Alcindor strecken sich während der NBA-Playoffs von 1970 nach dem Ball.

irgendwie von seinem Skyhook abzuhalten, in seine Augen verirrt hatten). Eine chronische Migräne verstärkte den Eindruck noch, dass Abdul-Jabbar von seinen Fans nicht viel wissen wollte. Wie er es formulierte: »Ich bin der böseste der bösen Jungs.«

Nicht gerade beliebter machte er sich, als er Milwaukee bat, an einen anderen Verein verkauft zu werden. In einer überwiegend von Weißen besiedelten und eher ländlichen Gegend fühlte er sich als Afroamerikaner und Muslim isoliert. Sein Wunsch ging in Erfüllung, er wurde 1975 an die Los Angeles Lakers verkauft. Damit kehrte er zurück in die Stadt, in der er als College-Spieler ein Held gewesen war.

In L.A. spielte Kareem so genial, wie man es von ihm erwartet hatte, den Heldenstatus eines Julius Erving oder Pete Maravich erlangte er aber nicht. Erst als Magic Johnson im Jahr 1979 zu ihnen stieß und die Lakers-Dynastie der 80er ins Rollen brachte, stieg Abdul-Jabbars Ansehen in der Öffentlichkeit, die ihn jetzt als das Herzstück der Lakers betrachtete.

Es war jedoch offensichtlich, dass es ihm nie gelingen würde, seine vielen Kritiker zum Schweigen zu bringen – Leute, die mit dem Finger auf ihn zeigten und gleichzeitig darüber debattierten, ob nun er, Chamberlain oder Russell der beste Center aller Zeiten sei. Medien und Fans gleichermaßen verlangten nach einem Abdul-Jabbar, der Begegnungen so an sich riss, wie es seine Vorgänger getan hatten. Stattdessen entwickelte sich seine Dominanz aus dem Spielfluss heraus, wobei sein eleganter und berechnender Skyhook äußerst lässig anmutete. Als »unaufgeregt« beschrieben viele seine Art und Weise, Punkte zu sammeln.

Rookie Lew Alcindor wird von seinem Trainer Arnie Garber während eines medizinischen Check-ups im Jahr 1969 gemessen.

Nachdem die Lakers 1988 den Meisterschaftstitel erobert hatten, fing sein Stern an zu sinken. Seine Offensivrolle verblasste allmählich – hatte er in seinem ersten Jahr in L.A. noch 21 Schüsse pro Partie abgefeuert, sank seine Quote in dieser Saison auf elf. Früher war er der Laker gewesen, den man in kritischen Momenten anspielte, jetzt sah er den Ball in den Schlussminuten des siebten Spiels der 1988er-Finals gerade einmal.

Er vermochte immer noch, Einfluss auf das Spiel auszuüben, und wurde bis zu seinem Rücktritt mit 41 zu jedem All-Star Game außer einem eingeladen. »Was Kareem immer noch hat, ist Präsenz«, sagte ein gegnerischer Coach während seiner letzten Saison 1988–89 über ihn. »Er trägt zur Aura der Lakers bei.«

Zum Zeitpunkt seines Rücktritts hatte er 20 Spielzeiten, sechs Meisterschaftstitel, sechs Ernennungen zum MVP, elf Berufungen in das NBA-All-Defensive-Team und weitere unzählige Auszeichnungen vorzuweisen und hatte mit 38 387 Punkten Chamberlains ewigen Schützenrekord gebrochen.

Wir können nur vermuten, was für einen Krater der Einschlag des Kometen Abdul-Jabbar in der Welt des Basketballs hinterlassen hätte, wenn er anstatt nach Milwaukee zur ABA gegangen wäre. Sein Status als einer der größten Spieler, die die Welt je gesehen hat, steht aber außer Frage.

STAR WARS

NBA und ABA kämpften ständig um die Stars. Für viele Spieler war die ABA ein wichtiges Druckmittel bei Vertragsverhandlungen mit ihren NBA-Vereinen. Diese sahen die ABA zu Recht als potenzielle Gefahr an, die auf der Jagd nach ihren Talenten war. Es war nicht ungewöhnlich, Spieler der NBA, deren Vertrag sich dem Ende zuneigte, auf Zuschauertribünen der ABA zu sehen, so zum Beispiel Earl »the Pearl« Monroe von den Knicks. Damit machten sie ihren Bossen bei der NBA unmissverständlich klar, dass sie auch woanders willkommen wären.

1970 WIRD WILLIS REED SPIELEN?

Im Vorfeld des siebten Spiels der NBA-Finals von 1970 im Madison Square Garden hing genau diese Frage in der Luft.

Reed, Kapitän der New York Knicks, war in dieser Saison MVP der NBA. Der geschickte, stämmige 2,08 Meter große Center, der so breit wie hoch erschien, war in der Spielzeit 1969–70 außerdem der beste Schütze der Knicks. Er und Point Guard Walt »Clyde« Frazier hatten einer äußerst talentierten Truppe zu 60 Siegen und dem ersten Platz in der Eastern Conference verholfen.

Als sie in den Finals auf die Los Angeles Lakers mit lebenden Legenden wie Jerry West, Wilt Chamberlain und Elgin Baylor trafen, hatten die Knicks die Favoritenrolle inne. In das sechste Spiel, das in L.A. abgehalten wurde, gingen sie mit einer 3-2-Führung und der Chance auf ihren ersten Titelgewinn. Zwei Abende zuvor jedoch hatte sich Reed einen Sehnenabriss im rechten Oberschenkel zugezogen und sah sich nun, in Spiel 6, gezwungen, das Spielfeld zu verlassen. Dass er auf der Bank saß, bedeutete, dass niemand Chamberlain im Post-Bereich Einhalt gebieten konnte. Der Big Dipper erzielte 45 Punkte und griff 27 Rebounds ab; die Knicks waren chancenlos.

Angesichts von Reeds ungewissem Einsatz im siebten Spiel sahen die Chancen der Knicks, vor einem rasenden Publikum zu Hause eine neue Ära einzuläuten, eher düster aus.

Die Saison 1969–70 markierte eine Wachablösung in der NBA. Es war die erste Spielzeit nach 13 Jahren ohne Bill Russell. Nach elf Meisterschaftstiteln mit den Boston Celtics war der siegreichste Spieler der League bereits vor der Saison zurückgetreten und hatte damit den Weg für eine neue Generation frei gemacht.

Die ersten Finals, die in der Zeit nach Russell ausgetragen wurden, bedeuteten für beide Mannschaften endlich eine realistische Chance auf den Titelgewinn. Innerhalb der vergangenen drei Jahre waren die Knicks zweimal in den Playoffs von Russells Celtics rausgeschmissen worden. Im Vergleich zu ihren Gegnern war dies jedoch gar nichts: Die Lakers hatten gegen Boston innerhalb der vergangenen neun Spielzeiten ganze sieben Mal in den Finals den Kürzeren gezogen.

Die Minuten verstrichen, der Tip-Off für das entscheidende Spiel rückte näher, weder die aufgeregte Masse im Madison Square Garden noch die Presse, ja selbst die eigenen Mannschaftskollegen wussten, ob Reed in der Lage sein würde, auf dem Court zu erscheinen. Die Teams fingen an, sich aufzuwärmen. Von Reed immer noch keine Spur.

Ein Spieler in Knicks-Montur erschien auf dem Platz und die Menge tobte. Doch als die Zuschauer realisierten, dass es sich lediglich um Backup-Forward Cazzie Russell handelte, verebbten die Begeisterungsstürme abrupt.

Sechs Minuten vor dem Tip-Off erschien Reed. Als er im Trikot der Knicks aus den Katakomben auf den Platz gehumpelt kam, waren die Zuschauer außer Rand und Band. Es fühlte sich an, als wäre Reed von den Toten auferstanden. George Kalinsky, langjähriger Fotograf und Vertrauter der Knicks, bezeichnete es als »den spannungsgeladensten, leidenschaftlichsten Jubel, den ich jemals gehört habe«.

Willis Reed auf dem Weg in die Kabine nach Gewinn der Meisterschaft

Reed war gekommen, um den Abend zu retten. Was die Fans nicht wussten, war, dass er erst Momente zuvor eine Dosis von 200 Milligramm Kortison verabreicht bekommen hatte – genug Schmerzmittel, um ein Rennpferd zu behandeln –, damit er überhaupt in der Lage war, auf seinem verletzten Bein zu stehen. Er konnte kaum laufen, aber er hatte nicht vor, diese Partie als Zuschauer zu verfolgen. Als er auf dem Court auftauchte, erstarrten die Lakers zu einer kollektiven Salzsäule. Es war, als hätten sie einen Geist gesehen.

»Als ich das mitbekam«, so Walter Frazier später, »sagte mir irgendetwas, dass wir diese Jungs schlagen konnten.«

Bei den Knicks der Saison 1969–70 drehte sich nicht alles um einem Spieler. Sie verkörperten einen Ansatz, bei dem die Mannschaft im Vordergrund stand, und nahmen ihre Rivalen mit einer ausgewogenen Offensivstrategie auseinander. Inklusive ihres Cheftrainers Red Holzman befanden sich sechs Hall of Famer in der Auswahl, die sich damit rühmte, auf jeder Position einen Spitzenschützen vorweisen zu können, und als Vorreiter des modernen Offensivkonzepts der NBA angesehen werden kann.

Nachdem sie mit 23-1 einen fulminanten Start in die Saison hingelegt hatten, waren sich die basketballverrückten New Yorker einig, dass diese Spielzeit eine ganz besondere werden konnte.

Aushängeschild im Backcourt der Knicks war Frazier, dessen Image als supercoole Fashion-Ikone im krassen Widerspruch zu seiner soliden Herangehensweise an das Spiel stand. Er zählte zu den fähigsten Verteidigern – damals wurden Steals noch nicht in den Statistiken erfasst, sonst wäre er hier sicherlich der ewige Anführer – und galt als vielseitiger, gefährlicher Offensivspieler, der das Angriffsspiel seiner Mannschaft perfektionierte. Frazier war auch einer der zuverlässigsten Schützen der NBA, wenn es darum ging, in kritischen Situationen die Nerven zu behalten; ein Spieler, in dessen Händen das gegnerische Team den Ball nur äußerst ungern sah, wenn die Partie auf Messers Schneide stand.

Dazu kamen großartige Supporter wie der linkshändige Shooting Guard Dick Barnett und der flinke Phil Jackson – der nach seiner aktiven Laufbahn zu einem der erfolgreichsten Trainer in der Geschichte der Liga wurde. Es ist nicht verwunderlich, dass die Knicks als ein harter Brocken angesehen wurden.

Im Frontcourt spielte Bill Bradley eine Hauptrolle. Auf den Rhodes-Stipendiaten (und zukünftigen Senator von New Jersey) hatte das Team zwei Jahre lang geduldig gewartet, nachdem sie ihn 1965 während seines Studiums in Oxford gedraftet hatten. Durch einen Austausch des Center-Spielers Walt Bellamy sicherten sich die Knicks im Jahr 1968 den All-Star Forward Dave DeBusschere von den Detroit Pistons. DeBusschere war ein hartnäckiger Rebounder und geborener Power-Forward, der es Reed ermöglichte, sich voll auf seine Position als Center zu konzentrieren und sein Spiel weiter voranzutreiben.

Reed, der im von Rassenspannungen geplagten Süden aufgewachsen war, galt als das Herzstück der Knicks. In einer Mannschaft, die aus Athleten mit völlig unterschiedlichen Backgrounds bestand, gab er den Ton an und hielt die Truppe zusammen. Als Bradley – die zu dieser Zeit »große weiße Hoffnung« der NBA – als Rookie einen Vertrag bekam, der lukrativer war als die Verträge seiner altgedienten afroamerikanischen Mannschaftskameraden, war es Reed, der den potenziellen Konflikt im Keim erstickte. Als Cazzie Russell einmal im Training voller Zorn seine weißen Mitspieler anging, nachdem ihn ein Polizist aus dem Verkehr gezogen und in einem rassistischen Übergriff eine Waffe an den Kopf gehalten hatte, war es Reed, der dazwischenging und die Sache entschärfte. Er hatte einen positiven Einfluss auf sein Team, ohne den Ball auch nur in die Hand zu nehmen.

Als er im Madison Square Garden im entscheidenden siebten Spiel der Finals von der Umkleidekabine in Richtung Court lief, veränderte seine bloße Anwesenheit die Atmosphäre von einer Sekunde auf die andere.

Die Menge hatte noch gar nicht wirklich begriffen, dass ihr Held aufgetaucht war, um den Sieg nach Hause zu holen, als Reed gegen den 2,16 Meter großen Chamberlain den Tip-Off gewann. Zwei Spielzüge später hinkte er dem Geschehen hinterher, bekam einen Pass von Frazier, setzte zum Jump Shot an. Swish. Kurz darauf war Reed an Chamberlains rechter Seite und hievte einen Jumper über seine ausgestreckten Arme hinweg. Swish.

»An diesem Punkt«, so Bill Bradley, »war es vorbei.«

Es waren die einzigen vier Punkte, die Reed in diesem Spiel erzielen sollte. Von da an nahmen seine Mannschaftskollegen, inspiriert von seiner Leistung, das Zepter in die Hand und bauten ihre Führung explosionsartig auf bis zu 29 Punkte in der ersten Hälfte aus. Walt Frazier riss die Kontrolle an sich und lieferte einen der sagenhaftesten NBA-Finals-Auftritte aller

Zeiten ab. Er erzielte 39 Punkte und machte 19 Assists, sodass die Knicks die Partie mit 113-99 für sich entscheiden konnten.

Zum MVP der Finals wurde Reed ernannt.

»Sie nennen es das Willis-Reed-Spiel«, witzelte Frazier Jahre später, »ich nenne das Bullshit.«

Die Lakers sollten ihre Revanche zwei Jahre später erhalten, als sie die Knicks in den Finals von 1972 bezwangen. Im Jahr darauf jedoch strukturierten die Knicks ihre Auswahl um und verpflichteten Forward Jerry Lucas. Dieser besaß ein unfassbares Gedächtnis – nicht nur, dass er sich Spielzüge und Vorlieben einzelner Spieler einprägte, sondern er verblüffte seine

NBA-Finals von 1973: Wilt Chamberlain versucht vergeblich, Willis Reed zu blocken.

Kameraden auch damit, dass er 50 Telefonbuchseiten der Stadt New York spontan abspeichern und abrufen konnte.

Earl »the Pearl« Monroe von den Washington Bullets entpuppte sich ebenfalls als lohnender Neuzugang. Monroe war eine ehemalige Streetball-Legende, der den Beinamen »Black Jesus« erhalten hatte. Er und Frazier bildeten den glamourösen »Rolls Royce Backcourt« (so wurde das geniale Duo genannt). In einer Neuauflage gegen die Lakers holte sich die umgestaltete Mannschaft der Knicks 1973 den Titel zurück. Dieses Mal gestaltete sich die Angelegenheit deutlich einfacher: Nach fünf Partien hielten sie die Trophäe in Händen. Zum zweiten Mal wurde Reed zum MVP der Finals gekrönt.

New York City galt lange als inoffizielle Heimat des Basketballs, egal ob man vom Spiel auf den Hinterhöfen der Stadt oder den prestigeträchtigen Begegnungen auf der Madison Avenue sprach. Der Madison Square Garden wird als das Mekka des Ballsports bezeichnet und die Anhänger der Knicks zählen seit jeher zu den leidenschaftlichsten von allen. Die Knicks konnten allerdings bis zum heutigen Tag nie mehr so glänzen, wie sie es in den frühen 1970ern getan hatten. In den 1990ern schafften sie es zweimal bis in die Finals, die begehrte Trophäe durften sie jedoch nicht noch einmal in die Höhe strecken. Immer wieder wurde ihr guter Ruf von zerstrittenen Mannschaften und Fehlentscheidungen des Managements beschädigt. Die Geschichte der Knicks geht bis zu den Anfängen der NBA zurück – das Team und der Madison Square Garden bildeten das Herzstück der frisch gegründeten League –, aber nur für diesen kurzen Abschnitt galten die Knicks als das beste Team weit und breit.

Aus diesem Grund wird die Legende der Mannschaften aus den frühen 1970ern von den Fans so vehement am Leben erhalten. Ob ihr Verein gewinnt oder verliert, die Gespräche kommen stets auf die Epoche zurück, in der der Garden für etwas Großes stand.

1970
PISTOL PETE

Neil Young sang: »It's better to burn out than to fade away.« Verbrennen oder verblassen: Die »Pistole« tat beides.

»Pistol« Pete Maravich kam 1970 in die NBA, als bester Schütze in der Geschichte des College-Basketballs. Seinen Spitznamen bekam er, weil er sich beim Werfen nach hinten in Richtung seiner rechten Hüfte streckte, so als würde er nach einem Pistolenhalfter greifen. Er verfügte über ein unglaubliches Ballgefühl und ein riesiges, vorher (und seitdem) nie gesehenes Arsenal an Würfen und Pässen.

Für Maravich war Basketball auch eine Show; er sorgte dafür, dass die Zuschauer für ihr Geld etwas geboten bekamen. Sie nannten ihn »den ersten weißen Globetrotter«.

Bei den Fans war er äußerst beliebt, allerdings lief er den überwiegenden Teil seiner Karriere für Verlierermannschaften auf. Mit seinem Wechsel 1980 zu den Boston Celtics spielte er endlich für eine Auswahl, die seinem hohen Niveau entsprach. Zu diesem Zeitpunkt war er von Verletzungen jedoch bereits schwer gezeichnet. Schwerer wog, dass er von dem Spiel desillusioniert war, dem er sein Leben gewidmet hatte.

Pete Maravich wurde für den Ballsport geboren. Sein Vater Press war ein ehemaliger Basketballprofi, der während der Eröffnungssaison der NBA für die Pittsburgh Ironmen spielte. Press bereitete sich gerade auf seine erste Trainerstelle im College-Basketball vor, als ein Sohn Pete am 22. Juni 1947 in Aliquippa, Pennsylvania, auf die Welt kam.

Pete hatte einen Basketball in den Händen, sobald er kräftig genug war, ihn vom Boden abzuheben. Schon mit fünf Jahren wurde er von seinem Vater trainiert. Press verlangte viel von seinem Sohn, doch dieser wurde niemals müde. Mit zunehmendem Alter erhöhte sich auch die Komplexität der Übungen. Press kreierte Dribbling-Drills mit Namen wie Crab Catch, Punching Bag, Seesaw, Flapjack und Pretzel. Allein oder unter dem wachsamen Auge seines Vaters perfektionierte Pete all diese Übungen auf einer Betonplatte im Kellergeschoss seines Elternhauses.

Eine Trainingsvariante bestand darin, dass Pete sich auf die Rückbank eines fahrenden Autos legte und bei geöffneter Türe den Ball auf dem Asphalt dribbelte, während sein Vater an Fahrt aufnahm. Press wurde immer kreativer. Einmal präparierte er eine Brille, bei der die untere Hälfte der Gläser geschwärzt war, sodass man beim Dribbling nicht nach unten schauen konnte. Mit einer Pfeife dirigierte er Pete wie ein Puzzleteil beim Tetris durch die Gegend.

Press gab mit seinem Sohn an, brachte Freunde mit in den Keller, damit diese seinem Sprössling beim Training zuschauen konnten. Er ließ Pete auf Kommando den Crab Catch ausführen und bestaunte sein »Lebenswerk«.

Pete schien denselben Willen wie sein Vater in sich zu tragen: immer besser zu werden. Er suchte ständig nach neuen Wegen, den Ball zu kontrollieren.

Maravichs Einstellung zum Basketball war mit der eines Magiers zu vergleichen, der neue Möglichkeiten sucht, sein Publikum (in Petes Fall den Gegner) zu manipulieren und hinters Licht zu führen. Nach dem Mannschaftstraining an der Schule blieb er regelmäßig und lange allein in der Halle und spielte sich den Ball in jedem erdenklichen Winkel über die Wand selbst zu.

Maravich musste häufig die Schule wechseln, da die Trainerkarriere seines Vaters die Familie an diverse Orte führte. Schließlich nahm Press die Stelle des Cheftrainers an der Louisiana State University in Baton Rouge an. Pete wurde zu einem Topspieler an der Highschool und obwohl er die University of West Virginia besuchen wollte, ging er – auf Wunsch seines Vaters – an die LSU, um dort für Press zu spielen.

Dort konnte er seinem Talent freien Lauf lassen. Er wollte zeigen, was er draufhatte, sein Vater gab ihm die Bühne dazu. In seiner ersten Saison fuhr »The Pistol« im Schnitt sage und schreibe 43,8 (kein Druckfehler!) Punkte pro Spiel ein.

Der spindeldürre Maravich schoss auf 1,96 Meter hoch und sollte schon bald kein Unbekannter mehr sein. Er konnte einen beidhändigen Bodenpass zur Seite ausführen, bei dem sein Blick und seine Bewegungen nach links gingen, der Ball hingegen auf wundersame Weise nach rechts flog. So etwas war noch nie da gewesen.

In einem Spielzug sprintete Maravich als Anführer eines 3-on-1-Fast-Breaks den Court

rauf. Von seinen Teamkameraden flankiert, ließ er den Ball einmal hart aufprallen, um während des Aufsteigens seine Hand zweimal um den in der Luft schwebenden Ball herumzuführen. Die Defense war davon so hypnotisiert, dass Pete den Ball anschließend mit einem lässigen Schnicken des Handrückens zu einem frei stehenden Teamkameraden spielen konnte. Als er dieses Manöver in einem Spiel anwendete, wurde er wegen eines Schrittfehlers verwarnt.

»Wie kann es ein Schrittfehler sein, wenn es vorher noch nie jemand gemacht hat?«, fragte er. Maravich erzielte durchschnittlich 44 Punkte in jeder seiner drei Spielzeiten an der LSU. Dieses Kunststück vollbrachte er überwiegend mit Distanzwürfen, in einer Zeit, in der die Drei-Punkte-Linie noch nicht existierte. Seine College-Laufbahn beendete er mit 3667 Punkten – einer seiner vielen Rekorde in der NCAA.

Herb White, der als College-Spieler gegen Maravich antrat, sagte, dass ihn zu bewachen ungefähr so war, wie »eine Stubenfliege in einem stockfinsteren Raum voll von surrenden Kühlschränken einfangen zu wollen«.

Das Wort von seinen Heldentaten als Schütze machte die Runde und Fotos von Pete waren landesweit in Zeitungen und Magazinen zu sehen. Sein langes, zerzaustes Haar grenzte an ein paar traurige Augen, die aufleuchteten, wenn sie einen Korb sahen. Die labbrigen, kniehohen Socken, die er trug, waren plötzlich auf allen Basketballplätzen en vogue. Die meisten seiner Begegnungen wurden nicht im Fernsehen übertragen, was dazu beitrug, dass ein Mythos um ihn herum entstand.

Pete Maravich wird von seinen Teamkameraden gefeiert, nachdem er den LSU-Schützenrekord gebrochen hat.

Sports Illustrated, das Maravich vor seiner dritten Saison auf dem Cover abbildete, schrieb: »Pistol Pete Maravich hat die Augen eines Luchses und die samtene Anmut eines Panthers.«

Als der Tag seines Drafts sich näherte, hatte Pete im Süden längst Kultstatus erlangt. Die zur ABA gehörenden Carolina Cougars umwarben ihn genauso wie die Atlanta Hawks, die mit einem Deal über fünf Jahre und 1,9 Millionen Dollar – Gerüchten zufolge das lukrativste Vertragsangebot, das es bis zu diesem Zeitpunkt je im Sport gegeben hatte – den Sack zumachten.

Maravich setzte auf Show auf dem Court, lange bevor Magic Johnson auf der Bühne auftauchte. Umso enttäuschter waren er und auch seine Fans, als die Hawks die Pistole dazu verdammten, im Holster zu bleiben.

Die Hawks waren eine erfahrene, kampferprobte Truppe. Es gab Gerede, dass ein paar seiner Mannschaftskollegen auf seinen Gehaltsscheck neidisch waren. Sie meinten, dessen Höhe rühre daher, dass Pete ein weißer Held war, der überwiegend ein weißes Publikum für sich gewinnen sollte. Maravich fing an zu glauben, dass sie ihn rauseckeln wollten.

Er war immer noch ein überragender Schütze, die endlosen Kleinkriege zwischen ihm, dem Coach und seinen Mitspielern begannen allerdings, ihren Tribut zu fordern. Im Sommer des Jahres 1974 verkaufte Atlanta ihn an die gerade neu gegründeten New Orleans Jazz. Die Jazz wollten sich eine Fangemeinde aufbauen, die den gigantischen Superdome füllen würde. Also holten sie Maravich zurück nach Louisiana und gaben dafür zwei Spieler sowie vier Draft-Picks ab.

Acht Tage vor Beginn der Saison beging Petes Mutter Helen Selbstmord. Ein erschütterter Maravich trat zum Dienst an und konnte im ersten Monat im Schnitt lediglich 15 Punkte pro Partie beisteuern. New Orleans begann die Spielzeit mit 7-44. Wieder einmal geriet Pete mit dem Management aneinander und bat öffentlich um neue Teamkameraden. Des Weiteren äußerte er seinen Unmut über die Art und Weise, wie er in den Medien dargestellt wurde: als erfolgreicher Schütze, der nicht gewinnen konnte.

»Ich kann nicht verstehen, warum alles immer nur negativ, negativ, negativ dargestellt wird«, sagte er im Jahr 1975. »Ich denke, es sagt viel über die Natur des Menschen aus, dass die Leute es vorziehen, über Pete Maravich, den ›ball hog‹ [das Wildschwein] statt über Pete Maravich, den ›ball hawk‹ [den Falken] zu lesen.«

Maravich hatte so unglaublich viel in diesen Sport investiert, doch das wurde von den Fans nicht ausreichend gewürdigt. An der LSU war er ein Star gewesen, der auf dem Platz nichts falsch machen konnte, in der NBA konzentrierte man sich ausschließlich auf seine Schwachstellen.

Er warf weiterhin Körbe, viele. In der Saison 1976–77 erzielte Maravich 68 Punkte gegen die New York Knicks – damals Rekord für einen Guard – und führte die Tabelle der Liga mit 31,1 Punkten pro Spiel an. Trotzdem verpassten die Jazz die Playoffs, so wie sie es in den sechs Jahren, in denen Pete für sie spielte, jedes Mal taten.

»Pete Maravich weiß, dass er größer ist als die Jazz«, so ein NBA-Funktionär. »Pete glaubt, er sei Smokey Robinson und der Rest der Jazz die Miracles. Das Problem ist, dass er recht hat.«

Lou Hudson, sein ehemaliger Teamkamerad bei den Hawks, sah das anders: »Er wird immer ein Verlierer bleiben, egal, was er macht«, sagte er. »Das ist sein Schicksal. Es war nie leicht, Pete Maravich zu sein.«

Und es wurde noch schlimmer. Beim Start der Saison 1979–80 laborierte Maravich bereits seit drei Jahren an diversen Knieverletzungen. Der Zauber in seinem Spiel war verflogen, die Leidenschaft weg.

»Dafür, dass ich da draußen nicht mehr lache, gibt es einen Grund«, sagte er im Jahr 1978. »Ich bin im kältesten und menschenverachtendsten Business gelandet, das man sich vorstellen kann.«

Maravich bei einem Jumper im Jahr 1971

Maravich zieht im Jahr 1975 an Walt Frazier vorbei.

Gegen Mitte der Saison stellte das Management der Jazz Maravich frei. Die Boston Celtics griffen zu. Es war Larry Birds Rookie-Jahr und die Celtics waren die vielversprechendste Mannschaft im Osten.

»Ein Meisterschaftstitel wäre die Krönung meiner Karriere«, sagte Maravich, nachdem er dem Team beigetreten war. »Das ganze andere Zeug – die Trophäen, Plaketten, Auszeichnungen als bester Schütze – kannst du von mir aus in den Mississippi schmeißen.« Doch während die Celtics in der zweiten Runde rausflogen, verließ Maravich kaum einmal die Bank.

Enttäuscht von der minimalen Rolle, die er dort gespielt hatte, und dem immer fragwürdigeren Zustand seiner Knie, gab er nach der Spielzeit 1979–80 seinen Rücktritt bekannt.

Im Jahr darauf gewann Boston die Meisterschaft.

Im Ruhestand zog Maravich sich immer mehr zurück. Es war unverkennbar gewesen, dass er am Schluss seiner Karriere mit großen Problemen zu kämpfen gehabt hatte – Alkoholprobleme und spontane Schimpftiraden, in denen er über alles Mögliche herzog, von der Fleischindustrie bis hin zu Aliens. Als er sich in Metairie, Louisiana, niederließ, sagte er seiner Frau Jackie, dass er sich einen Luftschutzkeller bauen wolle. Und einen großen, kreisförmigen Landeplatz auf dem Hausdach, auf dem »Kommt und holt mich« stehen sollte.

In dem Moment, in dem er der NBA den Rücken kehrte, verbannte er Basketball vollständig aus seinem Leben. Er hörte auf zu spielen – lediglich mit seinen kleinen Söhnen warf er hier und da auf einen Spielzeugkorb – und ließ sämtliche Andenken an seine Zeit als Spieler aus dem Haus verschwinden.

Um die Lücke auszufüllen, die Basketball hinterlassen hatte, wurde Maravich zu einem wiedergeborenen Christen.

Im Januar 1987 wurde er in die Hall of Fame aufgenommen. Sein Vater Press hatte Krebs im Endstadium, bekam dies aber noch mit. Am 15. April 1987 verstarb Press, sein Sohn Pete war an seiner Seite. Jackie hörte, was ihr Mann seinem Vater kurz vor dessen Tod ins Ohr flüsterte.

»Wir sehen uns bald wieder«, sagte er.

Am 5. Januar 1988 flog Maravich von Louisiana nach Pasadena, Kalifornien, da er von einem christlichen Radiosender ins Studio eingeladen worden war. Er traf sich mit James Dobson, Gründer einer wachsenden fundamentalistischen Bewegung, der ihn zu seiner wöchentlichen Partie Basketball unter Kollegen einlud, welche an diesem Morgen in der Nähe der Kirche stattfand.

Für Dobson und seine Kumpels, die als fanatische Basketballfans aufgewachsen waren, wäre es das Größte gewesen, einmal mit Pistol Pete auf dem Court zu stehen. Seit seinem Rücktritt vor acht Jahren hatte Pete es vermieden, einen Ball in die Hand zu nehmen. Doch er gab ihrem Wunsch nach.

Nach 20 Minuten auf dem Platz machten sie eine Pause. »Ich fühle mich großartig«, verkündete Maravich, ging los, um sich etwas Wasser zu holen – und fiel tot um. Er wurde 40 Jahre alt.

Eine Autopsie brachte ans Licht, dass er an akutem Herzversagen gestorben war, ausgelöst durch einen angeborenen Herzfehler. Er kam mit einer statt zwei Koronararterien auf die Welt.

Zur Feier ihres 50. Jahrestags im Jahr 1996 erstellte die NBA eine Liste mit den 50 besten Spielern aller Zeiten. Die so Geehrten liefen zur Halbzeit des All-Star Games auf. Einzig Maravich war nicht mehr dabei.

H-O-R-S-E

Die NBA experimentierte kurze Zeit mit einem H-O-R-S-E-Turnier (ein Spiel, bei dem man die Aktionen seiner Mitspieler möglichst genau kopieren muss). 1978 war Maravich ein Finalteilnehmer. Hier einige seiner gezeigten Moves:

- Er wirft den Ball von hinter seinem Rücken über seinen Kopf in die Luft, springt hoch und fängt den vor ihm schwebenden Ball, um ihn einzunetzen.
- Er spielt sich den Ball selbst von der rechten Korbseite hinter seinem Rücken zu, nimmt ihn mit der linken Hand auf und schließt mit einem Reverse Layup ab.
- Er springt von der Grundlinie aufs Feld und lässt den Ball mit dem Rücken zum Korb vom Backboard ins Netz fallen.
- Er lässt den Ball hinter seinen Rücken und durch seine Beine wandern, um mit einem Reverse Layup abzuschließen.
- Er umfasst den Ball mit der rechten Hand, um ihn mit einer leichten Drehung des Handgelenks lässig im Korb zu versenken.

1971
DR. J

Der Ball spring vom Boden ab und verschwindet in Julius Ervings rechter Hand. Er macht einen riesigen Schritt auf die rechte Seite des Korbs und bereitet sich auf seinen Abflug vor. Wir befinden uns im letzten Viertel des vierten Spiels der 1980er-Finals zwischen Ervings Philadelphia 76ers und den Los Angeles Lakers. In seinen Jugendtagen war Magic Johnson, Rookie-Star der Lakers, nicht der Einzige, der Julius Erving als sein Vorbild auserkoren hatte. Nun hatte er die Möglichkeit, hautnah zu erleben, wie der Doktor seine Wunder vollbrachte.

Erving fliegt die Grundlinie entlang, um einen Korbleger anzubringen. Eine Horde Lakers-Verteidiger stürmt auf ihn zu und einer von ihnen versucht, den Wurf zu blocken. Gegen jeden anderen Spieler wäre das Timing perfekt gewesen. Wir reden hier allerdings vom Doc, dem Mann, der die Schwerkraft verspottete. Er fliegt also so die Grundlinie entlang und zwar so lange, bis er auf der anderen Seite des Korbs angelangt ist. Dort zieht er den Ball hoch und um die ausgestreckten Arme des Lakers-Centers Kareem Abdul-Jabbar herum, löst dabei ein Kreuzworträtsel und verfügt immer noch über genügend Zeit, um dem Ball genug Schmiss zu geben, damit dieser vom Backboard ins Netz rotiert.

»Wollen wir ihn fragen, ob er das noch mal machen kann?«, fragte Magic seine Teamkameraden.

Dr. Js Magie fing mit seinen Händen an – enorme Pranken, in denen ein Fels zum Kieselstein wurde. Erving war in der Lage, den Ball mit seinen Händen zu umschließen, in die Luft zu springen, ihn der einen Seite des Courts zu präsentieren, um ihn auf der anderen wieder auftauchen zu lassen.

»Ich benutze meine Hände wie Pinsel, tauche sie in Farbeimer ein und – Baaaam – lasse meiner Kreativität freien Lauf«, sagte er einmal. »Meine Hände sind jedoch nur die Verlängerung meines Geistes.«

Diejenigen, die Ervings Heldentaten zu seinen Zeiten bei der ABA mitverfolgt hatten, waren die Ehrfurcht gebietenden Höhenflüge des Doktors gewohnt. Es dauerte nicht lang, und der Rest der Welt kam auch in diesen Genuss.

Doctor J war die erste wirklich bahnbrechende Figur des Basketballsports. In den späten 1960ern zu Ruhm gekommen, verkörperte er diese Ära perfekt dadurch, dass er die Normen herausforderte. »Gegen Dr. J zu spielen«, so Bill Walton, »war Woodstock.« Seine Ankunft markiert die Trennungslinie zwischen zwei bedeutenden Basketballepochen: vor dem Doktor und nach dem Doktor.

Bevor er zum Doktor wurde, war er »Jewel« (das Juwel), ein Spitzname, der ihm schon früh in seinen Tagen an der Highschool auf Long Island zugedacht worden war. Doktor wurde er ausschließlich von Archie, seinem Freund aus Kindheitstagen, genannt – als Antwort darauf, dass Ervin seinen Kumpel witzelnd als Professor betitelte, da dieser über ein enzyklopädisches Wissen hinsichtlich des Basketballregelwerks verfügte. »Wenn ich ein Professor bin«, fragte Archie, »was bist du dann? Ein Doktor?«

Als College-Schüler fing er damit an, auf dem Court des Rucker Park in New York, der Kathedrale des Streetballs, aufzutauchen, wo man ihm weitere Spitznamen verlieh. Sie nannten ihn »Little Hawk« (kleiner Falke), in Anlehnung an Connie »The Hawk« Hawkins, der Rucker-Park-Ikone der 1960er-Jahre. Sie nannten ihn »Black Moses« und »The Claw« (die Klaue, eine Anspielung auf seine übergroßen Hände). Erving gefiel nicht einer davon. »Wenn ihr mir schon einen Spitznamen geben wollt«, sagte er, »dann nennt mich ›Doktor‹.«

Rucker Park war der Operationssaal des Doktors. Während seiner Zeit an der University of Massachusetts waren Dunkings noch verboten und so konnte man Erving nur auf dem Hartplatz dabei bewundern, wie er durch die Lüfte flog, an Verteidigern vorbeisegelte und aus schier unmöglichen Distanzen Dunkings versenkte.

Damals war ihm noch gar nicht klar, wie talentiert er war.

Natürlich wusste er, dass er im Vergleich zu den Jungs, mit denen er aufgewachsen war, ziemlich gut war. Dass er mehr als gut war, dämmerte ihm aber erst, als er zusammen mit den Top-College-Spielern der Nation zu einem olympischen Trainingscamp eingeladen wurde. Erving machte die meisten Treffer und Rebounds und hinterließ mächtig Eindruck.

Im Alter von 21 Jahren wurde er vom ABA-Verein Virginia Squares angeworben. Diese hatten Gerüchte über einen intelligenten, gut vermarktbaren Jungen gehört, der darüber hinaus über unerhörtes Talent verfüge. Erving hatte noch nie von diesem Team gehört, aber das war ihm egal. Als sie ihm einen Vierjahresvertrag über 125 000 Dollar anboten, packte er Anfang 1971 seine Sachen an der UMass zusammen und trat der rebellischen League bei.

Die ABA und Dr. J passten perfekt zusammen. Die Liga wollte ihren Spielern freie Hand lassen und Erving lief zur Hochform auf, während er die Grenzen des körperlichen und geistigen Leistungsvermögens auf dem Court immer wieder verschob. Seine

Julius Erving setzt zum Slam Dunk an. Great Western Forum im Jahr 1986.

schwindelerregenden Moves zogen Fans und Rivalen gleichermaßen in ihren Bann. So wie er hatte noch kein Spieler den Ball gedunkt und Punkte erzielt. Mit seinem kultigen Look – Afro, Ziegenbart, kniehohe Socken, einfach lässig – verlieh er der ABA ein Gesicht und fand großen Spaß daran. Der Doktor war der Rockstar der coolen League.

Dass er dazu noch ihr bester Spieler war, schadete nicht. Als Rookie erzielte er im Schnitt mehr als 27 Punkte pro Partie und sollte die ABA-Schützenliste in drei der kommenden vier Spielzeiten anführen. 1973 wurde er an die New York Nets verkauft, die ihn zurück in seine Heimat nach Long Island holten. Dort strahlte sein Stern heller als je zuvor. Erving hatte sein eigenes Sneakers-Modell, lange bevor dies üblich war, wurde zum einzigen Crossover-Star der ABA, schaffte es auf das Titelblatt der *Sports Illustrated*.

Warum das so war, lag auf der Hand: Mit der Presse ging er freundlich um, hatte immer Zeit für seine Fans – besonders für Kinder, die ihn vergötterten – und liebte es, eine Schau abzuziehen. Wichtiger noch: Er war einfach cool. Auf dem Court war Dr. J ultralässig. Er war Shaft. Ein knallharter Typ, mit dem man sich besser nicht anlegte.

Es war eine Rolle, die er nur auf dem Platz spielte. »Außerhalb des Courts wollte ich nicht Dr. J sein.« Abseits des Basketballs war Erving ein zurückhaltender Mann. Sein Verhalten änderte sich während seines Erstsemesters am College.

Seine Eltern ließen sich scheiden, als er drei Jahre alt war, kurz darauf verstarb sein Vater. Um die Familie unterstützen zu können, musste seine Mutter in Vollzeit arbeiten, während er für seinen jüngeren Bruder Marvin in die Rolle einer Vaterfigur hineingedrängt wurde. Im Februar 1969 besuchte Marvin seinen Bruder an der UMass, um seinen 19. Geburtstag zu feiern. Während seines Aufenthalts klagte Marvin über Gelenkschmerzen, als er wieder zu Hause war, verschlechterte sich sein Gesundheitszustand dramatisch. Marvin verstarb kurz nach Ervings Geburtstag. Er wurde 16 Jahre alt. Später fand man heraus, dass er unter der Lupus-Krankheit gelitten hatte.

Marvins Tod bedeutete eine Art Initialzündung für Erving. Er war mit einer außergewöhnlichen Physis gesegnet worden und fest entschlossen, davon Gebrauch zu machen. »Ich darf mein Leben nicht vergeuden«, sagte er angesichts der Schicksalsschläge in seiner Familie.

Solch ein Talent durfte wahrhaftig nicht verschwendet werden. Erving brillierte, ohne erklären zu können, warum. »Es fällt mir sehr schwer zu erklären, was ich tue«, sagte er. »Musste Beethoven erklären, wie er seine Neunte Symphonie komponierte?«

Besser als Dr. J in den ABA-Finals von 1976 konnte man nicht spielen. Mit 25 Jahren fuhr Erving durchschnittlich 37,7 Punkte gegen die Denver Nuggets und deren Spieler Bobby Jones (später sein Teamkollege in der NBA) ein, der als der beste Verteidiger beider Ligen galt.

Sein wachsender Bekanntheitsgrad und sein enormes Potenzial weckten Begehrlichkeiten bei der NBA, die hoffte, mit Erving die Liga voranzutreiben und Scharen neuer Fans gewinnen zu können. Beim Zusammenschluss der beiden Ligen im Sommer 1976 verkaufte man Ervings Vertrag an die Philadelphia 76ers, die er in seiner ersten Saison direkt bis in die Finals führte. Dort trafen sie auf Bill Walton und die Portland Trail Blazers.

Die Blazers holten sich die Trophäe und es folgten für Erving und die 76ers zwei weitere Jahre mit enttäuschenden Playoff-Leistungen. Seine Gesamtpunktzahl ging ebenfalls in den Keller und die Leute fingen an, sich zu fragen, ob der Doktor sein Geld wert war. Die NBA sah einen Erving, dessen Spiel handzahm wirkte, kein Vergleich zu den heroischen Auftritten, die er Jahre zuvor in der ABA gehabt hatte. Gegnerische Coaches setzten auf Raumdeckung, um ihn vom Korb fernzuhalten, und er räumte selbst ein, dass er oft viel zu passiv spielte und in einer 76er-Auswahl, die randvoll mit talentierten Schützen war, den Ball manchmal ganz bewusst nicht an sich reißen wollte. Sogar seinen berühmten Afro ließ er stutzen. Im März 1979 publizierte die *Sports Illustrated* einen Artikel mit der Überschrift: »Hey, was ist bloß mit dem Doc los?«

»Die ABA war halt eine schwächere Liga«, erklärte es Celtics-Coach Red Auerbach. »Hier bei uns ist Erving einfach ein Small Forward von vielen.«

Rechtzeitig zur Saison 1980–81 fand Dr. J wieder zu alter Stärke zurück. Er wurde zum MVP der NBA ernannt, als erster Nicht-Center-Spieler seit Oscar Robertson im Jahr 1964. Ebenfalls in dieser Spielzeit war er einer von nur zwei aktiven Spielern (der andere war Kareem Abdul-Jabbar), die zum 35-jährigen Bestehen der NBA in das Team der besten Spieler aller Zeiten gewählt wurden.

Doch seit dem Zusammenschluss beider Ligen waren bereits sechs Jahre ins Land gegangen und ein NBA-Meisterschaftstitel nicht in Sicht. Erving und die 76ers hatten im Jahr 1982 einen erneuten Finals-Auftritt gegen die Lakers, verloren jedoch wieder gegen Johnson und sein Team. In jenem Sommer sollte sich eine neue Gelegenheit auftun, als mit Moses Malone ein weiteres ehemaliges ABA-Ausnahmetalent zu ihnen stieß. In der kommenden Spielzeit standen der Doc und die 76ers für eine Revanche gegen die Lakers wieder in den Finals und dieses Mal dominierten sie die Serie mit 4-0.

Erving wurde endlich mit dem lang ersehnten NBA-Meisterschaftstitel gekrönt. Eine neue Epoche der NBA hatte begonnen und mit 33 Jahren galt Erving mittlerweile als »Elder Statesman« in einer Liga, die von Typen wie Magic, Larry, Michael, Barkley und Isiah Thomas übernommen wurde – alles Spieler, die in ihrer Jugend den Doktor verehrt hatten.

An den Finals sollte er nie wieder teilnehmen, aber er war entschlossen, seine Popularität in den Jahren bis zu seinem Rücktritt sinnvoll zu nutzen. So wurde er zum Botschafter der NBA, übernahm die Rolle, die viele Stars vor ihm abgelehnt hatten, mit großer Begeisterung. Der Doktor tauchte in Werbekampagnen für so ziemlich jedes Produkt unter der Sonne auf, wobei seine gepflegte Ausdrucksweise und geschliffenen Umgangsformen Eindruck machten. Er unterstützte zahlreiche gemeinnützige Stiftungen und setzte sich für die Teilnahme an den Special Olympics ein, wo er im Auftrag der NBA das amerikanische Team betreute.

Im Anschluss an eine Ära, in der die Liga in den Augen von Funktionären und Werbetreibenden als »zu schwarz« für ein überwiegend weißes Publikum erachtet worden war, setzte Erving diesem Stigma fast im Alleingang ein Ende. Obwohl auf dem Court nicht mehr so produktiv, war er immer noch einer der beliebtesten Athleten der NBA und galt als großes Vorbild. Weiße Eltern hielten ihre Kinder dazu an, so wie der Doc zu werden – freundlich, intelligent, ehrenhaft.

»Sie [die Kinder] kommen häufig auf mich zu und schreien: ›Hey Doc! Hey Dr. J!‹ Das gefällt mir«, sagte er. »Ich möchte, dass sie mich als hart arbeitenden, erfolgreichen Schwarzen wahrnehmen.«

Julius Erving, MVP der ABA im Jahr 1974, posiert im Vorfeld einer Begegnung gegen die New York Nets für ein Foto.

Im Vorfeld der Saison 1986–87 gab der 36-jährige Erving bekannt, dass dies seine letzte sein würde. Er hatte 16 Spielzeiten als Profi absolviert und war in jeder davon zum All-Star gewählt worden.

Seine finale Saison sollte gleichzeitig als Abschiedstour dienen – durch jene Arenen im ganzen Land, in denen er die Fans unzählige Male vor Begeisterung von den Stühlen gerissen hatte. Als ihm bei seiner letzten Partie gegen die Nets (die Mannschaft seiner Heimatstadt, für die er eigentlich gerne bis zum Karriereende gespielt hätte) von den Zuschauern ein heldenhafter Abschied bereitet wurde, rührte ihn dies zu Tränen. In Los Angeles wurde ein Schaukelstuhl auf den Center Court des Forums gebracht und Kareem hielt eine bewegende Lobrede. Er sprach darüber, wie Erving eine ganze Generation inspiriert und das Spiel unwiderruflich verändert hatte. Wie die Klasse und Kreativität, mit der er sein Handwerk ausübte, niemals in Vergessenheit geraten würden. Magic Johnson, der von der Seitenlinie aus zuhörte, hatte vermutlich Ervings unfassbaren Reverse Layup der Finals von 1980 vor den Augen. Hätte ihm jemand das Mikrofon gegeben, wäre Johnson sicherlich versucht gewesen, ihn zu fragen: »Wie? Wie hast du das damals bloß gemacht? Wie???«

Wie der Doc einmal sagte: »Es ist einfach, wenn du erst mal zu fliegen gelernt hast.«

Wilt Chamberlain sucht Gail Goodrich während einer Partie in den Playoffs von 1972.

1972
33 STR8

Das vertraute Geräusch von aufspringenden Bällen und quietschenden Sneakers auf dem Hallenboden zog sich durch eine hawaiianische Turnhalle, in der im Herbst des Jahres 1971 das Trainingscamp der Los Angeles Lakers abgehalten wurde.

Bill Sharman, damals 45 Jahre alt und am Anfang seiner ersten Saison als Coach dieser Kultmannschaft, betrachtete den Court und war zufrieden mit dem, was er sah – welcher Trainer wäre das nicht gewesen?

Jerry West, ehemaliger Schützenkönig der NBA und in jeder seiner vorherigen elf Spielzeiten zum All-Star ernannt, übte Freiwürfe; Elgin Baylor, zehnmaliges Mitglied des All-NBA First Team und Los Angeles erster Basketballstar, bahnte sich seinen Weg durch imaginäre Verteidiger, die ihn auf dem Weg zum Korb hätten aufhalten können; Gail Goodrich feuerte Jump Shots ab; Wilt Chamberlain, der damals dominanteste Center-Spieler (der in Flip-Flops erschien), gab ausgeklügelte Spielstrategien zum Besten. »Die Muskeln erinnern sich!«, predigte der neue Coach in einer kratzigen, von Geschwüren an den Stimmbändern geschwächten Stimme.

Wo immer Sharman auftauchte, war der Erfolg nicht weit. So war es schon zu seinen aktiven Zeiten als Spieler, als er zwischen 1957 und 1961 zusammen mit den Boston Celtics vier Meisterschaftstitel gewann, und so sollte es auch in seiner Laufbahn als Trainer bleiben. Im Jahr zuvor hatte er den Utah Stars der ABA zum Titel verholfen und kurz darauf das Gleiche mit den Cleveland Pipers bewerkstelligt, die der American Basketball League angehörten, einer Organisation, die es längst nicht mehr gibt.

In Los Angeles hingegen übergab man ihm ein alterndes Team, das seine besten Tage scheinbar bereits hinter sich hatte, Starbesetzung hin oder her. Mit zusammengenommen 36 Spielzeiten in den Knochen hatten West, Chamberlain und Baylor, 33, 35 und 37 Jahre alt, ihren Zenit längst überschritten. Jeder der drei hatte vor nicht allzu langer Zeit eine schwere Knieverletzung erlitten und West und Baylor mussten sich im Jahr zuvor einem chirurgischen Eingriff unterziehen. All dies trug mit dazu bei, dass die Auswahl zum ersten Mal nach vier Jahren nicht bis in die Finals vorstoßen konnte.

In den vergangenen neun Spielzeiten hatten es die Lakers siebenmal bis in die NBA-Finals geschafft, der Titel war ihnen jedoch verwehrt geblieben. Die körperlich zermürbenden, kräfteraubenden Playoffs in Kombination mit der mentalen Komponente, die insbesondere den superehrgeizigen West belastete, begannen ihren Tribut einzufordern.

Die Lakers von 1972 pfiffen auf dem letzten Loch – so fühlte es sich zumindest für ihren Inhaber Jack Kent Cooke an, der nach zwei Spielzeiten beschloss, Joe Mullaney durch Sharman zu ersetzen.

»Also, Bill, ich erwarte von dir nicht irgendwelche Meisterschaftstitel«, so Cooke zu Sharman, als er diesen einstellte. Sharman sei vielmehr geholt worden, um die Lakers umzustrukturieren und zumindest in der Zukunft wieder Hoffnungen auf den Meisterschaftstitel zu haben.

Am Morgen des 16. Oktober 1971, als er die Mannschaft sagenhafte achteinhalb Stunden vor dem Tip-Off antreten ließ, hatte Sharman jedoch andere Pläne im Kopf. Wenn er es schaffte, dieses aus Veteranen zusammengestellte Team dazu zu bringen, sowohl Veränderungen als auch einen neuen Führungsstil zu akzeptieren, war er sich sicher, dass seine Auswahl noch über genügend Saft verfügte, um etwas Größeres auf die Beine zu stellen. Doch nicht einmal er hätte sich vorstellen können, was dabei herauskommen sollte.

Die morgendliche Aufwärmrunde war eine der ersten Veränderungen, die Sharman bei Auswärtsspielen vornahm. Er wollte die Athleten früh aus ihren Betten holen und dafür sorgen, dass sie ihre Muskeln auflockerten und ein Gefühl für die Dimensionen der abendlichen Spielstätte bekamen. Sich so zeitig am Morgen einer Begegnung einzufinden, bedeutete ein absolutes Novum für die Spieler. Sharman hatte es in seiner Laufbahn als Spieler jedoch ebenso gehandhabt (oft zum Entsetzen seiner Teamkollegen) und verlangte dies als Trainer von seinen Mannschaften in der ABA und ABL. Nun mussten die Lakers damit klarkommen.

Heutzutage ist das Aufwärmen an Spieltagen eine Selbstverständlichkeit für jedes NBA-Team. Und das ist nur eine von vielen Maßnahmen – darunter solch grundlegende Dinge wie gesunde Ernährung und regelmäßiges Training –, die von Sharman eingeführt wurden.

Der neue Morgenritus fand Gerüchten zufolge wohl nicht bei jedem Anklang. Chamberlain, nie darum verlegen, seine Meinung offen kundzutun, und dazu noch ein notorischer Langschläfer, soll Sharman angeblich in die Schranken verwiesen haben, indem er ihm mitteilte, dass er genau einmal am Tag in die Halle komme. Wann dies sei, könne der Coach entscheiden.

»Eine tolle Story«, sagte Sharman, »die so allerdings nie vorgefallen ist. Kurz vor dem Trainingslager sprach ich mit Wilt und er sagte zu mir: ›Weißt du, Bill, normalerweise stehe ich nicht vor zwölf Uhr auf. Wenn du jedoch der Meinung bist, dass es was bringt, dann mach ich das – aber nur, wenn wir gewinnen.‹«

Die beiden gingen respektvoll miteinander um, hatten sie doch in den Anfängen von Chamberlains Laufbahn in der NBA schon gegeneinander gespielt. Während der im Sommer abgehaltenen Pro-Am Games (bei denen Profis und Amateure Seite an Seite spielen), die in den Catskill Mountains in Upstate New York stattfanden, waren sie sogar Mannschaftskameraden gewesen.

Chamberlain war vertraut mit Sharmans konzentrierter, intensiver Vorgehensweise, die sich hinter einer freundlichen, optimistischen Fassade verbarg. Als Spieler war er sowohl für seine Fähigkeit als Schütze als auch für seine Bereitschaft, seinen Willen durchzusetzen, bekannt gewesen.

Sharman war ein äußerst vielseitiger Athlet. Während der Offseason spielte er Baseball im Sichtungs- und Auswahlsystem der Brooklyn Dodgers. Als Bobby Thomson 1951 sein siegbringender Treffer gelang, der auch als »der Schuss, der auf der ganzen Welt zu hören war« bekannt wurde, saß Bill auf der Spielerbank. In die Startaufstellung der Dodgers schaffte er es aber nicht und entschied deshalb 1955, seine sportliche Laufbahn ganz dem Basketball zu widmen.

Sharmans Akribie grenzte an Zwanghaftigkeit. Er war dafür bekannt, bei Auswärtsspielen seine Socken und Unterhosen in exakt derselben Reihenfolge ein- und wieder auszupacken. Diese Fokussierung auf Kleinigkeiten zahlte sich aus: Er wurde als bester Werfer der Liga angesehen und als einziger Spieler siebenmal zum besten Freiwurfschützen gekrönt. Als die NBA 1971 zum 25-jährigen Bestehen ihre Auswahl der besten Spieler aller Zeiten bekannt gab, befand sich Sharman unter den zehn auserkorenen Sportlern.

Ob als Spieler oder als Coach: Sharman setzte um, was er predigte. Er propagierte den hohen Stellenwert einer routinierten Vorgehensweise und die Bedeutung regelmäßigen Trainings. Mit dem Beginn der Saison 1971–72 sollten sich die Mühen für die Spieler der Lakers auszahlen: Sie starteten mit 4-0 in die neue Spielzeit.

Die Lakers hatten Vertrauen in die Methoden ihres neuen Trainers gefasst. Chamberlain, der dem ehemaligen Lakers-Coach Butch van Breda Kolff mitgeteilt hatte, dass sein Team »zu alt zum Laufen sei«, zeigte sich so engagiert wie lange nicht. Die ihm übertragene Aufgabe, Sharmans Fast-Break-Offensive in Gang zu setzen, übernahm er gerne.

Die Tage, in denen Chamberlain im Schnitt 50 Punkte pro Spiel in einer Saison machte, waren lange vorbei – zum ersten Mal in seiner Karriere erzielte Wilt maximal 20 Punkte pro Partie. Doch der 2,16 Meter große und 125 Kilo schwere Gigant war immer noch eine Waffe und in der Spielzeit 1971–72 führte er mit 19 Rebounds pro Spiel die Rangliste an.

West, durch seine anhaltenden Knieprobleme stark beeinträchtigt, blieb weiterhin ein zuverlässiger Schütze und führte in seiner ersten Saison unter Sharmans Ägide die NBA bei den Assists an. Wahrscheinlich blühte kein Spieler mehr auf als Gail Goodrich, dem während des Trainingslagers von seinem Coach freier Lauf gelassen wurde.

Der einzige Lakers-Star, der unter Sharman nicht gedieh, war Baylor, Elder Statesman und Kapitän der Mannschaft.

Ein Riss der Achillessehne hatte den 37-Jährigen in der Saison zuvor die Teilnahme an allen außer zwei Begegnungen gekostet und es stand außer Frage, dass der ehemalige Überflieger seine Sprungkraft verloren hatte. Seinen Platz in der Startaufstellung hatte er sich aufgrund der Leistungen vergangener Tage verdient – er belegte den dritten Platz in der ewigen Schützenliste der NBA. Nach durchschnittlich 11,5 Punkten, die er in seinen letzten elf Spielen geholt hatte, war jedoch klar, dass Baylor an seine früheren Erfolge nie mehr würde anknüpfen können.

Eine Karriere, die er zum größten Teil damit verbracht hatte, in der körperlich wohl

Während Jerry West in einem Playoff-Spiel von 1972 zum Korb vorstößt, wird Walt Frazier von Wilt Chamberlain abgeschirmt.

anspruchsvollsten Ära der NBA wie eine Flipperkugel durch den Drei-Sekunden-Raum zu hüpfen, hatte nach 13 Jahren ihre Spuren hinterlassen. Am 4. November 1971 erklärte Baylor nach nur neun Spielen unvermittelt seinen Rücktritt.

»Ich nahm Jim McMillian nur Einsatzzeit weg«, sagte er über den Forward im zweiten Jahr, den Sharman an seiner Stelle in die Startaufstellung aufnahm.

In ihrer ersten Partie ohne Baylor erzielte Goodrich 31 Punkte, Chamberlain ergatterte 25 Rebounds und die Lakers schlugen die Baltimore Bullets mit 110-106. Den Abend darauf machte West 28 und McMillian 26 Punkte in einer weiteren siegreichen Begegnung. Schnell war ein Monat vergangen und die Auswahl hatte noch keine Niederlage verzeichnen müssen. Am 12. Dezember durften die Lakers sich sowohl den Triumph über die Atlanta Hawks als auch das Aufstellen eines neuen Liga-Rekords auf die Fahne schreiben: 20 Siege in Folge. Es sollte weitere vier Wochen dauern, bis sie zur Abwechslung mal ein Spiel verloren.

Am Ende verbuchten sie 33 in Folge gewonnene Partien für sich, ein schwindelerregender Rekord, den bis heute noch kein Team brechen konnte.

Sharmans rasantes Offensivspiel in die Tat umsetzend, gelangen den Lakers während dieser Siegsträhne im Schnitt 123 Punkte pro Spiel und sie bezwangen ihre Gegner mit durchschnittlich 16 Punkten Vorsprung.

Sharmans Mannschaft befand sich auf einem Höhenflug, der Zustand seiner Stimmbänder dagegen verschlechterte sich zusehends. Seine Übergangslösung – Kommunikation via Megafon – verschaffte ihm auch keine Linderung. »Die Ärzte erklärten mir, dass meine Stimmbänder irreparable Schäden davontragen würden, sollte ich diese während unserer Erfolgsserie weiterhin derart überstrapazieren«, sagte er später. »Aber wie hätte ich in dieser unglaublichen Zeit still sein können?«

Wie Chamberlain es ausdrückte: »Für unseren Erfolg gab der Mann seine Stimme auf.«

Die Lakers schlossen die Saison mit einem Rekord von 69 gewonnen Spielen ab und walzten ihre Gegner in den Playoffs platt, verloren gerade mal drei Spiele in drei Runden. In der Finals-Revanche gegen die New York Knicks, gegen die sie sich in der Finalserie von 1970 noch hatten geschlagen geben müssen, hatte Los Angeles leichtes Spiel mit dem Rivalen von der Ostküste. Endergebnis: 4-1.

Der Sieg bedeutete den ersten Titelgewinn für die Lakers, seit diese von Minneapolis nach Los Angeles umgezogen waren. Nach sieben Anläufen hatte West es endlich geschafft, einen Titel zu erkämpfen, auch wenn es für immer einen bitteren Nachgeschmack bei ihm hinterlassen sollte, dass er das ohne Baylor erreichte, der in all den Finalniederlagen an seiner Seite gestanden hatte. Chamberlain, der nach Baylors Rücktritt die Aufgabe des Mannschaftskapitäns übernommen hatte, wurde zum Finals-MVP ernannt, Sharman zum NBA-Coach des Jahres.

In der folgenden Saison wollte kein NBA-Team mehr auf die morgendliche Aufwärmrunde verzichten.

Sharmans Trainerlaufbahn fand ein frühes Ende. Bis zum Jahr 1976 hatten sich seine Stimmbandprobleme derart verschlechtert, dass er sich gezwungen sah, von der Trainerbank ins Management zu wechseln. Dort spielte er als Geschäftsführer bei den Drafts von James Worthy und Magic Johnson eine führende Rolle und bereitete damit den Weg für die Lakers-Dynastie.

Im Jahr 2004 wählte man Sharman als Coach in die Hall of Fame – 28 Jahre nachdem er dort als Spieler aufgenommen worden war. Neben ihm gelang nur noch John Wooden und Lenny Wilkens das Kunststück, für ihre herausragenden Leistungen als Coach und Spieler in die berühmten Hallen Einzug zu halten. Als Coach drei Meisterschaftstitel in drei verschiedenen Profiligen abzuräumen, schaffte bislang keiner außer ihm.

Doch es ist vor allem der Titelgewinn von 1972, der ihn zur Legende macht.

In den daraufffolgenden Dekaden, bis zu seinem Tod im Jahr 2013, konnte man Sharman in seiner silbernen Jaguar-Limousine in der Gegend um Redondo Beach herumfahren sehen. Man wusste gleich, dass er es war, denn sein Kennzeichen lautete: 33 STR8 (33 Straight, also 33 Siege in Folge).

SIEGE IN FOLGE

1.	Lakers	33
2.	Warriors	28
3.	Heat	27
4.	Rockets	22
5.	Bucks	20

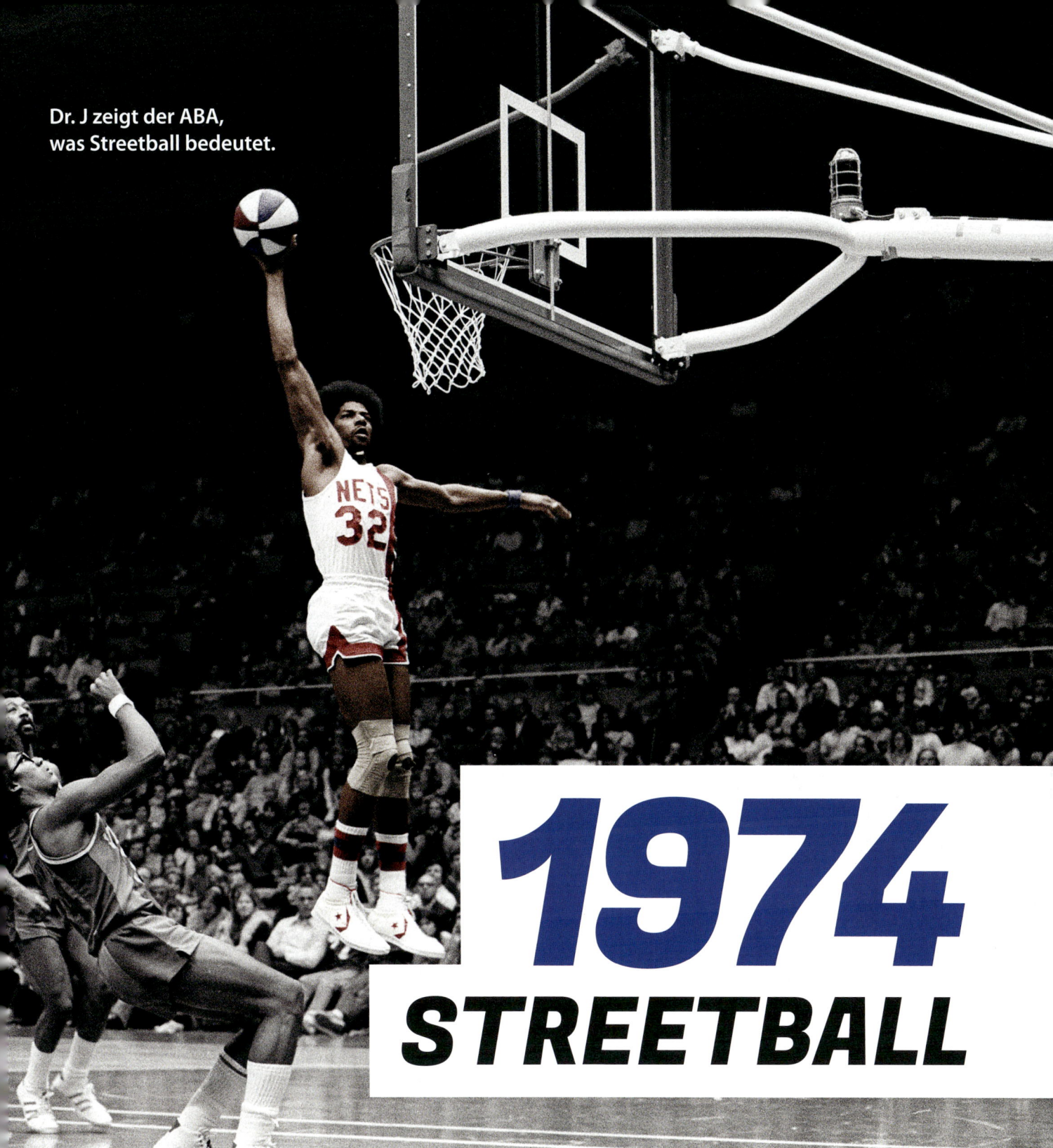

Dr. J zeigt der ABA, was Streetball bedeutet.

1974
STREETBALL

»Holcombe Rucker Basketball Courts« steht auf dem Schild an der Ecke Frederick Douglass Boulevard und West 155th Street in Harlem, New York City. Hinter einem schmiedeeisernen Zaun sieht man eine abgenutzte Betonplatte, auf der schon so manche legendäre NBA-Karriere ihren Anfang nahm. Hier konnten Spieler wie Dr. J ihrem Spiel freien Lauf lassen und ihren eigenen Stil entwickeln. Der Profibasketballsport sollte sich dadurch für immer verändern.

Niemand lockte so viele Schaulustige zu den Rucker Courts wie Julius Erving. Das ganze Viertel rückte an, um ihm beim Spielen zuzusehen. In Harlem kletterten seine Fans auf das Dach des angrenzenden Schulgebäudes, starrten durch die Fenster des nahe liegenden Wohnbauprojekts Polo Grounds und stiegen sogar auf Bäume, um einen Blick auf den Doktor zu erhaschen.

Hier, unter der Sommersonne, konnten seine Fans Dr. J in voller Pracht hautnah erleben. Sein Afro schien noch größer als sonst, seine Schritte länger und die Zeit, die er in der Luft verbrachte, mutete außerirdisch an. Hier hatten all die originellen Spielzüge ihren Ursprung, mit denen er in der NBA Berühmtheit erlangte.

»Es hatte viel mit dem Umfeld und der Freiheit zu tun«, sagte Erving. »Es war Showtime angesagt, niemand legte einem irgendwelche Fesseln an.«

Frei von den Restriktionen ausgeklügelter Spieltaktiken verfügten Athleten wie Dr. J über die Lizenz zum Kreativsein. Die hellblau leuchtenden Asphaltplätze fungierten als ihre Leinwand und die Cradle Dunks, ihre Sprünge an der Freiwurflinie und die der Schwerkraft trotzenden Up-and-Unders standen für Pinsel und Farbe. So wurden Kunstwerke erschaffen.

Holcombe Rucker war ein in Harlem ansässiger Pädagoge und verantwortlich für die Naherholungsgebiete der Stadt New York. Im Jahr 1950 rief er ein Basketballturnier für Kinder ins Leben, das auf den örtlichen Courts abgehalten werden sollte.

»Wenn du untertreiben willst, sag einfach, dass er ein Kerl war, der für einen Spielplatz die Verantwortung trug«, so Tom »Satch« Sanders, Hall of Famer und Celtics-Spieler, der 1953 mit 16 Jahren seinen ersten Auftritt im Rucker-Turnier hatte.

1954 führte Rucker eine Pro-Am-Abteilung ein, was zur Folge hatte, dass die Courts sich nicht nur zu einer wahren Talentschmiede entwickelten, sondern auch zum Dreh- und Angelpunkt der Gemeinde wurden. Für Afroamerikaner wurde der Park zu einem Ort, an dem sie ihr Talent unter Beweis stellen konnten, zu einer Zeit, in der die NBA überwiegend eine Liga der Weißen war.

Damals waren Preisträger der NBA ausschließlich Weiße, schwarze Spieler mussten sich mit einem Platz innerhalb eines inoffiziellen Quotensystems begnügen. Auf den Asphaltplätzen dagegen hatten sie das Sagen. Spieler wie Cal Ramsey von den St. Louis Hawks, einer von gerade einmal zwei Afroamerikanern in seinem Team, sowie Carl Green von den Harlem Globetrotters waren dort regelmäßig anzutreffen.

Schon bald zogen die Courts weitere Größen an, darunter Wilt »Big Dipper« Chamberlain, der bereits eine Streetball-Legende war. Als 17-Jähriger arbeitete Chamberlain als Hotelpage im Kutsher's Resort in den Catskill Mountains. Der Sportdirektor des Etablissements, Red Auerbach, veranstaltete dort Sommerspiele, an denen Spitzenspieler teilnahmen. Auf den legendären Courts in Harlem begeisterte Wilt mit seinen Meisterleistungen an Kraft und Athletik die Massen. Einer Erzählung zufolge versenkte er den Ball einmal dermaßen heftig im Korb, dass dieser vom Boden abprallte, über den Zaun flog und erst auf der 155. Straße wieder landete.

Auch eine künftige Generation lokaler Helden machte sich auf den Rucker Courts allmählich einen Namen. Erving, Kareem Abdul-Jabbar (damals noch Lew Alcindor) und Nate »Tiny« Archibald gehörten zu den Favoriten der Zuschauergemeinde. Noch in der Highschool wurde Brooklyns Connie »The Hawk« Hawkins durch seine Auftritte im Sommer zum Publikumsliebling der Stadt. In einem Spiel pinnte der Teenager Chamberlains Wurf an das Backboard. Es fühlte sich an, als hätten die Fans gerade dabei zugesehen, wie David über Goliath gesiegt hatte. Beim nächsten Versuch versenkte Wilt den Ball in Hawkins' Visage – die Rangordnung musste schließlich wiederhergestellt werden.

Streetball war nicht nur in New York ein Phänomen. In den 1960ern und 1970ern wurde das Spiel im ganzen Land gespielt. In Washington, D. C. beispielsweise kam Earl »The Pearl« Monroe groß raus. Er produzierte einzigartiger Dribbling-Techniken und verzwickte Korbleger am laufenden Meter, genauso wie Dr. J – allerdings ohne dessen Flügel. Monroe und sein Baltimore-Bullets-Teamkamerad Archie Clark (auch »Shake and Bake« genannt) waren die ersten Spieler, die den Crossover-Move in die NBA brachten.

In seiner Heimatstadt Seattle organisierte Elgin Baylor jährlich zwanglose Spiele unter Kollegen, die lokalen Fans eine noch unbekannte Seite ihrer Helden der NBA zeigen sollten. Chamberlain tauchte oft dort auf und versetzte die Massen in ehrfürchtiges Staunen. Aber es waren (zumindest nach Baylors Erinnerung) Elgins Teams, die regelmäßig den Sieg davontrugen.

Es dauerte nicht lange und der Einfluss des Streetballs war auf den Courts der NBA deutlich zu erkennen. Man sah es an der Art und Weise, wie die Spieler dribbelten, in der Luft schwebend improvisierten und versuchten, die Zuschauer vom Hocker zu reißen.

Im Jahr 1974 benannte die Stadt New York die öffentlichen Plätze in Harlem offiziell in Rucker Park um. Der Ort galt weiterhin als Sammelbecken für die Topspieler der Gegend. In den 1990ern lieferten hier Ikonen wie Allen Iverson, Kobe Bryant und Vince Carter atemberaubende Zurschaustellungen ihrer Künste ab (mittlerweile wurden sie dabei gefilmt).

Der NBA-Lockout von 2011 ließ Orte wie den Rucker Park wiederaufleben. Die Topstars der League nahmen regelmäßig an über das ganze Land verteilten Streetball-Partien teil und trugen dabei T-Shirts mit der Aufschrift »Basketball Never Stops«. In einem der unvergesslichsten Auftritte in der Geschichte der sagenumwobenen Plätze erschien Kevin Durant zu einem Spiel im Rucker Park und erzielte 66 Punkte. Die Zuschauerränge waren gerammelt voll, genau wie 40 Jahre zuvor, als der Doktor dort kunstvoll »operiert« hatte.

»Es war ein kurzer Ausbruch der Freude, ein Gefühl, wie ich es noch nie zuvor auf einem Basketball-Court erlebt hatte«, sagte Durant. »Es war umwerfend.«

Streetball ist immer noch am Leben und in der NBA gut sichtbar: bei jedem Crossover und jedem auffälligen Dunk und jedes Mal, wenn ein Spieler sich nach einem Dreier der Menge zuwendet und drei Finger in die Luft streckt.

Bei dem Spiel auf Betonplätzen wurden Showtalent und Kreativität belohnt. Unterhalte die Massen, und du wirst zur Ikone.

»Zum ersten Mal machte ich die Erfahrung, dass zwei Punkte viel mehr bedeuten können als nur zwei Punkte«, sagte Julius Erving. »Zwei Punkte konnten dir ein Abendessen, ein Date einbringen … Wenn jemand eine gute Show ablieferte, ging er als Sieger vom Platz.«

AND-1

Die immer beliebter werdenden And-1-Mixtapes, Zusammenschnitte von Videotapes, in denen einige der einfallsreichsten Spieler auf dem Parkett zu sehen waren, sorgten Anfang der 2000er dafür, dass Streetball seinen Weg in den Profibasketball zurückfand. Erneut unterwanderten Killer-Crossover und verrückte Pässe, die nur auf den Asphaltplätzen zu sehen waren, die Spiele der NBA. And-1-Legende Rafer Alston, auch bekannt als Skip-To-My-Lou, wurde für seine harte Arbeit auf den Asphaltplätzen mit einer Karriere bei der NBA belohnt.

1976
DER SLAM-DUNK-WETTBEWERB

Julius Erving entfernte sich vom Korb und zählte seine Schritte, als ob er die Entfernung bestimmen wolle.

»Jeder Schritt musste genau sitzen«, erinnerte er sich Jahre danach. »Alles musste perfekt sein, damit es funktionierte.«

Es war Halbzeit im All-Star Game der ABA von 1976 in Denver und Erving der letzte Teilnehmer des ersten Slam-Dunk-Wettbewerbs in der Geschichte des Profibasketballs.

Der Dunk Contest war wie maßgeschneidert für Erving, der dank seiner schwerkraftverachtenden Kunststücke innerhalb von nur drei Spielzeiten zum Superstar der ABA geworden war. Doch das, was Dr. J diesmal auf Lager hatte, war den Fans noch nie präsentiert worden.

Erving hatte einem Teamkollegen im Vorfeld erzählt, was er vorhatte, und bevor die Show losging, schlossen die All-Stars Wetten darüber ab, ob er es auf die Reihe kriegen würde. Trotz einer ermüdenden ersten Hälfte ging keiner von ihnen in die Kabine. Wer hätte dies verpassen wollen?

»Es war wie früher auf dem Asphaltplatz«, erinnerte sich Center Dan Issel, »diesem Shoot-out zuzuschauen, um herauszufinden, wer wirklich der Meister des Slam Dunks war.«

Als Erving sich rasch vom Korb entfernte, fast bis zum gegenüberliegenden Key, waren die Zuschauer wie im Delirium. Er drehte sich um und hielt kurz inne, so wie jeder große Entertainer es getan hätte. Das Publikum verstummte.

Dominique »The Human Highlight Film« Wilkins bei einem Dunk während des Dunk Contests von 1985

Dr. J rannte die Startbahn hinunter, setzte seinen linken Fuß zum Abflug auf die gut 4,5 Meter vom Korb entfernte Freiwurflinie und begann zu fliegen. Bis zu seiner Landung hatten die Zuschauer jegliche Vorstellung davon, wozu ein menschlicher Körper in der Lage sein könnte, über Bord geschmissen. Der Wettbewerb war ein voller Erfolg – wie ließ sich diese einmalige Mischung aus Kreativität und purer Athletik besser zur Schau stellen?

So war es nicht weiter verwunderlich, dass der Slam Dunk Contest zu einer Hauptattraktion der jährlich stattfinden All-Star-Festivitäten wurde und als Startrampe für Kaliber wie Michael Jordan, Dominique Wilkins, Shawn Kemp, Kobe Bryant, Vince Carter und Dwight Howard diente.

In der ABA hatte dies selbstverständlich niemand ahnen können. Als Erving durch die Lüfte flog, stand die ABA kurz vor dem Untergang. Drei Teams hatten es nicht bis in die Saison 1975–76 geschafft, sodass gerade einmal sieben übrig blieben. Das All-Star Game jedoch sollte landesweit übertragen werden und die League versuchte verzweifelt, öffentliches Interesse zu wecken, um bei den Verhandlungen über einen Zusammenschluss mit der konkurrierenden NBA gute Karten zu haben.

Die Idee zum Dunk Contest war aus den Korbleger-Serien entstanden, die in der ABA während des Aufwärmens zu sehen waren. Die Spieler brachten dabei abwechselnd den Korbrand zum Erzittern. Oft waren die Zuschauer von diesen Aufwärmaktivitäten begeisterter als von den Spielen selbst.

Fünf Teilnehmer nahmen am Eröffnungswettbewerb teil – Erving, David Thompson, Larry Kenon, George Gervin und Artis Gilmore. Allerdings war jedem klar, dass es auf Erving und Thompson (den Mann, den sie »Skywalker« nannten) hinauslaufen würde. Nachdem Thompson die Menge mit dem ersten, offiziell aufgezeichneten 360-Grad-Slam-Dunk verzaubert hatte, war Dr. J an der Reihe.

Seine erste Aktion bestand darin, zwei Bälle auf einmal im Korb zu versenken. Darauf folgte der Dunk von der Freiwurflinie. Als Drittes zog er sich mit der linken Hand am Rand des Korbs hoch, um mit der rechten den Ball reinzuhämmern. Zum Abschluss ließ er den »Iron Cross«-Dunk los, bei dem er seine Arme weit ausstreckte und den Ball mit dem Rücken zum Korb versenkte.

Die *Sports Illustrated* bezeichnete diesen erstmalig veranstalteten Dunk Contest als »die gelungenste Halbzeitunterhaltung seit dem Gang zur Toilette«. Für die ABA bedeutete es eine Würdigung ihrer neuesten Innovation und für Dr. J einen weiteren Schritt zur Legende. Nach dem Zusammenschluss stellte die NBA den Wettbewerb jedoch erst mal hintan. Im Jahr 1977 wandelte die Liga den Dunk Contest in ein zähes, über die ganze Saison gestrecktes Turnier um und bis zum Jahr 1978 hatte man die Sache ganz aufgegeben.

Im Jahr 1984 feierte der Wettbewerb mit einem 34-jährigen Julius Erving sein Revival. Der Doktor wiederholte seinen legendären Dunk von der Freiwurflinie, musste sich jedoch gegen Larry Nance geschlagen geben, der zwei Bälle auf einmal durchnagelte, eine Hommage an einen weiteren berühmten Dunk aus Dr. Js Repertoire von 1976.

Der Wettbewerb erreichte seinen Höhepunkt im Jahr 1988, als Michael Jordan (der Erving drei Jahre zuvor bei seinem ersten Auftritt in dem Contest seinen Respekt erwiesen hatte) gegen den Forward der Atlanta Hawks, Dominique Wilkins, antrat. Der Athlet mit der gewaltigsten Sprungkraft gegen den mit dem brachialsten Dunk.

Die beiden hatten eine solide Show abgeliefert, bis Jordan zu seiner Variante des Dunks von der Freiwurflinie abhob und dabei sogar noch länger als sein Vorgänger durch die Lüfte segelte. Das Bild von Jordan, wie er durch die Luft fliegt, seine Beine spreizt und dabei weit mit der Ballhand aushol, wurde zum weltberühmten Logo der Marke Jordan.

Das einzige Duell, das dem von Jordan gegen Dominique nahekam und dabei gleichzeitig die Latte ein Stück höher setzte, war das von Aaron Gordon gegen Zach LaVine im Jahr 2016. Bei einem Dunk von der Freiwurflinie wechselte LaVine im Flug den Ball zwischen den Beinen hindurch von einer Hand zur anderen, beim anderen sah man ihn als fliegende Windmühle den Ball im Korb versenken.

In den 1990er-Jahren trat der Wettbewerb erneut in den Hintergrund, doch 2000 fand er mit der unglaublichsten Performance in der Geschichte des Contests seinen Weg zurück in die NBA. Vince Carters Auftritt in Oakland dürfte schwer zu toppen sein. In seiner Jugend studierte Carter Aufzeichnungen vergangener Dunk Contests, so wie ein Anwalt für seine Zulassung büffeln würde.

»Ich hatte Dee Brown vor Augen, wie er seine Schuhe aufpumpte«, sagte Carter. »Ich betrachtete den Dunk Contest von folgender Warte aus: Wie kannst du die Fans für dich gewinnen? So, dass sie dir aus der Hand fressen?«

Die Antwort bestand offensichtlich darin, eine Serie von Dunks vom Stapel zu lassen, die die Welt noch nicht gesehen hatte. Als Erstes zeigte er einen Reverse-360, gefolgt von einem Windmill-360. Bei einem Dunk sprang er derart hoch, dass er erst den Ball und dann gleich noch seinen halben Arm im Korb verschwinden ließ. Als Finale bekam das Publikum selbstverständlich einen Dunk von der Freiwurflinie zu sehen.

Erving war der Erste, der Carter gratulierte, nachdem dieser den Court verlassen hatte.

»Wer mich kennt, weiß, dass Dr. J einer meiner Helden ist«, sagte Carter. »Du gewinnst diesen Wettbewerb, hältst diese Trophäe in die Luft, verlässt den Platz und die erste Person, die dich anspricht, ist dein persönlicher Held? Besser geht's nicht.«

Doch für den Dunk Contest war der Zenit überschritten. Es gab noch weitere Ausnahme-Performer – Desmond Mason, Jason Richardson, Nate Robinson –, doch die Liga pfuschte am Format herum. Einmal führte sie sogar eine Art Glücksrad ein, an dem die Spieler drehen mussten, als nähmen sie an einer Quizshow teil. Der »Sieger« sollte daraufhin einen legendären Dunk nachmachen.

Irgendwann nahmen die Topspieler an dem Wettbewerb nicht mehr teil. Es gab so viele andere Möglichkeiten, sich zu vermarkten. Wozu das Risiko einer Verletzung oder – schlimmer noch – einer Blamage in Kauf nehmen? Die NBA reagierte darauf, indem sie die Veranstaltung in einen Wettbewerb für »aufstrebende Stars« ummodelte, bei dem junge Talente die Hauptrolle spielten. Die großen Zeiten des Dunk Contests werden aber unvergessen bleiben. Hätte die ABA ihn früher erfunden, wäre sie vielleicht heute noch am Ball.

DIE TOP 5 NACH VINCE

1. Aaron Gordons einhändiger 360-Grad-Mascot-Handoff (2016)
2. Zach LaVinces Durch-die-Beine-Wurf von der Freiwurflinie (2016)
3. Jason Richardsons einhändiger Durch-die-Beine-Reverse (2002)
4. Aaron Gordons Unter-den-Beinen-durch-Wurf (2016)
5. Andre Iguodalas Hinter-dem-Korb-Reverse (2006)

Michael Jordan versenkt den Ball während des Slam-Dunk-Wettbewerbs vom 6. Februar 1988.

1976
DER ZUSAMMENSCHLUSS

Das Freundschaftsspiel von 1972 wurde als »Supergame II« angekündigt. Es handelte sich um eine Wiederholung der Begegnung zwischen den All-Stars der NBA und ABA, die im Jahr zuvor ausgetragen worden war. Im Nassau Coliseum auf Long Island sollten sich die etablierten Spieler der NBA mit den aufstrebenden Talenten aus der rebellischen Liga messen.

Mit »Supergame« hatten die Veranstalter den Nagel wahrlich auf den Kopf getroffen.

Insgesamt zwölf zukünftige Hall of Famer tummelten sich auf dem Court. Die NBA wurde von Topathleten wie Wilt Chamberlain, John Havlicek, Oscar Robertson, Paul Silas und Nate Archibald repräsentiert. Die ABA hielt mit Artis Gilmore, Dan Issel, Willie Wise und einem 22 Jahre alten Julius Erving dagegen. Nach nur einer Saison als Profi war Erving auf dem besten Weg, zum beliebtesten Spieler seiner Sportart zu werden.

Die Ligen hatten bereits mehrfach gegeneinander gespielt. Die NBA-Bosse sahen es gerne, wenn ihre Fans Tickets kauften, um von Typen wie Dr. J geflasht zu werden. Die ABA wiederum nutzte jede Gelegenheit, um zu demonstrieren, dass ihre Spieler mindestens genauso viel Talent besaßen wie ihre weitaus berühmteren Rivalen.

Supergame II bot bis zur letzten Sekunde Spannung. Dank eines Jumpers von Rick Barry kam die ABA auf zwei Punkte heran, doch Freiwürfe von Robertson besiegelten den 106-104-Sieg der NBA.

Die NBA gewann zwar die Partie, doch die Stars der ABA konnten immerhin auf ihrer bislang größten Bühne glänzen.

In den 1970er-Jahren siechte die ABA vor sich hin, der Zukauf von Ausnahmetalenten wie Erving, Moses Malone und George »The Iceman« Gervin änderte daran wenig. Im Jahr 1975 hatte die Liga seit ihrer Gründung 1967 rund 50 Millionen Dollar vernichtet. Die Vereine verschwanden schneller von der Bildfläche, als ihre Inhaber bis drei zählen konnten. Zum Ende der Spielzeit 1975–76 bestand die ABA nur noch aus sieben Teams – sechs, nachdem die Virginia Squires in jenem Sommer ebenfalls einpacken mussten.

Seit Langem schon hatte die ABA die Absicht gehabt, mit der NBA zu fusionieren – genau genommen vom ersten Tag an. An den Teams der ABA hatte die NBA allerdings so gut wie gar kein Interesse. Die Spieler waren es, die sie haben wollten, koste es, was es wolle. Larry O'Brien, der Commissioner der NBA, und sein Rechtsberater David Stern malten sich eine Zukunft aus, in der Erving in Lakers- oder Knicks-Trikot auflaufen und die Zuschauertribünen der NBA-Spielstätten landesweit füllen würde.

Dazu kam, dass sie tatenlos zusehen mussten, wie zum Beispiel ein Ausnahmetalent wie David Thompson, First Overall Pick der Atlanta Hawks im Jahr 1975, der NBA die kalte Schulter zeigte, um wegen eines deutlich lukrativeren Angebots der Denver Nuggets der ABA beizutreten. Dies war eine Entwicklung, die O'Brien keinen Tag länger akzeptieren wollte.

Doch die ABA sollte sich nicht kampflos geschlagen geben. Sie ernannten den 35-jährigen David DeBusschere zum Commissioner – bereits der siebte in der achtjährigen Geschichte der ABA. DeBusschere war maßgeblich am Titelgewinn der New York Knicks in den Jahren 1970 und 1973 beteiligt, Jahre zuvor hatte er bereits die NBA bei der ersten Supergame-Serie vertreten. DeBusschere war also ein »Mann der NBA« und die Bosse der ABA sahen seine Anwesenheit am Verhandlungstisch als großen Vorteil für sich an.

Am 5. August 1976 wurde ein Deal ausgehandelt: Die NBA würde vier Teams der ABA übernehmen – die San Antonio Spurs, Denver Nuggets, Indiana Pacers und New York Nets. Mit den Kentucky Colonels sowie den Spirits of St. Louis wurden zwei Vereine der ABA aufgegeben.

In den Straßen von San Antonio wurde die Eingliederung ihres geliebten Vereins in die NBA ausgelassen von den Fans gefeiert. Dessen Inhaber indes zeigten sich weniger enthusiastisch. »Mir ist nicht danach, Champagnerflaschen zu köpfen«, äußerte sich der Besitzer Angelo Drossos, »denn es war kein guter Deal für uns. Unseren Einstieg haben wir teuer erkauft.«

Jedes der vier ABA-Unternehmen legte 3,2 Millionen Dollar für den Eintritt in die NBA auf den Tisch. Für die Verletzung ihrer Hoheitsrechte verpflichteten sich die Nets zusätzlich, 4,8 Millionen Dollar (über einen Zeitraum von zehn Jahren) an die Knicks zu bezahlen. Anstelle von harten Dollars boten die finanzschwachen Nets den Knicks ihren Star Julius Erving an. Diese lehnten das Angebot ab und die Nets verkauften ihren Helden für drei Millionen Dollar an die Philadelphia 76ers.

Die Teams der ABA, die die Fusion überlebt hatten, durften ihre Spieler behalten, die übrig gebliebenen Talente wurden den NBA-Teams in einem Draft zugänglich gemacht, in dem die Spieler aufgeteilt wurden. Als First Pick ging der Center-Spieler Artis Gilmore an die Chicago Bulls. Den Vereinen der ABA wurden für die nächsten drei Jahre jegliche Einnahmen aus TV-Übertragungen untersagt und der Draft von 1976 war ebenfalls für sie tabu.

Eine Bedingung, auf die seitens der NBA insistiert wurde, war, dass in der Öffentlichkeit nicht von einem Zusammenschluss, sondern einer Erweiterung die Rede sein sollte. Der Zusammenschluss – oder die Erweiterung

Spencer Haywood zieht in den ABA-Playoffs von 1970 an Craig Raymond vorbei.

oder wie auch immer man es nennen wollte – hatte aus der NBA eine Liga mit 22 Mannschaften gemacht. Des Weiteren hatte die Fusion der League die lang ersehnten und heiß begehrten Talente verschafft.

Die Auswirkungen waren unmittelbar zu spüren. Die Portland Trail Blazers wählten im Aufteilungsdraft Power Forward Maurice Lucas, der mit Bill Walton zusammen einen Mörder-Frontcourt bildete, der die Blazers in diesem Jahr bis in die Finals katapultierte – wo sie auf Julius Erving und die neu aufgelegten 76ers trafen. Fünf der zehn Finalisten beim Kampf um den Titel von 1977 waren ein Jahr zuvor noch bei der ABA angestellt gewesen.

Zehn ehemals der ABA angehörende Spieler wurden zum All-Star Game von 1977 eingeladen, während vier Ex-ABA-Athleten in ihrem ersten Jahr bei der NBA unter den Top-Ten-Scorern der Liga waren – »Pistol« Pete Maravich belegte den ersten Platz, gefolgt von Billy Knight, dem Guard der Pacers, auf dem zweiten und David Thompson auf dem vierten Rang.

Die NBA hatte mittlerweile die Drei-Punkte-Linie sowie weitere Elemente der sprunggewaltigen, zuschauerfreundlichen Spielweise der ABA übernommen.

Die Inhaber der beiden Teams der ABA, die es nicht in die neue Liga geschafft hatten, waren durch die Fusion aber keineswegs dazu verdammt worden, am Hungertuch zu nagen. Kentucky-Colonels-Besitzer John Y. Brown, der mit einer anderen Unternehmung (Kentucky Fried Chicken) ein Vermögen machen sollte, erhielt drei Millionen Dollar von den vier verbliebenen Teams der ABA. Letztendlich übernahm er noch im selben Jahr für 1,5 Millionen Dollar die Buffalo Braves der NBA.

Niemand kam bei der Sache jedoch besser weg als die Gebrüder Daniel und Ozzie Silna, Inhaber der Spirits of St. Louis. Anstatt sich wie Brown auf die angebotenen drei Millionen Dollar einzulassen, handelten sie eine andere – und letzten Endes brillante – Vereinbarung aus.

Als Erstes forderten sie eine Prämie für jeden ihrer im Aufteilungsdraft rekrutierten Spieler, wobei unterm Strich 2,2 Millionen Dollar für sie heraussprangen. Der eigentliche Clou bestand aber darin, dass die Brüder sich noch ein Siebtel aller Einnahmen aus Verträgen mit den Medien zugesichert hatten, und zwar von jedem der vier am Leben gebliebenen ABA-Vereine und »bis in alle Ewigkeit«.

Dieses Arrangement gilt als der ausgebuffteste Deal der Sportgeschichte. Über die folgenden Jahrzehnte hinweg verdienten die Silna-Brüder damit geschätzte 300 Millionen Dollar. Im Jahr 2014 gelang es der NBA endlich – nachdem sie es immer wieder vergeblich versucht hatte –, der Sache ein Ende zu machen, indem sie mit den Silnas einen Vergleich über angeblich 500 Millionen Dollar abschloss. Brown brachte der Zusammenschluss drei Millionen Dollar, Daniel und Ozzie kassierten dabei 800 Millionen Dollar ab.

Im Jahr 1976 waren sich die ABA-Bosse einig, dass sie bei der Fusion über den Tisch gezogen worden waren. Die 3,2 Millionen Dollar NBA-Beitrittsgebühr wurden als unverschämt angesehen; man hatte sich nur darauf eingelassen, weil man kaum Verhandlungsspielraum hatte.

Doch die Jahre gingen ins Land und die NBA wurde zur Gelddruckmaschine; die Bewertungen der Vereine stiegen sogar höher als Dr. J. Im Jahr 2017 wurden die Houston Rockets für 2,2 Milliarden Dollar aufgekauft.

Mitglieder der ABA und NBA im Vorfeld einer Pressekonferenz, in der es darum ging, eine Begegnung der Stars beider Ligen zu promoten

2018 wurde jedes der 30 NBA-Teams mit über einer Milliarde Dollar bewertet.

Und im Jahr 2019 wurden die Brooklyn Nets für 2,35 Milliarden Dollar veräußert. Wir reden hier von dem Verein, der sich 1976 dazu gezwungen sah, seinen besten Spieler zu verkaufen, da das Management nicht in der Lage war, die jährliche Gebühr von 480 000 Dollar aufzubringen, die sie den ebenfalls in New York ansässigen Knicks hatten zahlen müssen.

Nicht schlecht für eine Spaß-Liga.

1977
BILL WALTONS FLUCH

Der Fast Break war Portlands Markenzeichen und die Trail Blazers hatten ihn perfektioniert. Sie verfügten über alle nötigen Zutaten: einen innovativen Coach, der ein schnelles Spiel predigte, eine selbstlose Mannschaft, die seiner Spieltaktik folgte, und den perfekten Center, um seine Vision umzusetzen.

Der 2,11 Meter große und fast 115 Kilo schwere Bill Walton kam als First Pick des Jahres 1974 in die League und wurde zum Gesicht der NBA. Diese Rolle übernahm er in der Spielzeit 1976–77, als er Portland in die Finals führte. Dort traf er auf Julius Erving, den neuen Superstar der Liga, und die Philadelphia 76ers.

Sowohl den persönlichen als auch den spielerischen Stil betreffend stand die Endrunde von 1977 für einen Clash der Kulturen. Die 76ers waren dreist, superathletisch und überrannten ihre Gegner. Mit Dr. J, George McGinnis und dem 23-jährigen Darryl Dawkins ließ Philly keine Gelegenheit zum Dunken aus. Bei den Trail Blazers dagegen hielt man nicht so viel von der Idee, den Ball per Dunk im Korb zu versenken. Sie setzten auf

Bill Walton blockt während eines Spiels in Denver am 20. April 1977 einen Wurf von Dan Issel.

schnelles Zuspiel, um Korbleger vorbereiten zu können, und stellten Teamgeist in den Vordergrund.

Dies war nicht immer so gewesen. Waltons erste zwei Spielzeiten in Portland wurden von Verletzungen am rechten Fuß geprägt und einer Spielweise, die er für langsam und behäbig hielt. Über die Verletzung sagte er: »Das Problem konnte nicht eindeutig diagnostiziert werden. Wenn ich spiele, habe ich einfach große Schmerzen im Fuß.«

Walton wusste, dass er es schaffen konnte, Portlands träge Offensive ins Rollen zu bringen. Im College hatte er Rebound-Rekorde aufgestellt und sein instinktives Passspiel unterschied ihn deutlich von anderen Center-Spielern. Er konnte sich einen Rebound erkämpfen und den Ball zielgenau den Court hochfeuern, um den Fast Break in Gang zu setzen.

Das Spiel war sein Lehrmeister und er ein siegreicher Schüler. An der UCLA gingen seine Teams in jeder seiner beiden Spielzeiten mit 30-0 in Führung und holten sich den NCAA-Meisterschaftstitel. Im Finalspiel des Jahres 1973 gegen Memphis State stellte Walton mit 44 Punkten einen Finals-Rekord auf. Bei 21 der 22 Würfe handelte es sich um Treffer aus dem Feld. Mit Walton im Team riss die Siegessträhne der UCLA erst nach 73 Spielen ab. Waltons persönliche Erfolgsserie reichte bis zu seinen Highschool-Tagen in seiner Heimatstadt La Mesa in Kalifornien zurück und belief sich auf unglaubliche 126 gewonnene Spiele.

An der UCLA war er in die Fußstapfen eines weiteren legendären Center-Spielers getreten – Kareem Abdul-Jabbar (damals Lew Alcindor). Bei den Portland Trail Blazers hingegen, die in vier Spielzeiten noch kein einziges Mal die Playoffs erreicht hatte, ebnete er sich seinen eigenen Weg.

In seiner zweiten Spielzeit nahm Walton an 51 Spielen teil und holte im Schnitt 13,4 Rebounds. Nichtsdestotrotz fand sich Portland auf dem letzten Tabellenplatz der Division wieder. Im Sommer 1976 feuerten die Blazers ihren Cheftrainer Lenny Wilkins und ersetzten ihn durch Jack Ramsay, wegen seines Doktortitels in Pädagogik besser bekannt als »Dr. Jack«.

Es war vor allem Walton, der das Interesse des 51 Jahre alten Ramsay geweckt hatte. Der talentierte junge Center war der ideale Athlet für die Art von Basketball, die er die Blazers spielen sehen wollte. Walton wiederum sah in Ramsay einen Coach, der ebenso ehrgeizig wie er und noch dazu Perfektionist war. Sie respektierten einander und teilten dieselbe Leidenschaft für die Feinheiten des Spiels – egal ob beim Training oder im Match.

In dem Sommer, in dem NBA und ABA fusionierten, erhielten die Blazers eine weitere Verstärkung durch Maurice Lucas, einen der gefürchtetsten und kraftvollsten Forwards der ABA. Lucas – Second Overall Pick der Blazers beim Auswahldraft – war durch seine Körperlichkeit die perfekte Ergänzung für Walton im Frontcourt. Und da beide überzeugte Vegetarier waren, entstand zwischen ihnen eine echte Freundschaft.

Die Spielzeit 1976–77 lief schleppend an und nur durch eine Siegessträhne von sechs Spielen am Ende gelang den Blazers der Einzug in die Playoffs.

Die Finals von 1977 zwischen Portland und Philadelphia waren der Traum eines jeden Promoters: Dr. J gegen Dr. Jack, Walton gegen Irving. Die schnellen Blazers gegen die hochfliegenden 76ers. Für die Fernsehsender war der Kampf Walton gegen Erving – Weiß gegen Schwarz – eine Steilvorlage. Beide Männer repräsentierten die Kulturrevolution, die in den 1960ern aufgekeimt waren.

Walton, der seine roten Locken oft mit einem Stirnband zu bändigen versuchte, sah aus, als käme er gerade von einem Grateful-Dead-Konzert. Im College wurde er einmal bei einer Kundgebung gegen den Vietnamkrieg festgenommen und er war dafür bekannt, nach den Partien Gras zu rauchen, um sich zu erholen und nicht obsessiv die Spielzüge der gerade beendeten Begegnung im Kopf nachzuspielen.

Erving, dessen kultiger Afro bei jedem seiner einzigartigen Moves und spektakulären Flugnummern im Wind wehte, personifizierte das moderne Spiel mehr als jeder andere. Sein Spiel in der Vertikalen, sein Flair, seine Individualität sagten: Dr. J war hip. Er war cool. Er stand für die Evolution des Basketballs.

Zu Beginn der Serie impfte Ramsay seinen Spielern ein, dass sie Erving unbedingt von seinen Dunks abhalten mussten. Er könne ruhig punkten, sagte der Coach, dies sei unvermeidlich. Seine mitreißenden Dunks hingegen – von Fans auf Heim- wie Auswärtsspielen gefeiert – hatten die Tendenz, das ganze Spiel zu drehen und eine schwer kontrollierbare Eigendynamik zugunsten von Philly zu entwickeln.

Ervings erste Aktion im ersten Spiel bestand darin, zu einem himmelhohen Windmill Slam aufzusteigen. Die 76ers beherrschten die Partie praktisch über die volle Spielzeit hinweg und errangen vor ihrem Heimpublikum einen klaren Sieg. Sie gingen in der Final-Serie mit 2-0 in Führung.

Im dritten Spiel holten die Blazers im letzten Viertel explosionsartig 42 Punkte, ausgelöst durch eine spielverändernde Sequenz

kurz vorher. Mit vier Punkten Führung tippte Walton einen Alley-oop über Dawkins hinweg in den Korb. Die 76ers hatten Einwurf, dieser wurde jedoch von Blazers-Guard Dave Twardzik abgefangen. Walton stand allein unterm Korb und signalisierte dies Twardzik, indem er auf und ab hüpfte und mit seinen Armen herumfuchtelte wie ein Kind, das die Aufmerksamkeit seiner Eltern sucht. Erving

Ein verletzter Bill Walton sieht seiner Mannschaft im Jahr 1976 von der Bank aus zu.

rannte zurück zum Korb und wollte abheben, aber es war zu spät. Er blickte nach oben und konnte nur noch ohnmächtig zusehen, wie Walton einen weiteren Alley-oop (diesmal beidhändig) versenkte.

Im vierten Spiel starteten die Blazers mit 19-4 durch und ließen sich durch nichts mehr aufhalten. Von ihrer fanatischen Fangemeinde angespornt, konnten sie die Serie mit 2-2 ausgleichen. Die nächste Partie gewannen sie ebenfalls.

Das sechste Spiel war ein Heimspiel und eröffnete den Blazers die Chance auf den Gesamtsieg. In der ersten Hälfte gab allerdings Dr. J den Ton an. Er rannte den Court hinab, um auf Höhe der Freiwurflinie abzuheben – auf Kollisionskurs mit Walton. Walton, der die Liga mit 3,2 Blocks pro Partie in dieser Saison anführte, sprang hoch, um Erving in der Luft abzufangen, hatte aber das Nachsehen im Kampf gegen die Ikone.

Im letzten Viertel schaltete Portland einen Gang höher. Die Trail Blazers zogen den Fast

85

Break durch und Walton schaffte es, Erving auf der rechten Seite des Korbs in Schach zu halten, sodass der Star der 76ers hart für sein Geld arbeiten musste. Erving holte trotzdem noch 40 Punkte raus, im Gegensatz zu seinen Teamkameraden, von denen lediglich einer mehr als zehn Punkte machte.

Beim letzten Ballbesitz lagen die 76ers zwei Punkte zurück, als Walton einen verfehlten Jumper wie eine Fliege vom Korbring wegfegte und auf den Platz feuerte. Im selben Moment ertönte der Buzzer.

»›Alle für einen‹ siegt über ›Einer für alle‹«, lautete die Schlagzeile der *Sports Illustrated* am nächsten Tag.

Mit dem Ertönen der Schlusssirene rannten die Portland-Fans in Scharen auf den Platz. Walton zog sein Shirt aus und warf es in die Menge. »Wenn ich dieses Shirt gefangen hätte«, so Maurice Lucas, »hätte ich es aufgegessen. Bill ist mein Held.«

Walton, der in den Playoffs nicht nur bei den Rebounds, sondern auch bei den Assists die Nummer eins war, beendete die Begegnung mit 23 Punkten, 20 Rebounds, 8 Blocks und 7 Assists. Er wurde zum Finals-MVP ernannt.

»Dr. J ist unfassbar stark«, sagte er nach dem sechsten Spiel, »es geht hier aber nicht darum, Berühmtheit zu erlangen.«

Portland hätte die nächste große Dynastie der NBA werden können, Nachfolger des genialen Celtics-Teams der 1960er-Jahre mit Bill Walton in der Rolle von Bill Russell. In die Saison, die ihrem Meisterschaftstitel folgte, starteten die Trail Blazers mit einem Rekord von 50-10-Siegen. Dann verletzte sich Walton wieder.

Durch seine Fußprobleme dauerhaft eingeschränkt, bekam er vor einer Partie am 18. April 1978 eine Spritze, um die Schmerzen zu lindern. An diesem Abend zersplitterte der Knochen in seinem Fuß in zwei Hälften – Walton würde nie mehr derselbe sein. »Die nächsten acht Jahre verbrachte ich damit, einem Traum hinterherzujagen«, sagte er.

Im Jahr 1978 wurde er zwar noch einmal zum Most Valuable Player gekrönt, ohne Walton in der Startaufstellung flogen die Blazers jedoch bereits in der ersten Runde der Playoffs raus. Und auch die komplette nächste Spielzeit verbrachte er auf der Bank.

Das Verhältnis zwischen Walton und den Blazers – insbesondere dem medizinischen Personal – verschlechterte sich zusehends. Sie stritten über alles, von Diagnosen bis hin zu Erholungsphasen. Walton wollte vor allem eins: wieder auf den Platz gehen. Als die Verantwortlichen zustimmten und Walton sich daraufhin zwangsläufig erneut verletzte, fühlte der Center sich von ihnen hintergangen.

1979 hatte Walton genug und wechselte zu seinem Heimatteam, den San Diego Clippers. Bei ihnen unterschrieb er einen beispiellosen Vertrag über sieben Jahre und sieben Millionen Dollar. Die Los Angeles Lakers waren die ersten Gegner der Clippers in dieser Saison. Die Partie markierte gleichzeitig das Debüt von Magic Johnson und wurde landesweit im Fernsehen übertragen. Walton blieb auf der Bank.

An gerade mal 14 Begegnungen konnte er in dieser Spielzeit teilnehmen und die folgenden zwei Saisons kam er überhaupt nicht zum Einsatz. In seinen sechs Jahren bei den Clippers war Walton lediglich 169-mal auf dem Platz zu sehen und seine ehemaligen Wahnsinnsstatistiken rauschten in den Keller. Zwar gelang es ihm, seine Karriere als Backup-Center bei den Boston Celtics, Titelgewinner von 1986, kurz wiederzubeleben, doch er war nur noch ein Schatten des dynamischen und kraftvollen Athleten von einst.

Verletzungen sollten ihm auch nach seinem Rücktritt noch Sorgen bereiten: Er hatte mit Fußoperationen, Sprunggelenksfusionen und

Bill Walton sieht 1974 einem Spiel von der Seitenlinie aus zu.

Rückenproblemen zu kämpfen. Nach einem weiteren Eingriff im Jahr 1990 räumte er ein, dass er nicht mehr sagen könne, wie oft man bereits das Skalpell an seinem verfluchten Fuß angesetzt habe. Mindestens 30-mal, schätzte er.

»Ich würde alles tun, um wieder Basketball spielen zu können«, sagte er im Ruhestand. »Aber es gibt keinen Grund, verbittert zu sein. Dafür habe ich zu viele gute Erinnerungen.«

SPIELER MIT DEN MEISTEN PARTIEN

1.	Robert Parish	1611
2.	Kareem Abdul-Jabbar	1560
3.	Vince Carter	1541
4.	Dirk Nowitzki	1522
5.	John Stockton	1504

David Thompson hebt im Jahr 1979 in Richtung Pete Maravich ab.

1978
SKYWALKER GEGEN ICEMAN

Am 19. April 1978 waren die Augen der NBA auf Boston gerichtet, wo John Havlicek nach einer 16-jährigen sagenumwobenen Karriere seine Abschiedsvorstellung bei den Celtics gab. Währenddessen ging es in der Cobo Hall in Downtown Detroit in einer Nachmittagspartie zwischen den Pistons und den Denver Nuggets um etwas ganz anderes: um die Frage, wer Schützenkönig werden sollte.

Es war der letzte reguläre Spielabend der Saison 1977–78 und Nuggets-Guard David »Skywalker« Thompson lag mit 0,2 Punkten pro Partie nur knapp hinter San Antonios George »The Iceman« Gervin, dem Anführer der NBA-Trefferliste. Es stand 26,6 zu 26,8.

Thompson und Gervin hatten sich schon die ganze Spielzeit über ein Kopf-an-Kopf-Rennen um die Krone des Schützenkönigs geliefert und Gervins Spurs sollten später am Abend noch spielen. Es war das engste Rennen um diesen Titel in der Geschichte der NBA und sollte sich erst in der letzten Partie entscheiden.

Thompson und Gervin waren beide Importe aus der ABA. Genau wie ihre Vereine, die durch die Fusion der vorangegangenen Saison ihren Weg in die NBA gefunden hatten, und die Coaches – Larry Brown von den Nuggets und Doug Moe von den Spurs.

Brown und Moe waren Kumpel und ABA-Mitglieder der ersten Stunde. In der ABA wurde Brown dreimal zum All-Star ernannt und bis zum Zeitpunkt seines Rücktritts führte er die League in der ewigen Bestenliste bei den Assists an. Er und Moe waren Mannschaftskameraden und Weggefährten gewesen. Als Brown 1972 seine erste Stelle als Cheftrainer bei den Carolina Cougars der ABA antrat, stellte er seinen Freund Moe als Assistenztrainer ein.

Gervin und Thompson waren genau die Sorte Stars, die die NBA unbedingt haben wollte und die letzten Endes für den Zusammenschluss mit verantwortlich gewesen waren. Warum, war offensichtlich.

Nie zuvor hatte man jemanden mit solch einer Sprungkraft wie Thompson gesehen. Nicht ohne Grund hatte er den Beinamen »Skywalker« erhalten und mit seinen 1,93 Meter sowie seiner Vorliebe für das Dunking auf – oder über – jeden, der sich in seinen Weg stellte, gleich noch den Spitznamen »Giant Killer«. Der First Overall Pick des Jahres 1974 (sowohl der NBA als auch der ABA) erzielte als Rookie für Denver durchschnittlich 26 Punkte pro Spiel und blieb weiterhin auf der Erfolgsspur.

Thompson hatte das Scorer-Rennen zwischen sich und Gervin gar nicht genau verfolgt. Seine Nuggets hatten die Playoffs erreicht und die letzte Begegnung der regulären Spielzeit in Detroit – Gervins Heimatstadt – war ohne Bedeutung.

Brown, der wusste, wie knapp die Angelegenheit war, fragte Thompson, ob er wollte, dass seine Teamkameraden ihm möglichst oft den Ball zuspielten, sodass er an Gervin vorbeiziehen könne. »Nah«, antwortete dieser, »schauen wir einfach mal, was passiert.«

Was passierte, war, dass Thompson 20 seiner ersten 21 Würfe versenkte. Allein im ersten Viertel holte er 32 Punkte und brach damit Wilt Chamberlains Rekord für erzielte Punkte innerhalb eines Viertels, eine Rekordmarke, die während Wilts legendärem 100-Punkte-Spiel aufgestellt worden war. Zur Halbzeit hatte Thompson 53 Punkte zu verzeichnen. Er schloss die Partie mit 73 Punkten ab – die Nuggets verloren trotzdem mit zwei Punkten Rückstand 139-137. Doch Thompson hatte sich dadurch vor Gervin gesetzt. Im Gegensatz zu Thompson hatte der »Iceman« den laufenden Konkurrenzkampf ganz genau im Blick.

Gervin war ein echte Wurfmaschine, die stolz darauf war, in kürzester Zeit so viele Punkte wie möglich einzusammeln. In der ABA war er zum Superstar aufgestiegen – mit Julius Erving durchaus vergleichbar – und der erste Kultspieler der Spurs. »Was Babe Ruth für New York war, war George Gervin für San Antonio«, sagte der Inhaber der Spurs einmal.

Er verfügte über ein unerschöpfliches Repertoire an Tricks und war in der Lage, von überall aus zu punkten. Seine Visitenkarte jedoch war sein Fingerrollen, bei dem er dem Ball mit einem gefühlvollen Touch eine leichte Drehung verlieh.

In der ABA erzielte er routinemäßig 20 bis 30 Punkte in der ersten Halbzeit, bevor er einen Gang runterschaltete. Er liebte seine Rolle und war kein Freund falscher Bescheidenheit. »Sie bezahlten mich nicht dafür, irgendjemanden zu bewachen«, sagte Gervin. »Sie bezahlten andere Jungs dafür, mich zu bewachen.«

Kein Wunder, dass sie ihn »Ice« nannten.

Am letzten Abend der regulären Spielzeit befanden Gervin und die Spurs sich in New

Orleans, um sich mit den Jazz zu messen. Ein Reporter rief ihn auf seinem Hotelzimmer an und teilte ihm mit, dass Thompson gerade 73 Punkte gemacht hatte. Wenn er den Titel des Top-Scorers haben wolle, musste er mindestens 59 Punkte holen.

Als der Coach der Spurs, Doug Moe, die Neuigkeiten hörte, war er außer sich. Er war der Meinung, dass Brown das Spiel der Nuggets ganz bewusst so gecoacht hatte, dass Thompson seine Trefferquote aufpolstern und Gervin überholen konnte.

Moe ließ seine Mannschaft in der Hotellobby antreten und berichtete ihnen, dass Thompson ihren Iceman gerade um seinen Titel beraubt hätte. Es sei wichtig, dass sie nun zusammenhielten, um zurückzuschlagen und Gervins rechtmäßigen Besitz zurückzuholen.

George Gervin stößt 1974, in seinen Tagen bei der ABA, zum Korb vor.

Gervin kam mit rauchenden Colts auf den Platz, schoss aber mit Platzpatronen. Zu Beginn des Spiels verfehlte er die ersten sechs Würfe. Bald darauf hatte er sich jedoch eingeschossen und erzielte 20 Punkte im ersten Viertel. Ein Wurf nach dem anderen wurde von seinen Teamkollegen vorbereitet und er machte Punkte daraus.

Im zweiten Viertel gelangen ihm 33 Punkte. Damit brach er Thompsons gerade aufgestellten Rekord. »Ich brauchte 16 Jahre, um Wilts Rekord zu brechen«, schrieb Thompson später, »Gervin gerade einmal sieben Stunden, um meinen zu brechen.«

Auf der gegnerischen Bank verfolgte Pistol Pete Maravich, der verletzte Guard der New Orleans Jazz, das brillante Spiel Gervins. Maravich, wahrscheinlich der begabteste Schütze aller Zeiten, fing damit an, Gervin anzufeuern. »Hol ihn dir, Ice!«, schrie er von der Seitenlinie aus. »Von einem Künstler zum anderen«, nannte es Gervin.

Zur Halbzeit hatte der Iceman 53 Punkte geholt, bis zum Ende der Partie waren es 63. Die Spurs verloren die Begegnung mit einem Rückstand von 20 Punkten. Doch der Wettkampf hatte mit Gervin seinen Sieger gefunden – 27,22 Punkte pro Spiel für den Schützenkönig gegen Thompsons 27,15.

Da all dies zu einer Zeit geschah, in der die Liga noch um das Publikum kämpfen musste, existieren leider keinerlei Aufzeichnungen dieser Ereignisse.

In der folgenden Saison räumte Gervin den zweiten seiner insgesamt vier Titel für den Spieler mit den meisten Treffern ab. Dieses Mal erzielte er im Schnitt 29,6 Punkte pro Partie.

PUNKTE PRO SPIEL IN DEN 1970ERN

1.	Kareem Abdul-Jabbar und George Gervin	28,2
2.	Bob McAdoo	26,8
3.	David Thompson	25,1
4.	Jerry West	24,6
5.	Pete Maravich	24,2

1978
DIE BULLETS TRAGEN RINGE

Eine der siegreichsten Mannschaften in den 1970er-Jahren waren die Bullets. Ursprünglich in Baltimore beheimatet, siedelten sie 1973 nach Washington, D. C. um. Über zehn Jahre hinweg erreichten sie die Playoffs und schnitten nie schlechter als mit einem vierten Platz in der Eastern Division ab.

Im Vorfeld der Saison 1977–78 wurden ihre Chancen, die Playoffs zu erreichen, allerdings eher als schlecht angesehen. Wes Unseld und Elvin Hayes, die Starspieler im Frontcourt, hatten die 30 bereits überschritten und fast eine Dekade Profibasketball hatte bei beiden Spuren hinterlassen.

Unseld, der 31-jährige Mannschaftskapitän und Center, hatte seine neunte Spielzeit vor sich. Seine ganze Laufbahn hindurch war er eine feste Größe der Bullets gewesen. Im Jahr 1969 schrieb Unseld Geschichte, als er als erster Spieler zum Rookie des Jahres und MVP einer Saison gewählt wurde. In diesem Jahr holte er durchschnittlich 14 Punkte und stellte mit 18 Rebounds einen persönlichen Rekord auf.

Mit 2,01 Metern war er der kleinste Center im Profigeschäft – sogar sein Afro konnte den Größenunterschied zwischen ihm und seinen Rivalen nicht maskieren. Unseld brachte allerdings stämmige 115 Kilo auf die Waage und verfügte über eine enorme Armlänge, wodurch er sich gegen seine größeren Gegenspieler Raum verschaffen konnte. Außerdem galt er als der führende Passspieler der NBA, der den Outlet-Pass sowohl zu einer Kunstform als auch zu einer tödlichen Waffe gemacht hatte. Bis 1977 waren seine Statistiken jedoch seit einiger Zeit kontinuierlich abgesunken. Er war nach wie vor ein tödlicher Rebounder und Albtraum jedes Kontrahenten, doch das letzte Mal hatte er vor fünf Jahren im zweistelligen Bereich gepunktet.

Hayes kam in derselben Saison wie Unseld zur NBA. Nach einer außergewöhnlichen Karriere an der University of Houston wurde er zum First Pick des Drafts von 1968 gewählt und während seiner Zeit als Rookie konnte er die höchste Trefferquote der League vorweisen. An die Bullets war er vor der Spielzeit 1972–73 verkauft worden und spielte auf ihrem Weg in die Finals von 1975 eine Schlüsselrolle.

Hayes war ein ebenso begnadeter Rebounder wie Unseld, im Gegensatz zu seinem Teamkameraden war »The Big E« allerdings auch ein äußerst effektiver Schütze. Seine Version des Fadeaway Jumpers war einmalig und brachte seine Gegner zur Verzweiflung. Hayes war durchgängig unter den Top-Scorern der Liga zu finden, hatte aber den Ruf, in engen Spielen leicht die Nerven zu verlieren.

Wenn die Bullets weiterhin mitmischen wollten, mussten sie sich Verstärkung holen. Im Sommer 1977 verpflichteten sie Forward Bobby Dandridge, einen Spieler der Milwaukee Bucks von 1971, die Unseld und die Bullets in der Meisterschaftsserie geschlagen hatten.

Washington hatte nun seine »großen Drei«, die Bullets gingen jedoch mit gedämpften Erwartungen in die Saison. Wie es aussah, sollte die Spielzeit sowieso Bill Walton und seinen Portland Trail Blazers gehören, den Titelverteidigern, die einen absoluten Lauf hatten. Portland legte einen 50-10-Start hin. Dann brach Walton sich den Fuß, was ihn ins Abseits beförderte und den Aufbau einer Blazers-Dynastie im Keim erstickte.

Natürlich gab es noch weitere Respekt einflößende Teams, die von talentierten Ex-ABA-Spielern angeführt wurden. Dank Julius Erving befanden sich in Philadelphia die 76ers auf einem Höhenflug, während in San Antonio George »The Iceman« Gervin in Richtung der unerhörtesten Trefferquote aller Zeiten unterwegs war. Die 76ers gewannen genau wie die Spurs über 50 Partien und führten die Tabelle der Eastern Conference an.

Washington beendete die reguläre Spielzeit mit 44 Siegen auf dem dritten Tabellenplatz, ihr schlechtestes Ergebnis in sechs Jahren. Verletzungen trugen ihren Teil dazu bei. Die Guards Phil Chenier – zwischen 1974 und 1977 dreimal zum All-Star ernannt – und Charles Johnson verbrachten wertvolle Zeit auf der Bank, was ihren Cheftrainer Dick Motta schier zur Verzweiflung trieb.

Zu einem Zeitpunkt hatten die Bullets lediglich sieben einsatzfähige Spieler im Kader. Als die Playoffs in Sichtweite kamen, erfreute sich jedoch die komplette Mannschaft bester Gesundheit. Die zusätzliche Spielzeit, die Reservespielern wie Tom Henderson, Kevin Grevey und Mitch Kupchak zugutegekommen war, hatte zur Entwicklung eines soliden, vielseitigen Zwölf-Mann-Kaders beigetragen.

In den vergangenen sieben Jahren hatten Unseld und die Bullets zweimal bis in die Finals vorstoßen können. Sie waren also keine krassen Außenseiter, verfügten aber nicht wie andere Vereine über die absoluten Superstars und hatten in den Augen ihrer Fans und der Presse deshalb die Rolle des Underdogs inne.

In den Playoffs musste Washington es mit den besten Teams der NBA aufnehmen. Nachdem sie in der ersten Runde die Atlanta Hawks weggefegt hatten, zogen die Bullets in sechs Partien an Gervin und den Spurs vorbei. Dies hatten sie zum großen Teil Dandridges erstklassiger Defense-Arbeit gegen den Iceman zu verdanken. In den Finals der Eastern Conference trafen sie auf Dr. J und die 76ers, die sich anschickten, zum zweiten Mal in Folge die Finals zu erreichen. Sechs Spiele später waren die Bullets weiter.

»Wir mussten gegen die Besten antreten«, sagte Grevey, »und das machte uns zu den Besten.«

Die Finals von 1978 wurden auch als David gegen David beworben. Sowohl die Bullets als auch ihre Gegner, die Seattle SuperSonics, hatten auf ihrer Route zu den Finals die Favoriten ihrer jeweiligen Division bezwungen.

Die Playoffs von 1978 waren für die Bullets kein Zuckerschlecken gewesen und das Finale sollte dem in nichts nachstehen. Im Kingdome in Seattle zogen sie im vierten Spiel vor 39 000 Anhängern in die Schlacht und glichen die Serie mit 2-2 aus. Dadurch hatten sie gleichzeitig Seattles Erfolgssträhne von 21 Heimsiegen in Folge gebrochen. Die SuperSonics revanchierten sich mit dem Gewinn des fünften Spiels. Jedes Mal, wenn Washington an Fahrt aufnahm, hielt Seattle dagegen.

Coach Motta ermahnte seine Mannschaft, sich nicht auf den Lorbeeren vergangener Siege auszuruhen. In der zweiten Runde lagen die Bullets mit 3-1 vorn, als ein Livekommentator die folgende Warnung aussprach: »The opera isn't over until the fat lady sings.« (auf Deutsch: »Die Oper ist nicht zu Ende, bevor nicht die dicke Dame gesungen hat.«) Für den Rest der Finals wiederholte Motta diesen Spruch gebetsmühlenartig. Er ließ sogar T-Shirts bedrucken, auf denen der neue Slogan der Bullets prangte, und Fans brachten Plakate zu den Spielen mit, auf denen die Frage zu lesen war, ob die dicke Dame bald singen würde.

Die Bullets konnten ein Ausscheiden vor heimischem Publikum verhindern und retteten sich mit einem 117-82-Erfolg ins siebte Spiel, das auf feindlichem Gebiet stattfinden würde. Das Entscheidungsspiel verlief hochspannend. Dank eines unbarmherzigen Dauerfeuers von Sonics-Spieler »Downtown« Freddie Brown, der von weit außerhalb der Dreierlinie schoss, verspielte Washington im

Wes Unseld im Jahr 1981 beim Kampf um einen Rebound gegen Ray Williams und Elvin Hayes

Elvin Hayes mit der Meisterschaftstrophäe im Jahr 1978

letzten Viertel eine Elf-Punkte-Führung. Noch anderthalb Minuten waren auf der Uhr, als Kupchak ein Dreier gelang.

Als die Schlusssirene ertönte, stand 105-99 auf der Anzeigetafel und sowohl Spieler als auch Trainerstab der Bullets rannten überglücklich in die Gästekabine, um ihren ersten Meisterschaftstitel zu feiern.

Es sollte bis zum Jahr 2016 dauern, als LeBron James mit den Cleveland Cavaliers über die Golden State Warriors triumphierte, dass eine Mannschaft das entscheidende siebte Spiel wieder auf fremdem Boden für sich entscheiden konnte.

»Ich fühle mich erleichtert«, sagte Unseld nach der Begegnung. Obgleich er im Schnitt nur neun Punkte pro Partie erzielt hatte, war Unseld die tragende Stütze seines Teams und wurde zum Finals-MVP gekrönt.

Trotz des Titelgewinns konnte Hayes seinen Ruf, ein schwaches Nervenkostüm zu besitzen, nicht abschütteln. Im siebten Spiel machte er zwölf Punkte, musste wegen eines Foulspiels die letzten Minuten jedoch auf der Bank verbringen. »Die können sagen, was sie wollen«, so Hayes, »aber um eins kommen sie nicht herum: E ist ein Champion. Er trägt einen Ring.«

Am Flughafen von Washington wurden die Bullets von 8000 Fans in Empfang genommen, die mit ihnen gemeinsam den ersten Meisterschaftstitel ihrer Stadt nach 36 Jahren feiern wollten. Am Tag darauf säumten mehr als 100 000 Anhänger die Straßen, um die Siegesparade in Richtung White House zu sehen. »Ist die dicke Dame hier?«, fragte Präsident Jimmy Carter, als die Mannschaft einzog. Das war sie in der Tat – schon früher an diesem Tag hatte eine Opernsängerin einem jubelnden Publikum »We Are the Champions« entgegengeschmettert.

Washingtons 44 Siege während der regulären Spielzeit war das Dürftigste, was ein Meisterschaftsgewinner jemals in der Geschichte der NBA vorzuweisen hatte. Fünf Mitglieder des Teams tauchten mehrere Male bei den All-Star Games auf, Hayes und Unseld sind in der Hall of Fame zu bewundern. Doch die Bullets von 1978 werden auf ewig als die größten Underdogs der League in Erinnerung bleiben.

Man kann sagen, was man will, aber die Bullets tragen Ringe.

ÜBERRASCHUNGEN

1994: Die auf 8 gesetzten Nuggets schlagen die auf 1 gesetzten Sonics.
2007: Die auf 8 gesetzten Warriors schlagen die auf 1 gesetzten Mavericks.
1959: Die Minneapolis Lakers (33-39) schlagen die St. Louis Hawks (49-23) in Runde 2.
1981: Die Rockets (40-42, auf 6 gesetzt) schlagen die Lakers (Titelverteidiger) in Runde 1.
1989: Die auf 7 gesetzten Warriors schlagen die auf 2 gesetzten Utah Jazz in Runde 1.

1979
DIE NBA AM RANDE DES ABGRUNDS

Spiel 4 der NBA-Finals von 1979. Bei einer Neuauflage des Endspiels von 1978 treten die Titelverteidiger der Washington Bullets gegen die Seattle SuperSonics an. Wir befinden uns in der Verlängerung, in der nur noch Sekunden zu spielen sind und Seattle mit 114-112 in Führung liegt. Gus Williams, der 1,85 Meter große Guard der SuperSonics und führende Schütze der Serie, springt hoch, um den Wurf von Bullets-Spieler Kevin Grevey zu blocken – und sichert Seattle den Sieg.

Die CBS hielt damals die Übertragungsrechte an den Spielen der NBA. Aus Sorge darüber, dass die Finals keine adäquaten Zuschauerzahlen generieren würden, hatte sich das Netzwerk dazu entschlossen, unter der Woche stattfindende Begegnungen in der östlichen und pazifischen Zeitzone um 23:30 Uhr auszustrahlen – womit diese in direkter Konkurrenz zum Quotenknüller der Johnny Carson Show standen. Viele Partien wurden aufgezeichnet, um dann später gesendet zu werden.

Spiel 4 war an der Ostküste live zu sehen, allerdings erst in den frühen Morgenstunden. So kam es, dass die Fans im Osten tief und fest schliefen, als die Sonics die 3-1-Führung in der Endrunde übernahmen. Das Ganze sollte sich zwei Nächte später wiederholen, als die Sonics ihren ersten Meisterschaftstitel abräumten.

In den späten 1970er-Jahren befand sich die NBA in einer Übergangsphase. Verschwunden waren die großen Namen wie Wilt, Russell, Baylor und West und mit ihnen die epischen Rivalitäten, die ihre Anhänger in Atem gehalten hatten. Der Zusammenschluss mit der ABA im Jahr 1976 hatte eine neue Ära von Superstars eingeläutet, unter ihnen Julius »Dr. J« Erving, George »The Iceman« Gervin und David »Skywalker« Thompson. Dazu kamen vier weitere Vereine, womit die Liga auf 22 Teams aufgestockt wurde. Doch als die Dekade sich ihrem Ende näherte, bestand das vorrangige Ziel darin, die sterbende League wiederzubeleben.

Die Stars verteilten sich gleichmäßiger auf die (zahlreicheren) Teams, was zum Teil durch die Einführung der Free Agency bedingt war. Die Tage der Dynastien schienen gezählt zu sein. Acht unterschiedliche Mannschaften gewannen während der 1970er den Titel, darunter solche mit unbedeutenden Absatzmärkten wie Milwaukee, Seattle und Portland.

Flüchtig interessierte Zuschauer wurden kaum angelockt und bis zum Beginn der 1980er waren Besucherzahlen und TV-Quoten in den Keller gesunken. 1983 wurde ein Komitee ins Leben gerufen, das die Möglichkeit eruieren sollte, die Gesamtzahl der Mannschaften um fünf Teams zu reduzieren.

Die Zahlen ergaben ein düsteres Bild und schürten Ängste, dass die Liga nach dem Zusammenschluss ihre besten Tage hinter sich hatte. Mit dem Ende der regulären Saison 1978–79 hatten 12 von 22 Teams einen Abfall bei den Zuschauerzahlen zu verzeichnen.

Natürlich gab es auch Ausnahmen. In San Antonio beflügelte George Gervins Offensivbrillanz die ganze Mannschaft und die Zahlen stiegen. In Seattle brachte der Umzug in den Kingdome, in dem 27000 Basketballfans Platz fanden, einen unglaublichen Besucheranstieg von 45 Prozent mit sich.

In den wichtigsten Märkten der League sanken die Besucherzahlen jedoch. New York, Los Angeles, Chicago und Philadelphia mussten alle schwindende Zahlen im zweistelligen Bereich hinnehmen. Noch mehr Sorgen bereitete ein schmerzhafter 26-prozentiger Abfall der landesweiten TV-Zuschauerquoten.

Die Spieler verdienten mittlerweile mehr als jemals zuvor. David Thompson unterschrieb 1977 einen rekordverdächtigen Fünfjahresvertrag über vier Millionen Dollar. 1980 betrug das Durchschnittsgehalt 160000 Dollar, 1970 waren es noch 35000 Dollar gewesen.

Vor diesem Hintergrund verfasste eine überwiegend aus weißen Reportern bestehende Gruppe eine Serie kritischer Artikel über den Zustand der NBA, darunter ein vernichtender Beitrag, der im Februar 1979 in der *Sports Illustrated* veröffentlicht wurde mit dem Titel »Durch die NBA weht ein übler Wind«.

»Mag sein, dass langfristige Verträge, Free Agency und das große Geld es cleveren Profibasketballern ermöglicht haben, im Alter von 33 Jahren in einer Villa am Meer ihren Ruhestand zu genießen«, schrieb John Papanek. »Ganz sicher haben sie ihnen aber auch ein ernsthaftes Imageproblem eingebrockt.«

NBA-FINALS MIT DEN GERINGSTEN ZUSCHAUERQUOTEN

Jahr	Quote/Anteil
2007	6,2/11
2003	6,5/12
1981	6,7/27
1979	7,2/24
1980	8,0/29

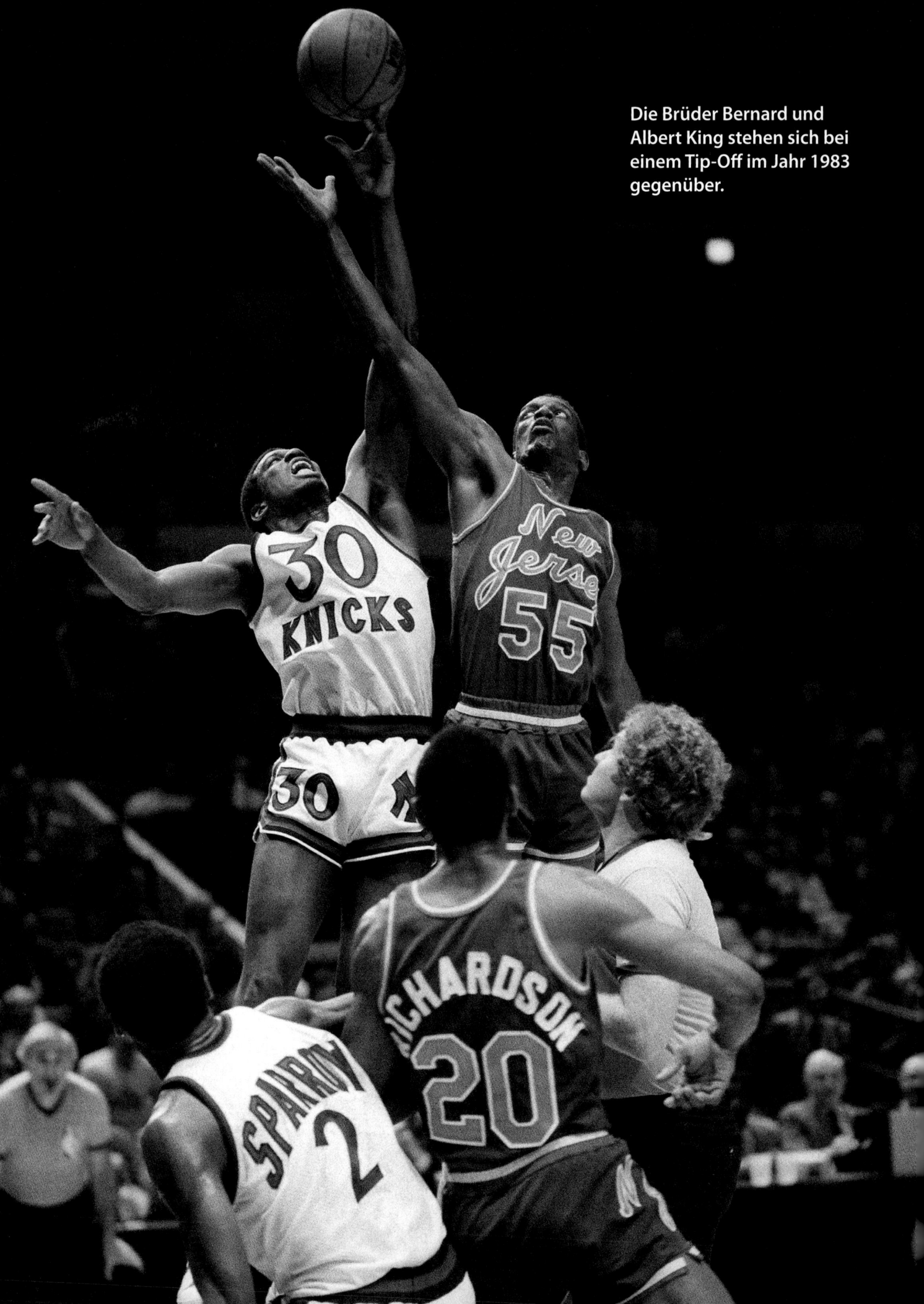

Die Brüder Bernard und Albert King stehen sich bei einem Tip-Off im Jahr 1983 gegenüber.

In der Spielzeit 1980–81 legte die NBA eine halbe Million Dollar für Marketing auf den Tisch und vervierfachte damit das Vorjahresbudget – heraus kam die beliebte Werbekampagne mit dem reißerischen Slogan »The NBA Is FANtastic«.

Die NBA hatte mit einem Imageproblem zu kämpfen, das offiziell mit zu hohen Gehältern zu tun hatte, in Wahrheit allerdings im Rassismus begründet war.

Sonics-Guard Paul Silas, afroamerikanischer Vorstand der NBA-Spielergewerkschaft, sagte: »Es ist eine Tatsache, dass Weiße im Allgemeinen abfällig auf Schwarze reagieren, die astronomische Gehälter einstreichen und scheinbar nicht allzu viel dafür tun müssen.«

»Eine Menge Leute benutzen das Wort ›undiszipliniert‹, um die NBA zu beschreiben«, äußerte sich der Hall of Famer Al Attles im Jahr 1979. »Ich denke, diese Bezeichnung ist viel mehr an eine Gruppe als an eine Sportart gerichtet. Was meinen sie damit? Auf dem Court? Außerhalb des Courts? Was für Klamotten ein Typ trägt? Wie er sich ausdrückt? Wie er spielt? Ich denke, das sind alles nur Ausflüchte.«

Es kann nicht ignoriert werden, dass der »üble Wind«, wie die *Sports Illustrated* es nannte, zu einer Zeit durch die NBA wehte, als die Liga einem demografischen Wandel unterlag. Im Jahr 1970 lag der Anteil schwarzer Spieler bei 60 Prozent. Bis zum Jahr 1980 waren es bereits 75 Prozent, während der Anteil weißer Fans bei über 75 Prozent lag.

Anfang der 1980er-Jahre machte ein neues Schreckgespenst die Runde: Drogenmissbrauch. In diesem Punkt unterschieden sich die Spieler der NBA nicht im Geringsten von irgendeiner anderen Promiszene. Kokain schien auf einmal allgegenwärtig zu sein. In einer transparenten Sportart wie dem Basketball, wo Athleten sich nicht hinter Helmen und Gesichtsmasken verstecken können, waren die Auswirkungen für jeden klar erkennbar.

»Eine Menge Jungs in der League probierten das Zeug aus und waren begeistert«, sagte Lakers-Forward Spencer Haywood 1988. »Es gab unbegrenzten Nachschub … Wenn du ein Spieler der NBA warst, standen die Blutsauger schon Schlange, um dir nach dem Spiel das Koks in die Trainingstasche zu stecken.«

Während der Finals von 1980 verlor Haywood beim Training das Bewusstsein, da er die Nacht zuvor zu viel Kokain geschnupft hatte. Später erzählte er den Reportern, dass er von einem zu intensiven Kraft- und Sprinttraining müde gewesen sei. In diesem Sommer spekulierte ein Offizieller der NBA, dass gut 75 Prozent ihrer Spieler Kokain konsumierten.

Athleten wie David Thompson, ein ehemaliger First Overall Pick, mutierte von einem dynamischen Superstar zu einem lethargischen, unbeständigen Schatten seiner selbst. Ein paar Jahre zuvor noch als absoluter Überflieger bekannt, ging es mit Thomsons Karriere weiter steil bergab, als er sich 1984 eine Knieverletzung zuzog, nachdem er eine Treppe im Studio 54 heruntergefallen war.

1986 erlangte Micheal Ray Richardson traurige Berühmtheit, als er als erster Spieler der Liga wegen Drogenmissbrauchs aus der Liga verbannt wurde. Der Guard der New Jersey Nets, der es ein Jahr zuvor noch in das All-Star-Team geschafft hatte, war zum dritten Mal seit Einführung der Drogentests in der Saison 1983–84 positiv getestet worden.

Die Liste mit den Namen derer, die ihre Drogenprobleme öffentlich machten, steht gleichzeitig für eine Reihe von Spielern, die nie ihr volles Potenzial entfalten konnten oder deren beste Zeit zu kurz ausfiel: Haywood, Thompson, Richardson, Bernard King, John Lucas, Marvin Barnes und viele andere mehr.

Drogen wie Kokain hatten die Gesellschaft unterwandert – Haywood formulierte es folgendermaßen: »In Sachen Aufklärungsarbeit steckten wir noch im finsteren Mittelalter.« Für die NBA-Kritiker der ersten Hälfte der Dekade war das Thema fraglos ein gefundenes Fressen. Der Profibasketball spiegelte weiterhin die Rassenvorurteile der amerikanischen Bevölkerung wider. Aus welchem Grund auch immer: Die NBA wurde als »zu schwarz« für eine überwiegend weiße Zuschauerschaft erachtet. »Die Teams sind zu schwarz«, äußerte sich ein Ligafunktionär, der anonym bleiben wollte, der *Sports Illustrated* gegenüber. »Die Frage ist, ob sie [die afroamerikanischen Spieler] sich vermarkten lassen. Wie kann man einem weißen Publikum einen Sport der Schwarzen verkaufen?«

Eine weitere Frage, die sich hier stellt, ist, welche Rolle diese Denkweise in den Chefetagen der CBS einnahm, wo man sich dafür entschieden hatte, die NBA hinter Sportarten wie Football, Baseball und sogar Bowling zu platzieren. Berichten zufolge hatte der Sender den Übertragungsrechte-Deal von 1977 schon bereut, bevor er überhaupt unter Dach und Fach gewesen war. Die Entscheidung, Teile der Finals von 1978 und 1979 mit Verzögerung auszustrahlen, war ein weiteres deutliches Zeichen dafür, dass die CBS die NBA nicht als einen Zuschauermagneten einstufte.

Die Periode, in der die Begegnungen verzögert ausgestrahlt wurden, richtete einen beträchtlichen Schaden an. Dass Sender und Liga das Spiel nicht bewarben, zeugte von mangelnder Voraussicht. Zwar ließen Finalspiele wie das von Washington gegen Seattle die Quoten nicht nach oben schießen, wie es bei weitaus populäreren Teams wie Bill Waltons Trail Blazers oder Walt Fraziers Knicks der Fall gewesen war, doch die NBA musste nicht lange auf Verstärkung warten: In der Spielzeit 1979–80 betraten zwei Rookies die Szene, deren Rivalität der NBA helfen würde zu überleben – die Rede ist von Magic Johnson und Larry Bird.

Doch es brauchte immer noch Jahre, bis die Liga ihre zwei rasant aufstrebenden Superstars angemessen vermarktete.

Nehmen wir Spiel 6 der Finals von 1980 – Magics Initialzündung. Los Angeles führte mit 3-2 gegen die Philadelphia 76ers, hatte allerdings gerade Kareem Abdul-Jabbar aufgrund einer Verletzung verloren. Rookie Johnson, der Point Guard der Lakers, ersetzte den Center beim Tip-Off und spielte an diesem Abend auf jeder der fünf Positionen. Er beendete die Partie mit 42 Punkten, 15 Rebounds und 7 Assists – die Lakers gewannen die Championship.

Es gab nur einen kleinen Haken: Das Spiel wurde zeitverzögert gesendet. Während einer der wegweisendsten Performances der NBA überhaupt schlummerte ein Großteil der Fangemeinde selig. Im Jahr darauf holte Bird seinen ersten Meisterschaftstitel mit den Boston Celtics. Ungünstig gewählte Übertragungszeiten führten dazu, dass Birds Durchbruch das Finalspiel mit den niedrigsten Einschaltquoten aller Zeiten war.

Erst 1986 verstanden die Netzwerke endlich, auf was für einer Goldmine sie da die ganze Zeit gesessen hatten. Der Lakers-Celtics-Konkurrenzkampf, bei dem Magic auf Bird traf, sorgte dafür, dass die Partien live übertragen wurden, und trug dazu bei, aus der Elite der NBA Megastars zu formen. Die Finals von 1988 zwischen Magics Lakers und den »Bad Boy« Detroit Pistons sind bis zum heutigen Tag die quotenstärksten aller Zeiten.

Bis zum Ende des Jahrzehnts würde Michael Jordan die NBA in ein mächtiges globales Wirtschaftsunternehmen umgewandelt haben, mit Übertragungsverträgen, die in den folgenden Dekaden 24 Milliarden Dollar in die Kassen der Liga spülen sollten.

Die NBA: einfach FANtastisch!

Larry Bird und Magic Johnson vor der NCAA-Meisterschaftsrunde im Jahr 1979

1980
DIE MAGIC UND LARRY SHOW

Larry Bird und Earvin Johnson werden sicherlich niemals die erste Begegnung vergessen, in der sie sich gegenseitig spielen sahen. Es war bei einem internationalen Schauturnier im April 1978 und die zwei befanden sich unter einer Auswahl von All-Star-College-Spielern, die man dazu auserkoren hatte, die Vereinigten Staaten zu repräsentieren.

Johnson, der ganze Stolz von Lansing, Michigan, hatte gerade seine erste Saison an der nahe gelegenen Michigan State University hinter sich, in der er das College-Team zur ersten Teilnahme am NCAA-Turnier seit 20 Jahren geführt und mit ihm das Viertelfinale erreicht hatte. Angebote seitens der NBA lehnte er ab, da er noch ein weiteres Jahr die Uni besuchen wollte.

Bird, Student im zweiten Jahr aus French Lick, Indiana, holte in seinen ersten beiden Spielzeiten im Schnitt über 31 Punkte pro Partie. Er war kurz zuvor ins All-America-Team berufen worden, obwohl ihn kaum jemand an der eher unbedeutenden Indiana State University hatte spielen sehen.

Innerhalb eines Jahres würden Bird und Johnson um den NCAA-Meisterschaftstitel kämpfen und dabei für den Basketballsport (im Amateur- wie im Profibereich) Zuschauerrekorde brechen. Beide Athleten hatten noch vor ihrem Uniabschluss das Cover der *Sports Illustrated* geschmückt und mit dem Eintritt in die NBA stieg ihr Bekanntheitsgrad weiter an. Dort wurde ihre Rivalität auf einer weitaus größeren Bühne ausgetragen und zusammen errangen sie innerhalb einer Zeitspanne von nur zehn Jahren acht Meisterschaftstitel und sechs Auszeichnungen zum MVP.

Magic und Larry holten die Liga aus einer ernsthaften Krise heraus, verhalfen ihr zu einem unerwarteten Popularitätsschub und sorgten für einen Kampf der Giganten (letztendlich wurden sie Freunde), wie man ihn im Basketball nicht alle Tage geboten bekommt.

Beim Schauturnier von 1978 zuckte jedoch noch niemand mit der Wimper, als die beiden bei einer Trainingsübung demselben Team zugeteilt wurden.

Mit 2,06 Metern hatte Johnson eine eher ungewöhnliche Größe für einen Point Guard. Ungewöhnlich waren auch seine Fähigkeiten als Spielmacher. Als Bird ihn dabei beobachtete, wie er mit dem Ball machte, was er wollte, als würde er eine Marionette führen, verstand er sofort, warum sie ihn »Magic« nannten. Johnsons einzigartiges Passspiel war so ansteckend wie sein Lächeln, das sich breit wie ein Buick über sein Gesicht ausbreitete. Der Ball schwirrte auf dem Platz herum wie eine Flipperkugel. Nach dem Turnier verkündete Bird zu Hause, dass er gerade den besten Basketballspieler auf dem Planeten bei der Arbeit zugesehen habe.

Bird selbst war auch nicht gerade ohne. Er passte blind, holte unzählige Steals und warf aus schier unmöglichen Winkeln – das Ergebnis ungezählter Stunden, die er allein zu Hause nur mit einem Ball und einem Korb geübt hatte. Der schlaksige, schüchterne junge Mann mit dem blond gelockten Haarschopf ließ seine Kontrahenten auf den ersten Blick nicht gerade vor Ehrfurcht erzittern. Er konnte Fremden kaum länger als eine Sekunde in die Augen schauen. Hatte das Spiel jedoch erst einmal begonnen, zerlegte er den Gegner wie ein Sushi-Meister den Fang des Tages. Johnson war, wie alle anderen auch, schwer beeindruckt. Er rief seine Kumpels zu Hause in Michigan an und sagte: »Das ist der krasseste weiße Kerl, den ich jemals in meinem Leben gesehen habe.«

Zum Start der Saison 1979–80 – Bird und Magics Debüts als Profis – befand sich die NBA bereits seit Längerem auf einer Talfahrt. Ticketverkäufe und Zuschauerzahlen kannten nur eine Richtung: abwärts. Finalspiele, die an Werktagen stattfanden, wurden nicht einmal live gesendet, da der Sender CBS desaströse Einschaltquoten fürchtete.

Das Timing für die Ankunft von Magic und Bird hätte besser nicht sein können. Bei ihrem ersten Aufeinandertreffen im Dezember schüttelten die zwei sich nicht einmal die Hände vor dem Tip-Off und nach einem bösen Foul von Bird an Johnson gerieten sie sogar in eine handfeste Auseinandersetzung. Darauf erpicht, die Rivalität zwischen den beiden so werbewirksam wie einen Boxkampf im Schwergewicht auszuschlachten, übertrug die CBS die Neuauflage des Spiels im Januar live und landesweit.

Beide waren Rookies, Bird war jedoch bereits ein Jahr zuvor von Red Auerbach und den Boston Celtics gedraftet worden, die ihn 1978 als Sixth Overall Pick vom Markt genommen hatten, obwohl sie wussten, dass er weiterstudieren wollte. Bird hatte offensichtlich Eindruck hinterlassen und sie waren bereit, auf ihn zu warten.

Johnson, nach einem Triumph über Bird und die Indiana State University frisch gebackener Sieger eines College-Turniers – der Startschuss in eine Karriere voll von Superlativen –, wurde 1979 von den Los Angeles Lakers als First Overall Pick gedraftet. Es war ein Glücksfall für die NBA, dass die zwei sehnsüchtig erwarteten Neulinge ausgerechnet zu den zwei kultigsten Vereinen der Liga wechselten. Doch die Celtics durchlebten gerade eine schwere Phase. Als Bird in die Mannschaft kam, hatte Boston zwei Spielzeiten hintereinander die Playoffs verpasst. Nach dem Titelgewinn von 1976 hatte die Erfolgssträhne der Celtics ein abruptes Ende gefunden. Curtis Rowe setzte 1978 mit seiner flapsigen Bemerkung Reportern gegenüber – »Siege oder Niederlagen tauchen auf meinem Gehaltsscheck nicht auf« – der ganzen Angelegenheit noch die Krone auf.

Birds Ankunft weckte hohe Erwartungen. In den Augen der Celtics-Fans war er vom Himmel geschickt worden, um dem Verein wieder auf die Beine zu helfen. Vor seiner ersten Partie im Boston Garden ließ ein Anhänger in den oberen Tribünenrängen eine weiße Taube fliegen. Die Menge tobte.

In Lakerland sah es sogar noch schlechter aus. Nach ihrem ersten und bis dahin einzigen Titelerfolg von 1972 geriet das Team nach dem Rücktritt von Jerry West zwei Jahre später in eine Abwärtsspirale. Dank des Zukaufs von Kareem Abdul-Jabbar, der zur Saison 1975–76 zu den Lakers gestoßen war, handelte es sich jedoch lediglich um eine vorübergehende Flaute. In seinen beiden ersten Spielzeiten mit den Lakers wurde Kareem zweimal hintereinander zum MVP ernannt, allerdings gelang es der Mannschaft in seinen ersten vier Spielzeiten bloß einmal, die zweite Runde der Playoffs zu überstehen.

»Die Leute, mit denen ich mich in der Gegend um Los Angeles so unterhalte, sagen mir alle, dass sie weder großartig an den Lakers noch an der NBA interessiert sind«, sagte West im Jahr 1978. Das sollte sich in dem Moment ändern, in dem Magic auf dem Court auftauchte.

Seine ungewöhnliche Spielweise und sein unbedingter Siegeswille waren von seinem ersten Tag bei der NBA an klar zu erkennen. Magic verzückte die Zuschauer mit Moves, die zu seinen Markenzeichen werden sollten: Während des Laufens dribbelte er den Ball hinter seinem Rücken, präsentierte Baby Hooks und blind gespielte Pässe, bei denen er nach links schaute, um dann nach rechts abzuhauen. Als Kareem mit dem Ertönen der Schlusssirene einen seiner legendären Skyhooks in einen Siegtreffer verwandelte, sprang Magic in die Arme des Riesen und feierte den Sieg wie bei seinem NCAA-Meisterschaftserfolg sechs Monate zuvor.

Die Lakers beendeten die Partie mit 60-22 und zogen erneut in die Finals ein, wo sie auf Julius Erving und die Philadelphia 76ers trafen. Johnson übernahm für den verletzten Kareem die Position des Centers, erzielte 42 Punkte im sechsten Spiel und die Lakers holten sich den Sieg. Magic wurde zum Finals-MVP gekrönt – bis heute der einzige Rookie, dem diese Ehre zuteilwurde.

Bird erreichte zwar nicht ganz so schnell Magics Kultstatus, doch die in ihn gesetzten Hoffnungen erfüllte auch er in seinem Rookie-Jahr vollständig. Der führende Scorer und Rebounder bei den Celtics beförderte seine Mannschaft von mageren 29 Siegen in der Saison zuvor auf den ersten Platz. Sowohl Magic als auch Bird wurden ins All-Star-Team gewählt, Bird nahm nach im Schnitt 21 Punkten und 10 Rebounds pro Partie gleich noch die Auszeichnung zum Rookie des Jahres mit nach Hause. Die folgende Spielzeit musste Johnson mit einer Beinverletzung aussetzen und Bird zwang mit seinen Celtics die Houston Rockets in den Finals in die Knie. Das Jahr darauf? Holten sich die Lakers ihren zweiten Titel in drei Jahren. Und so weiter und so fort.

Im Laufe des Jahrzehnts wurde der Abstand der beiden Stars und ihrer Teams zum Rest der Liga immer größer.

Magics Spielaufbau setzte den Grundstein für das Showtime-Basketball in Los Angeles, das zur Marke wurde und der reinste Augenschmaus war. Trotz seiner zurückhaltenden Art war Bird auf dem Platz bald als der größte Trash Talker der NBA bekannt. Er fand großen Spaß daran, Siege einzufahren, und spielte mit seinen Gegnern Katz und Maus. Bei einer Begegnung beschloss er, die ersten drei Viertel ausschließlich mit links zu werfen, und erzielte damit 47 Punkte. »Ich spare mir meine rechte Hand für die Lakers auf«, sagte er danach.

In den Spielzeiten 1979–80 bis 1987–88 beendeten Celtics wie Lakers siebenmal die

Saison als Tabellenführer ihrer jeweiligen Conference. Magic und Bird erhielten jeweils drei Auszeichnungen zum MVP.

Je mehr auf dem Spiel stand, desto höher war ihr Rivalitätslevel. Vor den Spielen gaben sie sich nicht die Hand und wahrten eine kühle Distanz. »Wenn man im Wettkampf gegeneinander antritt, kann man nicht wirklich miteinander befreundet sein«, so Bird während eines gemeinsamen Auftritts mit Johnson in der *Late Show with David Letterman*. Sie waren eingeladen worden, um *Magic/Bird* zu bewerben, ein Broadway-Musical, in dem es um den Konkurrenzkampf der beiden ging. »Earvin ist ein extrovertierter Mensch, ein harmoniebedürftiger Typ, der mit jedem abklatschen möchte. Er hat dieses breite Lächeln im Gesicht – mein Ziel war es, ihm drei Zähne daraus zu stehlen.«

Siege waren alles, was zählte, egal, worum es ging. Als Bird mit der Sneakerfirma Converse in Verhandlungen stand – für die auch Johnson Werbung machte –, beharrte er darauf, exakt einen Dollar mehr als Magic gezahlt zu bekommen. Ihre ganze Karriere hindurch begannen beide den Tag damit, die Statistiken und Heldentaten des jeweils anderen zu checken.

Magic las alles über die 60 Punkte, die Bird 1985 gegen die Atlanta Hawks erzielte; eine so beeindruckende Leistung, dass ihn zum Ende der Partie sogar die Gegenseite bei jedem seiner unfassbaren Würfe unverhohlen anfeuerte. Bird erfuhr, dass Johnson 1984 einen Playoff-Rekord von 24 Assists in einem einzigen Spiel aufstellte. Einer von beiden setzte die Latte immer noch ein Stückchen höher, als der andere es bereits getan hatte.

Journalisten und Livekommentatoren schütteten eifrig Öl ins Feuer ihrer Rivalität. Sie betonten dabei die offensichtlichsten Unterschiede zwischen beiden: Schwarz gegen Weiß, extrovertiert gegen introvertiert, Showtime-Maestro gegen Hinterwäldler (»The Hick from French Lick«).

Abseits des Courts pflegten die beiden völlig unterschiedliche Lebensstile, so viel stimmte zumindest. Magic residierte in einer extravaganten Villa in Bel Air und war eine feste Größe im Nachtleben von Los Angeles. Bird baute sich ein Haus in seiner Heimatstadt, ließ seine Mutter einziehen und mähte seinen Rasen selbst.

Trotzdem hatten die zwei einiges gemeinsam. Beide wuchsen im industriell geprägten Mittleren Westen auf; Bird auf einer Farm, Johnson im Industriegebiet. Die meisten Gemeinsamkeiten fanden sich natürlich auf dem Feld. Neben ihrem wahnsinnigen Ehrgeiz verfügten beide über ein übernatürliches Gefühl für das Spiel. Keiner von ihnen war ein Fitnessfreak wie Wilt, Julius, Kobe oder LeBron. Sie waren schlicht und einfach unglaublich gute Basketballspieler. Sie tarierten die feine Balance zwischen individuellem Flair und Teamgeist so gut aus wie nur ganz wenige vor oder nach ihnen.

Im Frühjahr des Jahres 1984 trafen Birds Celtics zum ersten Mal in den Finals auf Magics Lakers – nach fünf Jahren. In einer hochdramatischen Serie über sieben Spiele hinweg konnte sich Boston gegen Los Angeles durchsetzen. Nachdem er durchschnittlich 27 Punkte erzielt und 14 Rebounds ergattert, dazu im entscheidenden Spiel 7 noch acht von acht Freiwürfen im Korb versenkt hatte, wurde Bird zum Finals-MVP ernannt.

In der folgenden Spielzeit flammte ihre Rivalität erneut auf. Dieses Mal rächten die Lakers sich und gewannen die Serie mit 4-2. Magic, der bei den Assists in vier der vergangenen fünf Saisons führend gewesen war, trug in der entscheidenden Partie mit 14 Assists zum Erfolg bei.

Die »Magic und Larry Show« ließ sich perfekt vermarkten, auch außerhalb des Courts. Beide zogen große Aufmerksamkeit auf sich, waren so Mainstream wie NBA-Stars es nur sein konnten, und die Liga profitierte davon. Nach dem Finale von 1984 handelte die NBA einen neuen 173 Millionen Dollar schweren Deal über vier Jahre mit der CBS aus – 100 Millionen Dollar mehr als im Jahr vor Birds und Johnsons Ankunft.

In diesem Sommer drehten Bird und Johnson zusammen einen Converse-Werbespot; ihr Verhältnis zueinander sollte sich dadurch für immer verändern. Johnson war nicht begeistert, mit einem erklärten Feind Zeit verbringen zu müssen, während Bird nur daran teilnehmen wollte, wenn der Spot bei seiner Mutter zu Hause in French Lick gedreht wurde.

In dem Werbefilm ist eine Limousine mit dem Kennzeichen »LA 32« zu sehen, die durch das Hinterland von Indiana auf Bird zurast – der sich einen Basketball schnappt, kurz bevor der Wagen anhält. Das Fenster wird heruntergelassen und Magic stellt seine neueste MVP-Trophäe zur Schau. »Okay, Magic«, sagt Bird, »zeig mir, was du draufhast«, und feuert den Ball in Richtung seines Widersachers.

In den Drehpausen lud Bird Magic zu sich nach Hause ein, wo sie von Larrys Mutter Georgia bekocht wurden. Seit ihren Tagen als Teenager waren die beiden feindschaftlich miteinander verbunden gewesen und hier saßen sie nun zum ersten Mal unter vier Augen da und fingen an, sich zu unterhalten. Sie tauschten Geschichten über vergangene Basketballschlachten aus und lachten darüber, wie sehr sie sich all die Jahre über für die Statistiken des jeweils anderen interessiert hatten. Von diesem Moment an waren sie Freunde. Eigentlich nicht verwunderlich bei allem, was sie gemeinsam hatten.

»Es ist nicht leicht, in einem weißen Mann das Schwarze zu erkennen«, sagte Magic. »Doch in Larry sah ich genau das. Ich sah mich selbst.«

Die beiden sollten sich in den Finals von 1987 erneut gegenüberstehen. In den Schlusssekunden des vierten Spiels versenkte Magic einen Hook Shot und bescherte den Lakers dadurch sowohl einen 107-106-Erfolg als auch eine beruhigende 3-1-Führung in der Finals-Serie. In der nachfolgenden Pressekonferenz sagte ein niedergeschlagener Bird: »Magic ist einfach ein unglaublicher Basketballspieler. Er ist … Er ist der Beste, den ich jemals gesehen habe.« Als er ins Leere starrte und realisierte, dass er seinen Meister gefunden hatte, verlor sich seine Stimme im Nichts. »Unfassbar.«

Es war das letzte Mal, dass man sie gemeinsam bei Finalspielen erleben sollte. Bird hatte sich im Sommer 1985 eine Rückenverletzung zugezogen, als er in seiner Einfahrt Schotter schaufelte, und als die Dekade sich ihrem Ende näherte, konnte er die Schmerzen nicht länger ertragen. Im Jahr 1992 trat er zurück. Magic war weiterhin die größte Stütze der Lakers, bis er sich 1991 mit dem HI-Virus infizierte und dem Spiel den Rücken kehren musste. Einer der ersten Menschen, denen er sich anvertraute, noch lange, bevor die Öffentlichkeit davon erfuhr, war Bird.

In ihren Karrieren bei der NBA standen sich die beiden 31-mal gegenüber. Magic lässt keine Gelegenheit aus, um Bird daran zu erinnern, dass er 22 dieser Partien – inklusive zwei von drei Finalrunden – gewonnen hat. »Ich sehe ihn noch, wie er den Court hochzieht, links antäuscht, rechts antäuscht, dann zurückzieht und das Ding reinlegt«, sagte Bird nach seinem Rücktritt. »Das kotzt mich immer noch an.«

Während der NBA-Finals von 1984 wirft Bird den Ball über Magic hinweg.

1981
DIE SHOWTIME LAKERS

Magic Johnson kollidiert mit Pat Cummings in den NBA-Playoffs von 1984.

»Magic lässt die Bombe platzen: Er möchte die Lakers verlassen«, so die Schlagzeile der *Los Angeles Times* am 19. November 1981.

Für jeden Außenstehenden bedeutete diese Nachricht einen Schock. Immerhin hatte Magic Johnson gerade einmal eineinhalb Jahre zuvor die Showtime zurück nach Hollywood gebracht. Er hatte das fesselndste Team der NBA als Rookie zum Meisterschaftstitel von 1980 geführt und wurde in der Nachsaison mit einem beispiellosen Vertrag bedacht – 25 Millionen Dollar für 25 Jahre machten ihn zum Laker auf Lebenszeit.

Doch nach nur elf Partien der Spielzeit 1981–82 hatte Magic sich mit seinem Coach überworfen, empfand keine Freude mehr an dem Spiel, das alles für ihn bedeutete. »Ich kann keinen weiteren Tag hier spielen«, äußerte er sich nach einem Sieg über Utah Reportern gegenüber. »Ich möchte den Verein wechseln. Ich halte es einfach nicht mehr aus. Ich muss da jetzt reingehen und ihn [Teambesitzer Jerry Buss] bitten, mich zu verkaufen.«

Jerry Buss war ein Selfmade-Millionär, ein studierter Chemiker, der sein Vermögen mit Immobiliengeschäften aufgebaut hatte. Im Sommer des Jahres 1979 erwarb er die Lakers und mit ihnen deren Kultspielstätte, das »Fabulous« Forum. Das Ganze war ihm 67,5 Millionen Dollar wert – ein einzigartiger Deal zu dieser Zeit. In dem Paket war Magic, der kurz zuvor als First Overall Pick gedraftet worden war, gleich mit enthalten, sowie der launige, altgediente Superstar Kareem Abdul-Jabbar.

In einer seiner ersten Unternehmungen als Inhaber der Mannschaft holte Buss den erfahrenen Jack McKinney als Cheftrainer an Bord. Als Assistenztrainer bei den Portland Trail Blazers, die für ihre rasante Run-and-Gun-Taktik berüchtigt waren, hatte er 1979 den Titel geholt. Mit ihm kam das schnelle Offensivspiel nach Los Angeles und schon bald hatte man einen Namen dafür gefunden: Showtime. Magic war derjenige, der der Showtime ein Gesicht verlieh. Er zog Spieler wie Fans gleichermaßen in seinen Bann. Sogar Kareem fand in der Saison 1979–80 wieder Freude am Spiel und angelte sich letztendlich seine sechste MVP-Trophäe.

Die Lakers waren mit 9-4 in die Spielzeit gestartet, als McKinney sich aufgrund einer Kopfverletzung dazu gezwungen sah, die Trainerbank für immer zu verlassen. Er wurde durch seinen Assistenztrainer Paul Westhead ersetzt, der die Showtime-Offensive am Leben hielt und mit den Lakers den Titel holte. Die folgende Saison jedoch rangierte Westhead die Showtime zugunsten seiner eigenen Strategie aus, wovon die Spieler überhaupt nicht begeistert waren. Westheads Offensivtaktik war eher konservativ ausgerichtet und legte die Stars an die Leine. Der Glanz der vergangenen Jahre war damit weg. Ein Jahr nach dem Titelgewinn überstanden die Lakers nicht einmal die erste Runde der Playoffs.

Fast schon gelangweilt punktet Kareem Abdul-Jabbar während den Playoffs von 1984.

Einen Tag nach Magics Bitte, verkauft zu werden, wurde Westhead von Buss gefeuert.

Assistenztrainer Pat Riley wurde zum Chef des Trainerstabs befördert. Riley, der mit den Lakers 1972 noch als Spieler den Titel nach Hause geholt hatte, verkörperte das glamouröse Hollywood-Image, das sich seine Mannschaft während der 1960er-Jahre bei all den Auseinandersetzungen gegen Boston zugelegt hatte. Er trug aalglatte Anzüge, noch glatter war nur seine Frisur, bei der jede Strähne eine ordentliche Dosis Gel verabreicht bekam. Unter den Designerklamotten steckte jedoch eine Menge Substanz. Beim ersten Spiel unter Rileys Führung buhte das Forum-Publikum Magic bei seiner ersten Ballberührung noch aus – die für ihre Tickets hart arbeitenden Zuschauer hatten wenig Verständnis für einen nörgelnden Millionär. Doch nach ein paar Ballbesitzen realisierten die Fans, dass von nun an wieder Showtime angesagt war.

Magic forcierte das Tempo, mit einem Schnicken des Handgelenks spielte er den Ball überragend an Norm Nixon oder Flügelspieler Jamaal Wilkes ab. Kareem, unter Westhead auf Skyhooks reduziert, demonstrierte, dass er auch noch ganz anders punkten konnte. Die Lakers bauten ihre Führung bis zur Halbzeit auf 30 Punkte aus und Johnson beendete die Partie mit 20 Punkten, 16 Assists, 10 Rebounds und 3 Steals.

In dieser Saison sah man die Lakers wieder in den Finals, wo sie in einer Runde über sechs Spiele hinweg Julius Erving und die Philadelphia 76ers bezwangen und sich ihren zweiten Titel innerhalb von drei Jahren sicherten. Zum zweiten Mal in seiner noch jungen Karriere wurde Johnson zum Finals-MVP gekrönt. Zwischen 1982 und 1985 nahmen die Lakers vier Jahre hintereinander an den Finals teil und schlossen jede Saison als Tabellenführer der Western Conference ab. Im Jahr 1985 hielten sie zum dritten Mal die Meisterschaftstrophäe in den Händen, dieses Mal hatten sie in den Finals Larry Bird und seine Celtics besiegt. Der 37 Jahre alte Abdul-Jabbar, Top-Scorer der Lakers, wurde zum Finals-MVP ernannt – 14 Jahre nachdem ihm diese Auszeichnung im Jahr 1971 verliehen worden war.

Neben brillanten Stars wie Kareem und Magic hatten die Lakers auch erstklassige Nebendarsteller, darunter Defensive Stopper Michael Cooper und den ehemaligen All-Star-Center-Spieler Bob McAdoo. Die Lakers waren Hollywoods angesagteste Showtruppe.

Mitte der 1980er war ihre Arena, das Forum, ein Whos who der Schönen und Berühmten. Die High Society fand sich zu den Spielen der Lakers ein und Buss sorgte dafür, dass sie ganz vorn im Rampenlicht der Fernsehkameras saßen. Die Spielstätte beherbergte sogar den exklusivsten Nachtklub von Los Angeles, den Forum Club, in dem sich VIPs und Sportler gerne zeigten.

Mittlerweile tauchten neue Stars auf der Bildfläche auf. Ein Deal während der Spielzeit 1979–80 brachte den Lakers den First-Round Pick der Cleveland Cavaliers des Jahres 1982 ein, der sich als First Overall Pick herausstellen sollte. Die Lakers entschieden sich für den Forward James Worthy, der kurz zuvor zum MVP des NCAA-Turniers ernannt worden war, nachdem er mit der University of North Carolina den Titel geholt hatte. An der UNC führte Worthy die Punktetabelle in einem Team an, in dem auch Michael Jordan zu finden war. Als er zu den Lakers stieß, war er zunächst Backup-Spieler für Jamaal Wilkes, der durchschnittlich über 21 Punkte pro Partie erzielte. Bis zur Saison 1985–86 hatte sich Worthy jedoch einen Stammplatz in der Startaufstellung gesichert und war bereits ein All-Star. Wie schon zu College-Zeiten konnte man sich hundertprozentig auf ihn verlassen, wenn es darauf ankam, was ihm den Spitznamen »Big Game James« einbrachte. Er verfügte über ein großes Repertoire an Wurftechniken und war beim Fast Break eine besonders tödliche Waffe. Der Spielzug lief ungefähr tausendmal so ab: Magic feuerte den Ball hoch zu Worthy, der ihn im Laufen fing, Richtung Korb abhob und ihn mit einer Hand darin versenkte.

Mit Worthy zu seinen Glanzzeiten funktionierten die Lakers wie eine Maschine, die mindestens so gut geölt war wie Rileys Haarschopf. Sie fegten ihre Gegner regelrecht vom Platz. Wie ein Tornado kamen sie auf ihre Rivalen zugeschossen, die sich nur noch ducken und Schutz suchen konnten. Bevor sie wussten, was los war, standen sie 18 Punkte im Rückstand und betrachteten ihren verwüsteten Vorgarten.

Die Showtime Lakers bildeten die Elite der NBA. Allerdings hatten sie noch nie zwei Meisterschaftstitel hintereinander abgeräumt, ein Gütesiegel – man könnte sagen eine Grundvoraussetzung – jeder großen Dynastie. Nach dem Durchlauf von 1987 versprach Pat Riley, dass sein Team dieses Kunststück in der kommenden Saison wiederholen würde. Und er hielt sein Versprechen.

»Es gibt wirklich nicht mehr viel zu holen«, sagte Magic vor den Finals von 1988.

Gegner waren die Detroit Pistons, die mit ihrem unverwechselbar harten, äußerst körperbetonten Stil – dem genauen Gegenteil der eleganten Lakers-Spielweise – an die Spitze der Eastern Conference gelangt waren. Schon viele Mannschaften hatten versucht, aus dem Spiel der Lakers das Tempo rauszunehmen, sie mit viel Körpereinsatz aus dem Rhythmus zu bringen. Magic und Co. hatten allerdings bewiesen, dass sie es mit den besten von ihnen aufnehmen konnten. Nach zwei physisch extrem anspruchsvollen Runden über jeweils sieben Partien waren die Lakers in den Finals angekommen. Ausgelaugt, aber für die Pistons bestens vorbereitet.

Im Forum sah eine rekordverdächtige Zahl von Zuschauern dabei zu, wie die Lakers im ersten Spiel Prügel von den Pistons bezogen und sich mit 105-93 geschlagen geben mussten. Spiel 2, in dem ein bärenstarker Worthy allein 26 Punkte machte, gewannen die Lakers jedoch und glichen damit die Serie aus.

Nach zwei überzeugenden Vorstellungen der Pistons im Pontiac Silverdome von Detroit – die zweite davon vor mehr als 41 000 Zuschauern – standen die Lakers vor heimischem Publikum kurz vor dem Aus. Obwohl Pistons-Point-Guard Isiah Thomas sich den Knöchel verstaute, machte er 43 Punkte, doch Abdul-Jabbar sorgte im letzten Viertel mit zwei versenkten Freiwürfen und nur noch 14 Sekunden auf der Uhr für die Entscheidung – 103-102. Die Lakers zwangen die Pistons ins Entscheidungsspiel und bewahrten sich damit ihre Chance auf den zweiten Titelgewinn in Folge.

Im ausverkauften Forum machten die Lakers einen Rückstand aus der ersten Halbzeit wett und gingen durch das Zusammenspiel von Magic und Cooper bei einem Distanzwurf mit drei Punkten in Führung. Verbleibende Spielzeit: sechs Sekunden. Kein Spieler war so nervenstark wie Worthy, der sich den perfekten Zeitpunkt ausgesucht hatte, um den ersten Triple-Double seiner Karriere zu machen. In dem denkwürdigsten Spiel seines Lebens holte Big Game James 36 Punkte, 16 Rebounds und 10 Assists. Los Angeles triumphierte mit 108-105 und die Dynastie der 1980er-Lakers erlangte Unsterblichkeit. Seit Bill Russells beiden letzten Spielzeiten mit den Celtics hatte fast zwei Jahrzehnte lang kein Team es fertiggebracht, in aufeinanderfolgenden Jahren den Titel davonzutragen. Die Showtime Lakers wurden damit in einen exklusiven Klub aufgenommen und hatten ihren Platz unter den größten Dynastien der Sportgeschichte sicher.

»Wir haben unser Schlussplädoyer vorgetragen«, sagte Riley nach dem Sieg Reportern gegenüber. »Nun liegt es an Ihnen, den Vertretern der Anklage, sich zu beraten und uns unseren Platz in der Geschichte zuzuweisen.«

Urteil: eine der besten Mannschaften aller Zeiten.

Michael Cooper fliegt über Isiah Thomas hinweg.

1984
EIN DRAFT FÜR DIE GESCHICHTSBÜCHER

Im April 1984 hielt das Team USA auf dem Campus der Indiana University in Bloomington Auswahlwettkämpfe (Trials) für die Olympiade ab. In Los Angeles sollte in gut vier Monaten das olympische Feuer entzündet werden und der NBA-Draft war weniger als drei Monate entfernt.

Cheftrainer Bobby Knight hatte über 70 der Top-College-Spieler des Landes eingeladen (damals waren Profispieler bei den Spielen noch nicht zugelassen). Das Event bedeutete für viele eine Chance, ihre Fähigkeiten unter Beweis zu stellen und sich für eine Olympiateilnahme zu qualifizieren. Für andere war es die Möglichkeit, ihren Status als Topspieler der landesweiten College-Szene zu zementieren. Mit Zuschauerrängen voller NBA-Scouts, die sich auf den Draft vorbereiteten, bot sich gleichzeitig eine günstige Gelegenheit, um die Aufmerksamkeit auf sich zu ziehen und vielleicht sogar den Absprung in die große Liga zu schaffen.

Die Halle war bis zum Bersten mit außergewöhnlichen Talenten gefüllt, fünf Hall of Famer in spe inklusive: Michael Jordan, John Stockton, Charles Barkley, Patrick Ewing und Chris Mullin. Ewing und Mullin würden das kommende Jahr noch an der Uni verbringen, das Ziel der Übrigen hieß ganz klar NBA.

Im circa 1600 Kilometer entfernten Houston hatte der gebürtige Nigerianer Hakeem Olajuwon gerade zum zweiten Mal hintereinander am Endspiel der NCAA-Meisterschaftsserie teilgenommen. Der Center-Spieler war der am höchsten gesetzte Spieler des College-Jahrgangs 1984 und bereitete sich gerade auf seinen Auftritt beim Draft vor. Sam Bowie, der Center aus Kentucky, der dafür bekannt war, den Court wie eine Gazelle runterzusprinten, befand sich ebenfalls nicht auf dem Campus der Indiana University, um am präolympischen Auswahlverfahren teilzunehmen. Auch er bereitete sich gerade auf sein NBA-Debüt vor.

All diese Namen tauchten im Draft von 1984 auf – eine Ansammlung von Talenten, wie es die Liga noch nicht erlebt hatte, unter ihnen Jordan, der zum einzigartigsten und unverwechselbarsten Superstar aller Zeiten aufsteigen sollte.

Zum Ende der Spielzeit 1983–84 befand sich die NBA in einem so guten Zustand wie die letzten zehn Jahre nicht mehr. Die Liga erfreute sich neuer Beliebtheit, was zum großen Teil an den Auftritten zweier junger Konkurrenten namens Magic Johnson und Larry Bird lag. Kurz vor dem Draft waren die beiden gerade zum ersten von insgesamt drei Malen in den Finals aufeinandergetroffen und die Liga, die zu Anfang des Jahrzehnts mit einem Imageverlust zu kämpfen gehabt hatte, bemühte sich eifrig darum, ihre Helden zu vermarkten.

Es herrschte große Einigkeit darüber, dass der Draft von 1984 vielversprechende Talente zu bieten hatte – Olajuwon war einer der begehrtesten Picks aller Zeiten –, aber nur wenige konnten antizipieren, was diese Elitetruppe für die NBA wirklich bedeuten sollte.

Die Houston Rockets hatten sich das Recht am First Pick durch Münzwurf »verdient«, nachdem sie als schlechtestes Team im Westen abgeschnitten hatten.

Schon im Jahr zuvor hatten sie den First Pick gehabt und damit den Center Ralph Sampson verpflichtet. Doch dieses Mal hatten sie das Recht am First Overall Pick unter weitaus dubioseren Umständen erworben. Nach einem bescheidenen Start in die Saison 1983–84 und mit Olajuwon in Aussicht, taten die Rockets alles dafür, Spiele zu verlieren, um am Münzwurf teilnehmen zu können. In Partie 81 der Saison ließen die Rockets den 38-jährigen Elvin Hayes 53 Minuten lang auf dem Court – was zu einer Niederlage nach Verlängerung führte. Hayes hatte in dieser Spielzeit nur durchschnittlich elf Minuten pro Partie auf dem Platz gestanden und war am Ende seiner Kräfte. Sein übertrieben langer Einsatz in dieser Begegnung wurde als unverfrorenes Bestreben, Schiffbruch zu erleiden, angesehen.

Um Teams davon abzuhalten, absichtlich zu verlieren, führte die NBA mit dem Draft von 1985 das Lotteriesystem ein. 1984 jedoch ging der Plan der Rockets noch auf: Sie holten sich Olajuwon. In einer Ära, in der größer gleich besser war, draftete Houston den größten verfügbaren Frontcourt-Spieler.

Niemand war verwundert, als Olajuwon zuerst gedraftet wurde. Danach war Portland mit dem zweiten Pick an der Reihe und es wurde spannend. Die Trail Blazers mussten sich zwischen zwei Spielern entscheiden: Bowie, dem Jungen aus Kentucky, oder Jordan. Heute mag das wie eine Entscheidung zwischen Steak oder Holzspänen zum Abendessen erscheinen, damals war es jedoch ein durchaus ernsthaftes Dilemma.

Bowie verfügte über alles, was ein Spieler damals brauchte, um in der NBA vorn mithalten zu können. Mit 2,16 Metern rannte er das Parkett wie ein Leichtathlet rauf und runter. Portlands Führungsriege erinnerte sich an ihre

19. Juni 1984. David Stern, Commissioner der NBA, schüttelt Charles Barkley die Hand.

Meisterschaftsmannschaft von 1977, ein Team, das um den vielseitig begabten 2,11 Meter großen Bill Walton aufgebaut gewesen war. Sie träumten davon, diesen Triumph noch einmal zu erleben. Bowie konnte vielleicht in die Fußstapfen Waltons treten, doch es gab auch Warnzeichen. In seiner Zeit am College hatte er einen Ermüdungsbruch im rechten Bein erlitten und zwei komplette Spielzeiten auf der Bank verbracht. Mit Walton hatten die Blazers bereits über Gebühr Erfahrungen mit einem verletzungsgeplagten Spieler gesammelt und es stellte sich die Frage, ob ihre Anhänger solch eine Zeit noch einmal durchstehen würden.

Jordans Talent hingegen stand außer Frage. Bei den Trials für Olympia 1984 war er mit Abstand der beste Spieler gewesen und in North Carolina hatte er bereits Heldenstatus, nachdem er den Wurf versenkt hatte, der ihnen 1982 den Titel des Landesmeisters bescherte. Jordan verfügte über alles, was ein begnadeter Scorer brauchte, was er wirklich draufhatte, wusste allerdings niemand. Im College spielte er unter Coach Dean Smith in einem System, in dem es weder klare Strukturen noch einen Fixpunkt gegeben hatte. Es hieß, dass Smith der Einzige sei, der MJ unter 20 Punkte pro Partie halten könne.

Mit dem Draft von Clyde Drexler ein Jahr zuvor hatte Portland jedoch schon einen Shooting Guard in die Mannschaft geholt. Sie brauchten einen Riesen. Sie brauchten Bowie.

Mit dem dritten Pick ließen sie Jordan nach Chicago gehen. In dem Moment, in dem Portland Jordan überging, bekamen die Bulls von anderen Vereinen verlockende Tauschangebote. Philadelphia stellte sogar Julius Erving in Aussicht, den Mann, der die 76ers im Jahr zuvor zum Titelgewinn getragen hatte. Doch Chicago hatte da so ein Bauchgefühl, dass ihnen eventuell ein ganz Großer in den Schoß gefallen sein könnte. Sie nahmen Jordan und sollten es nicht eine Sekunde bereuen.

Jordans Teamkamerad aus College-Zeiten, Forward Sam Perkins, kam als Nächstes unter den Hammer und ging an Dallas. Nun war es an Philadelphia, den fünften Pick zu bestimmen. Die 76ers hatten zwar erst vor einem Jahr den Titel gewonnen, aber ein Deal aus dem Jahr 1978, bei dem sie den Guard World B. Free an die San Diego Clippers abgegeben hatten, bescherte ihnen 1984 einen Erstrunden-Pick.

Von all den Spielern, die an den Olympia-Trials teilgenommen hatten, stach niemand mehr heraus als Charles Barkley, der Junge aus Alabama. Der 1,98 Meter große Forward der Auburn University hatte seine Conference drei Jahre in Folge bei den Rebounds angeführt. Doch sein großer Bekanntheitsgrad war zum überwiegenden Teil seinem Gewicht geschuldet. Barkley sollte mit knapp unter 100 Kilogramm bei den Trials erscheinen, reiste jedoch mit fast 130 Kilogramm dort an. Er war mit einer ganzen Reihe von Spitznamen bedacht worden, unter ihnen »The

Crisco Kid« [nach einer Backfettmarke], »The Goodtime Blimp« [was so viel wie »fröhliches Luftschiff« bedeutet] und (sein persönlicher Favorit) »The Round Mound of Rebound« [die »Rebound-Walze«].

Die Geschichten über Barkleys Essgewohnheiten wollten kein Ende nehmen. Vor einem Spiel in Auburn kam ein als Pizzabote verkleideter Fan auf den Court, um seine Bestellung entgegenzunehmen. »Wenn wir bei einem Trainingscamp zusammen am Tisch sitzen, lasse ich definitiv meine Finger von Barkleys Essen«, sagte John Stockton einmal.

Auf den ersten Blick hätte man es nicht für möglich gehalten, doch Barkley verfügte über gewaltige körperliche Kräfte. Er war ein Ein-Mann-Fast-Break, der den Korbrand mit seinen beidhändigen Tomahawk Dunks malträtierte. Doch als einen Anwärter für die NBA hatte ihn vor den olympischen Trials kaum jemand gesehen. Er galt als zu klein für seine Position und seine Wampe war auch nicht wirklich vertrauenerweckend.

Also nutzte Barkley die Gelegenheit, um die anwesenden Scouts der NBA vom Gegenteil zu überzeugen. Bei den Trials dunkte er jeden Ball, der ihm in die Finger geriet. »Jedes Mal, wenn ich den Korb ächzen hörte, drehte ich mich um und sah Barkley davontrotten«, sagte ein Teamkamerad.

Es war eine sensationelle Darbietung und als die Schnuppertage zu Ende waren, hatte Barkley die Scouts überzeugt. Philadelphia war mehr als zufrieden, ihn mit dem fünften Pick an Land ziehen zu können.

Ein bemerkenswerter Name nach dem anderen verschwand vom Draft Board. Alvin Robertson, ein hartnäckiger Verteidiger und einer der wenigen Spieler, gegen die sich Jordan ernsthaft anstrengen musste, wurde als Siebter von den San Antonio Spurs gedraftet. Otis Thorpe, Pick Nummer neun, war ein All-Star und wurde zu einem wichtigen Bestandteil der Houston Rockets, die in diesem Jahrzehnt noch das Finale erreichen würden. Kevin Willis, Nummer elf des Drafts, wurde als Ironman der NBA bekannt und spielte bis ins hohe Alter von 44 Jahren.

Als an 16. Stelle John Stockton von den Utah Jazz gedraftet wurde, löste dies nicht gerade Begeisterungsstürme aus. Der Name des Point Guards aus Spokane, Washington, war nach seinen vier Jahren an der Gonzaga University nur den wenigsten geläufig. Er war zum Spieler des Jahres seiner Conference gewählt worden und führte seine Mannschaft bei Punkten, Assists und Steals an. Da er für eine eher unbedeutenden College-Mannschaft gespielt hatte, fand dies jedoch keine großartige Beachtung. Am Abend des Drafts hatten sich Tausende von Jazz-Fans in der Arena von Salt Lake City versammelt, um den Draft zu verfolgen. Als Stocktons Name aufgerufen wurde, blieb die Menge still.

Dies sollte nicht lange so bleiben, denn Stockton etablierte sich schnell als einer der besten Point Guards der NBA. Als die Jazz im Folgejahr Forward Karl Malone draften konnten, hatte Stockton endlich jemanden gefunden, dem er seine genialen Pässe zuspielen konnte. Im Zeitraum von 1987–88 bis 1995–96 führte Stockton über neun Spielzeiten hinweg die Tabelle der NBA bei den Assists an. Bis heute steht sein Name für die meisten Assists innerhalb einer Laufbahn.

Alle Ausnahmetalente, die im Draft von 1984 zur Auswahl standen, würden später legendäre Karrieren haben. Sie sammelten unablässig Meisterschaftstitel und MVP-Trophäen ein und knackten unzählige Rekorde. Ihre Wege kreuzten sich auf ihrer bislang größten Bühne, der NBA, wo sie Konkurrenzkämpfe austrugen und mit ihren unverwechselbaren Persönlichkeiten das Spiel für immer verändern sollten.

Hakeem Olajuwon hält sein neues Trikot in die Höhe, nachdem er von den Houston Rockets gedraftet wurde.

DER JAHRGANG VON 1996

Der Draft von 1984 wird wohl auf ewig seinesgleichen suchen, doch der 96er-Jahrgang war auch nicht ohne:

1. Allen Iverson (11 × All-Star; MVP 2001)
2. Marcus Camby (Verteidiger des Jahres 2007)
3. Stephon Marbury (2 × All-Star)
4. Ray Allen (10 × All-Star; 2 × Champion)
5. Antoine Walker (3 × All-Star; Champion)
6. Kobe Bryant (18 × All-Star; 5 × Champion; 2 × Finals-MVP; MVP 2008)
7. Peja Stojaković (3 × All-Star; Champion)
8. Steve Nash (8 × All-Star; MVP 2005 und 2006)
9. Jermaine O'Neal (6 × All-Star)

Michael Jordan fliegt 1985 über T. R. Dunn von den Denver Nuggets hinweg.

1985
AIR JORDAN HEBT AB

Die Boston Celtics von 1985–86 werden zweifelsohne als eine Mannschaft in Erinnerung bleiben, die absolut alles und jeden beherrschte. Im zweiten Spiel der ersten Playoff-Runde von 1986 sahen sich die Celtics jedoch außerstande, einen 23 Jahre alten Michael Jordan aufzuhalten.

Spielzug um Spielzug drang Jordan zum Korb vor, setzte zum Sprung an und blieb eine ganze Weile mit dem Ball in der Hand in der Luft, während seine Verteidiger allmählich den Gesetzen der Schwerkraft gehorchen mussten. Auf dem Weg zurück zur Erde ließ er dann den Ball mit einer übernatürlichen Drehbewegung im Korb verschwinden.

Wenn er gerade einmal nicht dabei war, die Gesetze der Physik auszuhebeln, nahm er die Celtics systematisch auseinander. Er erkämpfte sich seine Würfe, zischte durch drei Verteidiger hindurch und stand 21-mal an der Freiwurflinie. Meistens schaute dabei seine Zungenspitze raus, eine Angewohnheit, die er von seinem Vater übernommen hatte.

Als sich die Partie ihrem Ende näherte, setzte Jordan noch einen oben drauf und riss das ganze Spiel an sich.

Chicago lag mit zwei Punkten im Rückstand und die Uhr war abgelaufen, als Jordan an der Freiwurflinie stand. In dem denkwürdigsten Moment seiner noch jungen Karriere holte er einmal tief Luft, danach hörte man zweimal hintereinander nur das Netz rascheln und die Partie ging in die Verlängerung.

Die Bulls verloren das Spiel, doch Jordans 63 Punkte markierten einen neuen Playoff-Rekord. Elgin Baylors 24 Jahre lang bestehende Höchstmarke von 61 Punkten war übertrumpft worden.

Nach der Begegnung konnte Larry Bird nicht glauben, was er da eben gesehen hatte. »Das war kein Spieler der NBA da draußen. Das war Gott verkleidet als Michael Jordan«, sagte er.

Michael Jordan wurde am 17. Februar 1963 in Brooklyn, New York, geboren. Seine Mutter Deloris war Bankangestellte, sein Vater James Betriebsleiter bei General Electric. Als Jordan noch ein Kind war, zog seine Familie mit ihm nach Wilmington, North Carolina, wo er seine Jugend mit Baseball und Basketball verbrachte.

In den 1970ern bewunderte er David »Skywalker« Thompson, den furchtlosesten Dunker des Spiels, der die North Carolina State University zweimal hintereinander ungeschlagen durch die Saison führen konnte. Auf dem Asphaltplatz versuchte Jordan, den Skywalker zu imitieren, und es dauerte nicht lange, bis er seinen älteren Bruder im Eins-zu-eins-Duell regelmäßig bezwang. »Wenn du gegen deinen größeren Bruder gewinnen kannst, kannst du es mit jedem aufnehmen«, sagte er.

In seinem zweiten Jahr an der Highschool schaffte er es mit seinen 1,78 Metern nicht in die Auswahl der Laney High. Dieser Ausschluss aus dem Team markierte einen der ersten »Euch zeig ich's«-Momente, die seinen Ehrgeiz anfachten. In der folgenden Spielzeit hatte er einen Wachstumsschub und es fehlte nicht mehr viel bis zu den 1,98 Metern, die er letztendlich erreichen sollte. Jordan wurde ins Team aufgenommen und zu einem der begehrtesten College-Anwärter in den Staaten.

An der University of North Carolina wurde Michael zu einer nationalen Ikone, nachdem er 1982 im NCAA-Finalspiel den Siegtreffer versenkt hatte. Nachdem er sich 1984 zum NBA-Draft angemeldet hatte, gewann er mit der US-Mannschaft olympisches Gold. In beiden Teams wurde Jordan durch ein starres System in seinem Spiel eingeschränkt. Es war offensichtlich, dass er ein Ausnahmeathlet und großartiger Spieler war, doch die Welt hatte noch keine Ahnung davon, was wirklich in MJ steckte.

Die Topspieler der NBA schon.

Im Sommer vor Jordans Rookie-Jahr setzte die US-Nationalmannschaft acht Testspiele gegen eine All-Star-Auswahl von NBA-Spielern an. Unter den All-Stars befanden sich Größen wie Larry Bird, Bill Walton, Magic Johnson, Clyde Drexler, Alex English und Isiah Thomas.

Jordan zeigte keine Gnade, Spiel für Spiel.

Er dunkte über die Center-Spieler hinweg, zog an den Forwards vorbei und stahl den Guards die Bälle.

Jordans Olympia-Auswahl gewann jedes Spiel. Die All-Stars waren wenig begeistert davon, von diesem Bubi vor bis zu 67 000 Zuschauern vorgeführt zu werden. Das wollten sie sich nicht länger gefallen lassen. In einer Partie sollte Jordan nach einer Auszeit den Ball von Larry Bird bekommen, doch dieser kickte ihn einfach über Jordans Kopf hinweg. Während einer anderen Begegnung wurde Jordan zu Boden befördert und Magic Johnson streckte seine Hand aus, um ihm aufzuhelfen. Doch Oscar Robertson, Coach der All-Stars, schrie Magic von der Seitenlinie zu, er solle ihn liegen lassen. »Der trampelt schon den ganzen Abend auf uns rum!«

Johnson sagte später, dass Jordan mit seinen 21 Jahren bereits einer der Besten in der Liga gewesen sei. Und da hatte dieser noch an keinem einzigen regulären Spiel teilgenommen.

Diese Tatsache hielt auch Nike nicht davon ab, ihm ein eigenes Sneaker-Modell zu widmen – den Air Jordan 1. Weitere Millionen Dollar steckten sie in eine provokative Werbekampagne. »Wer sagt, dass Menschen nicht fliegen können?«, lautete der Slogan seines ersten Werbespots.

Zu dieser Zeit besagten die Regularien der NBA, dass alle Mitglieder einer Mannschaft auf dem Platz einheitliches Schuhwerk tragen mussten. Was zur Folge hatte, dass die Air Jordans tatsächlich vom Court verbannt wurden.

In seiner Rookie-Saison 1984–85 war Jordan eine richtige Scorer-Maschine. In seinem dritten Spiel in der NBA nahm er 37 Punkte mit. Zwei Wochen später erzielte er 45 gegen die San Antonio Spurs. In diesem Jahr schaffte er es 31-mal, mehr als 30 Punkte zu erzielen. Im Dezember bildete ihn die *Sports Illustrated* auf dem Cover ab, mit der Headline: »Ein Star ist geboren.« Die *New York Times* erklärte ihn gar zum legitimen Nachfolger von Julius Erving. Nach einer grandiosen Vorstellung im Madison Square Garden wurde er gefragt, wie er gegen sich selber verteidigen würde. »Ich würde mir aus dem Weg gehen«, war seine Antwort.

In seinem ersten Jahr in der NBA wurde Jordan zum All-Star Game eingeladen. Doch die Abneigung ihm gegenüber, die bereits bei der Olympia-Vorbereitung klar erkennbar gewesen war, hatte sich nur noch verstärkt.

Während eines Trainingsspiels gegen das All-Star-Team der Eastern Conference trug Jordan verbotenerweise seine Nike-Klamotten. Die Veteranen fanden das überhaupt nicht komisch. Thomas und Johnson, die Point Guards der East und der West Conference, taten sich zusammen, um Jordan in die Schranken zu weisen. Sie ließen sich bei der Verteidigung jeweils großzügigen Spielraum und sorgten dafür, dass der Ball dem eingebildeten Rookie möglichst selten in die Hände fiel. Jordan machte lediglich sieben Punkte.

»Neid ist ein natürlicher Bestandteil des Profisports«, sagte Jordan, als er darauf angesprochen wurde. »Ich musste mich nicht erst von ganz unten hocharbeiten. Ich ließ eine Menge Stufen auf der Leiter aus.«

Chicagos erster Gegner nach dem All-Star-Intermezzo waren die Detroit Pistons und mit ihnen Thomas. Jordan war auf Rache aus. Auf seinem Feldzug sammelte er 49 Punkte und 15 Rebounds ein, davon 12 der 16 Punkte, die die Bulls in der Verlängerung holten.

Kein Affront, ob nun subjektiv empfunden oder offen ausgesprochen, ging spurlos an Jordan vorbei. Beleidigungen wandelte er in Energie um. Genau wie seine übermenschliche Sprungkraft oder die Fähigkeit, in entscheidenden Situationen die Nerven zu behalten, war es dieser unversöhnliche Rachegeist, der Jordan so erfolgreich werden ließ. Er wollte immer die Oberhand behalten.

Sieben Jahre nach dem »Mobbing« beim All-Star Game von 1985, als es an der Zeit war, den Kader für das Dream-Team USA von 1992 aufzustellen, sorgte Jordan dafür, dass Thomas, einer der besten Spielmacher weltweit, nicht mit dabei war. Niemand ist nachtragender als Jordan.

Im Jahr 1985 wurde er zum Rookie des Jahres ernannt, führte die Tabelle der Bulls bei Punkten, Rebounds, Assists und Steals an und trug das Team auf seinem Rücken zu ihrem ersten Auftritt bei den Playoffs seit Jahren. Als er seine Auszeichnung entgegennahm, bezeichnete er seine erste Spielzeit als »experimentell«. Eine Furcht einflößende Vorstellung für den Rest der NBA. In den Playoffs flogen die Bulls gegen die Milwaukee Bucks raus, doch dank eines Treffers von Jordan in der letzten Sekunde hatten sie zumindest ein Spiel für sich entscheiden können. Bereits als Rookie konnte man sich in kritischen Situationen auf ihn verlassen. »26-mal ist mir schon der Ball zum Siegtreffer anvertraut worden und ich hab's vermasselt«, würde er später sagen. »Wieder und wieder und wieder habe ich in meinem Leben versagt. Das ist der Grund dafür, dass ich so erfolgreich bin.«

In seiner zweiten Saison fesselte ihn ein Bruch im Fuß, den er schon in der dritten Partie erlitt, an die Ersatzbank. Als seine Verletzung im März schließlich ausgeheilt war, wollten ihn Trainerstab wie Management der Bulls für den Rest des Jahres auf der Bank sehen, um eine erneute Verletzung auszuschließen. Jordan war anderer Ansicht. Der Verein wollte seine Zeit auf dem Court limitieren, aber Jordan entschied sich, die Sache öffentlich auszutragen. Der Führungsriege in Chicago verursachte sein Verhalten Kopfschmerzen, doch die Fans liebten ihn dafür.

In dieser Spielzeit schrieb Jordan in den Playoffs gegen die Celtics Geschichte. In Spiel 1 der ersten Runde explodierte er und erzielte 49 Punkte. Dennis Johnson, der Defensiv-Magier der Celtics, konnte nichts gegen Jordan ausrichten. »Michael wird so ein Spiel kein zweites Mal durchziehen können«, sagte Johnson hinterher. Die nächste Partie wurde von Jordans 63-Punkte-Meisterleistung gekrönt. Von nun an würde niemand mehr Michael Jordans Fähigkeiten infrage stellen.

»Für einen Sieg würde ich all meine Punkte zurückgeben«, sagte Jordan nach der Begegnung.

Er beherrschte bald auch die mentale Komponente des Spiels, während seine physischen Fertigkeiten ihm erlaubten, auf dem Court zu zaubern. Er studierte die Legenden vor ihm und entwickelte daraus seinen individuellen Stil. »Ich glaube, wahre Größe zu erreichen, ist ein evolutionärer Prozess, der einem Wandel unterliegt und von Generation zu Generation voranschreitet«, schrieb er in *For the Love of the Game*. »Ohne Julius Erving, David Thompson, Walter Davis und Elgin Baylor hätte es einen Michael Jordan niemals gegeben.«

Jordan schlägt beim Dunk Contest von 1987 zu.

Doch Evolution ist ein langsamer Prozess. Bei Jordan, der von Anfang an das Spiel kontrolliert hatte, konnte man denken, dass er direkt aus der Ursuppe des Slam Dunks gestiegen war. Wie er selbst sagte: Er hatte ein paar Stufen übersprungen.

MJ war auf dem Weg, ein Superstar zu werden. Seine legendären Auftritte bei den Slam Dunk Contests von 1985 und 1988 verschafften ihm scharenweise neue Anhänger. Innerhalb weniger Spielzeiten hatte Jordan den Status eines Rockstars erlangt. Er war eine Sensation, wo immer er auftauchte, und seine Popularität bedeutete für die NBA den wichtigen Schritt in Richtung Mainstream.

Seine Dominanz auf dem Feld war beispiellos. In der Saison 1986–87 führte er die Liga mit 37,1 Punkten pro Partie an, der Start einer Serie von sieben Scorer-Titeln hintereinander. Im Jahr 1988 erhielt er die erste seiner fünf MVP-Trophäen und wurde zum NBA-Defensivspieler des Jahres gewählt. Er vollbrachte als erster Spieler 200 Steals und 100 Blocks in nur einer Saison. In Jordans Windschatten entwickelten sich die Bulls zu einem erfolgreichen Verein und erreichten in jeder Spielzeit die Playoffs. Doch bis in die Finals vorzustoßen, gestaltete sich als äußerst schwierig.

Jahr für Jahr stellte sich ihnen ein Rivale in den Weg: Isiah Thomas mit seinen Bad Boy Pistons. Detroit setzte auf eine extrem körperbetonte Spielweise und wirkte eher wie ein Team basketballspielender Ringkämpfer.

In den Playoffs von 1988 wurden die Bulls in der zweiten Runde von Detroit rausgekegelt. Im Jahr darauf versenkte Jordan in der ersten Runde mit der Schlusssirene den Siegtreffer und schickte damit die Cleveland Cavaliers nach Hause – eine Aktion, die als »The Shot« bekannt werden sollte. Der Sieg bedeutete gleichzeitig ein Wiedersehen mit Detroit in der Endrunde der Eastern Conference. Für Jordan hatten sich die Pistons eine Strategie überlegt. Diese nannten sie »die Jordan-Regeln«, die letztendlich darin bestanden, »His Airness« immer zu doppeln und ihn zu Boden zu werfen, wann immer er es wagte, in der Drei-Sekunden Zone aufzutauchen.

Der Plan ging auf; an einem Punkt revanchierte sich ein frustrierter Jordan, indem er Thomas einen Ellenbogen ins Gesicht rammte. Da keiner von Jordans Mitspielern einen Gang zulegte und ihn unterstützte, wurden die Bulls erneut von den Pistols nach Hause geschickt.

Jordan brauchte definitiv Unterstützung. Im Jahr 1987 draftete Chicago einen damals noch relativ unbekannten Forward aus Arkansas namens Scottie Pippen. Doch Pippen war ein Rohdiamant, dessen Feinschliff noch Jahre in Anspruch nehmen sollte, bis er für Jordan eine wirkliche Hilfe darstellte.

Und so trug Jordan weiterhin die Last der Bulls auf seinen Schultern. Während der Saison 1989–90 erweckten Michaels steigende Einsatzzeiten und die ungewöhnlich hohe Belastung als tragende Säule der Bulls das Interesse der NBA-Medien. Niemandem wurde von seinem Verein so viel abverlangt.

In der Öffentlichkeit wies er die Behauptung, sein Körper bräuchte eine Ruhepause, weit von sich. »Hey, ich bin ein junges Vollblut«, sagte er, »und junge Vollblüter brauchen keine Ruhepause.«

Hinter verschlossenen Türen jedoch traf er sich mit Jerry Krause, dem neuen General Manager der Bulls, und bat um Unterstützung auf dem Platz. Krause erklärte Jordan, dass sein frisch unterschriebener Vertrag über acht Jahre und 25 Millionen Dollar jegliche weiteren Zukäufe unmöglich machten – als ob es Michaels Schuld sei, dass die Bulls ihm keine besseren Mitspieler an die Seite stellen konnten.

Ein wütender Jordan ließ seinen Frust über Krause an seinen Gegnern aus. In den letzten vier Wochen dieser Saison generierte er im Schnitt über 36 Punkte pro Partie, inklusive eines persönlichen Rekords von 69 erzielten Punkten gegen Cleveland. Doch Chicagos Lauf in dieser Spielzeit sollte wieder von den Pistons abgewürgt werden – dieses Mal in einer hart umkämpften, sieben Spiele andauernden Finalrunde der Eastern Conference.

Nach sechs Saisons in der NBA hatte sich Jordan als der Beste von allen etabliert, es trotz aller Brillanz aber noch nie ins ganz große Endspiel geschafft.

Doch Air Jordan hatte noch nicht einmal die Startbahn verlassen.

Michael Jordan, nachdem er 1984 einen Siebenjahresvertrag bei den Chicago Bulls unterschrieben hat

HÖCHSTE PUNKTZAHL IN EINEM PLAYOFF-SPIEL

1.	Michael Jordan	63 (1986)
2.	Elgin Baylor	61 (1962)
3.	Charles Barkley	56 (1994)
	Michael Jordan	56 (1992)
	Wilt Chamberlain	56 (1962)

1985
BOWIE: TOP ODER FLOP?

An Sam Bowie wird man sich auf ewig als den Spieler erinnern, der einen Pick vor Michael Jordan gedraftet wurde.

Im Nachhinein betrachtet, war die Entscheidung für Bowie ein offensichtlicher Fehlgriff, allerdings galt Bowie als einer der vielversprechendsten Anwärter des Drafts von 1984. Er war ein beweglicher Athlet, äußerst vielseitig und 2,16 Meter groß. Als er 1979 zum National Player of the Year gewählt wurde, rückte er die kaum bekannte Lebanon High School in Pennsylvania für kurze Zeit ins Rampenlicht und verdiente sich gleichzeitig ein Stipendium der University of Kentucky. In seiner zweiten Saison wurde er ins All-American-Team einberufen und nur wenige Monate vor dem großen Draft war er mit seiner Uniauswahl bis ins Halbfinale der NCAA-Meisterschaft vorgestoßen.

Das Einzige, was gegen Bowie sprach, war seine Verletzungshistorie. Aufgrund eines Ermüdungsbruchs im linken Schienbein hatte er zwei volle Spielzeiten auf der Bank verbracht. Er schien zwar wieder voll einsatzbereit und gesund zu sein, doch die Langzeitrisiken waren offensichtlich.

Die Portland Trail Blazers hatten sich den Second Overall Pick im Draft von 1984 gesichert und waren scharf darauf, sich einen Center-Spieler zu angeln. Sie hatten Bowie im Visier, da er den Statistiken zufolge der perfekte Mann für Coach Jack Ramsays Ansatz war: groß, beweglich und ein guter Zuspieler, der wusste, wie er sich zu positionieren und den Korb zu bewachen hatte.

Man kann den Trail Blazers nicht vorwerfen, dass sie ihre Hausaufgaben nicht gemacht hätten. Sie holten Bowie nach Portland, wo er

Houston-Rockets-Center Hakeem Olajuwon kann 1985 nur dabei zuschauen, wie Sam Bowie sich einen Rebound ergattert.

David Stern (Bildmitte), Hakeem Olajuwon und Sam Bowie im Jahr 1984

sich einem siebenstündigen medizinischen Check-up unterziehen musste. »Das hatte vielleicht mit der Bill-Walton-Geschichte zu tun«, spekulierte Bowie nach dem Draft. Nachdem Walton, First Pick des Drafts von 1974, die Trail Blazers zu ihrem ersten und einzigen Meisterschaftstitel geführt hatte, bereitete eine immer wiederkehrende Fußverletzung seiner Karriere ein vorzeitiges Ende und die Blazers wurden dadurch weit zurückgeworfen.

Genau genommen handelt es sich beim Draft um reine Glückssache. Die Vereine sind sich im Klaren darüber, dass sie Roulette spielen, denn kein Scout kann wirklich vorhersagen, wie ein Spieler sich in seiner Laufbahn entwickeln wird. Zu viele Faktoren bestimmen den Ausgang: das neue Vereinsumfeld, der Coach mit seinem jeweiligen System, Verletzungen, wie gut jemand sich ins Team einfügt oder mit dem Leben als Profisportler zurechtkommt. Insbesondere Erstrunden-Drafts müssen extrem hohe Erwartungen erfüllen. Je weiter oben auf der Liste, desto mehr Druck lastet auf den Athleten. Ein Top-Three Pick wird nicht selten als potenzieller Heilsbringer für den Verein angesehen. Werden die jungen Spieler diesen Anforderungen nicht gerecht, fällt die öffentliche Kritik entsprechend hart aus.

In seinem Rookie-Jahr deutete für Bowie alles auf eine rosige Zukunft hin. Im Schnitt holte er pro Partie neun Rebounds und drei Blocks heraus, wurde zusammen mit Jordan, Hakeem Olajuwon, Sam Perkins und Charles Barkley ins All-Rookie-Team gewählt.

In seiner zweiten Saison meldete sich jedoch sein problematisches linkes Schienbein zurück und er konnte lediglich an 38 Begegnungen teilnehmen. In seinem dritten Jahr legte Bowie einen fulminanten Start hin und erzielte durchschnittlich mehr als 16 Punkte pro Partie. Im fünften Spiel der Saison stieg er hoch zu einem Hook Shot und fühlte etwas, das er später als einen Schlag mit der Axt durch sein Bein beschreiben würde. Wie ein nasser Sack fiel er auf den Boden. Dieses Mal hatte er eine Schienbeinfraktur auf der rechten Seite erlitten.

»Ich weiß noch, dass ein Stück Knochen herausschaute und er wieder und wieder mit seiner Faust auf den Boden schlug«, erinnerte sich sein Teamkamerad Clyde Drexler.

Die Verletzung zwang ihn dazu, die komplette vierte Spielzeit auszusetzen. Im Training brach er sich den Knochen erneut und kam nur für die letzten 20 Spiele seiner fünften Saison 1988–89 auf den Court. Jordan war mittlerweile kurz davor, zum dritten Mal hintereinander die Auszeichnung zum Top-Scorer einzuheimsen. An diesem Punkt in seiner NBA-Laufbahn hatte Bowie an 139 von 410 möglichen Partien teilgenommen. Er hatte sich geschworen, dass er im Fall einer weiteren schweren Verletzung dem Spiel für immer den Rücken kehren würde.

Die Liste der Draft Picks, deren Karrieren aufgrund von Verletzungen nur kurz oder nicht erfolgreich waren, ist lang. Steve Stipanovich, Second Overall Pick des Drafts von 1983, musste aufgrund von Knieproblemen nach nur fünf Jahren in der NBA seinen Rücktritt verkünden. Pervis Ellison, First Pick im Jahr 1989, wurde der unrühmliche Spitzname »Out of Service« verpasst, da er mehr abseits des Courts als auf ihm anzutreffen war. Der 1995 an sechster Stelle gedraftete Bryant Reeves legte einen vielversprechenden Karrierestart hin, musste seine Sneakers jedoch nach nur sechs Spielzeiten an den Nagel hängen. Jonathan Bender, fünfter Overall Pick, der direkt aus der Highschool gedraftet worden war, überlebte nur eine Saison. In Portland war Center-Spieler Greg Oden, First Overall Pick des Drafts von 2007, einer der groß angekündigten Spieler. Oden wurde unmittelbar vor dem zweimaligen Finals-MVP Kevin Durant gedraftet, sodass die Vergleiche mit Bowie nicht lange auf sich warten ließen. Nach nur zwei von Verletzungen überschatteten Spielzeiten in Portland packte er seine Koffer. Ein Comeback-Versuch mit den Miami Heat 2013 ging über 23 Partien nicht hinaus.

Nach der Saison 1988–89 war Sam Bowie laut ärztlicher Einschätzung endlich wieder völlig gesund und einsatzbereit. Im Sommer wurde er an die New Jersey Nets verkauft. »Er stellte durchaus ein Risiko dar«, sagte Harry Weltman, der General Manager der Nets.

Doch der Deal zahlte sich aus. In seiner ersten Spielzeit bei den Nets nahm Bowie an 68 Begegnungen teil und machte durchschnittlich 15 Punkte und 10 Rebounds. Über die nächsten vier Jahre hinweg blieb er von Verletzungen verschont und verhalf den Nets zwischen 1992 und 1994 zur Teilnahme an den Playoffs. Sicherlich wurde er nicht zu dem Spieler, den sich Portland am Abend des Drafts ausgemalt hatte, doch er war ein wertvoller Stammspieler. Im Sommer 1993 verkaufte man ihn an die Los Angeles Lakers, bei denen er zwei weitere Spielzeiten absolvierte, bevor er im Alter von 33 Jahren in den Ruhestand ging.

Bowie wurde nie wirklich ein Star. Doch immerhin stand er in 511 Begegnungen der NBA auf dem Platz und schaffte es in vier Saisons als Blocker unter die Top 20. Momentan liegt er im Hinblick auf Blocks pro Partie auf Platz 31 der ewigen Bestenliste.

Bowies Karriere ist für die meisten ein unerreichbarer Traum, doch weil er zum falschen Zeitpunkt gedraftet wurde, bleibt er als Flop in Erinnerung. Die *Sports Illustrated* setzte ihn auf Nummer eins ihrer Liste der größten Draft-Pleiten der NBA. Und ESPN bezeichnete ihn als den schlechtesten Draft Pick in der nordamerikanischen Sportgeschichte.

»Jedes Mal, wenn ich Jordan über den Weg laufe«, so Bowie, »sage ich ihm: ›Wenn du nicht der Spieler geworden wärst, der du bist, müsste ich mir nicht ständig diesen Blödsinn anhören.‹«

1986
DER AFRIKANISCHE TRAUM

Hakeem Olajuwon überragt die Dallas Mavericks während eines Playoff-Spiels im Jahr 1988.

Akeem »The Dream« Olajuwon setzt seine flinken Füße und langen Beine geschickt ein, um pfeilschnell an den obersten Punkt der Freiwurflinie zu gelangen und sein Team bei der Verteidigung gegen Magic Johnson zu unterstützen. Hinter ihm wird der Ball an Kareem Abdul-Jabbar in der tiefen Zone abgespielt. Olajuwon schaut nicht hin, sieht es aber. Abdul-Jabbar dreht sich vom Korb weg und setzt zu seinem Skyhook an. Olajuwon positioniert sich in Richtung des Korbs, macht einen großen Schritt nach vorn und steigt empor, um am höchsten Punkt auf Abdul-Jabbar zu treffen und seinen Ball mühelos in die Zuschauerränge zu befördern.

Später wird der beste NBA-Blocker aller Zeiten Bill Russells Spielweise studieren und die Kunst perfektionieren, einen Block anstatt ins Aus zu einem frei stehenden Teamkameraden zu schlagen. Für den Augenblick genügt es ihm jedoch, ein Ausrufezeichen zu setzen.

Am anderen Ende des Courts wird er von nicht weniger als vier Verteidigern auf einmal in die Mangel genommen, während der 2,18 Meter große Kareem praktisch auf ihm drauf hängt. Davon unbeeindruckt hebt Olajuwon mit dem Rücken zum Korb ab, verdreht im Flug seinen Körper und dunkt über Abdul-Jabbar hinweg.

Wir befinden uns im dritten Spiel der Endrunde der Western Conference von 1986 zwischen den Houston Rockets und Los Angeles Lakers. Der Titelverteidiger L.A. steht zum fünften Mal hintereinander in den Finals.

Doch der Center-Spieler aus Lagos, der in seinem zweiten Jahr für die Rockets antritt, ist zu viel für die Lakers. Zu groß. Zu schnell.

Zu clever. In Spiel 2 verbuchte er ein Double-Double und setzt noch vier Steals und sechs Blocks obendrauf. An diesem Abend wird er sich bis auf 40 Punkte hochschrauben und seinen Schnitt für die Serie auf 31 Punkte, elf Rebounds und vier Blocks pro Partie ausweiten.

Es war eine Lehrstunde in Sachen Low-Post-Spiel, in der der 23-jährige Olajuwon den 38 Jahre alten Abdul-Jabbar durch den Fleischwolf drehte. Zum ersten Mal in seiner 20-jährigen Laufbahn sah Kareem wirklich alt aus. Nachdem sie das erste Spiel verloren hatten, schlugen die Rockets die Lakers in den vier folgenden Partien und schickten sie nach Hause. In den Finals sollte der Höhenflug der Rockets durch Larry Bird und seine Celtics beendet werden, gegen die sie sich nach sechs Spielen geschlagen geben mussten. Olajuwon hatte ab sofort allerdings jeder auf dem Schirm.

Die Lakers waren noch nie zuvor einem Spieler wie Hakeem Olajuwon begegnet (eigentlich »Akeem«, das »H« fügte er seinem Vornamen erst 1991 bei). Dem Rest der NBA ging es genauso. Mit 2,13 Metern verfügte er über die Anmut und Agilität eines Guards sowie eine gewaltige Sprungkraft und in der tiefen Zone war er eine Waffe. In seiner Jugend ein Multisportler, spielte er mit 15 Jahren zum ersten Mal Basketball. Er verband unglaubliche Athletik mit einem scharfen Spielverstand und einem instinktiven Defensivverhalten. Mit dem Fortschreiten seiner Karriere bildeten sich auch seine Offensivqualitäten heraus: Er gestaltete sein Spiel im Post-Bereich vielseitiger und entwickelte ein besonderes Gefühl für den Ball, sodass er so gut wie nicht zu verteidigen war.

Sein Weg von Lagos in die NBA, wo er zum internationalen Superstar aufstieg, machte ihn umso einmaliger und ebnete den Weg für Generationen afrikanischer Basketballspieler, die es ihm gleichtun würden.

Zu dem Zeitpunkt, als er Abdul-Jabbar und die Lakers zerstörte, war er in der Basketballszene bereits kein Unbekannter mehr. Olajuwon war der First Overall Pick beim Draft von 1984, nachdem er mit der University of Houston dreimal hintereinander die NCAA-Endrunde erreicht hatte. In der NBA knüpfte er nahtlos an diese Erfolge an und legte eine beispiellose Karriere hin. Bis zu seinem Ruhestand hatte er alles mitgenommen, was es an Ehrungen und Auszeichnungen zu holen gibt: MVP, zweimaliger Champion, Finals-MVP und Verteidiger des Jahres, um nur ein paar aufzuführen.

Doch als er zum ersten Mal in den Staaten auftauchte, war er eine 2,13 Meter große Wundertüte. Wie in Nigeria üblich, wuchs Olajuwon mit Fußball auf und nahm außerdem an Leichtathletikwettbewerben teil, wo er sich im Hochsprung hervortat. Doch am liebsten spielte er Handball. Als Teenager war er der Kapitän der Handballmannschaft seines Bundesstaates, die in derselben Spielstätte wie das Basketballteam trainierte. Obwohl er noch nie gespielt hatte, faszinierte ihn die Art und Weise, wie die Basketballer den Ball kontrollierten. Blind gespielte Crossover, hinter dem Rücken ausgeführte Moves – das fand er cool.

Olajuwon während der NBA-Finals von 1993

Der Coach des Basketballteams, Ganiyu Otenigbagbe, hatte den turmhohen Olajuwon schon seit längerer Zeit geradezu angefleht, Basketball einmal auszuprobieren. Nun war Hakeem bereit dazu. Ganiyu ging mit ihm auf den Platz und zeigte ihm »The Paint«, die 3-Sekunden-Zone, die rot markiert war. Er deutete auf den Boden und sagte, dass das Rot für Blut stehe. »Der Bereich unter dem Korb ist eine gnadenlose Zone«, so der Coach, »und um sie zu kontrollieren, musst du ebenso gnadenlos sein. Block alles, was in deine Nähe kommt. Hau den Ball durch den Korb, als ob du ihn zerstören wolltest. Wenn du über Leute hinweg dunkst, neigen sie dazu, dir aus dem Weg zu gehen.«

Olajuwon lernte schnell und erregte schon bald die Aufmerksamkeit eines Scouts mit amerikanischen Wurzeln, der sein Talent erkannte und Treffen mit fünf Colleges arrangierte. Olajuwon überredete seine Mutter, ihm ein Ticket für eine Rundreise zu kaufen, von Lagos nach New York City, Houston, Atlanta, Providence und wieder zurück.

In New York verließ er das Flugzeug, um mitten im Winter die St. John's University zu besuchen. Er hatte nicht einmal einen Mantel bei sich, als er zum ersten Mal seinen Fuß auf einen eiskalten Boden setzte. Seine erste Handlung bestand darin, zum Ticketschalter zu gehen und zu fragen, ob er noch am selben Tag nach Houston weiterreisen könne. Vier Stunden später landete er im weitaus angenehmeren Klima des südöstlichen Texas und nahm ein Taxi zum Büro des Cheftrainers der University of Houston, Guy Lewis. Nach dem Treffen sagte er die übrigen Termine ab.

Trotz seines offensichtlichen Talents hatte Olajuwon gerade einmal drei Jahre zuvor zum ersten Mal einen Basketball in der Hand gehalten und während seiner Zeit als Erstsemester in der Saison 1981–82 kam er weniger als 20 Minuten pro Partie zum Einsatz. In diesem Sommer brachte Lewis Olajuwon mit dem NBA-Star und langjährigen Center der Rockets Moses Malone zusammen, der sein Off-Season-Training in einem Fitnesscenter in Houston absolvierte.

Der 27 Jahre alte Malone war selbst ein dominanter Center-Spieler, der gerade erst zum MVP der NBA gekrönt worden war und diese Auszeichnung im Folgejahr erneut erhalten würde. Er nahm den jungen Nigerianer unter seine Fittiche und ging den schmächtigeren Sportler im Training mit vollem Körpereinsatz an. Doch Hakeem ließ sich nichts gefallen. Zum Ende des Sommers slamdunkte er regelmäßig über seinen Mentor hinweg und in der nächsten Spielzeit setzte er im Schnitt über fünf Blocks pro Partie.

Im Vorfeld des Drafts von 1984 galt er einstimmig als der Top-Pick – noch vor Michael Jordan. Wie es der Zufall wollte, hatten die Houston Rockets das Anrecht auf den First Pick. Die Entscheidung lag auf der Hand.

Olajuwon dominierte die NBA so, wie er vorher die College-Szene dominiert hatte. Obgleich die Rockets in der Saison 1985–86 nicht den Titel holten, wurden sie von *Sports Illustrated* als das »Team der Zukunft« gehuldigt.

Allerdings hatte sich der Missbrauch von Kokain während der 1980er-Jahre innerhalb der NBA zu einer echten Plage entwickelt und die Rockets waren besonders hart davon betroffen. Alles, was Olajuwon tun konnte, war, dabei zuzusehen, wie ein Teamkollege nach dem anderen entweder von der Liga ausgeschlossen oder anderweitig von der Droge zugrunde gerichtet wurde. Zwischen 1987 und 1992 schafften es die Rockets nicht einmal, über die erste Playoff-Runde hinauszukommen, und Olajuwon machte das Management seines Vereins öffentlich dafür verantwortlich, dass er nur von zweitklassigen Mitspielern umgeben war.

Währenddessen verfeinerte Hakeem sein Spiel. Unablässig arbeitete er an seiner Beinarbeit und eignete sich ein ganzes Arsenal von Moves speziell für den Post-Bereich an, inklusive seines patentierten »Dream Shake«, einer ruckartigen Bewegungsabfolge, bei der er seinen Verteidiger austrickste und dann äußerst elegant zwei Punkte erzielte.

In der Spielzeit 1993–94 befand sich Olajuwon auf der Höhe seiner Leistungsfähigkeit. Da sich Michael Jordan vorübergehend dem Baseball widmete, übernahm Olajuwon den frei gewordenen Platz auf dem Thron. Zum ersten Mal nach acht Jahren wurde er zum MVP der regulären Spielzeit ernannt und zog in die Finals ein. In einer hart umkämpften Finals-Serie, die über die vollen sieben Spiele ging, zwangen die Rockets die New York Knicks in die Knie. Olajuwon wurde zum Finals-MVP gekrönt und damit zum ersten Spieler, der jemals innerhalb von nur einer Saison die Auszeichnung zum MVP, Finals-MVP und Verteidiger des Jahres erhalten hat.

1995 sah man die Rockets erneut in den Finals, wo Olajuwon gegen die Orlando Magics durchschnittlich 33 Punkte pro Spiel erzielte und den aufsteigenden Star Shaquille O'Neal in seine Schranken wies. In der folgenden Saison trug Michael Jordan wieder das Trikot der Chicago Bulls. Jordan hatte seine alte Form wiedererlangt und dem Lauf der Rockets wurde dadurch ein Ende gesetzt. Leider kam es bei den Finals niemals zu einer Begegnung zwischen Jordan und Olajuwon, den zwei dominantesten Athleten der 1990er-Jahre.

»Wenn man Michael Jordan fragen würde, ob es jemals einen Spieler gab, den er gefürchtet hat«, sagte der ehemalige Forward der Rockets, Robert Horry, Jahre später, »würde er Hakeem Olajuwon nennen.«

Als er seine Sneakers im Jahr 2002 nach 18 Spielzeiten – alle außer einer im Dienste von Houston – an den Nagel hängte, wurde Olajuwon zum einzigen Spieler aller Zeiten, der bei seinem Rücktritt bei Punkten, Rebounds, Steals und Blocks unter den Top Ten aller Zeiten zu finden war. Seine insgesamt 3830 Blocks stellen einen Rekord für die Ewigkeit dar. Mehr als 500 trennen ihn damit vom Zweitplatzierten.

In den Jahren nach seinem Rücktritt nahm sich Olajuwon einiger aufstrebender Ausnahmetalente an. Genau wie Moses Malone damals sein Mentor gewesen war, kümmerte er sich nun im Sommer um Spieler wie LeBron James, Kobe Bryant, Kevin Garnett und Dwight Howard. Er lud sie zu sich nach Texas ein (das er im Grunde nie verlassen hatte, nachdem er einst aus dem Taxi in Houston gestiegen war), wo er sie auf seiner Ranch in die Geheimnisse des Low-Post-Spiels einweihte. Er verriet ihnen seine Tricks und zeigte ihnen seine Moves.

Sogar in seinen 50ern bewegt er sich noch äußerst grazil und effizient über den Court. Er war als Center so gewandt wie keiner vor oder nach ihm. Es kann nur einen »Dream« geben.

NBA AFRIKA

Olajuwon öffnete die Tür zu einem Kontinent voll von zukünftigen Stars. Heute gibt es allein aus Nigeria mehr als 20 Spieler in der NBA und die Liga streckt ihre Fühler innerhalb Afrikas immer weiter aus. 2003 etablierte Masai Ujiri, Präsident der Toronto Raptors und gebürtiger Nigerianer, ein Programm namens »Giants of Africa« – eine Initiative, die dabei helfen soll, unentdeckte afrikanische Talente aufzuspüren, und die auf der simplen Frage beruht: Wie finden wir den nächsten Hakeem Olajuwon? Derzeit veranstaltet die League Basketball-Camps rund um den Kontinent, bei denen schon All-Stars wie Joel Embiid und Pascal Siakam entdeckt wurden. Im Jahr 2019 schloss sich die NBA mit der FIBA zusammen, um die erste afrikanische Profiliga ins Leben zu rufen.

RUNDE 2
CELTICS GEGEN LAKERS

Die Banner vergangener Meisterschaftstitel, die zusammen mit den Trikots ehemaliger Stars von den Dachbalken des Boston Gardens hingen, konnte man nicht übersehen. Sie ehrten einige der legendärsten Figuren des Basketballsports und dienten zur Erinnerung an die Blütezeit der Celtics, in der Bill Russells Dynastie in den 1960er-Jahren die NBA regiert hatte.

Die Los Angeles Lakers hatten den Garden sechsmal mit der Aussicht auf den Titelgewinn betreten und waren jedes Mal von den Celtics in die Knie gezwungen worden. Sollte auch nur einer der Lakers dies vergessen haben, genügte ein Blick nach oben. 15 Jahre hatte es gedauert, bis die Fans im Jahr 1984 wieder einmal eine Finalrunde der Celtics gegen die Lakers zu sehen bekamen. Das erste Spiel fand im Garden statt, wo die Anhänger der Celtics in weiße Laken gehüllt zum Spiel kamen, um die Geister einer glorreichen Vergangenheit heraufzubeschwören. Doch die Lakers zeigten sich unbeeindruckt. Dank der heroischen Taten Magic Johnsons starteten die Lakers mit dem Gewinn des Meisterschaftstitels fulminant in die 1980er. Johnson wurde im Jahr 1980 als erster Rookie überhaupt zum Finals-MVP ernannt. Im Jahr 1982 holen sich die Lakers erneut die Championship-Trophäe.

Im Eröffnungsspiel der Finals von 1984 ging Los Angeles schnell in Führung, wobei sie die »Schlagt L.A.!«-Anfeuerungsrufe der getreuen Celtic-Fans im Garden einfach ignorierten. Larry Bird, Dennis Johnson und Kevin McHale machten alle über 20 Punkte. Doch auf Kareem Abdul-Jabbars 32 Punkte fand Boston keine Antwort. Mit 115-109 ging Spiel 1 an die Lakers.

Mit den Spielern und sportlichen Verantwortlichen dieser Paarung hätte man einen ganzen Flügel der Hall of Fame füllen können. Die beiden Cheftrainer – Pat Riley von den Lakers und K. C. Jones für die Celtics – hatten in ihrer Zeit als aktive Spieler mehrere Titel gewonnen und die Architekten beider Vereine, Jerry West und Red Auerbach, legten den Grundstein für die NBA, wie wir sie heute kennen. Diesmal waren alle Augen allerdings auf zwei junge Stars gerichtet: Magic und Bird.

In Boston hatte Bird in der Saison 1980–81, seinem zweiten Jahr bei den Celtics, die Mannschaft zum Titelgewinn getragen. Diese Spielzeit markierte gleichzeitig das Debüt von Kevin McHale, der als Pick Nummer drei gedraftet worden war. McHale kombinierte seine breiten Schultern und spitzen Ellenbogen mit einer systematischen Spielweise in der tiefen Zone, die den 2,08 Meter großen Forward zum wahren Albtraum jedes Verteidigers werden ließ. Zu Beginn der Saison 1983–84 war er bereits zweimal zum besten sechsten Mann gewählt worden. Zusammen mit Bird, Johnson und dem Center Robert Parish passte er ideal ins Bild der bodenständigen Celtics.

In L.A. hätte man mit Johnsons Grinsen den berühmten Hollywood-Schriftzug zum Leuchten bringen können. Als es den Spielern der Celtics aus Zeitungen, im Fernsehen und auf Reklametafeln entgegenkam, verdrehten sie die Augen. Im Vorfeld der Finals von 1984 hatten sie sich für Earvin Johnson einen neuen Spitznamen ausgedacht: Cheesy.

Die Mannschaften verließen den Boston Garden mit je einer gewonnenen Partie. Im dritten Spiel im Los-Angeles-Forum hatte Boston keine Chance, vor allem wegen Johnsons 21 Assists. Die Celtics hätten wie »ein Haufen Weicheier« gespielt, sagte Bird nach der Begegnung. Er war nicht glücklich über die hinter dem Rücken gespielten Pässe, Korbleger, denen sie nichts entgegenzusetzen hatten, und dem fetten Grinsen, das die Lakers in ihren Gesichtern trugen, als sie die Celtics vom Platz fegten. »Man sollte meinen, dass jemand der Sache nun mal Einhalt gebieten würde«, äußerte er sich Reportern gegenüber kryptisch. In Spiel 4 wollte Boston ein Statement setzen. Als die Celtics im dritten Viertel bereits zweistellig zurücklagen, stand niemand Lakers-Forward Kurt Rambis im Weg, der direkt auf den Korb zuhielt. Der normalerweise zurückhaltend agierende McHale rannte den ganzen Court hinunter und noch bevor Rambis in der Nähe des Korbs angelangt war, legte McHale diesem seinen Arm von hinten um den Hals und riss ihn gewaltsam zu Boden.

Daraufhin war die Hölle los. Für die Lakers war die Aktion eindeutig ein Foul (sie hatten recht). Bird bezeichnete den Vorfall später als »die Geburtsstunde der Schwalbe«. Auf jeden Fall hatten die Celtics die Lakers damit aus dem Rhythmus gebracht. Abdul-Jabbar und Bird lieferten sich einen verbalen Schlagabtausch, anschließend wurde Lakers-Guard Michael Cooper von Bird in die Zuschauerränge geschubst. Boston konnte den Rückstand aufholen und gewann die Partie in der Verlängerung, was zum Teil den 29 Punkten und 21 Rebounds von Larry Bird geschuldet war.

»Dass Rambis umgenietet wurde«, so Magic eine Woche darauf, »veränderte den Verlauf der Serie komplett.«

Das siebte Spiel, das im Boston Garden ausgefochten wurde, musste die Entscheidung bringen. In einer engen Partie behielt Boston die Oberhand. Gerald Henderson, Auswechselspieler der Celtics, erzielte neun Punkte im dritten Viertel und Boston ging mit einer 13-Punkte-Führung in die Schlusssequenz. Doch 19 Punkte von Kareem und James Worthy brachten L.A. noch einmal zurück ins Spiel. Mit fünf Punkten Rückstand und weniger als einer Minute zu spielen tanzte Magic in Richtung des Korbs, wo er von Parish aufgehalten wurde, dessen Block einen Fast Break der Celtics in Gang setzte und für klare Verhältnisse sorgte.

Schon wieder hatten die Celtics die Lakers in den Finals besiegt. Die Gesamtbilanz: 7-0 für Boston.

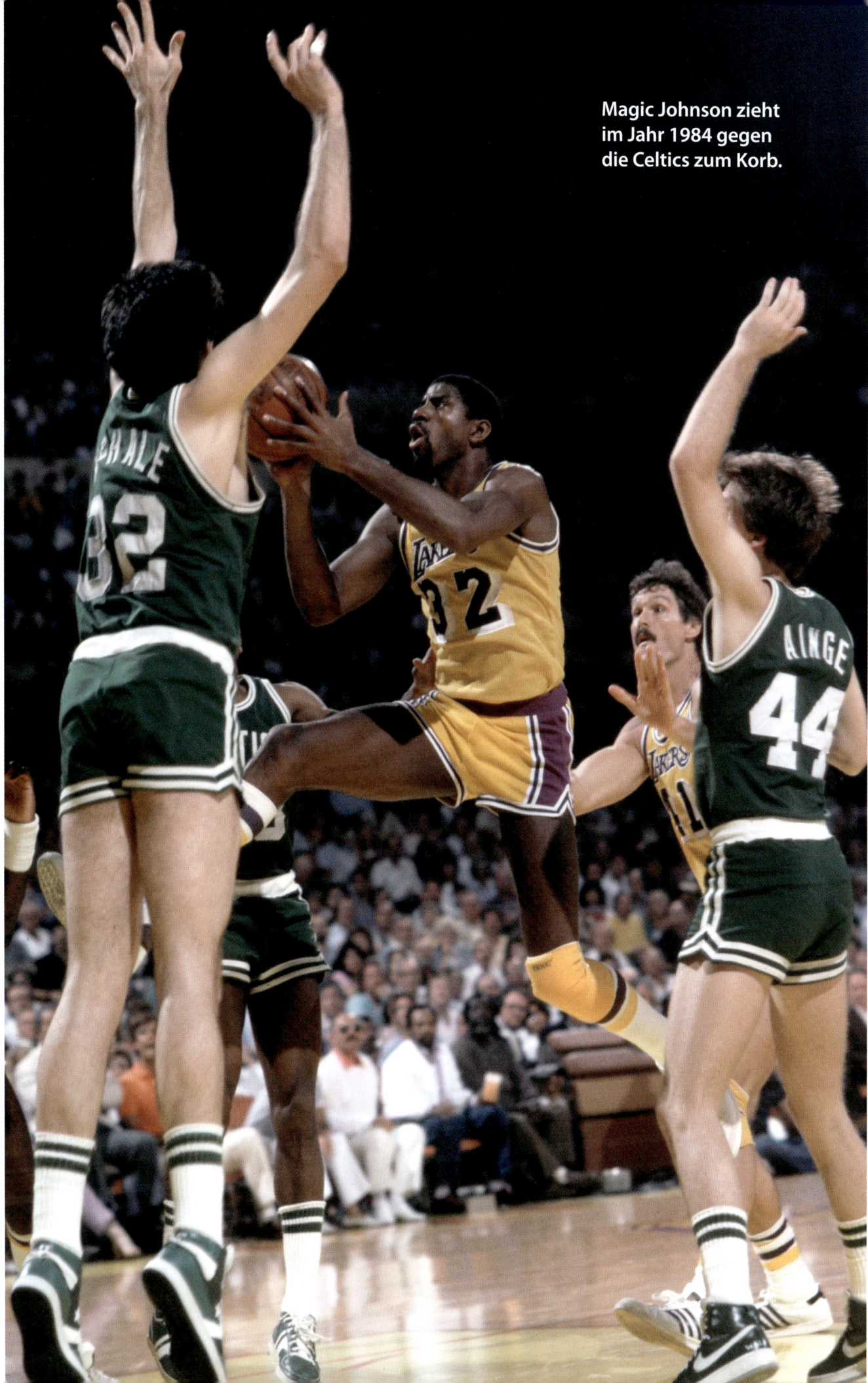

Magic Johnson zieht im Jahr 1984 gegen die Celtics zum Korb.

»Ich habe die ganze Zeit gewusst, dass die Lakers Schwächlinge sind«, sagte Finals-MVP Bird im Moment des Triumphs. »Das waren sie schon die ganze Saison über.«

Für die League hatte sich das Warten auf ein Bird-Magic-Finale gelohnt. Spiel 7 war die Begegnung mit der höchsten TV-Einschaltquote in der Geschichte der NBA. McHales Knock-down markierte den Beginn einer neuen intensiven Rivalität. Doch im Gegensatz zu den Showdowns der 1960er-Jahre herrschte dieses Mal eine echte Abneigung zwischen den Teams.

Bei der Neuauflage der Begegnung im Jahr darauf waren es die Lakers, die triumphierten. Sie ließen Bird in den Finals nicht über 23 Punkte pro Partie hinauskommen und konnten McHale eindämmen, der die Celtics bei Punkten und Rebounds anführte. Die Lakers profitierten vom einstigen First Pick Worthy sowie von Magics 14 Assists pro Spiel. Der eigentliche Star der Finals von 1885 war jedoch Abdul-Jabbar.

Sein charakteristischer Skyhook entpuppte sich als Geheimwaffe. Mit 37 Jahren wurde er zum ältesten Finals-MVP aller Zeiten, unglaubliche 14 Jahre nachdem ihm diese Ehre zum ersten Mal im Jahr 1971 mit Milwaukee zuteilgeworden war.

In der Spielzeit 1985–86 wurden die Lakers in den Playoffs von Houston aus dem Rennen geworfen. Die Celtics auf der anderen Seite gewannen 67 Spiele und hatten ihre Vormachtstellung in der NBA zurückerobert. McHale, der mittlerweile einen festen Platz im Kader hatte, wurde immer besser und Parish dominierte weiterhin den Drei-Sekunden-Raum. Boston erhielt konstanten Auftrieb von solch tragenden Säulen im Rückraum wie Johnson und Danny Ainge sowie dem Ersatz-Guard Scott Wedman. Mit dem 33-jährigen Bill Walton brachte die Mannschaft einen weiteren Hall of Famer, der zur Entlastung von Parish eingesetzt wurde. Man nehme dazu noch einen Larry Bird in Hochform – er hatte seine dritte MVP-Trophäe in Folge eingesackt –, und die Celts waren eine unbezwingbare Macht, die mühelos zum Titel segelte.

Doch die Auswahl hatte mit dem fortschreitenden Alter der Spieler zu kämpfen und ging erschöpft in die nächste Spielzeit. Sie schafften es trotzdem, die Saison als Tabellenführer der Eastern Conference abzuschließen. Allerdings setzten ihnen in den Playoffs zwei mörderische, extrem körperbetonte und jeweils über sieben Spiele gehende Runden gegen die

Larry Bird versucht, über Kareem Abdul-Jabbar hinweg zu punkten.

Bucks und Detroit Pistons enorm zu. Als sie endlich die Finals 1987 erreichten, waren sie komplett ausgelaugt.

Die Lakers wiederum schienen in Topform zu sein. Jeder ihrer sieben besten Spieler hatte die Saison über an mindestens 78 Begegnungen teilgenommen und Magic Johnson wurde zum MVP der Liga gekrönt.

Die Finals von 1987 waren die dritte und letzte Schlacht der Celtics-Lakers-Trilogie der 1980er-Jahre. Zum ersten Mal startete die Serie in Los Angeles, wo die Showtime-Offensive aus allen Rohren feuerte. Die zwei ersten Spiele gewannen die Lakers locker. Sie machten gut 60 Prozent ihrer Körbe aus dem Feld heraus und erzielten durchschnittlich 133,5 Punkte pro Partie.

Spiel 3 in Boston jedoch ging an die Celtics. »Der Rest wird leicht«, sagte Bird. Zumindest für die ersten drei Viertel traf dies zu: Die Celtics hielten eine 16-Punkte-Führung und Bird versenkte allein im dritten Viertel zwölf Bälle im Korb. Doch wie schon so oft zuvor kämpften die Lakers sich ins Spiel zurück. Ein aus der Not heraus gespielter Fadeaway von Worthy, gefolgt von einem Alley-oop Dunk, gezaubert vom 40-jährigen Abdul-Jabbar, verhalf den Lakers zu einem Vorsprung von einem Punkt.

Noch 29 Sekunden waren auf der Uhr und die Celtics in Ballbesitz. Bird umging die Defense und schaffte sich in der Ecke Raum für einen Dreier, der fast lautlos durchs Netz fiel und Boston eine 106-104-Führung bescherte. Ballbesitz für die Lakers.

Kareem wurde gefoult und verkürzte mit einem Freiwurf auf einen Punkt Rückstand. Als daraufhin McHale den Ball verlor, waren die Lakers bei sieben Sekunden Spielzeit wieder in Ballbesitz. Magic, der vom langsameren McHale bewacht wurde, zog vor zum Korb, zögerte, sah, dass der Verteidiger aus dem Takt geraten war, und entschied sich für seinen ganz eigenen Skyhook – »Junior, Junior, Junior Skyhook«, nannte er den Wurf später. Nun hieß es 107-106 für die Lakers.

Als noch zwei Sekunden auf der Uhr angezeigt wurden, stand Bird erneut frei vor dem Korb, doch er versemmelte die Chance zum Sieg und die Lakers führten in der Serie nun souverän mit 3-1.

Die Celtics holten sich die fünfte Partie zu Hause im Garden, bevor die Lakers in Spiel 6 vom heimischen Publikum im Forum zu einer 18-2-Führung getragen wurden. Zum zweiten Mal bei insgesamt drei Versuchen hatte Gold über Grün triumphiert.

1986
DER VERLUST VON LEN BIAS

»Mit dem zweiten Pick im NBA-Draft von 1986 wählen die Boston Celtics ... Len Bias von der University of Maryland«, so der Commissioner der NBA, David Stern, am Abend des 17. Juni.

»Leonard K. Bias, ein 22 Jahre alter Afroamerikaner, starb in Folge einer Kokainvergiftung, die die Reizleitung zum Herzen unterbrach und zu Krämpfen und Herzstillstand führte«, hieß es im toxikologischen Bericht von Prince George County am 19. Juni.

»Nicht zu verfehlen.« So wurde Len Bias beschrieben. Wie in: Du kannst ihn nicht verfehlen. 2,03 Meter. Breites Grinsen. Einer, der durch die Luft flog, als ob so etwas wie Schwerkraft überhaupt nicht existierte. Wie in: Er kann einen Wurf gar nicht verfehlen. Wie in: Beobachte ihn auf dem Court und die restlichen neun Spieler treten in den Hintergrund. Wie in: Es ist unmöglich, dass Bias irgendetwas anderes als ein Star wird.

Das war im Sommer 1986.

Es ist schwer, in Zahlen auszudrücken, wie gut Bias wirklich war. Der Star der University of Maryland dominierte den College Basketball wie nur wenige andere. In seinem letzten Jahr am College wurde er ins First-Team All-America gewählt und zweimal erhielt er die Auszeichnung zum Spieler des Jahres der Atlantic Coast Conference; die Auszeichnung, die Michael Jordan zwei Jahre zuvor bekommen hatte. Tatsächlich behaupteten Konkurrenten, die sowohl gegen Bias als auch Jordan gespielt hatten, dass Bias eine »größere und stärkere« Version von Jordan gewesen sei.

Len Bias am Abend des Drafts von 1986

Richtig spannend wurde es allerdings, wenn man sich ausmalte, was Bias als Profi so alles anstellen würde. Bias verkörperte für die damalige Zeit den idealen Power Forward. Er kombinierte ein hartes, fieses Auftreten in der Drei-Sekunden Zone – er liebte es, über seine Gegner hinwegzudunken, und ihm feindlich gesinnte Zuschauer waren der reinste Treibstoff für ihn – mit überragenden athletischen Fertigkeiten und einem Ballgefühl, das ihn von jeder Stelle des Courts aus zu einer Gefahr werden ließ.

Lediglich Brad Daugherty, ein Center-Spieler aus North Carolina, wurde höher gehandelt als Bias und Vereine, die ihre Hoffnungen auf den 22-jährigen Len gesetzt hatten, mussten hoffen, dass ihnen bei der Draft-Lotterie das Glück hold war. Den Cleveland Cavaliers wurde schließlich der First Pick zugelost, die Boston Celtics bekamen den Second Pick.

Von allen Teams hatten die Celts sicherlich am wenigsten einen Talentschub nötig. Sie waren der Titelverteidiger. Viele priesen die Celtics von 1986 als eins der stärksten Teams an, das jemals in der NBA aufgelaufen war. Schließlich spielte der zweimalige MVP Larry Bird für sie, unterstützt von Größen wie Kevin McHale, Robert Parish und Bill Walton.

Der Präsident der Celtics, Red Auerbach, machte kein Geheimnis daraus, dass er die Absicht hatte, Len Bias zu draften. Das Anrecht auf den Pick hatte er zwei Jahre zuvor unter fragwürdigen Umständen in einem Deal erworben, bei dem der Weltklasse-Guard Gerald Henderson nach Seattle verkauft worden war. Die Cavs entschieden sich für Daugherty und die Celtics drafteten ihren Wunschkandidaten.

Bias war sich im Klaren darüber, dass er bei den Celts in einen Eliteklub aufgenommen wurde, der den Goldstandard der NBA repräsentierte, von der beispiellosen Ära unter Bill Russell bis hin zur aktuellen Mannschaft unter Führung von Larry Bird.

Kurz vor dem Draft war Bias von Auerbach dazu eingeladen worden, das Team bei Spiel 1 der NBA-Finals gegen Houston in Action zu erleben. »Es war traumhaft«, sagte Bias. »Ich realisierte, dass ich eines Tages selbst da draußen stehen könnte. Es fühlt sich an wie ein Traum innerhalb eines Traums. Traum Nummer eins war, in der NBA zu spielen. Und von den Besten der Welt gedraftet zu werden, ist definitiv die Erfüllung eines weiteren Traums.«

Am Abend des 17. Juni fand der Draft in New York City statt. Bias hatte von dem Moment an ein Lächeln im Gesicht, als sein Name aufgerufen und ihm eine Boston-Mütze überreicht wurde. Das Grün der Celtics stand ihm außerordentlich gut. Nachdem sie an diesem Abend ein wenig gefeiert hatten, fuhr er am Tag darauf mit seinem Agenten nach Boston, um sein neues Team kennenzulernen und diverse Vertragsangelegenheiten zu klären. Abends unterschrieb er noch einen Werbevertrag mit Reebok und fuhr dann wieder zurück nach Maryland.

Dort traf Bias auf einer Party ein paar Freunde. Gegen zwei Uhr morgens gingen sie zusammen auf sein Zimmer im Studentenwohnheim der University of Maryland, wo sie quatschten und bis spät in die Nacht Kokain schnupften. Wegen seiner imposanten körperlichen Erscheinung und der unnachahmlichen Art, wie er scheinbar mühelos den Court hinuntergaloppierte, hatte sich Bias den Spitznamen »Horse« verdient. Nun saß er auf der Bettkante, verkündete stolz, ein Pferd zu sein, und beugte sich über einen Spiegel, um sich eine weitere Linie Koks durch die Nase zu ziehen. Es sollte seine letzte sein.

Sanitäter brachten Bias mit Blaulicht ins örtliche Krankenhaus, doch für ihn kam jede Hilfe zu spät. Um 8:15 Uhr wurde er für tot erklärt.

40 Stunden zuvor war Bias der glücklichste junge Mann Amerikas gewesen. Einer, dessen Träume in Erfüllung gegangen waren. Larry Bird wurde an diesem Morgen um eine Stellungnahme gebeten. »Das ist die furchtbarste Sache, die ich je gehört habe«, sagte er.

Dem Bericht eines Gerichtsmediziners zufolge hatte Bias aufgrund des Kokains einen Herzinfarkt erlitten. Weitere Testergebnisse legten nahe, dass er kein regelmäßiger User gewesen war, was die regelrechte Panik, die nach seinem Tod das ganze Land ergriff, nur noch verstärkte.

»Dass ein so gesunder, robuster und vor Kraft strotzender Mensch wie Bias von einer Substanz wie Kokain niedergestreckt werden konnte, war für viele einfach unvorstellbar«, schrieb Michael Weinreb in einem ESPN-Sonderbeitrag mit der Überschrift »Der Tag, an dem die Unschuld starb«. »Wir sprachen hier nicht über John Belushi.«

Das Gros der Bevölkerung wusste nur wenig über Kokain. »Es gibt immer noch ausgezeichnete Kardiologen, die von der Erkenntnis, dass Kokain einen tödlichen Herzstillstand verursachen kann, überrascht waren«, äußerte sich ein anerkannter Spezialist.

Eigens eingerichtete Telefonhotlines brachen vor lauter besorgten Anrufern fast zusammen – aufgebrachte Eltern und Kinder wollten wissen, ob sie wegen ihres Kokainkonsums in ernsthafter Gefahr schwebten. Bias Tod gab der wachsenden Anti-Drogen-Bewegung und Amerikas »War on Drugs« einen Schub. Auf einer Pressekonferenz, die eine Woche nach Bias Tod abgehalten wurde, verbreitete Lefty Driesell, sein ehemaliger Trainer an der Maryland University, eine eindeutige Botschaft: »Wir reden hier nicht von Freizeitdrogen«, sagte er, »sondern von echten Killern.«

Für die NBA war der Missbrauch von Kokain nichts Neues – ganze Mannschaften waren in den 1970ern von der Droge befallen worden. Allerdings befanden wir uns mittlerweile in den 1980ern und Kokain war so präsent wie nie zuvor in den Vereinigten Staaten, ein fester Bestandteil im Tagesablauf von mehr als fünf Millionen Amerikanern, von der Unterschicht bis zur Oberschicht, die Koks für harmlos hielt, da es nicht abhängig machte und so gut wie keine Konsequenzen hatte.

Es war an der Zeit aufzuwachen.

11 000 Menschen nahmen am Gedenkgottesdienst für Bias teil. Freunde und Familie trauerten um den 22-Jährigen, Fans befanden sich in Schockstarre und eine ganze Nation wurde sich plötzlich der Gefahren ihrer beliebtesten Modedroge bewusst.

Bias Mutter Lonise bezeichnete ihren Sohn als Märtyrer, dessen Tod ein mahnendes Beispiel für andere sein sollte. Seine Geschichte war eine, die wachrüttelte. Genau wie die von Maurice Stokes, dem kraftvollen Forward, der dauerhaft an den Rollstuhl gefesselt war, nachdem er während eines Vorstoßes zum Korb mit dem Kopf auf den Boden geknallt war und eine lähmende Störung der Gehirnfunktion erlitten hatte. Oder Hank Gathers, ein All-American, der während eines College-Spiels mitten im Laufen zusammengebrochen und an einem Herzinfarkt verstorben war. Oder Ben »Benji« Wilson, der Highschool-Star aus Chicago, der wegen eines belanglosen Streits von einem anderen Studenten erschossen worden war.

An dem Tag, an dem die Liga Bias verlor, verlor sie einen Athleten, dessen natürliche Aufgabe es gewesen wäre, die Rolle des Jordan-Widersachers zu übernehmen – eine Rolle, die in den folgenden zehn Jahre niemand sonst ausfüllen konnte. Die Celtics hatten ihren aussichtsreichsten Neuzugang verloren und Spieler wie Bird oder McHale mussten an ihre körperliche Belastungsgrenze gehen, um diesen großen Verlust auszugleichen und weiterhin Siege zu generieren.

Len Bias beim Slam Dunk während eines NCAA-Spiels 1985

1989
BAD BOYS

Schon lange vor ihrem ersten Titelgewinn hatten die Detroit Pistons einen gewissen Ruf erlangt. Sie wurden als »Bad Boys« tituliert und diesen Beinamen trugen sie mit Stolz. Detroit war für sein extrem körperbetontes Spiel bekannt, das regelmäßig Grenzen überschritt und in schieren Gewaltausbrüchen endete. Innerhalb der NBA waren sie verhasst, Gründe dafür gab es genug. Kontrahenten, die sich auf dem Weg zum Korb befanden, fingen sich schon mal Schläge in die Magengrube ein. Die bösen Jungs foulten, was das Zeug hielt. Sie ließen die Fäuste mindestens genauso oft fliegen wie die Jump Shots.

Das sahen die Liga-Bosse nicht gern; Red Auerbach, Begründer der Celtics-Dynastie, hielt sie zum Beispiel für »niveaulose Schlägertypen«.

Allerdings waren sie erfolgreich. Die Pistons waren die Mannschaft, an denen sich Michael Jordan die Zähne ausbiss. Die Mannschaft, die Larry Bird und seinen Celtics Kopfschmerzen bereitete. Die Mannschaft, die mit Magic Johnson und seinen Showtime Lakers in den Finals kurzen Prozess machte.

Die Detroit Pistons sind einer der ältesten Vereine in der Basketballgeschichte, ihre Wurzeln gehen zurück bis ins Jahr 1941, als sie ihren Sitz noch in Fort Wayne, Indiana, hatten. Mit Bob Lanier, Dave Bing und Dave DeBusschere hatte das Team über die Jahre hinweg einige Topspieler in seinen Reihen, doch zum Titel reichte es nicht. 1957 zogen sie nach Detroit um und in den darauffolgenden zwei Dekaden schafften sie es dreimal in die zweite Runde der Playoffs, aber nie weiter.

Ende der 1970er-Jahre waren sie das erfolgloseste Basketballteam der Liga. Dies sollte sich mit dem Einläuten der 1980er allerdings ändern, als Point Guard Isiah Thomas, ein Hall of Famer, in die Auswahl aufgenommen wurde.

Als Thomas von den Pistons als Second Overall Pick im Draft von 1981 verpflichtet wurde, hatte er gerade zuvor mit der Indiana University den NCAA-Meisterschaftstitel errungen. Er war schlicht und einfach der ideale Point Guard und wahrscheinlich der beste Eins-gegen-eins-Spieler, bis Jordan auf der Bildfläche erschien.

Thomas Killerinstinkt versteckte sich hinter weichen Gesichtszügen und einem liebenswürdigen Lächeln. Sie nannten ihn auch den Mörder mit dem Babyface. Bereits in seiner zweiten Saison wurde er ins All-Star-Team gewählt, und dies sollte sich zwölf Jahre hintereinander wiederholen.

Mit Thomas wurde der Grundstein für den Erfolg gelegt. Nun konnte Jack McCloskey, Geschäftsführer der Pistons, damit beginnen, ein Team um ihn herum aufzubauen. In Thomas Rookie-Jahr holten die Pistons Vinnie »The Microwave« Johnson an Bord, der sich seinen Spitznamen mit der Fähigkeit verdient hatte, in Sekundenschnelle auf Betriebstemperatur zu kommen. Des Weiteren überließ das Management Cleveland einen First Round Pick und bekam dafür den Center Bill Laimbeer.

Laimbeer wuchs in der High Society auf, aber seine Art zu spielen kam definitiv aus der Gosse. Er war der Auslöser für das aggressive Spiel der Pistons, ohne Bedenken setzte er freizügig seine Ellenbogen ein und riss Rivalen zu Boden. Wurde er auf die Bank verwiesen, kam mit Dampfhammer Rick Mahorn der einzige Spieler auf den Platz, der wohl noch mehr Gefallen daran fand, seine Gegner auszuknocken.

1983 engagierte das Team Chuck Daly als Cheftrainer. Dalys Trainerlaufbahn begann bereits 1955 an der Highschool von Punxsutawney, Pennsylvania. Er besaß die Fähigkeit, überbordende Egos einzudämmen und das Bestmögliche aus seiner Mannschaft herauszuholen – Qualitäten, durch die er sich letztendlich seinen Auftritt mit dem Dream-Team von 1992 verdiente.

Im Draft von 1985 sicherten sich die Pistons mit Overall Pick Nummer 18 den Shooting Guard Joe Dumars. Er war die perfekte Ergänzung für Thomas im Rückraum und stieg schnell zum führenden Defensive Guard der Liga auf. Im Folgejahr drafteten sie auf der Position des Power Forward Dennis Rodman, eine spindeldürre Sprungmaschine, der mit Detroit zweimal zum Verteidiger des Jahres gewählt werden würde.

Während der 1980er nahmen die Pistons an Fahrt auf. 1984–85 erlebte Thomas eine der besten Spielzeiten aller Zeiten für einen Guard. Er erzielte durchschnittlich 21 Punkte und eine NBA-Bestleistung von 13,9 Assists pro Partie, was nichts daran änderte, dass Detroit in der zweiten Runde gegen Boston rausflog.

Die beiden Vereine standen sich in den Finals der Eastern Conference von 1987 erneut gegenüber. Als Larry Bird im vierten Spiel unmittelbar vor einem Wurf unter dem Korb von Laimbeer hinterrücks am Nacken gepackt und zu Boden geschleudert wurde, kam es zu einer Rudelbildung, in deren Mitte ein zorniger Bird heftige Schwinger in Richtung Laimbeer austeilte.

»Er war ein dreckiger Spieler«, sagte Bird. »Bill wollte einem wehtun.«

Die Pistons versuchten erst gar nicht, ihre aggressive Spielweise zu maskieren. Der große Vorteil, den sie daraus zogen, beruhte auf der mentalen Komponente. Vor dem Tip-Off waren ihre Gegner stets auf der Hut, keinen hinterhältigen Fauststoß abzubekommen.

»Wir waren unbarmherzig und erwarteten im Gegenzug auch keine Gnade«, sagte Laimbeer. »Wir waren arrogant in unserer Vorgehensweise.«

Bird und die Celtics sollten ihre Revanche bekommen. Im fünften Spiel fing Bird einen Einwurf von Thomas ab und gab den Ball an Dennis Johnson weiter, der daraus einen Korbleger machte. Sie gewannen die Partie mit dem

Joe Dumars gegen Xavier McDaniel in den Playoffs von 1992

Ertönen des Buzzers und mit Ende des siebten Spiels die Meisterschaft. Das Image der Bad Boys war auch eine Marketingstrategie der NBA, die zum Ende der Saison 1987–88 eingeführt wurde. Die Liga hatte einen Popularitätsschub erfahren und es gab viele Rollen zu besetzen. Die Pistons übernahmen die Rolle des Bösewichts gerne. Doch als die Bad-Boy-Nummer so richtig in Fahrt kam, sprach Thomas warnende Worte an seine Mannschaftskameraden aus: »Wir haben zwei Möglichkeiten, mit diesem Ruf umzugehen«, erklärte er ihnen. »Entweder wir nutzen ihn zu unserem Vorteil oder er wird uns mächtig im Weg stehen.«

Detroit stürzte Boston 1988 in einer Wiederauflage der Eastern-Conference-Finals vom Thron und sorgte damit für ein Aufeinandertreffen mit den Los Angeles Lakers im Finale. In der Endrunde standen sich mit Isiah und Magic die besten Point Guards des Basketballsports gegenüber. Abseits des Courts waren die beiden gute Freunde und als sie sich vor dem Spiel auf dem Center Court vor allen Zuschauern mit einem Kuss auf die Wange begrüßten, rastete das Publikum aus.

Nach dem Tip-Off war es jedoch erst mal vorbei mit der Freundschaft. Die Kontrahenten wurden in eine hart umkämpfte Serie verwickelt, die sich über die ganzen sieben Spiele erstreckte. Detroit ging mit einer 3-2-Führung ins sechste Spiel. Als die Pistons zur Halbzeit zurücklagen, kam Thomas hoch motiviert aus der Kabine und holte 14 Punkte, bevor er sich den Knöchel verdrehte. Er ließ sich nicht auswechseln und erzielte alleine im dritten Viertel humpelnd 25 Punkte – ein NBA-Playoff-Rekord für die meisten erzielten Punkte innerhalb eines Viertels. Dank seines heldenhaften Einsatzes blieb Detroit im Spiel, doch nach einem umstrittenen Foulspiel von Laimbeer stand Kareem Abdul-Jabbar an der Freiwurflinie, um die Angelegenheit in trockene Tücher zu bringen. Dem verletzten Thomas war es unmöglich gewesen, seine wundersame Performance zu wiederholen, und die Lakers trugen mit dem siebten Spiel den Gesamtsieg davon.

Mitten in der folgenden Spielzeit machte Detroit in der Transferperiode einen kontroversen Schachzug. Mit Adrian Dantley schickten sie ihren führenden Scorer nach Dallas, um dafür im Austausch Mark Aguirre zu erhalten. Nach dem Deal preschten die Pistons mit 30-4 nach vorn und zogen unter Volldampf in die Playoffs ein.

Außer zwei Partien gegen Jordans Bulls in den Finals der Eastern Conference verloren die Pistons keine Begegnung der Playoffs, in einer Neuauflage der Finalpaarung gegen die Lakers warfen sie das unterbesetzte Team aus Los Angeles mit 4-0 aus dem Rennen. Lakers-Coach Pat Riley brachte es auf den Punkt: »Sie haben uns kräftig den Arsch versohlt.«

In der darauffolgenden Saison holen sie sich erneut den Meisterschaftstitel, dieses Mal in einer ebenfalls überzeugenden 4-1-Finalvorstellung gegen die Portland Trail Blazers. Die Pistons genossen einen zweifelhaften Ruf, aber sie waren das beste Team weit und breit.

Im Jahr 1991 fand ihre Vorherrschaft jedoch ein abruptes Ende. Nachdem sie Jordans Bulls drei Jahre nacheinander in den Playoffs auseinandergenommen hatten – dank einer besonders aggressiven Strategie, die darauf beruhte, MJ jedes Mal umzunieten, wenn er sich auch nur in der Nähe des Korbs befand –, konnte Michael die Bestie endlich erlegen. In den Eastern Finals von 1991 wurde Detroit mit 4-0 vom Platz gefegt.

»Das Gute wird stets über das Böse siegen«, merkte Jordan an, der in der Serie durchschnittlich 30 Punkte eingefahren hatte. Spiel 4 verloren die Pistons mit schmerzhaften 21 Punkten Rückstand. Noch bevor das Spiel offiziell abgepfiffen wurde, führte Thomas seine Mannschaft vom Platz – vorbei an der Bank der Bulls, ohne sie auch nur eines Blickes zu würdigen oder ihnen gar die Hände zu schütteln.

Einmal Bad Boy, immer Bad Boy.

Im Endspiel der NBA-Finalserie 1988 versucht James Worthy, sich gegen Bill Laimbeer zu behaupten.

1991
MAGIC UND HIV

Magic Johnson und Isiah Thomas umarmen sich vor dem All-Star Game von 1992.

Es war die bedeutsamste NBA-Pressekonferenz, die je abgehalten wurde.

Am 7. November 1991 trat Earvin »Magic« Johnson, der 32 Jahre alte Superstar der Los Angeles Lakers, vor ein Mikrofon und verkündete den anwesenden Familienmitgliedern, Freunden, Teamkameraden und Reportern Folgendes: »Aufgrund des HI-Virus, mit dem ich mich infiziert habe, werde ich ab sofort nicht mehr für die Lakers antreten.«

Magics Diagnose war Thema Nummer eins in den Nachrichten. Präsident George Bush äußerte sich dazu und nannte es »eine Tragödie«.

Johnson hatte Angst, bevor er seine Rede hielt. Nicht davor, es öffentlich zu machen – er wusste, dass dies getan werden musste. Nicht davor, vor die Presse zu treten – das hatte er seine ganze Laufbahn über gemeistert. Wovor er Angst hatte, war, dass die Menschen, die

ihm viel bedeuteten, sich von ihm abwenden würden. Dass sie nicht anrufen, nicht auf ihn zugehen, nicht zu ihm nach Hause kommen würden.

Obwohl es sich um eine globale Epidemie handelte, wussten die meisten Menschen damals noch relativ wenig über HIV und Aids. Als im Jahr 1981 die ersten Fälle in Amerika gemeldet wurden, gab es 337 Betroffene. Bis zum Jahr 1989 stieg die Zahl gemeldeter Fälle

Magic präsentiert seine Auszeichnung zum MVP des All-Star Games von 1992.

auf über 100 000. Als Johnson 1991 an die Öffentlichkeit ging, hatten sich laut einer Schätzung der WHO weltweit mehr als zehn Millionen Menschen mit dem Virus infiziert.

Die Mehrheit der Bevölkerung konnte nicht zwischen HIV – dem Virus, mit dem Johnson sich infiziert hatte und das das Immunsystem angreift – und Aids unterscheiden, der Erkrankung, die sich aufgrund einer HIV-Infektion entwickeln kann. In den frühen 1980ern wurde die Krankheit despektierlich als »Schwulenkrebs« abgetan. Man war der Auffassung, dass nur Homosexuelle oder Junkies, die sich die Nadel teilten, davon betroffen seien. Johnson war derselben Ansicht – eine Einschätzung, die sich als falsch herausstellen sollte.

»Ich wusste nichts über den Unterschied zwischen dem Virus und der Krankheit. Meine Ohren sagten mir ›HIV-positiv‹, mein Verstand machte Aids daraus«, schrieb er in einer selbst verfassten Coverstory für *Sports Illustrated* elf Tage nach der Ankündigung. »Aids war für mich etwas, das andere bekamen. Eine Krankheit, von der Schwule und Drogenabhängige betroffen waren. Aber doch nicht ich.«

Die Nachricht war für Johnson genauso ein Schock wie für den Rest der Welt. Als Johnson als HIV-positiv diagnostiziert wurde, war die Vorsaison in vollem Gange und er spielte auf seinem üblichen All-Star-Niveau. In einer Serie von Schaukämpfen, die in Paris ausgetragen wurden, trat er gegen seinen guten Freund Larry Bird und die Boston Celtics an und wurde danach zum MVP ernannt. Nur eine Spielzeit nachdem die Lakers im Finale gegen Michael Jordan mit seinen Chicago Bulls den Kürzeren gezogen hatten, befanden sich Magic und sein Team bereits auf dem Weg zum nächsten Titelkampf.

Magic fühlte sich gesund. Doch sein Ärztestab war anderer Meinung und sagte ihm, dass er noch gut drei Jahre zu leben hätte – eine optimistische Schätzung, die seinem außergewöhnlich guten physischen Gesamtzustand geschuldet sei.

An dem Abend, an dem Johnson seine Nachricht verkündet hatte, wandte sich Pat Riley, Magics ehemaliger Trainer bei den Lakers, der zu dieser Zeit die New York Knicks coachte, an das Publikum im Madison Square Garden und bat um einen Moment des Schweigens.

Larry Bird, dem es an diesem Abend nicht gelang, während einer Partie seine Tränen zurückzuhalten, sagte, dass er das letzte Mal so traurig gewesen sei, als sein Vater starb.

»Es fühlt sich an, als ob ein Bruder gestorben wäre«, sagte Charles Barkley, als man ihn nach seiner ersten Reaktion auf die Nachricht fragte.

»Mir kam das Wort ›Todeskandidat‹ in den Sinn«, äußerte sich Karl Malone.

Bevor Johnson an die Öffentlichkeit ging, war HIV für die meisten etwas Abstraktes. So gut wie niemand kannte jemanden, der HIV-positiv war, persönlich, und das, obwohl sich Schätzungen zufolge 900 000 Amerikaner innerhalb eines Jahrzehnts mit dem Virus infiziert hatten (eine Drittel davon, ohne es zu wissen). Magic allerdings kannte jeder. Also kannte jetzt jeder plötzlich jemanden, der das Virus in sich trug.

Johnson wurde zu einem passionierten Fürsprecher und Aktivisten im Kampf gegen Aids. Er gründete die Magic Johnson Foundation und trat der National Commission on AIDS bei. Im Jahr 1999 war Johnson der Hauptredner bei der United Nations World AIDS Day Conference.

»Dies ist eine äußerst mutige, honorige Person und gleichzeitig ein heldenhafter Akt«, sagte David Stern, der Commissioner der NBA. »Es zeigt uns, dass eines unserer großen Idole menschlich ist.«

Doch nichts vermochte die Ängste mehr zu vertreiben als das All-Star Game von 1992 in Orlando.

Obgleich er die Saison über nicht gespielt hatte, wurde Johnson in die Startaufstellung des Western Conference All-Star-Teams gewählt. Die League gab Magic grünes Licht. NBA-Commissioner David Stern hatte die vergangene Spielzeit unter anderem damit verbracht, die Spieler über die Mythen hinsichtlich des HI-Virus aufzuklären und sie zum Beispiel darüber zu informieren, dass das Virus nicht über Schweiß übertragen werden kann.

Vor dem Spiel hatten einige Athleten Bedenken angemeldet, die meisten trauten sich jedoch nicht, diese offen auszusprechen. »Es handelt sich um ein sensibles Thema«, sagte Clevelands-Point-Guard Mark Price, »und Magic ist ein beliebter Spieler.«

Orlandos Point Guard Scott Skiles räumte ein, dass er sich Sorgen darüber mache, was passieren könne, wenn sich Johnson eine blutige Nase holte. »Ich hörte einen Arzt darüber sprechen, dass ein Übertragungsrisiko sehr, sehr, sehr niedrig sei. Doch das ist immer noch zu hoch«, sagte er.

Am 9. Februar sah man Johnson wieder auf dem Feld. Zur Vorbereitung hatte er täglich einen 6,5-Kilometer-Lauf absolviert. Am Training der Lakers hatte er ebenfalls teilgenommen, wo er mit seinem Mannschaftskameraden Kareem Abdul-Jabbar zusammen trainiert hatte.

Johnson ging mit einem unguten Gefühl in das All-Star Game. Er wusste nicht, ob seine Gegenspieler nur widerwillig gegen ihn antraten, und hatte Angst davor, dass sie ihn nicht als gleichwertig ansehen würden. Vor dem Tip-Off folgten ihm die Kameras zur Mitte des Courts, wo Isiah Thomas, sein Gegenspieler der Eastern Conference, bereits auf ihn wartete. Wie er es schon bei den Finals von 1988 getan hatte, gab Thomas Magic einen Kuss auf die Wange. Während der Vorstellung der Spieler ließ die Menge im ausverkauften Haus Jubelrufe auf Johnsons niederregnen und die Kontrahenten aus dem Osten kamen auf ihn zu, um ihm Umarmungen und ihre Unterstützung anzubieten.

Bei seinem ersten Ballbesitz gab Magic relativ schnell ab, doch es dauerte nicht lange und er hatte seinen Rhythmus gefunden. Seine Teamkameraden ermutigten ihn zu punkten und er tat ihnen den Gefallen. Er ließ einen Skyhook fliegen, der lautlos durch das Netz fiel. Er bahnte sich für einen akrobatischen Korbleger einen Weg durch die Defense. Bisher hatte seine Trefferquote bei Dreiern nur bei 30 Prozent gelegen – sein einziges wirkliches Manko –, doch jetzt versenkte er plötzlich jeden davon. Als er zweimal hintereinander einen Dreier zustande brachte, brüllte er in dem Moment vor Lachen, als der Ball durch die Reuse fiel.

Magics Abstinenz vom Court hatte seinen Fähigkeiten keinen Abbruch getan. Er gab traumhafte Pässe – blind gespielt, aus der Drehung heraus. Das volle Programm, das eine ganze Generation von Anhängern bestaunt und auf Asphaltplätzen auf der ganzen Welt zu kopieren versucht hatte. In der zweiten Hälfte gingen neun Assists auf Magics Konto.

In der Schlussminute, in der Magics Western-Conference-Auswahl mit 148-115 in Führung lag, begannen die Stars aus der Eastern Conference Johnson eins zu eins herauszufordern – eine Ehrerweisung an einen der großartigsten Basketballspieler aller Zeiten.

Als Erstes kam Thomas, der an Johnson vorbeidribbeln wollte, aber letztlich mit einem Fehlwurf abschloss. Der nächste Lauf den Court hoch gehörte Michael Jordan. Die übrigen acht Spieler gaben den Weg frei, sodass gut die Hälfte des Courts für die beiden Legenden frei blieb. Jordan dribbelte Johnson aus und stieg empor zu einem Jumper, der vom Rand des Korbs abprallte.

Als es an Magic war, den Ball den Court runterzudribbeln, überzog ein elektrisierendes Lachen sein Gesicht. Ein Teil seines Lebens, der für immer vorbei schien, wurde wiederbelebt, wenn auch nur für einen Abend.

18 Sekunden waren noch zu spielen, als Thomas an der Drei-Punkte-Linie von Johnson zurückgedrängt wurde. Magic drehte sich blitzschnell um, trat einen Schritt zurück und zog einen Dreier ab. Swish. Die Menge tobte, als Spieler und Betreuer beider Mannschaften Magic umringten und feierten. Es waren noch 14 Sekunden auf der Uhr, als das Spiel vorzeitig beendet wurde. »Das war die erste Begegnung, die jemals aufgrund von Umarmungen beendet wurde«, sagte Johnson hinterher.

Drei Jahre später sollte er wieder auf dem Platz erscheinen – als Spielertrainer machte er 39 Partien für die Lakers. Doch es ist das All-Star Game von 1992, das uns als sein Abschiedsspiel in Erinnerung bleiben wird.

Magic wurde an diesem Abend die MVP-Trophäe überreicht, ein märchenhafter Abschluss – und angemessen für eine der magischsten und denkwürdigsten Vorstellungen aller Zeiten.

»Dies war das perfekte Ende für meine Geschichte. Die ganze Woche über hatte ich versucht, diese Story zu schreiben, und es war so, als hätte ich zu Hause an meiner Schreibmaschine gesessen und gesagt: ›So soll es enden. Punkt.‹«

SPIELER MIT DEN MEISTEN ALL-STAR GAMES

1.	Kareem Abdul-Jabbar	19
2.	Kobe Byrant	18
3.	LeBron James	16
4.	Tim Duncan	15
	Kevin Garnett	15
	Shaquille O'Neal	15

1991
DREI TITEL AM STÜCK

Im Alter von 23 Jahren hatte Jordan sich zum besten Spieler der NBA entwickelt und die Chicago Bulls in die aufstrebende Macht an der Ostküste umgewandelt. Doch nach einer demoralisierenden Niederlage in einer über die vollen sieben Spiele gehenden Serie gegen Detroit in den Finals der Eastern Conference von 1990 stellte man MJs Fähigkeit, sein Team bis zum Meisterschaftstitel zu führen, ernsthaft infrage. Zum dritten Mal hintereinander waren die Bulls an den Pistons gescheitert.

»Ich fand einfach kein adäquates Mittel gegen sie«, sagte Jordan. Dies sollte das letzte Mal sein.

Im Alleingang war es Jordan nicht möglich, die Pistons zur Strecke zu bringen. Es war die Aufgabe von Phil Jackson, dem neuen Head Coach, Michael dies klarzumachen.

Im Jahr darauf, nachdem er über vier Spielzeiten hinweg durchschnittlich 34 Punkte gemacht hatte, sank Jordans Schnitt auf 31,5 ab (immer noch eine Spitzenleistung in der NBA). Die Bulls hatten eine neue Strategie namens Triangle Offense (Dreiecksoffensive) entwickelt – eine Idee von Assistenztrainer Tex Winter. Durch die Bildung eines Dreiecks auf strategischen Positionen in der gegnerischen Hälfte wurde ein flüssiges Spiel mit viel Bewegung gefördert. Es trug dazu bei, dass Jordans »Wasserträger« – Scottie Pippen, Horace Grant, John Paxson und Center-Spieler Bill Cartwright – sich in ernst zu nehmende Gegner verwandelten.

Chicago gewann 61 Spiele und kam bei den Playoffs in den Genuss des Heimvorteils. Beim vierten Aufeinandertreffen in Folge gelang es den Pistons, Jordan unter 30 Punkte (29,6) pro Partie zu halten, trotzdem wurden sie von den Bulls weggefegt. Als Michael zum MVP der regulären Spielzeit ausgezeichnet wurde, sorgte er dafür, dass seine Teamkameraden sich bei ihm auf dem Court befanden.

Als die Finals von 1991 begannen, richtete sich die Aufmerksamkeit aller jedoch auf das Duell Michael gegen Magic. Im ersten Spiel ähnelte das Chicago Stadium einem Irrenhaus, doch der Sieg ging an die Lakers, nachdem Jordan einen Jumper mit dem Buzzer verfehlt hatte.

In Spiel 2 musste sich Jordan aufgrund von Foulspiel etwas zurückhalten und in der ersten Hälfte schlüpfte Horace Grant in die Rolle des Top-Scorers, während Pippen die Aufgabe übernahm, Magic in Schach zu halten. In der zweiten Hälfte peitschte Jordan seine Mannschaft zu einer gigantischen Führung, nachdem er 13 Körbe nacheinander eingenetzt hatte – der schönste davon war der Korbleger, bei dem er in der Luft die Hände wechselte, um gleich mehrere Gegner auf einmal auszutricksen. In der Partie, in der die Lakers mit 107-86 abgestraft wurden, holte er 33 Punkte bei einer Quote von 15 zu 18.

Nach der Begegnung beschwerten sich einige Spieler der Lakers, dass Jordan sie verhöhnt hatte. »Er denkt wohl, dass er sich das erlauben kann, weil er Michael ist«, meinte einer von ihnen.

Nach sechs Spielen hatte Chicago die Serie für sich entschieden. »Ich kann zumindest behaupten, dass ich gegen einen der Besten aller Zeiten gespielt habe«, sagte Magic.

»Ich bin mir nicht sicher, ob die Leute wirklich realisiert haben, wie gut der Kerl ist«, so Jerry West, zu diesem Zeitpunkt General Manager der Lakers. »Selbst ohne seine Dunks wäre er immer noch einer der großartigsten Spieler, die dieser Sport je gesehen hat.«

Mit dem Titelgewinn war Jordan endlich zum König gekrönt worden. Er vergoss Tränen und feierte den Triumph zusammen mit seinem Vater. »Es brauchte eine echte Teamleistung, um diesen Punkt zu erreichen«, sagte er.

Die Bulls walzten in der Liga weiterhin alles platt. In der Saison 1991–92 steigerte Pippen sich erheblich; die intensiven Trainingseinheiten gegen Jordan hatten ihn auf alles und jeden vorbereitet. Er lag bereits Kopf an Kopf mit MJ im Rennen um die Auszeichnung zum besten Verteidiger der League – die Bulls besaßen also eine unschlagbare Doppelwaffe. In dieser Saison verbesserte Pippen seine Punktzahl auf 21 pro Partie. Chicago konnte 67 Siege verzeichnen und zog erneut in die Finals ein – um sich mit den Portland Trail Blazers zu messen.

Die Blazers waren eins der wenigen Teams mit Athleten, die Jordan und Pippen Paroli bieten konnten. Ihr Aushängeschild Clyde Drexler war ein MVP-Anwärter und die Antwort der Westküste auf Jordan. Niemand hatte vergessen, dass Drexlers Präsenz im Kader der Grund dafür gewesen war, dass Portland Jordan im Draft von 1984 hatte sausen lassen. Acht Jahre später stellte sich die Frage erneut: Drexler oder MJ?

Jordan fasste den Vergleich als persönlichen Affront auf. Im ersten Spiel erzielte er allein in der ersten Hälfte 35 Punkte, sechs davon waren Dreier. Nach dem sechsten drehte er sich nonchalant in Richtung Publikum und zog die Schultern hoch, gerade so, als ob er »Habt ihr was anderes erwartet?« sagen wollte. Die Bulls gewannen souverän mit einer Differenz von 33 Punkten. Fünf Spiele später hielten die Bulls die Meisterschaftstrophäe erneut in die Höhe.

Zum zweiten Mal nacheinander wurde Jordan von der NBA sowohl zum MVP der regulären Spielzeit als auch zum MVP der Finals gekrönt. Und er schaltete noch einen

Michael Jordan und Scottie Pippen 1992 in Miami, Florida

Gang höher. 1993 wurden die Cleveland Cavaliers von ihm in der zweiten Runde der Playoffs durch einen Treffer mit der Schlusssirene nach Hause geschickt. Im Vergleich zu den Begegnungen gegen das beste Team der Eastern Conference, die für die Bulls eine extreme Kraftanstrengung bedeutet hatten, waren die Finalpartien gegen Phoenix relativ entspannt. »Wir fühlten uns wie befreit«, sagte John Paxson, dessen Dreier im sechsten Spiel bei noch 3,9 Sekunden auf der Uhr für das Three-peat, die dritte Meisterschaft in Folge, sorgte.

Jordan, der in den Finals im Schnitt 41 Punkte erzielt hatte, wurde zum dritten Mal hintereinander zum Finals-MVP ernannt, womit er einen weiteren Rekord aufstellte.

Als die Meisterschaftstrophäen anfingen, sich zu stapeln, und sein Spiel ein noch höheres Level erreichte, zog Jordan seine Motivation nicht nur daraus, zu gewinnen – er wollte dominieren. »Für Michael war der Wettstreit wie eine Sucht«, stellte Phil Jackson fest.

Die Geschichten seiner Heldentaten fingen an, die Runde zu machen. Wie er bis fünf Uhr morgens Karten und anschließend zwei Runden Golf spielte, um noch am selben Abend ins Stadion zu fahren und beim nächsten überwältigenden Sieg der Bulls 45 Punkte beizusteuern. Basketball stellte keine Herausforderung mehr dar. Also dachte Jordan sich zusätzliche Motivationsquellen aus. »Es handelt sich um Spielchen, die ich gegen mich selbst spiele«, sagte er. Er führte Freiwürfe mit geschlossenen Augen aus und ließ sich auf Aufgaben ein, die Zuschauer ihm vom Spielfeldrand aus stellten. Bei einer Begegnung in Utah dunkte Jordan über John Stockton, den Point Guard der Jazz, hinweg. »Such dir einen in deiner Größenordnung aus!«, wurde ihm von einem Fan zugerufen. Wenige Spielzüge später erniedrigte er mit derselben Nummer den 2,11 Meter großen Mel Turpin. »Groß genug für dich?«, fragte er den Zuschauer, als er den Court wieder runterlief.

In einer ansonsten unbedeutenden Begegnung im März 1993 machte LaBradford Smith von den Washington Bullets 37 Punkte gegen Jordan. Nach der Partie berichtete Michael seinen Teamkameraden, dass Smith auf ihn zugekommen sei und »Nettes Spiel, Mike« zu ihm gesagt habe. Dies kam einer Kriegserklärung gleich.

Am Abend darauf traten die beiden Mannschaften erneut gegeneinander an und Jordan schwor sich, 37 Punkte zu holen – in der ersten Hälfte. Nach dem Tip-Off machte Jordan mit seinen ersten acht Würfen direkt mehr Punkte als das ganze Aufgebot der Bullets zusammen, 17-12. Er befand sich auf einer Mission und beendete die Partie mit einem überzeugenden Sieg und 47 Punkten – 36 davon in der ersten Hälfte. Später gab Jordan zu, dass Smith nicht ein Wort zu ihm gesagt hatte. Michael hatte die ganze Sache erfunden, um Öl ins Feuer zu gießen.

Jordans unstillbares Bedürfnis, sich ständig zu beweisen, brachte nicht selten auch Mannschaftskameraden ins Fadenkreuz. Er war ein unbarmherziger Anführer mit einer extrem hohen Erwartungshaltung und fackelte nicht lange, wenn es darum ging, seine Mitspieler auf Unzulänglichkeiten hinzuweisen. »Wenn du nicht vorsichtig bist«, so Horace Grant, »raubt er dir deinen Platz in der NBA und deinen Verstand gleich mit.«

»Er konnte einen in Todesangst versetzen«, sagte Steve Kerr, der Guard der Bulls. »Er war in jeder Hinsicht die dominierende Kraft auf dem Feld. Es lag nicht bloß an seinem Talent – es lag an seiner Willenskraft. Seine Rivalen waren bereits chancenlos, noch bevor sie einen Fuß auf den Court gesetzt hatten.«

Pippen blockt während der Eastern Conference Finals von 1992 einen Wurf von Mark Price.

1992
DAS DREAM-TEAM

Die USA dominierten den internationalen Basketballsport vom ersten Tag an. Seit 1936, dem Jahr, in dem Basketball olympisch wurde, hatten die Amerikaner alle außer zwei Goldmedaillen abgeräumt – ein umstrittenes Finish im Jahr 1972 und die Spiele von 1980 in Moskau, die von den USA boykottiert wurden, waren die Ausnahmen.

1988 musste sich Team USA allerdings mit der Bronzemedaille begnügen, nachdem es von Arvydas Sabonis und seiner Auswahl aus der Sowjetunion auf die Plätze verwiesen worden war. Es war eine herbe Enttäuschung.

Die Amerikaner hatten stets Amateure – College-Stars – zu den Olympischen Spielen geschickt, doch mit Blick auf die Spiele von Barcelona 1992 wollte der amerikanische Basketballverband unbedingt eine Wiederholung der Blamage von 1988 vermeiden. Das Resultat war die einzigartigste Aufstellung, die jemals einen Platz betreten hatte: Michael Jordan, Magic Johnson, Larry Bird, Charles Barkley, Scottie Pippen, John Stockton, Karl Malone, David Robinson, Patrick Ewing, Christian Laettner, Chris Mullin und Clyde Drexler.

Die Mannschaft umfasste jeden MVP der NBA zwischen 1984 und 1999. Allein mit Magic, Bird und Jordan standen die Führungspersönlichkeiten von zehn der 13 vergangenen NBA-Meisterschaftsgewinner auf dem Court, darunter sieben Finals-MVPs und neun MVPs der regulären Spielzeit.

Das Turnier der Olympischen Spiele von 1992 stand genau genommen für die Begegnung NBA gegen den Rest der Welt. Die

Charles Barkley kurz vor einem Korb gegen Kroatien

brillante Vorstellung des US-Teams und seine makellose Statistik auf dem Weg zur Goldmedaille waren die bestmögliche Werbung für den Ballsport.

Die Mannschaft wurde fast einstimmig zusammengestellt, allerdings fällte man zwei Entscheidungen, die rückblickend fragwürdig erscheinen. Um die studentischen Wurzeln des Ballsports zu würdigen, entschied man sich dafür, mit Laettner einen College-Spieler aufzunehmen. Der zweimalige Titelverteidiger der Duke University warf Shaquille O'Neal aus dem Rennen.

Des Weiteren wurde Isiah Thomas komplett außen vor gelassen – einer der besten Point Guards der Liga, der 1989 und 1990 mit den Detroit Pistons zweimal hintereinander Meister wurde. Thomas und Drexler hatten zur Wahl gestanden, als Michael Jordan durchsickern ließ, dass im Fall einer Nominierung von Thomas – mit dem Jordan aufgrund diverser Ereignisse in seiner Rookie-Saison 1984–85 eine Feindschaft pflegte – His Airness zu Hause bleiben würde.

Cheftrainer des Teams USA war Pistons-Head-Coach Chuck Daly, ein Mann, der mit den Bad Boy Pistons bewiesen hatte, dass er mit starken Persönlichkeiten umgehen konnte. Als die Mannschaft zum ersten Mal im Juni in Portland, Oregon, zum Training auflief, sah Daly einen vielversprechenden Kader, sorgte sich jedoch, dass die Spieler während der Partie auf Autopilot umschalten und einfach das machen würden, was sie am besten konnten. Er wollte vermeiden, dass seine Athleten die Olympischen Spiele wie einen weiteren Schaukampf der All-Stars angingen.

Für den 24. Juni organisierte er ein Aufeinandertreffen zwischen seiner Mannschaft und dem Besten, was der damalige College-Basketball zu bieten hatte – Chris Webber, Grant Hill und Penny Hardaway inklusive. Team USA, das spektakulärste Team aller Zeiten, spielte schludrig und verlor. Ihr erstes Spiel endete in einer Niederlage. Das war genau das, was Daly bezweckt hatte.

»Chuck wollte, dass sie verlieren«, erkannte Assistenztrainer Mike Krzyzewski erst einige Zeit später. »Er wusste genau, was er tat.«

Das Dream-Team konnte besiegt werden – Daly hatte es bewiesen. Am Folgetag standen sich die beiden Teams zum zweiten Mal gegenüber. Dieses Mal hatte Jordan einen Lauf und seine Mannschaft wischte mit der College-Auswahl den Boden auf. Die Ordnung war wiederhergestellt.

Sein offizielles Debüt feierte Team USA am 28. Juni in Portland. In einer vorolympischen Qualifikationsrunde spielten sie gegen Kuba. Die Amerikaner beherrschten die Partie, am Ende stand es 136–57. Am beeindruckendsten war allerdings die Tatsache, dass die Mannschaft entgegen Dalys vorherigen Befürchtungen mit Elan spielte. Sie zeigten sich wütend. Es brauchte offensichtlich nicht viel, um ihren Ehrgeiz anzustacheln.

»Dies war nur ein kleiner Schritt in Richtung Barcelona, wo wir die Goldmedaille holen und nach Hause zurückbringen werden – dorthin, wo sie hingehört«, äußerte sich Bird nach dem Spiel einer euphorischen Menge gegenüber, wobei er das Wort »hingehört« betonte.

Doch bevor die Spiele begannen, musste innerhalb des Dream-Teams noch die Rangordnung geklärt werden.

Kurz vor ihrem Eintreffen im Trainingslager von Monte Carlo teilte Daly seine Jungs in zwei Mannschaften auf. Auf der einen Seite standen Jordan, Pippen, Ewing, Mullin und Barkley, auf der anderen Magic, Bird, Robinson, Malone, Stockton und Drexler.

Es war kein Zufall, dass Jordan und Magic sich in zwei unterschiedlichen Teams befanden. Ihr Aufeinandertreffen in der Finalserie von 1991 lag erst ein Jahr zurück. Nachdem Magic und seine Showtime Lakers die dominierende Kraft der 1980er-Jahre gewesen waren, hatten sie sich in den Finals gegen Jordans Bulls ein blaues Auge geholt. Als Jordan den ersten seiner insgesamt sechs Titel einheimste, bedeutete dies gleichzeitig eine Zäsur für die NBA.

Im November zuvor hatte das HI-Virus Magic aus der Liga verbannt, jetzt wollte er zeigen, dass er es noch draufhatte. Da Daly dies wusste, ernannte er ihn und Bird zu Co-Mannschaftsführern.

Als das Kräftemessen begann, spielte Magic, als ginge es um Leben oder Tod, und schoss sich auf Jordan ein. Er forderte Michael zum Tanz auf, wollte ihm demonstrieren, dass er weder größer noch besser als seine Mitspieler war. Jordan konnte immer schon eine Menge Antrieb aus solchen Herausforderungen ziehen. Wäre er ein Ozeandampfer gewesen, Magics Provokationen hätten ihn über die sieben Weltmeere gebracht.

Die Stimmung veränderte sich von dem Moment an grundlegend, als Jordan die Partie übernahm – so wie er es schon unzählige Male zuvor getan hatte. Falls bei irgendjemandem (zum Beispiel bei Magic Johnson) noch Un-

klarheit darüber geherrscht hatte, wer der beste Spieler in diesem Team war, so hatte Jordan diese Frage hiermit ein für alle Mal geklärt. Da die Hackordnung nun feststand, konnten die Spiele beginnen. Doch nicht ohne dass Charles Barkley zuvor noch etwas Zündstoff mit reinbrachte.

Team USA stand kurz vor seiner ersten Begegnung, die gegen Angola angesetzt war, als Barkley gefragt wurde, was er über ihren ersten Gegner wisse. Ganz der Diplomat, ant-

wortete Barkley: »Ich weiß überhaupt nichts über Angola. Außer dass es sich in ernsthaften Schwierigkeiten befindet.«

Während der Partie bestätigte sich die internationale Wahrnehmung von den schnoddrigen und ungehobelten Amerikanern noch, als Barkley Angolas Herlander Coimbra brutal mit dem Ellenbogen attackierte, was als unsportliches Foulspiel geahndet wurde und einer weltweiten Zuschauerschaft die falsche Nachricht übermittelte. »Das war absolut das falsche Signal«, sagte Jordan nach der Begegnung. »Wir haben sowieso schon einen schlechten Ruf.«

Barkley zeigte sich ungerührt, genau wie seine Mannschaft auf dem Court. Nach dem ersten Viertel lag das Dream-Team mit 64-16 in Führung. Einmal hatten sie sogar einen Lauf von 46 zu 1, wobei Angolas einziger Punkt aus dem Freiwurf resultierte, den Coimbra aufgrund des Foulspiels von Barkley zugesprochen bekommen hatte.

John Stockton, Chris Mullin und Barkley feiern ihre Goldmedaille.

Mit Fortschreiten des Turniers wuchs die Ehrfurcht vor der US-Mannschaft. Von ihren Kontrahenten wurden sie um Autogramme gebeten. Sogar nach ihren Schuhen wurden die Spieler gefragt – und das mitten im Spiel. In einem Fall spielte Magic einen Kontrahenten aus, als dieser »Jetzt! Jetzt!« in Richtung seiner Bank schrie und ein Mannschaftskamerad einen Schnappschuss von ihm machte. Auf dem Court und auch abseits davon galten die Amerikaner als die größte Attraktion. Den traditionellen Aufenthalt im Olympiadorf hatten sie dankend abgelehnt und es vorgezogen, in einem protzigen Hotel für 900 Dollar die Nacht zu residieren. Überall, wo sie auftauchten, waren sie von Fans umgeben – egal, aus welchem Land man kam, das Dream-Team übte eine magische Anziehungskraft aus und man hatte das Gefühl, an etwas Großem teilzuhaben, das sich in dieser Form nie mehr wiederholen würde.

Im Jahr 1992 war Basketball bereits auf dem besten Weg, zu einer globalen Sportart zu werden. In den Vereinigten Staaten hatte der Aufstieg von Air Jordan der NBA zu unglaublicher Popularität verholfen und mit MJ als Protagonist der den Erdball überziehenden Nike-Werbekampagnen fand das Spiel Anhänger auf der ganzen Welt. In der NBA hatte man bereits Gespür für den internationalen Markt gezeigt. 1990 liefen die Utah Jazz und die Phoenix Suns 1990 in Tokio auf; damit war die NBA die erste nordamerikanische Profiliga, die während der regulären Spielzeit Begegnungen außerhalb des heimischen Kontinents austrug. Seit der Olympiade von 1992 haben Vereine der NBA über 150-mal auf ausländischem Boden gespielt, einige Partien wurden in mehr als 200 Länder auf der ganzen Welt übertragen. Das Dream-Team hatte als globaler Türöffner fungiert, der die NBA einer neuen Zuschauerschaft näherbrachte.

Was sie zu sehen bekamen, war eine einseitige Vorstellung. Nicht, dass jemand daran gezweifelt hatte, doch der Auftritt bei den Olympischen Spielen hatte bestätigt, dass die NBA die beste Basketballliga der Welt war.

Die Amerikaner beherrschten das Parkett, allerdings mussten kleine Korrekturen vorgenommen werden. Im Spiel gegen Kroatien wurde Barkley wegen eines technischen Fouls verwarnt, nachdem er mit einem Fan im Publikum Höflichkeiten ausgetauscht hatte. »Wenn sie das in den Staaten genauso machen«, sagte er, »würde ich über das erste Viertel nicht hinauskommen.«

Während Jordan sich seinen Status als Rudelführer des Dream-Teams hinter verschlossenen Türen erkämpft hatte, wurde das Team auf dem Platz zur Charles-Barkley-Show. Barkley war der dominierende Athlet der US-Auswahl und führte mit durchschnittlich 18 Punkten pro Begegnung die Tabelle während des Turniers an.

Abseits des Courts wurde er zum Publikumsliebling in Barcelona, wo er die Straßen in der Nähe seines Hotels unsicher machte und mit den Einheimischen feierte. *Sports Illustrated* nannte ihn den »wilden Stier der Ramblas«. In der folgenden Saison wurde Barkley, getragen von seinem Aufstieg mit der Olympiaauswahl, zum MVP der NBA ausgezeichnet.

Das Dream-Team zerlegte Gegner weiterhin in ihre Einzelteile. Am 8. August krönten sie ihre perfekte Bilanz und holten sich in einem erneuten Aufeinandertreffen mit Kroatien die Goldmedaille. Jordan und Pippen ließen dabei einen zukünftigen Teamkameraden gut aussehen – der kroatische Spieler Toni Kukoč durfte 16 Punkte machen. Team USA gewann trotzdem mit 177-85.

Zuschauer aus aller Herren Länder jubelten dem Dream-Team zu. Wer hätte für diese

Magic Johnson freut sich über sein olympisches Gold.

Spitzenleistung keinen Beifall spenden wollen? Die Traummannschaft von 1992 sorgte für neue Basketballfans rund um den Erdball.

Für Jordan markierte die Erfahrung einen weiteren Höhepunkt seiner Laufbahn. Er etablierte sich als der Größte einer herausragenden Auswahl und sein kometenhafter Aufstieg hatte eine weltweite Bühne gefunden. Für Bird und Magic stellte die Teilnahme an Olympia einen bewegenden Abschied dar. Die beiden hatten die Liga über viele Jahre hinweg auf ihren Schultern getragen und nun konnten sie gemeinsam in einen goldenen Sonnenuntergang schreiten.

Im Jahr 2017 wurde das Dream-Team in die Hall of Fame aufgenommen.

Shaquille O'Neal dunkt 1994 über Michael Smith hinweg.

1992
SHAQ ATTACK

Das Lotteriesystem des NBA-Draftverfahrens kann über die Zukunft eines ganzen Vereins entscheiden. Im Jahr 1992, als Shaquille O'Neal der Hauptgewinn des Drafts war, traf dies ganz sicher zu.

Im Vorfeld des Drafts wurde O'Neal vermessen und das Ergebnis konnte sich sehen lassen: 2,16 Meter ohne Schuhe, kombiniert mit 138,5 Kilo purer Muskelmasse, die ihn zu einem gut 90 Zentimeter hohen Sprung aus dem Stand befähigten. Seine Physis war einmalig, da konnten selbst damalige NBA-»Größen« wie Patrick Ewing, David Robinson und Hakeem Olajuwon nicht mithalten.

Seine letzte Saison für die Louisiana State University verbrachte O'Neal damit, Basketballkörbe zu zerstören, während eine Traube von Gegenspielern an ihm hing. Trotz ausschwärmender Defensive, aggressiven Foulspiels und drei auf ihn fokussierten Verteidigern erzielte Shaq im Schnitt 24 Punkte, 14 Rebounds und 5 Blocks pro Partie, bevor er das College frühzeitig verließ, um sich beim Draft zu präsentieren. Er hatte alles, was es brauchte, um zum nächsten großen Center der NBA zu werden.

Drei Teams – die Charlotte Hornets, die Minnesota Timberwolves und die Orlando Magic – hatten einen Spieler wie O'Neal besonders nötig. Diese Vereine waren der NBA im Zuge einer Expansion in den späten 1980ern beigetreten und hatten sich bis dato in der Liga noch nicht profilieren können.

Orlando hatte das Losglück und angelte sich Shaq. Orlando wusste, dass sie ins Schwarze getroffen hatten. Mit Shaq hatten sie einen Spieler gewonnen, der den Drei-Sekunden-Raum beherrschen konnte wie zuvor Wilt und Kareem und der das Zeug dazu hatte, Michael Jordan als NBA-Superstar und Werbeikone abzulösen. Bevor er auch nur ein Spiel für die Magic absolviert hatte, boten sie O'Neal einen Siebenjahresvertrag über 40 Millionen Dollar an – zu diesem Zeitpunkt der höchstdotierte Vertrag in der Geschichte des Profisports.

Shaq verlor keine Zeit. Sein NBA-Debüt am 6. November 1992 gegen die Miami Heat war ein Aha-Erlebnis für die gegnerischen Center-Spieler. Der 20-jährige O'Neal holte sich 18 Rebounds und dominierte den Korb. Gegnerische Würfe wehrte er ab und er dunkte über jeden hinweg, der versuchte, sich zwischen ihn und den Korb zu stellen. Einmal holte er einen Rebound in der eigenen Zone, dribbelte den ganzen Court runter und feuerte den Ball mit einem gewaltigen Slam Dunk durchs Netz.

Orlando gewann die Partie mit 110-100. Nach dem Spiel zeigte sich Miamis Center Rony Seikaly schwer beeindruckt. »Er umfasst den Ball wie eine Grapefruit. Er ist so groß wie Mark Eaton, nur siebenmal schneller. Und er ist gerade mal 20«, sagte er. »Das kann noch heiter werden.«

Wie sich zeigte, hatte Shaq nicht vor, Seikaly oder irgendeinen anderen gegnerischen Center zu erheitern. Einstimmig wurde er zum Rookie des Jahres 1992 gewählt – als einziger Spieler, der in seinem ersten Jahr durchschnittlich 23 Punkte, 13 Rebounds und 3 Blocks machte.

In Shaqs erstem Jahr in Orlando verpassten die Magic nur knapp die Playoffs, allerdings trugen sie einen erinnerungswürdigen Sieg gegen Michael Jordan und den zweimaligen Titelverteidiger Chicago Bulls davon: 128-124 nach Verlängerung. In einem Spielzug stieg Jordan in die Luft, um über O'Neal hinweg zu dunken, doch O'Neal warf ihn kurzerhand zu Boden. Als der Rookie ihm aufhelfen wollte, winkte Jordan ab. »Großartiges Foul«, waren seine Worte.

Shaq beendete die Partie mit 29 Punkten, 24 Rebounds und 5 Blocks. Jordan antwortete mit lässigen 64 Punkten, doch O'Neal und die Magic sollten sich als eins der wenigen Teams herausstellen, das Jordans Bulls in den 1990ern Paroli bieten konnte.

Shaqs Laufbahn befand sich noch in ihren Anfängen, doch seine bemerkenswerte Dominanz auf dem Platz führte bereits zu Vergleichen mit legendären Center-Spielern der NBA. Während seiner Saison als Rookie versammelten sich vier davon zu einem Drehtermin für Reebok, um O'Neals eigenes Sneaker-Modell zu präsentieren. In dem Werbespot klopft Shaq an eine virtuelle Tür. Bill Russell öffnet ihm.

»Du bist früh dran«, sagt der elfmalige Titelgewinner.

»Aber ich bin bereit«, erwidert Shaq.

»Dann zeig es.«

O'Neal tritt über in eine virtuelle Welt, in der Russell an der Seite von Wilt Chamberlain, Bill Walton und Kareem Abdul-Jabbar zu sehen ist. Die vier Ikonen schauen Shaq dabei zu, wie er so heftig einen Dunk versenkt, dass das Glas des Backboards in tausend Stücke zerspringt – etwas, das ihm im richtigen Leben auch schon passiert war.

Shaqs Spiel stand für pure Power. Es basierte auf Einschüchterung, brachialer Kraft und Hartnäckigkeit. Eine unangenehme, ruppige Spielweise. Überraschenderweise hob er sich dadurch von seinen Vorgängern ab.

Viele Top-Center-Spieler der NBA, die über gewaltige körperliche Kräfte verfügten, scheuten sich davor, ihre Größe und Kraft voll einzusetzen. Entweder besaßen sie den nötigen Killerinstinkt nicht oder sie wollten zeigen, dass sie mindestens genauso geschickt wie ihre kleineren Gegenspieler waren. Wilts Fadeaway Jumper, Kareems Skyhook und Hakeems Shake-and-Bake-Manöver waren alles charakteristische, individuelle Moves. In Shaqs Arsenal existierten solche Geheimwaffen nicht – zumindest nicht bis zu einem späteren Zeitpunkt in seiner Karriere. Was er erreichte, boxte er mit brachialer Gewalt durch.

Eine Bestie auf dem Feld, zog er abseits davon mit einem gewinnenden Lächeln und kindlicher Freude Fans aller Altersgruppen an. Er machte einen zugänglichen Eindruck und war äußerst liebenswert. Oder wie sein Agent einmal sagte: »Er ist eine Mischung aus dem Terminator und Bambi.«

Diese Kombination machte ihn zu einem wertvollen Marketinginstrument sowohl für sein eigenes Image als auch für eine Liga, die Mitte der 1990er auf der Suche nach einer neuen Generation von Helden war. Vor seinem Rookie-Jahr hatte er bereits Werbeverträge mit Spielzeugherstellern, Bekleidungsfirmen und zahllosen weiteren Unternehmen abgeschlossen. Vom ersten Tag an galt er als einer der umtriebigsten Aushängeschilder der NBA und sonnte sich in der damit einhergehenden Berühmtheit.

Shaq lechzte auch abseits des Spielfelds nach Aufmerksamkeit, wodurch er sich ebenfalls von den legendären Center-Spielern vor ihm unterschied. Vielen von ihnen waren die Menschenmassen und ständigen Blitzlichtgewitter auf die Nerven gegangen. Fragen wie »Wie ist das Wetter da oben?« konnten sie nicht mehr hören und waren versucht, eine Antwort wie »Es regnet« hinzurotzen. Ihr ganzes Leben lang wurden sie begafft. Und hatten es gehasst.

Shaq hatte stets herausgeragt. Da sein Stiefvater ein Sergeant der U.S. Army war, wechselte er als Kind oft den Wohnort und zog als überdimensionierter Neuankömmling überall die Blicke auf sich. Mit 13 maß er 2,05 Meter; nicht wirklich vorteilhaft, um sich in einer sich ständig verändernden Umgebung unauffällig einzugliedern. Er war es gewohnt, im Rampenlicht zu stehen. Vielleicht fühlte er sich deshalb in dieser Rolle so wohl.

In der NBA erntete er schnell die Früchte seiner Berühmtheit. Schon vor seiner zweiten Spielzeit hatte Shaq ein Rap-Album veröffent-

Shaq überragt seine Teamkameraden beim Huddle.

licht, das Platin erhielt und über eine Million Mal verkauft wurde. Die Singleauskopplung »(I Know I Got) Skillz« kletterte auf Nummer 35 der US-Charts.

Kritiker hielten O'Neal vor, dass sich seine Aktivitäten außerhalb der Sporthalle negativ auf seine Leistung auswirkten. Im Alter von 22 Jahren hatte er ein Album herausgebracht, verkaufte Fanartikel und war in dem Streifen *Blue Chips* zu sehen. Während einer Begegnung, die von Lakers-Legende Magic Johnson mitkommentiert wurde, kam das Thema von Shaqs zahlreichen Unternehmungen außerhalb des Courts zur Sprache. »Wo warst du mit 22?«, wurde Johnson gefragt. »Ich war auf dem Court und habe versucht, mein Spiel zu verbessern.«

Doch in der Sekunde, in der sich der Ball in O'Neals Händen befand, wurden alle Bedenken hinsichtlich seiner außerathletischen Umtriebe aus dem Feld geräumt. Seine zweite Saison begann er mit 42 Punkten und 12 Rebounds gegen die Miami Heat. Einmal dunkte er den Ball durchs Netz und hielt sich am Rand des Korbs fest, wodurch er das Backboard inklusive der restlichen Konstruktion zum Einstürzen brachte – das zweite Mal in zwei Jahren, dass er NBA-Eigentum zerstört hatte.

In seiner dritten Saison führte Shaq die NBA-Trefferliste an und seine Magic standen auf dem ersten Tabellenplatz im Osten. Zusammen mit dem sprunggewaltigen Guard Penny Hardaway bildete er das dynamischste Duo der ganzen Liga.

In der zweiten Runde der Playoffs von 1995 knipste Orlando den Chicago Bulls innerhalb von sechs Partien die Lichter aus. Erst kurz vor der Post Season war Michael Jordan von einer zweijährigen Auszeit vom Basketball zurückgekehrt. Doch auch wenn Jordan nicht auf der Höhe seiner Leistungsfähigkeit war, signalisierte Orlandos Sieg doch eine mögliche Wachablösung innerhalb der NBA. Mit einem 23 Jahre alten Shaq als Anführer zog Orlando in die Finals ein, wo sie auf die Titelverteidiger Houston Rockets trafen. O'Neal wurde von dem 32-jährigen Hakeem Olajuwon in die Schranken gewiesen. Nach vier Begegnungen mussten die Magic ihre Koffer packen.

In der Saison 1995–96 feierte die NBA ihr 50-jähriges Bestehen. Während des All-Star-Wochenendes verkündete die Liga ihre Rangliste der 50 besten Spieler aller Zeiten. Mit 24 Jahren und gerade einmal vier Jahren NBA-Zugehörigkeit hatte O'Neal es auf die Liste geschafft, als einziger Spieler unter 30. Was damals etwas vorschnell wirkte, sollte sich als vorausschauend erweisen. Shaq würde innerhalb seiner Karriere vier Meisterschaftstitel abräumen und dreimal zum Finals-MVP sowie 15-mal zum All-Star ausgezeichnet werden.

In den Playoffs von 1996 trafen Shaqs Magic erneut auf Jordans Bulls und es war an der Zeit für Jordans Rachefeldzug.

Orlando wurde in vier Spielen weggefegt. Nachdem der Buzzer zum letzten Mal erklungen war, nahm Jordan O'Neal beiseite, bevor er den Platz verlassen konnte. »Bevor du erfolgreich sein kannst«, sagte ihm Jordan, »musst du erst lernen zu scheitern.«

In jenem Sommer verließ O'Neal die Orlando Magic, um einen lukrativen Vertrag bei den Los Angeles Lakers zu unterschreiben. Bevor er die grellen Lichter Hollywoods zum ersten Mal erblickte, hatte Shaq gelernt zu scheitern. Von nun an sollte es nur noch bergauf gehen.

1993
JORDAN SPIELT BASEBALL

Am 5. Oktober 1993 stellte sich Michael Jordan auf den Pitcher's Mound im Comiskey Park, um im Vorfeld von Spiel 1 der American League Championship Series zwischen den Chicago White Sox und den Toronto Blue Jays den zeremoniellen ersten Wurf auszuführen. Der Baseball verschwand in Jordans rechter Hand, als er mit einem breiten Grinsen im Gesicht ausholte und einen Fastball abfeuerte.

Am Tag darauf trat Jordan vor die Presse, um die schockierende Nachricht zu übermitteln, dass Air Jordan seine Karriere beenden würde.

Jordan befand sich in seinem 30. Lebensjahr und nur wenige Monate von seinem dritten NBA-Meisterschaftstitel in Folge entfernt. Die dritte Auszeichnung zum Finals-MVP sollte er ebenfalls bald in Empfang nehmen, die Rekordleistung, siebenmal nacheinander zum Top-Scorer ernannt zu werden, hatte er bereits vollbracht. Ein Jahr zuvor hatte er mit dem Dream-Team die olympische Goldmedaille geholt. Durch seine Prominenz hatte er die NBA ins Rampenlicht gerückt. Jordan hatte den Planeten Basketball auf jede erdenkliche Art und Weise erobert.

Seit Langem schon hatte er die Auffassung vertreten, dass in dem Moment, in dem das Spiel keine Herausforderung mehr für ihn darstellte und sein legendärer Antrieb auch nur im Geringsten nachließe, er das Feld für immer verlassen würde. So viele Legenden vor ihm hatten den Absprung nicht geschafft und dadurch ihren Heldenstatus ruiniert. Sie humpelten den Court rauf und runter, gezeichnet von Narben unzähliger Operationen sowie den Abnutzungserscheinungen vieler Jahre, in denen sie auf den unbarmherzigen Hartholzboden geknallt waren. So etwas wollte Jordan nicht erleben.

»Ich habe den Höhepunkt meiner Karriere erreicht«, äußerte er sich Reportern gegenüber, flankiert von seinen Teamkameraden, Mitarbeitern der Bulls und dem NBA-Commissioner David Stern. »Es gibt nichts mehr, was ich mir noch beweisen könnte.«

Allerdings ließ er sich ein Hintertürchen offen. »Ich denke, das Wort ›Ruhestand‹ bedeutet, dass man von einem bestimmten Tag an einfach das machen kann, was man möchte«, so Jordan. »Sollte ich also den Wunsch hegen, zurückzukommen und wieder zu spielen – wer weiß, vielleicht ist das genau die Herausforderung, die ich eines Tages brauche.«

Jordans Entscheidung war ein Präzedenzfall – nie zuvor hatte jemand freiwillig auf der Höhe seiner Schaffenskraft seinen Rücktritt erklärt. Viele Theorien wurden aufgestellt, die am häufigsten verbreitete drehte sich um Jordans Vorliebe für das Glücksspiel. Während der Playoff-Runde gegen die New York Knicks im Mai des Jahres wurde Jordan in Atlantic City, New Jersey, dabei beobachtet, wie er am Vorabend einer Partie bis in die frühen Morgenstunden seiner Leidenschaft frönte. Dies hielt ihn nicht davon ab, im zweiten Spiel im Madison Square Garden 36 Punkte einzufahren, zeichnete jedoch ein unschönes Bild von der berühmtesten Figur des Profisports.

Im Jahr zuvor hatte die NBA Jordans Zockergewohnheiten genauer unter die Lupe genommen, um ausschließen zu können, dass er Wetten auf Basketballspiele abschloss. Gerüchte über Spielschulden in Höhe von 1,2 Millionen Dollar machten die Runde, woraufhin Jordan Reportern gegenüber erklärte, dass es sich eher um 300 000 Dollar handelte. Als immer mehr Geschichten über seine Wettleidenschaft auftauchten, so eine Theorie, erfanden Stern und die NBA die Story von Jordans überraschendem Sabbatical, um einem PR-Desaster aus dem Weg zu gehen.

Der wahre Grund für Jordans Rücktritt war indes ein ganz einfacher. Und sehr trauriger.

Am 23. Juli – einen Monat nachdem sein Sohn die Meisterschaftstrophäe hochgehalten hatte – wurde Jordans Vater James Opfer eines versuchten Raubüberfalls. Unbekannte ermordeten ihn auf einem Highway-Rastplatz in North Carolina. James saß hinter dem Steuer des auffälligen Lexus mit dem Kennzeichen UNC0023, den Michael ihm geschenkt hatte. Zunächst galt James als vermisst. Seine Leiche wurde erst am 12. August gefunden und es dauerte einen Tag, bis man ihn identifiziert hatte.

James war stolz auf Michael und in dessen Leben stets präsent. Ursprünglich hatte er von einer Baseballkarriere seines Sohnes geträumt. Baseball war die erste Sportart, die er Michael als Kind nähergebracht hatte, und in den Stunden nach dem dritten Meisterschaftstriumph der Bulls redeten sie darüber, wie faszinierend es wäre, wenn Jordan es schaffte, in der Mitte seiner Laufbahn die Sportart zu wechseln.

Am 7. Februar 1994 begann die Reise. Jordan unterzeichnete einen Deal mit den White Sox. Auf den Tag genau zwei Monate später stand er in einem Schaukampf gegen die benachbarten Cubs auf dem Right Field des ausverkauften Wrigley-Field-Stadions. Der legendäre Baseball-Kommentator Harry Caray saß hinterm Mikrofon, als Jordan einen RBI-Double weghaute und die Partie damit im achten Inning ausgleichen konnte.

»Plötzlich habe ich mich wieder wie ein Kind gefühlt«, sagte Jordan.

Jordan startete vielversprechend, doch als die Spielzeit der MLB (Major League Baseball) begann, wurde er dem in der untergeordneten Minor League antretenden Tochterunternehmen der Sox, den Birmingham Barons in Alabama, zugewiesen. Von seinem Leben bei den Bulls war er nun Lichtjahre entfernt. Statt unter den Flutlichtern von Chicago Stadium und Madison Square Garden spielte er jetzt auf den Baseballfeldern solch illustrer Orte wie Chattanooga, Tennessee. Statt in privaten Charterfliegern legte er den Weg im Mannschaftsbus zurück – wobei er es sich nicht nehmen ließ, dem Team einen neuen, hochmodernen Bus vor die Tür zu stellen. Auf der Eingangstür verewigte er sich selbstverständlich mit einem Autogramm.

Der Weg in die Major League gestaltete sich lang und beschwerlich, doch Jordan zeigte vollen Einsatz. Baron-Manager Terry Francona, der zukünftige World-Series-Gewinner, war nicht der Einzige bei den Barons, der von Jordans Arbeitseinstellung tief beeindruckt waren. Michael erschien jeden Tag im Morgengrauen, um mit dem legendären Schlagtrainer Walt Hriniak zu arbeiten, der engagiert worden war, um seinen Schwung zu perfektionieren.

Hriniak hatte mit Hall of Famern wie Carl Yastrzemski, Frank Thomas, Wade Boggs und Carlton Fisk zusammengearbeitet. Er war sofort von einer Eigenschaft begeistert, die MJs Coaches bei der NBA schon vor langer Zeit als dessen wertvollste erkannt hatten: »Seine Psyche«, sagte Hriniak. »Diszipliniert. Fokussiert. Entschlossen. So wie ich es noch bei keinem zuvor erlebt habe.«

Jordan gefiel sein Leben im Ruhestand. Zwischen dem morgendlichen Training und den Spielen am Abend fand er die Zeit, zwei Runden Golf zu absolvieren, und freute sich darauf, auf dem Baseballfeld seine neu erworbenen Fertigkeiten auszutesten. »Ich habe wirklich Freude daran, es zu probieren«, sagte er. »Sollte ich es schaffen (in die Major League) – großartig. Falls nicht, habe ich mir zumindest mit dem Versuch einen Traum erfüllt.«

Weder seine Fans noch der Medienzirkus waren von seiner neuen Unternehmung sonderlich angetan. Einige empfanden es als ungerecht, dass Jordan seinen Namen dazu benutzt hatte, einen Platz im Kader zu ergattern, den jemand anderes mehr verdient gehabt hätte.

»Lass gut sein, Michael!«, prangte auf dem Cover der *Sports Illustrated* im Sommer 1994. Mit dem Zusatz: »Jordan und die White Sox sind eine Schande für den Baseballsport.«

Jordan hatte nie davon geträumt, im Baseball der Beste zu sein, und das war er auch nicht. Er hatte einen Schlagdurchschnitt von gut 20 Prozent und machte drei Homeruns in 497 Plate Appearances mit den Barons. Aber er stand jeden Tag auf der Matte und arbeitete hart. An Motivation mangelte es ihm nicht. Jordan erinnerte sich später daran, wie er in inaktiven Spielsituationen von seiner Position im rechten Feld aus in die Zuschauerränge blickte und einen Vater mit seinem Sohn sah, die sich das Spektakel anschauten. Wie gerne wäre er in ihre Rolle geschlüpft, um noch einmal Zeit mit seinem Vater zu verbringen. Indem er tat,

Michael Jordan im Jahr 1994 auf der Bank der Birmingham Barons

Jordan erzielt 1994 einen RBI-Double im sechsten Inning.

was er tat, machte er dies in gewisser Weise ja auch.

»Wenn ich morgens im Dunkeln zum Training fahre, ist er bei mir«, sagte Jordan, »und dann erinnere ich mich daran, warum ich das alles mache.«

In Chicago waren die Bulls auch ohne MJ noch eine Klasse für sich. Jordans Sidekick Scottie Pippen hatte die Hauptrolle übernommen und in der Saison 1993–94 gewann Chicago 55 Partien. Allerdings flogen sie in der zweiten Runde der Playoffs raus, nachdem sie gegen die Knicks in sieben Spielen verloren hatten.

Im September 1994 sah man Jordan bei einem Wohltätigkeitsspiel, das von Scottie Pippen organisiert wurde und gleichzeitig das letzte Basketballspiel im Chicago Stadium war. Jordan machte 56 Punkte. Doch er befand sich auf dem Weg in seine zweite Baseball-Saison.

Im März 1995 drohten die Auswirkungen eines Streiks im Baseball Jordan vom Spielen abzuhalten. Konnte er nicht spielen, konnte er auch nicht besser werden, so Jordans einfache Gleichung. In Chicago waren die Bulls mittlerweile in Bedrängnis geraten und hatten zum All-Star Game in der Saisonmitte eine Bilanz von 23-25. Die Bulls wiederauferstehen zu lassen, war eventuell genau die neue Herausforderung, die Jordan gebraucht hatte.

Am 18. März sendete Jordans Agent David Falk ein Fax an die Teams der NBA sowie an die Presse. Darauf standen zwei Wörter: »I'm back.«

JORDAN AM SCHLÄGER

Jahr	Alter	Team	Spiele	PA	AB	Runs	Hits	Homeruns	RBI
1994	31	Birmingham	127	497	436	46	88	3	51

1994
MJS HERAUSFORDERER

Michael Jordan fliegt im Jahr 1996 an Shawn Kemp vorbei.

Über einige von Jordans Zeitgenossen könnte man sagen, dass sie zur falschen Zeit am falschen Ort waren.

In den 1990ern zementierte Jordan seinen Platz am oberen Ende der NBA-Hierarchie mit sechs Meisterschaftstiteln innerhalb von acht Jahren. Ein Nebenprodukt von Jordans Erfolgen war, dass niemand sonst welche feiern durfte. Superstars wie Charles Barkley, John Stockton, Karl Malone, Gary Payton, Shawn Kemp, Clyde Drexler und Patrick Ewing hatten alle versucht, Jordan von seinem Thron zu stürzen – sie stehen für eine ganze Generation von Kultfiguren, denen dies nicht gelang.

Clyde Drexler war der Grund dafür, dass die Portland Trail Blazers Michael Jordan im Draft von 1984 davonziehen ließen. Die Blazers hatten Drexler im Jahr zuvor gedraftet und brauchten keine zwei Spieler auf derselben Position. Clyde durchlebte seine Karriere in Jordans Schatten, ein Schicksal, das er mit vielen anderen Spielern teilte. Doch nur wenige davon waren so beständige, herausragende Shooting Guards. Drexler nahm hier immer den zweiten Platz hinter Jordan ein. Er konnte unglaublich hoch springen. Nur halt nicht so hoch wie Mike. Er konnte von jeder Position aus punkten. Aber eben nicht ganz so gut wie Mike. Er war sowohl offensiv als auch defensiv eine Waffe. Aber Mike war besser.

Drexler stellte sogar ähnliche Statistiken auf. Sie kamen nur nicht ganz an die von Mike heran. Nehmen wir zum Beispiel die Saison 1988–89, als Drexler durchschnittlich 27,2 Punkten, 7,9 Rebounds, 5,8 Assists und 2,7 Steals pro Partie machte – die höchsten Werte seiner Karriere. Jordan brachte es auf 32,5, 8, 8 und 2,9. Drexler schaffte es in zehn All-Star-Teams. Jordan in 14.

Drexler führte die Trail Blazers in die Finals von 1990, wo sie gegen die Detroit Pistons verloren. Das Jahr 1992 schlossen sie als

Tabellenführer der Western Conference ab und kehrten in die Endrunde zurück, wo sie sich nach fünf Partien gegen Jordan und seine Bulls geschlagen geben mussten. Einmal holte sich Clyde »The Glide« dann doch die Meisterschaftstrophäe: 1995 mit den Houston Rockets, in der Saison, die der »Ruheständler« Jordan größtenteils verpasst hatte.

Nur wenige Ikonen der 1990er-Jahre standen Jordan näher als **Charles Barkley.** Sie wurden im selben Jahrgang gedraftet, waren erbitterte Rivalen auf dem Court und abseits davon Freunde. Barkley war ein besonderer Typ. Mit 1,98 Metern flitzte er über das Feld wie der Tasmanische Teufel. Er schnappte sich Rebounds vom Board weg und pflügte durch Verteidiger hindurch. Er zählte zu den beliebtesten – und unverblümtesten – Stars der NBA. So heftig, wie er spielte, feierte er auch. Einmal schmiss er jemanden durch die Fensterscheibe einer Kneipe. In einer Nike-Werbekampagne sagte er unzweideutig: »Ich bin kein Vorbild.«

Die Dampfwalze Barkley startete seine Laufbahn als Ersatzspieler bei den Philadelphia 76ers, einem Team, das aus alteingesessenen Veteranen bestand und von Julius Erving sowie Moses Malone angeführt wurde. Es dauerte nicht lange, und die Sixers gehörten Barkley. Er führte die Punktetabelle der Mannschaft sechs Spielzeiten hintereinander an, bei den Rebounds waren es sieben. Doch Philly war einfach kein Meisterschaftsanwärter.

1992 wollte Barkley den Verein wechseln und wurde an die Phoenix Suns verkauft. Umgeben von einem hochkarätigen Kader, darunter All-Star Guards Kevin Johnson und Dan Majerle, verwandelte Barkley die Suns in einen Titelanwärter. In der Saison 1992–93 führten die Suns die Punkteliste der NBA an und Barkley wurde zum MVP der League ernannt. Sie erreichten die Finals noch im selben Jahr und nötigten Chicago sechs Spiele ab.

Als die Utah Jazz im Draft von 1984 **John Stockton** an 16. Stelle auswählten, konnte niemand ahnen, dass sie sich soeben einen der Besten aller Zeiten auf seiner Position ausgesucht hatten. »Ich habe noch nie einen Point Guard gesehen, der mit dem Ball in der Hand bessere Entscheidungen getroffen hat«, sagte Barkley, der zum ersten Mal bei den Auswahlspielen für Olympia im Jahr 1984 gemeinsam mit Stockton auf dem Platz stand.

Stockton war von Anfang an der perfekte Spieler. Er spielte großartige Pässe und behielt mit Adleraugen immer die Übersicht. Zweimal führte er die Liga bei den Steals an und schaffte es fünfmal ins All-Defense-Team. Dank seiner Beständigkeit sammelte er zwischen 1987–88 und 1995–96 neunmal hintereinander den Titel für die meisten Assists ein.

Am empfangenden Ende der genialen Pässe stand fast immer **Karl Malone**. Groß und sperrig, mit breiten Schultern, als ob er in einem Superheldenkostüm steckte, agierte Malone in der Nähe des Korbs gefühlvoll und hielt sich die Verteidigung mit einem zuverlässigen Jumper aus mittlerer Distanz vom Leib. Als die Jazz Malone ein Jahr nach Stockton drafteten, erschufen sie damit ein unschlagbares Pick-and-Roll-Duo. Für Malone bedeutete Stockton die verlässlichste Quelle für Zwei-Punkte-Würfe. Die Jazz waren immer ein gefährlicher Gegner und sowohl 1997 als auch 1999 wurde Malone zum MVP ausgezeichnet.

Stockton zog im Jahr 1995 an Magic Johnson vorbei und wurde zum ewigen Besten der NBA bei den Assists. Als »Clutch Shooter«, äußerst nervenstarker Werfer, galt er spätestens, nachdem er in den Finals der Western Conference von 1997 gegen die Houston Rockets einen Dreier versenkte, der Utah in die Finals beförderte. Die Jazz trafen zweimal hintereinander auf die Bulls, wobei jede Finalrunde über sechs Spiele ging.

Wenn Stockton und Malone das Duo mit dem effektivsten Passspiel der Liga verkörperten, waren **Gary Payton** und **Shawn Kemp** das unterhaltsamste Paar. Die beiden lieferten auf dem Court eine Show ab wie nur wenige vor oder nach ihnen.

Mit Kemp ging Seattle ein Risiko ein. Er war der Top-Scorer im McDonald's High School All-American Game von 1988 (bei dem die besten Highschool-Spieler gegeneinander antraten) und ein heißer Kandidat für die University of Kentucky. Doch er fiel beim SAT-Test durch und bekam deshalb dort keinen Studienplatz. Stattdessen ging er ans Trinity Valley Community College in Athens, Texas, wo er allerdings keine einzige Partie absolvierte, denn Seattle draftete ihn schon 1989 an 17. Stelle. Nach vier Jahren in der NBA war er ein beständiger All-Star.

Payton wurde im Jahr 1990 als Second Overall Pick gedraftet. Er war damals amtierender NCAA-Spieler des Jahres und galt als äußerst vielversprechend. Doch erst als die SuperSonics in seiner dritten Saison mit George Karl einen offensiv ausgerichteten Cheftrainer engagierten, konnte er so richtig Gas geben.

Unter Karls Ägide wurde Payton dazu ermuntert, den Ball abzugeben, und Kemp wurde zu seinem bevorzugten Anspielpartner. Die Pässe kamen von überall auf dem Feld und erreichten ihr Ziel irgendwo oberhalb des Korbs, wo sie auf wundersame Weise abgefangen und mit viel Power eingelocht wurden. Der Payton-Kemp-Alley-oop war einer der faszinierendsten Spielzüge der NBA.

Die zwei waren der Grund dafür, dass die Sonics mindestens die zweitliebste Mannschaft aller Fans waren. Man gab ihnen entsprechende Spitznamen: Payton war »The Glove«, während Kemp als »Reign Man« galt. Als Referenzen hatten sie zwischen 1992–93 und 1997–98 mindestens 55 Siege pro Saison vorzuweisen sowie ein gemeinsames Auftreten in sechs All-Star Games in Folge. Dazu kam, dass sie über den Court stolzierten wie Profiringer in NBA-Trikots. Payton war ein extrem selbstbewusster Draufgänger mit einer großen Klappe, der Worten jedoch auch Taten folgen ließ. Kemp war für seine knallharten Dunks bekannt und pflegte schadenfroh mit dem Finger auf seine Gegenspieler zu zeigen, nachdem er diese zu Boden befördert hatte.

Die SuperSonics erhielten in den Finals von 1996 ihre Chance, den König von seinem Thron zu stürzen. Payton fühlte sich der Aufgabe gewachsen und lieferte sich über die komplette Endrunde hinweg offene Wortgefechte mit Jordan. Doch die Bulls räumten nach sechs Spielen erneut den Meisterschaftstitel ab.

Kein Spieler oder Team musste öfter gegen Jordan zurückstecken als **Patrick Ewing** und die New York Knicks. Ewing war NCAA-Champion und Final Four MVP an der Georgetown University sowie der First Overall Pick von 1985. Der ursprünglich aus Kingston, Jamaika, stammende Ewing war einer der imposantesten Center-Spieler seiner Ära, der unter seinem Coach Jeff Van Gundy das arbeitsintensive »Grit and Grind«-Spiel der Knicks verkörperte.

Die Knicks trugen das geistige Erbe der Bad Boys aus Detroit in sich, doch sie fuhren jedes Mal mit Vollgas gegen die Wand, wenn Jordan auf dem Platz stand. Die Spielzeit 1992–93 war für Knicks-Fans besonders aufreibend, denn das Team um Ewing beendete die reguläre Saison auf dem ersten Tabellenplatz der Eastern Conference und gewann die Conference Finals gegen Chicago mit 2-0 – nur um dann nach sechs Partien die Finals-Serie zu verlieren. Während Jordans Regentschaft schickten die Bulls Ewing und seine Knicks innerhalb von sechs Jahren viermal und insgesamt fünfmal in den Playoffs nach Hause.

Karl Malone bei einem Foulspiel gegen Charles Barkley in den Finals der Western Conference von 1997

1995
GRANT HILL

Wenn Grant Hills Knöchel sprechen könnte, würde er eine lange Geschichte erzählen. Eine Geschichte darüber, wie es sich anfühlte, die Last eines absoluten Ausnahmeathleten zu tragen. Wie er von unverhältnismäßigem Stress und Verletzungen zerstört wurde. Wie Hauttransplantationen und unzählige Operationen ihn verfärbt und dauerhaft geschwollen zurückließen. Und davon, wie Mannschaftsärzte pfuschten.

Ohne die Probleme mit seinem Knöchel würde Hill zu den größten Spielern aller Zeiten zählen. Stattdessen ist er ein Hall of Famer, der von der Frage geplagt wird: Was wäre, wenn ...?

Nach einer der erfolgreichsten College-Karrieren in der Geschichte des Basketballs – zwei Meisterschaftstitel und eine Auszeichnung zum Verteidiger des Jahres an der Duke University – galt Hill als Volltreffer.

Seine athletischen Fertigkeiten waren überirdisch – er war ein Naturtalent in der Größenordnung eines Michael Jordan. »Er rennt nicht«, sagte Duke-Coach Mike Krzyzewski, »er gleitet.« Shaquille O'Neal bezeichnete ihn als den »perfekten Spieler«. Und das war er auch, zumindest sechs Jahre lang.

Der 2,03 Meter große Forward ging mit dem Ball um wie ein Point Guard, sein Spiel aus der Mitteldistanz heraus war tödlich, er verteidigte auf allen fünf Positionen und katapultierte sich explosionsartig in die Luft, wie nur wenige andere Spieler vor oder nach ihm es fertigbrachten. Sie nannten ihn einen »Point Forward«.

Als Hill von den Detroit Pistons als Third Overall Pick im Draft von 1994 ausgewählt wurde, hatte die NBA nicht nur einen faszinierenden Basketballspieler, sondern auch einen glaubwürdigen Botschafter für die Liga gewonnen. Er sah blendend aus, hatte hervorragende Manieren und einen soliden Lebenswandel – und kam aus einer guten Familie. Seine Mutter Janet war Seniorpartnerin in einer Anwaltskanzlei in Washington, D.C., sein Vater Calvin ein früherer NFL-Runningback und ehemaliger Vizepräsident des Baseballvereins Baltimore Orioles.

Die NBA war ganz wild darauf, ihn zum Gesicht einer neuen Generation machen. Es lagen also große Erwartungen auf ihm, bevor er auch nur einmal auf dem Platz gestanden hatte.

Als es dann so weit war, ließ Hill den »Saubermann« an der Seitenlinie zurück. In seinen Anfangstagen war er auf dem Court absolut gnadenlos. An einem Abend spielte er Jordan schwindlig und ließ damit den fähigsten Verteidiger am Drei-Punkte-Halbkreis wie einen Schuljungen aussehen. Am nächsten Abend bahnte er sich seinen Weg zum Korb und blamierte außergewöhnliche Abwehrspieler wie Dikembe Mutombo. Er war mit einer solchen Sprungkraft gesegnet, dass er seinen Körper des Öfteren mitten in der Luft verdrehte, geradeso als ob er abbremsen wollte, um auf Höhe des Korbs nicht an ihm vorbeizufliegen.

In seiner ersten Saison wurde Hill zum ersten und einzigen Rookie, der von den Fans die meisten Stimmen für die Teilnahme am All-Star Game bekam. Er steigerte sich mit jeder Spielzeit: In seiner zweiten und dritten Saison führte er die NBA bei den Triple-Doubles an und mit seiner Hilfe gelangten die Pistons in die Playoffs. Diejenigen, die in Hill den nächsten Micheal Jordan sahen, lagen sicher nicht falsch.

Als die 1990er sich ihrem Ende näherten, waren sowohl Liga als auch Fans verzweifelt auf der Suche nach dem nächsten Superstar, einem würdigen Nachfolger für Jordan. Es dauerte nicht lange, bis Hill dazu auserkoren wurde. Sogar nach Jordans erster durchgespielten Saison nach seiner zweijährigen Auszeit 1993–95 blieb Hill der Favorit in der Wählergunst für das All-Star Game – der einzige Athlet, der in acht Jahren an Jordan vorbeiziehen konnte. Die Fans hatten gesprochen: Hill sollte das Gesicht der Ära nach MJ werden.

In der Spielzeit 1998–99 war Hill der drittbeste Scorer der Liga und wurde auch Dritter bei der Abstimmung zum MVP. In den ersten sechs Saisons seiner Laufbahn erreichte Hill im Schnitt 21,6 Punkte, 7,9 Rebounds, 6,3 Assists und 1,6 Steals pro Partie. Die einzigen Spieler, die in den ersten sechs Jahren ihrer Karriere eine ähnliche Produktivität vorweisen konnten, waren Oscar Robertson und Larry Bird (später kam noch LeBron James hinzu).

Doch gerade als Hill in die nächste Stratosphäre übertreten wollte, wendete sich das Blatt. Im April 2000 wurde bei ihm eine Knöchelverstauchung des linken Fußes diagnostiziert. In Wahrheit hatte er seit Monaten mit Schmerzen im Knöchel gespielt, bevor die Mannschaftsärzte der Pistons etwas unternahmen. Der Zeitpunkt seiner Verletzung komplizierte die Angelegenheit noch. Hills Vertrag lief in jenem Sommer aus und nach Jahren einsamen Heldendaseins bei den Pistons ging man allgemein davon aus, dass er sich nach einem anderen Verein umschauen würde, was ihn zu einem der begehrtesten vertragsfreien Spieler der Liga machte.

Die Saison 1999–2000 ging ihrem Ende zu und Hills Knöchelprobleme hielten an. Er sah sich gezwungen, die letzten beiden Begegnungen der regulären Spielzeit auf der Bank zu verbringen. Kritische Stimmen meinten, er wolle es in den letzten Spielen für Detroit wohl locker angehen lassen, mit dem Kopf wäre er sowieso schon bei seinem nächsten Verein. Dies wollte Hill nicht auf sich sitzen lassen und ging mit Schmerzen auf den Platz.

Als die Playoffs mit einer Partie gegen die Miami Heat begannen, spielte Hill 38 Minuten im ersten Spiel, bevor er sich auswechseln ließ (die Pistons verloren mit zehn Punkten Rückstand). Doch gab es Kritiker, die der Ansicht waren, Hill hätte die volle Spielzeit auf dem Feld bleiben müssen – handelte es sich doch immerhin um die Pistons, die Mannschaft, mit der Isiah Thomas zu Ehrenruhm gelangte, als er die Finalserie von 1989 ebenfalls mit einer Knöchelverletzung durchgespielt hatte.

Im zweiten Viertel des zweiten Spiels hörte Hill in seinem Knöchel etwas knacken. Er versuchte, das dritte Viertel noch zu spielen, konnte seinen linken Fuß aber kaum belasten, und verließ die Partie nach 21 Minuten. Noch an diesem Abend erhielt er die Nachricht, dass er sich den linken Knöchel gebrochen hatte. Eine Kernspintomografie hatte ans Tageslicht gebracht, dass es sich bei dem, was ursprünglich als Verstauchung diagnostiziert worden war, tatsächlich die ganze Zeit um einen Ermüdungsbruch gehandelt hatte.

»Man hatte mir weisgemacht, dass alles in Ordnung sei. Ich fand sogar heraus, dass gewisse Mannschaftsärzte Zweifel daran gehegt hatten, ob ich überhaupt verletzt wäre«, sagte Hill. »Es mag vielleicht verrückt klingen, aber als ich erfuhr, dass ich mir den Knöchel gebrochen hatte, war ich total erleichtert. Endlich erhielt ich eine Bestätigung, einen Beweis dafür, dass ich die ganze Geschichte nicht einfach erfunden hatte.«

Am 28. April 2000 kam Hill unters Messer.

Sein Verletzungsstatus hielt andere Vereine nicht von dem Versuch ab, den All-NBA-Forward zu verpflichten. In Chicago legte sich Oprah Winfrey ins Zeug, um ihn für die Bulls zu rekrutieren. In New York flehte Jerry Seinfeld ihn an, zu den Knicks zu kommen.

Letzten Endes schloss er mit den Orlando Magic einen Siebenjahresvertrag über 92 Millionen Dollar ab. In jenem Sommer holte Orlando zusätzlich noch den aufstrebenden Shooting Guard Tracy McGrady mit an Bord. Die Magic galten fortan als hundertprozentiger Titelanwärter der Eastern Conference. Ihre beiden Stars waren gerüstet, um ein schlagkräftiges Duo auf die Beine zu stellen, das Jordans und Pippens Status als tödlichstes Flügelgespann der NBA infragestellen würde.

Was Hill nicht wusste, war, dass sein Operateur das medizinische Personal der Orlando Magic darauf hingewiesen hatte, dass er vor Dezember besser keinen Basketball in die

Grant Hill setzt sich 1998 bei einem Rebound über Charles Outlaw hinweg.

Hand nehmen sollte. Und doch stellte ihn der Verein im Sommer, nur drei Monate nach dem Eingriff, für Freundschaftsspiele auf den Platz. Dadurch wurden Folgeschäden hervorgerufen und der Genesungsprozess nachhaltig gestört. Die Schmerzen in seinem Knöchel verschlimmerten sich noch.

»Ich dachte die ganze Zeit nur: ›Ich kann nicht glauben, wie stümperhaft das alles gehandhabt wurde‹«, so Hill.

Er fand nie mehr zu seiner alten Stärke zurück. Nicht mal annähernd. In der Saison 2000–01, seiner ersten in Orlando, stand er nur viermal auf dem Court, was seine Anhänger nicht davon abhielt, ihn erneut ins All-Star-Team zu wählen.

Bis zum Jahr 2003 hatte der mittlerweile 30 Jahre alte Hill in seinen drei Spielzeiten für die Magic an gerade einmal 47 Begegnungen teilgenommen. Um seinen Knöchel wieder in Ordnung zu bringen, legte er sich mehrfach unters Messer – er unterzog sich drei Eingriffen innerhalb von drei Jahren. Nach einer Operation im Sommer 2003 litt er unter den Folgen einer Staphylokokkeninfektion, wurde ins Krankenhaus eingeliefert und musste die komplette nächste Saison aussitzen. Durch eine grausame Laune des Schicksals wurde in diesem Jahr mit den Pistons sein ehemaliges Team zum NBA-Champion gekrönt.

Hill kehrte einsatzbereit zur Saison 2004–05 zurück. Er holte im Schnitt über 19 Punkte pro Partie und wurde zum siebten und letzten Mal zum All-Star gewählt. Aufgrund seiner Verletzungen war es vorbei mit den Weltklassesprüngen von einst, doch er hatte sein Spiel erfolgreich umgestellt, sodass er über die nächsten sieben Spielzeiten hinweg ein wertvoller Spieler für seine Auswahl blieb.

Er wechselte zu den Phoenix Suns und erarbeitete sich den Ruf eines zuverlässigen Rollenspielers und geschätzten Mannschaftskameraden. Nach einem kurzen Auftritt bei den Los Angeles Clippers ging er 2013 in den Ruhestand.

Für einen Normalsterblichen wäre dies eine großartige Karriere gewesen, doch Hill war alles andere als »normal«. »Es macht mir zu schaffen, dass ich diese Verletzung davontrug. Ich war in Detroit auf dem Weg nach oben, alles passte, doch dann ging es auf einmal nicht weiter«, sagte er. »Ich habe nicht die Chance gehabt, den Weg zu Ende zu gehen, zu sehen, was hätte sein können.«

Im Jahr 2018 nahm man Hill in die Hall of Fame auf – eine Würdigung seiner Beständigkeit und Anerkennung für das, wofür er auf der Höhe seiner Leistungsfähigkeit stand.

Hill selbst war stets zu sehr mit seinem nie enden wollenden Rehabilitationsprozess beschäftigt – zu sehr »auf den Kampf fokussiert«, wie er sich ausdrückte –, um auf seine erzielten Erfolge mit Freude zurückblicken zu können.

Erst gegen Ende seiner Karriere, als seine Tochter sich auf YouTube die Höhepunkte seiner Laufbahn in seiner Zeit mit den Pistons anschaute und ehrfürchtig die Leistungen ihres Vaters bewunderte, fing er an, seine Vergangenheit mit Stolz zu betrachten.

»Weißt du, eine Zeit lang gehörte ich zu den Besten«, sagte er. »Es war nicht alles schlecht.«

Hill feiert 1999 seinen persönlichen Rekord von 46 Punkten in einem Spiel.

1995
DIE NBA KOMMT NACH KANADA

Am 17. Juli 2019 waren die Straßen Torontos in Rot getaucht. Rund zwei Millionen Fans bevölkerten die Straßen. Die Toronto Raptors hatten als erste Mannschaft außerhalb der Vereinigten Staaten den NBA-Meisterschaftstitel geholt.

Der Lauf der Raptors in den Playoffs hatte das ganze Land in Atem gehalten und Basketball war beliebter als je zuvor. Dabei ist Basketball mindestens so kanadisch wie Poutine, eine in Kanada beliebte Fast-Food-Spezialität. James Naismith, der Erfinder des Spiels, war Kanadier und als Basketball 1936 zum ersten Mal auf der olympischen Bühne ausgetragen wurde, holte das Land die Silbermedaille.

Zehn Jahre später befanden sich die Toronto Huskies unter den Gründungsmitgliedern der NBA und das erste Spiel der Liga wurde in den Maple Leaf Gardens ausgetragen. Allerdings mussten die Huskies nach nur einer Saison ihre Koffer packen und mit Ausnahme von Auftritten der Harlem Globetrotters sowie gelegentlichen Spielen der Buffalo Braves in Toronto während der 1970er führte Basketball über die nächsten 50 Jahre hinweg ein Schattendasein in Kanada.

Am 30. September 1993 gewährte die NBA der Stadt Toronto die Gründung eines weiteren Vereins – des 28. Teams der Liga. Das Tip-Off-Datum war für die Saison 1995–96 vorgesehen. Die Gruppe der Inhaber wurde von John Bitove jr. angeführt, Vorsitzender eines Finanzdienstleistungsunternehmens, das eine konkurrierende Gruppe ausgestochen hatte, zu der Magic Johnson gehörte. Um die Sache für Magic noch etwas schmerzhafter zu gestalten, stellte Bitoves Gruppe Point Guard Isiah Thomas, Finalrivale von 1990, als ihren Vizepräsidenten auf. Thomas hielt auch Anteile an dem Unternehmen.

Auf der gegenüberliegenden Seite des Landes, in Vancouver, hatte Arthur Griffiths, der Inhaber der in der NHL spielenden Vancouver Canucks, den Antrag gestellt, einen NBA-Verein zu gründen. Wie Toronto war auch Vancouver eine Metropole mit der nötigen Infrastruktur, um ein Team zu unterstützen. Zusätzlich verfügte die Stadt die Stadt bereits über ein basketballtaugliches Stadion.

Man war sich einig, dass eine landesweite Etablierung in einem Aufwasch am meisten Sinn machte. »Ich denke, das richtige Timing ist entscheidend«, sagte Jerry Colangelo, Inhaber der Phoenix Suns und Vorsitzender des Erweiterungskomitees der Liga, »um an der Ost- wie Westküste gleichermaßen vertreten zu sein.«

Schon vor den 1990er-Jahren war die NBA zügig expandiert. Nach der Fusion von NBA und ABA im Sommer 1976 setzte sich die League aus 22 Vereinen zusammen. Der Aufstieg Michael Jordans sowie die Popularität von Magic Johnson und Larry Bird Mitte der 1980er hatte die NBA als eine wertvolle und begehrte Unternehmung etabliert. Eigentümer eines Vereins zu sein, wurde zu einem beliebten Hobby der Milliardäre, und mehr und mehr gut situierte Investoren wollten nur zu gern ins Basketball-Business einsteigen.

1988 gründete die NBA Franchises in Charlotte (die Hornets) und Miami (die Heat); im Jahr 1989 kamen mit Orlando (die Magic) und Minnesota (die Timberwolves) zwei weitere Unternehmen dazu. Als man sich entschied, Toronto und Vancouver aufzunehmen, bestand die Liga aus 29 Teams. Die Eintrittsgebühr für die NBA lag bei 125 Millionen Dollar – Lichtjahre entfernt von den 32,5 Millionen, die von den letzten vier Vereinen bezahlt worden waren.

Doch bevor die kanadischen Teams antreten konnten, brauchten sie Namen. 1994 hielt Toronto eine Umfrage ab, um den Spitznamen der Mannschaft zu bestimmen. Unter den Finalisten befanden sich Towers, Grizzlies, Hogs, Terriers und Bobcats. Dass es letztendlich die Raptors wurden, lag an der Popularität von Steven Spielbergs Blockbuster *Jurassic Park*. Um das neue Team zu promoten, erschien Isiah Thomas in der *Late Show with David Letterman* in einer College-Jacke, auf der das purpurfarbene Dinosaurier-Logo der Raptors prangte. Vancouver gab sich vernünftigerweise den Beinamen Grizzlies.

Am 3. November 1995 spielten die Raptors bei ihrer ersten Begegnung vor über 33 000 Fans im SkyDome, einem riesigen Stadion, das für Baseballspiele entworfen worden war und 54 000 Zuschauern Platz bot. Am selben Abend gaben die Grizzlies in Portland ihr NBA-Debüt. Beide Mannschaften gewannen, doch dieses süße Gefühl sollte für die Fans eher die Ausnahme bleiben. Trotzdem kamen sie in Scharen ins Stadion. In ihrer ersten Saison belegten die Raptors den dritten Platz bei den Zuschauerzahlen, während die Grizzlies auf einem respektablen 14. Platz landeten.

In Vancouver wurde der allererste Draft Pick Bryant »Big Country« Reeves, ein 2,13 Meter großer und 125 Kilo schweres Mannsbild aus dem ländlichen Oklahoma, in seinem Rookie-Jahr zu einem Publikumsliebling. Torontos erster Draft Damon »Mighty Mouse« Stoudamire, der im Hinblick auf seine Statur das genaue Gegenteil von Reeves war, avancierte ebenfalls zu einem äußerst beliebten Spieler. Thomas erkannte sich selbst ein wenig in dem zierlichen Point Guard und beschrieb ihn als einen »Teufelskerl«.

Einer der wenigen Höhepunkte der ersten Spielzeit ereignete sich am 24. März 1996. An diesem Tag erlebten 36 000 Anhänger Michael Jordan und seine Bulls in Toronto. Die Raptors lagen auf dem vorletzten Tabellenplatz ihrer Division, während die Bulls sich inmitten ihrer Rekord-Siegessträhne von 72 gewonnen Partien befanden. Doch Thomas sollte mit seiner Einschätzung über Stoudamire recht behalten: Dieser bot Michael Jordan furchtlos Paroli und beendete das Spiel mit 30 Punkten und elf Assists. Elf Sekunden vor Ende lagen die Raptors mit einem Punkt in Führung. Alle Augen waren auf Jordan gerichtet, der mit dem Buzzer einen unmöglichen Bank Shot versenkte. Doch die Schiedsrichter entschieden, dass er den Wurf den Bruchteil einer Sekunde zu spät abgefeuert hatte. Sieg für die Raptors!

»Das Beste an uns«, erinnerte sich Thomas, »war die Tatsache, dass wir naiv waren. Wir wussten nicht, dass Siegen für uns eigentlich nicht vorgesehen war.«

Für den Rest der Spielzeit sollten die Raptors bloß noch dreimal triumphieren.

In Vancouver sah es weitaus schlimmer aus. Die Grizzlies befanden sich am untersten Ende der NBA und blieben jahrelang im Keller. In ihren ersten sechs Saisons kamen sie in der Western Conference nicht höher als auf Platz elf. Es war kein wirklich gutes Omen, als während des Drafts von 1999 der Second Overall Pick Steve Francis zu heulen anfing, nachdem er vom Verein aus Vancouver ausgewählt worden war. Francis wollte kein Mitglied der Grizzlies werden und verlangte einen Trade. »Ich hatte nicht vor, nach oben ins arschkalte Kanada zu gehen«, sagte er Jahre später. Die Grizzlies wurden damit eines dreimaligen All-Stars beraubt und Francis der Gelegenheit herauszufinden, dass Vancouver ein deutlich milderes Klima hat als die Hälfte der anderen Städte, in denen sich NBA-Vereine tummelten – seine Heimatstadt Maryland inklusive. (Jahre später würde Raptors-Forward Antonio Davis einen Trade einfordern, weil er nicht wollte, dass seine Kinder mit dem metrischen System aufwuchsen, das an kanadischen Schulen gelehrt wird.)

Die Grizzlies verloren Unsummen an Geld und im Jahr 2000 wurde das Team für 160 Millionen Dollar veräußert. Ein Jahr darauf, nach nur sechs Spielzeiten, verlegte man sie nach Memphis.

Das »Experiment Grizzlies« war fehlgeschlagen, während in Toronto mit dem Überflieger Vince Carter ein neuer Star am Basketballhimmel auftauchte. Teilweise seinem aufsehenerregenden Auftritt beim Dunk Contest von 2000 geschuldet, wurde Carter nach nur kurzer Zeit zu einer der beliebtesten Figuren der NBA. Durch ihn erfuhr der Sport in ganz Kanada einen unglaublichen Popularitätsschub. Im Jahr 2015 spielten mehr kanadische Heranwachsende Basketball als Hockey. Und 2019 gab es in der NBA mehr Spieler kanadischer Abstammung als aus irgendeinem anderen Land, die Vereinigten Staaten ausgeschlossen.

Die Millionen Basketballfans, die erschienen, um die Meisterschaftstrophäe der Raptors zu bejubeln, waren der Beweis für die wachsende Beliebtheit und den Erfolg des Sports nördlich der Grenze. Doch ein bitterer Nachgeschmack bleibt.

»Ich werte Toronto als eine großartige Erfolgsgeschichte«, sagte der ehemalige Commissioner der NBA, David Stern, im Jahr 2019, während des Rummels um die Raptors, »genauso wie ich Vancouver als einen unserer größten Fehlschläge ansehe.«

Vince Carter streckt während des Dunk-Contests von 2000 nach einem Slam Dunk seinen Arm durch das Netz.

1995
DER HAUPTGEWINN

An einem Frühsommertag im Vorfeld des Drafts von 1995 fallen Scouts und Offizielle der NBA in eine Chicagoer Turnhalle ein, um an einer Trainingseinheit nur für geladene Gäste teilzunehmen. Der, wegen dem sie gekommen sind, heißt Kevin Garnett – ein 19 Jahre alter NBA-Anwärter, frisch von der Highschool.

Sie hatten im Vorfeld Gerüchte über einen dürren Teenager aus South Carolina gehört: so groß wie Shaquille O'Neal, mit suppentellergroßen Händen wie Mookie Blaylock, den Defensivinstinkten eines Alonzo Mourning und der Fähigkeit, wie Dominique Wilkins zu dunken. Sie wussten, dass er von *USA Today* zum National High School Player of the Year ernannt worden war. Und dass er einmal innerhalb eines Viertels einen Triple-Double geschafft hatte. Ihnen war auch bekannt, dass er die Absicht hatte, das College sausen zu lassen und am kommenden NBA-Draft teilzunehmen – eine ungewöhnliche Entscheidung, die fast zwei Jahrzehnte lang niemand mehr getroffen hatte und unter den Scouts eine gewisse Skepsis hervorrief.

Jegliche Zweifel waren schnell verflogen. Der Junge war eine Sensation. Seine Fähigkeiten endlos. Dribbling. Hook Shots. Linkshändig. Rechtshändig. Aus dem Laufen. Elbow Jumper. Jumper von hinter der Drei-Punkte-Linie. Er machte alles, was sie forderten.

»Leute, was wollt ihr denn?«, war das, was Garnett sich dachte, während ihm der Schweiß in Strömen runterlief und den Drei-Sekunden-Raum befeuchtete. »Lass ihn Chilisauce machen. Lass ihn breakdancen. Lass ihn Salsa tanzen. So fühlte es sich an.«

Zum Finale hob Garnett mit dem Ball in beiden Händen ab, ließ ihn vom Backboard abprallen, um mit einem furchterregenden Dunk abzuschließen, bei dem er einen Urschrei losließ, der schon bald weltbekannt sein sollte. Daraufhin packte er ohne ein weiteres Wort seine Sachen zusammen und verließ die Turnhalle. Vielen Dank auch fürs Kommen.

Bei Garnett handelte es sich ohne Frage um ein Jahrhunderttalent. Doch wäre es nach der NBA gegangen, hätte er erst einmal das College absolviert, genau wie fast jeder andere Anwärter vor ihm auch. Es gab Bedenken, dass es sich bei ihm um einen Blindgänger handelte, dessen Versagen der Liga einen großen Imageverlust bescheren könnte.

»Ginge es nach uns, so würden wir es lieber sehen, dass jemand in solch einem zarten Alter noch nicht der Liga beitritt«, äußerte sich damals Russ Granik, stellvertretender Commissioner der NBA, »doch die Gerichte haben anders entschieden.«

Tatsächlich hatte es bereits einen Präzedenzfall gegeben. Im Jahr 1969 hatte der Forward Spencer Haywood nach seinem zweiten Jahr an der University of Detroit die Uni verlassen, um der American Basketball Association beizutreten. Im Gegensatz zur NBA gab es bei der ABA keine Regeln hinsichtlich des Draftens von Studenten ohne Abschluss. In seiner ersten Saison holte Haywood im Schnitt 30 Punkte und 19,5 Rebounds pro Partie heraus und wurde sowohl zum Rookie des Jahres als auch zum MVP ernannt.

Vertragsstreitigkeiten führten dazu, dass Haywood für die darauffolgende Spielzeit bei den Seattle SuperSonics in der NBA unterschrieb. Doch die Regeln der Liga waren eindeutig: Ein Spieler durfte erst vier Jahre nach seinem Highschool-Abschluss für die NBA antreten, bei Haywood lag dieser jedoch erst drei Jahre zurück. Die Schlacht endete 1972 in dem richtungsweisenden Verfahren »Haywood gegen die National Basketball Association«. Der US-Supreme-Court entschied mit sieben zu zwei Stimmen zugunsten von Haywood – die Liga sei nicht dazu berechtigt, einen Spieler davon abzuhalten, sich seinen Lebensunterhalt zu verdienen.

Als Folge verabschiedete die NBA eine neue »Härtefallregelung« für Angehörige der Unterschicht, die sich in finanzieller Not befanden.

Der erste Athlet, der von der neuen Härtefallregelung Gebrauch machte, um sich von der Highschool direkt in die Profiliga zu katapultieren, war Moses Malone. Der turmhohe

Kevin Garnett hebt während einer Partie gegen die Lakers im Jahr 2007 ab.

Center aus Petersburg, Virginia, gewann mit seiner Highschool-Auswahl 50 Spiele in Folge und zwei State Championships. Er war der begehrteste College-Anwärter der Nation.

Malone wuchs in extremer Armut auf und musste miterleben, wie seine alleinerziehende Mutter Mary mit Magengeschwüren zu kämpfen hatte, während sie für 100 Dollar die Woche viele Stunden in einer Fleischfabrik schuftete. Nach seinem Abschlussjahr an der Highschool unterschrieb Malone 1974 bei den Utah Stars der ABA einen Vierjahresvertrag über 565 000 Dollar. Wie im Vertrag vereinbart, erhielt Mary eine Sofortzahlung über 10 000 Dollar.

Als die ABA 1976 mit der NBA fusionierte, entwickelte sich der 21-jährige Malone zu einem der unvergesslichsten Center-Spieler. Er wurde dreimal zum MVP ernannt und als er mit seinen Philadelphia 76ers Kareem Abdul-Jabbars LA Lakers in der Finalrunde von 1983 vom Platz gefegt hatte, auch zum Finals-MVP. Nach Malones Erfolg wurden 1975 zwei weitere Highschool-Absolventen von NBA-Vereinen gedraftet – Darryl Dawkins und Bill Willoughby. Danach wurde, bis Garnett auftauchte, niemand mehr direkt von der Highschool in die Liga aufgenommen.

In seinem Abschlussjahr zählte Garnett bereits zu den besten Jugendspielern weltweit. Allerdings war es aufgrund seiner schlechten Noten fraglich, ob ihn ein College überhaupt aufnehmen würde, und des Weiteren befand sich seine Familie in finanziellen Nöten. Schlussendlich entschied sich »The Big Ticket« (»Der Hauptgewinn«), wie er später genannt werden sollte, dazu, sich seinen Gewinn auszahlen zu lassen.

Garnetts Vorstellung in einer Turnhalle im Jahr 1995 hatte bewiesen, dass er bereit für die NBA war, und prompt sicherten ihn sich die Minnesota Timberwolves mit dem fünften Pick. Auch wenn er erst später in seiner Karriere ernsthaft zu Siegen beitragen sollte, so wurde seine Ankunft in der NBA überschwänglich gefeiert. Er gehörte zur Vorhut der neuen, universell einsetzbaren Center-Spieler und wurde dank seiner großen Klappe und seines exzentrischen Auftretens schon bald eine der prägenden Figuren der Liga.

Als Garnett gedraftet wurde, hatten die Timberwolves in ihrem sechsjährigen Bestehen nicht eine Playoff-Runde erfolgreich abschließen können. In seinem ersten Jahr schaffte es Garnett noch nicht in die Playoffs, doch danach trug er seine Mannschaft achtmal hintereinander zu den Spielen der Post Season. In seiner zweiten Spielzeit wurde er zum All-Star ernannt – mit 20 Jahren der jüngste seit Magic Johnson im Jahr 1980 – und in seiner neunten Saison zum MVP. In seiner 13. Spielzeit wurde er an die Boston Celtics verkauft, mit denen er den Meisterschaftstitel holte.

Im Oktober 1997 unterschrieb Garnett mit gerade einmal 21 Jahren den lukrativsten Vertrag in der Geschichte der NBA: 126 Millionen Dollar für sechs Jahre.

Die Aussicht auf sofortigen Ruhm war verlockend. 1999 garantierte ein Einstiegsvertrag ein Gehalt von mindestens einer Million Dollar für Spieler, die an 13. Stelle oder höher gedraftet wurden. So war es nicht verwunderlich, dass mehr und mehr Highschool-Absolventen hofften, direkt den Sprung ins Profilager zu schaffen. Dazu gehörten auch Kobe Bryant und Jermaine O'Neal: Beide waren 1966 First Round Picks. Tracy McGrady befand sich im Jahr darauf unter den Top Ten.

Da diese Spieler enormen Erfolg hatten (Garnett, Bryant, O'Neal und McGrady wurden zwischen 2002 und 2005 zu All-Stars gekrönt), hielten die General Manager der NBA-Vereine eifrig nach dem nächsten Hauptgewinn Ausschau. Potenzial war plötzlich wichtiger als Produktivität. Im Jahr 2001 kamen drei der vier ersten Picks direkt von der Highschool, inklusive des First Overall Picks Kwame Brown. Während sich dieser Trend fortsetzte, ging es mit der Erfolgsrate rasant bergab. Spieler wie Garnett oder Bryant hatten schon als Teenager den Draft lediglich als den ersten von vielen Schritten auf dem Weg zum Durchbruch betrachtet. Die Manager der NBA-Vereine hatten in ihrer Gier nach jungen Talenten aber nicht bedacht, dass eine solche Mentalität äußerst selten vorkommt. Und sie ignorierten, dass ein Jahrhunderttalent wie McGrady eben nicht alle Tage vom Himmel fällt.

Im Jahr 2005 wurden neun Highschool-Absolventen gedraftet – ein neuer Rekord. Nur einer von ihnen schaffte es jemals in ein All-Star Game (Pick Nummer zehn, Andrew Bynum, der im Alter von 26 Jahren der Liga bereits nicht mehr angehörte). Andere, wie zum Beispiel Korleone Young (ein Zweitrunden-Pick), schafften es überhaupt nicht, sich in der NBA zu etablieren. Young war ein Highschool-Star, der schon im Draft weit nach hinten rutschte und während der aufgrund des Lockouts verkürzten Saison von 1999 bloß in drei Spielen für die Detroit Pistons auflief. Danach setzte er keinen Fuß mehr auf einen NBA-Court.

Robert Swift war ein 2,13 Meter großer Spieler, der an zwölfter Stelle gedraftet worden war und in seinen 97 Partien, die er zwischen 2004 und 2009 absolvierte, nie einen wirklich tiefen Eindruck hinterlassen konnte. Seine Karriere endete im Alter von 23 Jahren, da er mit Drogenproblemen zu kämpfen hatte.

Es wurde schwieriger und schwieriger, die jungen Talente richtig einzuschätzen. Der Draft wurde zu einem Spiel am Roulettetisch, in dem NBA-Offizielle ihre Jetons auf die falschen Nummern setzten. Ein Spiel, in dem es so gut wie keine Gewinner gab. Um weiteren Schaden abzuwenden, setzte die Liga eine neue Verordnung durch, die laut NBA-Offiziellen letztendlich auf den Fall Garnett zurückzuführen ist.

Seit dem Jahr 2006 müssen Spieler, die am Draft teilnehmen wollen, mindestens 19 Jahre alt sein und das Datum ihres Highschool-Ab-

Rookie Garnett zeigt sich während eines Pressetermins von seiner charmanten Seite.

schlusses muss ein Jahr zurückliegen – die sogenannte »One and done«-Regel. Im College-Basketball sorgte die neue Regel für Chaos, denn die Mehrheit der vielversprechenden Talente besuchte nun genau ein Jahr das College, um dann in die Profiliga zu wechseln.

Spieler wie Brandon Jennings oder R. J. Hampton umgingen die Regel, indem sie nach der Highschool eine Profisaison in Europa oder Australien absolvierten und sich danach für den Draft aufstellen ließen.

Nachdem die NBA Development League (später die NBA G League) eingeführt wurde, eine untergeordnete Liga, die es jungen Talenten erlaubt, sich zu entwickeln und dabei trotzdem ein Gehalt zu beziehen, plant die NBA für das Jahr 2022, Highschool-Absolventen die Tür zum Draftverfahren erneut zu öffnen.

Was Garnett betrifft, so hat er Amateurathleten die Möglichkeit eröffnet, sich ihren Lebensunterhalt selbst zu verdienen. Nach 21 Spielzeiten räumte er im Jahr 2016 das Feld, auf dem er 326 Millionen Dollar verdient hatte – so viel wie kein anderer vor ihm.

Eigentlich nicht verwunderlich, dass so viele seinem Beispiel folgen und sich von der Schulbank direkt in die Profiliga beamen wollen.

1996
DER DOPPELTE THREE-PEAT

Dennis Rodman lässt sich während der NBA-Finals von 1996 vom Publikum feiern.

Als die Chicago Bulls in die Saison 1995–96 zogen, waren Michael Jordan und Scottie Pippen die letzten verbleibenden Mitglieder der Meisterschaftsgewinner von 1991.

Über einen Zeitraum von zwei Jahren hinweg, in dem die Bulls zweimal nacheinander in der zweiten Runde der Playoffs ausgeschieden waren (1994 gegen New York und 1995 gegen Orlando), hatte man systematisch ein neues Team um die beiden Veteranen herum aufgebaut. Defense-Spezialist und Guard Ron Harper, Center Bill Wellington und Drei-Punkte-König Steve Kerr schossen sich auf ihre Aufgaben ein. Der aus Kroatien stammende, äußerst dynamische Forward Toni Kukoč bedeutete für die Auswahl eine dritte Scoring-Option. Kukoč wurde im Draft von 1991 ausgewählt und gab sein Debüt in der NBA zwei Jahre danach – während Jordans Auszeit beim Baseball.

Allerdings übte keine Entscheidung einen gewaltigeren Einfluss auf die Mannschaft aus als die Verpflichtung des vertragsfreien Spielers Dennis »The Worm« Rodman, der den ausscheidenden Horace Grant ersetzen sollte. Rodman hatte eine Schlüsselrolle bei den Pistons gespielt, die Jordan und seine Bulls 1989 und 1990 auf ihrem Weg zum Titel wiederholt geschlagen hatten.

Obwohl er bloß einmal in seiner 14-jährigen Karriere durchschnittlich mehr als zehn Punkte pro Partie zustande brachte, konnte

Rodman die Dynamik eines Spiels so tiefgreifend verändern, wie es sonst nur Top-Scorer fertigbringen. *Sports Illustrated* war der Ansicht, dass Rodman »einen Platz neben Wilt Chamberlain und Bill Russell als einer der größten Rebounder aller Zeiten verdient«.

Zum Zeitpunkt seiner Ankunft in Chicago befand er sich inmitten eines siebenjährigen Laufs als Top-Rebounder der NBA. Er machte von seinem 2,01 Meter großen, drahtigen Körper geschickt Gebrauch und flitzte jedem verloren gegangenen Ball hinterher. Er beschrieb sich selbst gerne als einen Computer, da er genau ausrechnen konnte, wo der Ball landen würde. Die Presse nannte ihn den »Demolition Man«, den »Zerstörer«.

»Ich sage nur so viel: Meine Bissspuren und Kratzer stammen von Konfrontationen mit ihm im Training«, gab ein Teamkamerad zu Protokoll.

Rodman war der wildeste Stier im Stall der Chicago Bulls. Mit der Geschäftsleitung seiner vorherigen Mannschaft, den San Antonio Spurs, war er aneinandergeraten und aufgrund eines Motorradunfalls musste er die Hälfte der Saison 1994–95 auf der Bank verbringen. Er färbte sein Haar in allen Farben des Regenbogens und erlangte durch eine in der Presse breitgetretene Affäre mit Madonna einen hohen Bekanntheitsgrad.

Mit seiner Berühmtheit war er bei den Bulls gerade richtig gelandet. Die Jordanmania hatte die Mannschaft auf eine Stufe mit den Beatles gehoben, mit dem Unterschied, dass es sich bei Michael um John, Paul und George in einer Person handelte. Kleidungsstücke mit dem Logo der Bulls waren schon seit Jahren ein Kassenschlager und jedes Mal, wenn das Team mit dem Mannschaftsbus vor einem Hotel auftauchte, wurden sie von Zuschauermassen in Empfang genommen. Die Bulls kamen in die Stadt, unterschrieben ein paar Autogramme, hackten die gegnerische Auswahl in Stücke und fuhren wieder los.

Auch wenn der Hype um das Team überhandnahm: Auf dem Court glänzten die Bulls von 1995–96 wie selten zuvor. Sie perfektionierten die Dreiecksoffensive und erlangten die Vorherrschaft zurück, als ob Jordan nie weg gewesen wäre. Rodman holte im Schnitt 15 Rebounds (und 5,5 Punkte), Kukoč und Pippen erzielten zusammengenommen 32 Punkte, während Jordan die League mit 30,4 Punkten pro Partie anführte – er war auf dem Weg zu seiner achten von insgesamt zehn Auszeichnungen zum Top-Scorer.

Da er nun nicht mehr der einzige zuverlässige Scorer war, konnte Jordan mehr Energie in seine Defensivqualitäten investieren. Ihm gelangen im Schnitt über zwei Steals pro Begegnung und er wurde zum sechsten Mal in das All-Defensive First Team gewählt.

Die Bulls beendeten die Saison mit einem damaligen Rekord von 72 Siegen und krönten die traumhafte Spielzeit in der Finals-Serie mit einem 4-2-Erfolg über die Seattle SuperSonics. Nachdem er dem Spiel den Rücken gekehrt hatte, um den Traum seines verstorbenen Vaters wahr werden zu lassen und sich im Baseball zu versuchen, wurde Jordan erneut zum Champion. Das entscheidende Spiel fand am 16. Juni statt – am Vatertag. Nach dem Triumph brach Jordan tränenüberströmt zusammen und wollte die Meisterschaftstrophäe nicht mehr aus der Hand geben.

In der folgenden Saison hieß die Finalpaarung Bulls gegen die Utah Jazz, deren Duo John Stockton und Karl Malone eine (Welt-) Klasse für sich darstellten. Die Runde stand mit 2-2 unentschieden, als ein ausgelaugter Jordan sich mit Grippesymptomen durch Spiel 5 hindurchkämpfte und dabei 38 Punkte und den Sieg herausholte.

Im sechsten Spiel erhielten die Bulls die Chance auf den Gesamtsieg. Bei ausgeglichenem Punktestand und noch 28 Sekunden im letzten Viertel nahm Chicago ein Time-out. Zwei Spiele zuvor hatte Stockton in einer späten Phase Jordan mit einem Steal überrascht, nachdem sie ihn gedoppelt hatten. Jordan ging davon aus, dass sie die Nummer noch einmal abziehen würden, und warnte Steve Kerr, dass dieser, falls er frei stehen sollte, mit einem Pass von Michael rechnen müsse. »Nachdem mein Herzschlag für ein paar Sekunden ausgesetzt hatte«, erinnerte sich Kerr, »sagte ich: ›Ich werde bereit sein.‹«

Noch fünf Sekunden waren auf der Uhr, als ein gedoppelter Jordan wie auf Abruf den Ball an den frei stehenden Kerr abspielte, der einen Fünf-Meter-Jumper souverän verwandelte. »Ich dachte mir: Du musst Michael mal wieder aus der Patsche helfen«, witzelte Kerr bei der Meisterschaftsparade ein paar Tage darauf.

Bevor die Saison 1997–98 überhaupt begonnen hatte, wurde sie von Phil Jackson bereits als »the last dance« bezeichnet. »Und wir haben einen wundervollen Walzer getanzt«, sollte er acht Monate darauf zu einer Menschenmenge von 300 000 Anhängern sagen, die gekommen waren, um an der

sechsten Meisterschaftsparade der Bulls teilzunehmen.

Doch der letzte Feldzug sollte der härteste werden. Chicago hatte zu Saisonbeginn eine Bilanz von 8-7 und musste bis Januar ohne Pippen auskommen, der sich während der Finals von 1997 eine Rückenverletzung zugezogen hatte. Pippen befand sich wie Jackson und Jordan im finalen Jahr seiner Vertragslaufzeit. In jedem der vergangenen drei Jahre war er unter den ersten sieben bei der Wahl zum MVP gewesen, auf der Rangliste der Spitzenverdiener nahm er allerdings

Rodman, Michael Jordan und Scottie Pippen bilden im Jahr 1997 ein tödliches Dreiergespann.

bloß den 122. Platz ein. Jerry Krause, General Manager der Bulls, hatte indes bereits deutlich gemacht, dass er zwar bereit sei, für Jordan Unsummen auszugeben, dasselbe jedoch nicht für seine Mitstreiter gelte.

Zum zweiten Mal in Folge besiegten die Bulls die Jazz in sechs Begegnungen, dieses Mal aufgrund des kultigsten Jordan-Wurfs aller Zeiten – einem traumhaften Jump Shot kurz vor dem Buzzer. Mit drei Punkten Rückstand und noch 41 Sekunden zu spielen schoss Michael durch die gegnerische Defense hindurch und schloss mit einem Korb-

leger ab. Als Nächstes überraschte er Malone mit einem Steal, dribbelte den halben Court runter und verwandelte den Siegtreffer.

Jordan nahm seine sechste Auszeichnung zum Finals-MVP entgegen – zweimal so viele wie irgendein anderer Spieler jemals erreicht hatte. »Um bei irgendetwas der Beste zu sein«, so Jordan, »musst du es wirklich lieben.«

Nachdem Bill Russell mit den Boston Celtics elf Titel in 13 Jahren abgeräumt hatte, dachte niemand, dass irgendeine andere Mannschaft dies auch nur ansatzweise

wiederholen könnte. Mit Michael Jordan waren die Bulls nicht allzu weit davon entfernt gewesen. Dass Chicagos zum zweiten Mal drei Meisterschaften in Folge gewann, meißelte ihren Status als eines der besten Teams für immer in Stein. Jordan hätte sich nichts Schöneres vorstellen können.

Im Sommer, der dem »Three-peat« folgte, verließ Pippen wie erwartet die Bulls und unterschrieb bei den Houston Rockets. Jackson gönnte sich eine einjährige Auszeit. Jordans Zukunftspläne hingen indes in der Luft, dort, wo His Airness hingehörte.

1996
SPACE JAM

Wie populär Michael Jordan im Sommer des Jahres 1996 wirklich war, lässt sich, wenn überhaupt, nur sehr schwer in Worte fassen.

Mike war der Athlet mit dem höchsten Wiedererkennungswert auf dem Planeten. Noch nie war es jemandem sowohl im Hinblick auf die Leistung auf dem Court als auch auf die Vermarktbarkeit abseits des Courts gelungen, solche Höhen zu erreichen.

»Air Jordan« war eine One-Man-Show, die für einen ganzen Industriezweig stand. Sein Konterfei tauchte auf jedem erdenklichen Produkt auf; er spielte die Hauptrolle in Werbespots, die eine ganze Branche prägten; er bewarb eine breite Palette von Artikeln, die auf der ganzen Welt zu kaufen waren. Wo immer Jordan auch hinging, seine Anhänger folgten ihm wie Motten dem Licht. Jordan hatte die Ära der Megastars im Sport eingeläutet und eine Plattform erschaffen, die denen, die sich den Court mit His Airness teilten, ebenfalls zu großem Ruhm verhalf. Shaquille O'Neal, Penny Hardaway und Charles Barkley waren beispielsweise Namen, die bald jeder kannte. Basketball stand für das große Geld – und ließ die Filmindustrie hellhörig werden.

Jordans Bekanntheitsgrad hatte solche Ausmaße angenommen, dass ihm unzählige Hauptrollen in Filmen angeboten wurden. Sein Manager David Falk hatte seit Jahren schon Angebote aus Hollywood abgelehnt. Als Jordan ihn fragte, weshalb, erklärte ihm Falk, dass für einen Spieler seines kulturellen Status nur eine einzige Rolle infrage käme.

»Und das wäre?«, wollte Jordan wissen. »Der erste schwarze James Bond?«

»Nein«, erwiderte sein Agent, »die Rolle des Michael Jordan«.

Die beiden machten sich daran, eine geeignete Bühne zu finden. Das Ergebnis war *Space Jam*.

Space Jam brachte Jordan mit einem weiteren mächtigen Markennamen zusammen: Warner Brothers und deren Bugs-Bunny-Universum Looney Tunes. Durch seinen rekordverdächtigen Vertrag mit den Bulls, seine lukrativen Werbeverträge und den Schubkarren voller Geld, die er durch Ticketverkäufe und Übertragungsrechte generierte, repräsentierte Jordan ein Zehn-Milliarden-Dollar-Unternehmen. Warner Brothers investierten über 170 Millionen Dollar in die Produktionskosten des Streifens und machten ihn dadurch zu einem ihrer bislang teuersten Projekte.

Für Uneingeweihte hier eine kurze Beschreibung des Plots: Michael Jordan spielt sich selbst um 1994 auf der Höhe seines Erfolgs. Während einer Partie Golf mit Larry Bird und Bill Murray wird er ins Looney-Tunes-Land verfrachtet, wo er darum gebeten wird, die Zeichentrickbewohner des Landes zu retten, indem er ein Basketballspiel für sie gewinnt. Natürlich ist Michael der Retter in der Not und wird Bugs Bunny und Co. dabei helfen, die Monstars in die Knie zu zwingen, ein Team aus gigantischen Aliens, die die Basketball-Superkräfte einiger der größten NBA-Stars – Charles Barkley, Patrick Ewing, Larry Johnson, Muggsy Bogues und Shawn Bradley – gestohlen haben.

Barkley war erst vor zwei Jahren in den Finals gegen Jordans Bulls angetreten; Patrick Ewing hatte sich als einer der beliebtesten Knicks aller Zeiten einen Namen gemacht; Johnson schien die nächste große Nummer in Charlotte zu werden, während sein Hornets-Teamkollege Bogues, der 1,60 Meter große Point Guard, seit gut einem Jahrzehnt im Geschäft und einer der bekanntesten Spieler der Liga war. Und dann war da noch Bradley, der Second Overall Pick aus dem Jahr 1993, den die NBA verzweifelt zu vermarkten versuchte und der mit seinen 2,29 Metern den perfekten Monstar abgab. Die Dreharbeiten fanden während der Nachsaison von 1995 statt, direkt nach der wohl enttäuschendsten Spielzeit, die Jordan je hatte miterleben müssen.

Jordan hatte die Saison 1993–94 komplett ausgelassen, um einer Profikarriere im Baseball nachzugehen, und kam im März des Jahres 1995 auf den Court zurück – gerade rechtzeitig, um an den letzten 17 Spielen der regulären Saison teilzunehmen. Obwohl seine Statistiken andeuteten, dass er nichts von seiner alten Stärke eingebüßt hatte, taten die Bulls sich in den Playoffs äußerst schwer und flogen in der zweiten Runde gegen Shaq, Penny und die Orlando Magic raus. Für Jordan bedeutete dies die erste verlorene Playoff-Runde seit fünf Jahren.

Eine der Bedingungen für Jordans Teilnahme am Film, die voraussetzte, dass er den überwiegenden Teil des Sommers bei den Dreharbeiten verbringen würde, bestand darin, dass Warner Brothers ihm ein riesiges, klimatisiertes Kuppelgewölbe zur Verfügung stellen musste, in dem sich ein Basketballfeld mit den Abmessungen eines NBA-Courts befand. Das Potenzial, seine Marke durch einen Kinoauftritt weiter voranzutreiben, war enorm, allerdings hatte die erste volle Spielzeit nach seiner Rückkehr oberste Priorität für ihn. Er musste topfit bleiben.

Jordan ließ NBA-Größen wie Reggie Miller, Alonzo Mourning und Grant Hill einfliegen, um sich mit ihnen in den Drehpausen wilde Trainingsschlachten zu liefern. Einige der Statisten, die in grünen Gewändern die Monstars in den Basketballszenen spielten (später wurden sie mithilfe modernster Technologie durch Zeichentrickversionen ersetzt), nahmen ebenfalls an den Partien teil. Sogar ihnen blieben Jordans ständiger Trash Talk auf dem Platz nicht erspart. Am 15. November 1996, zwei Wochen nach Beginn der

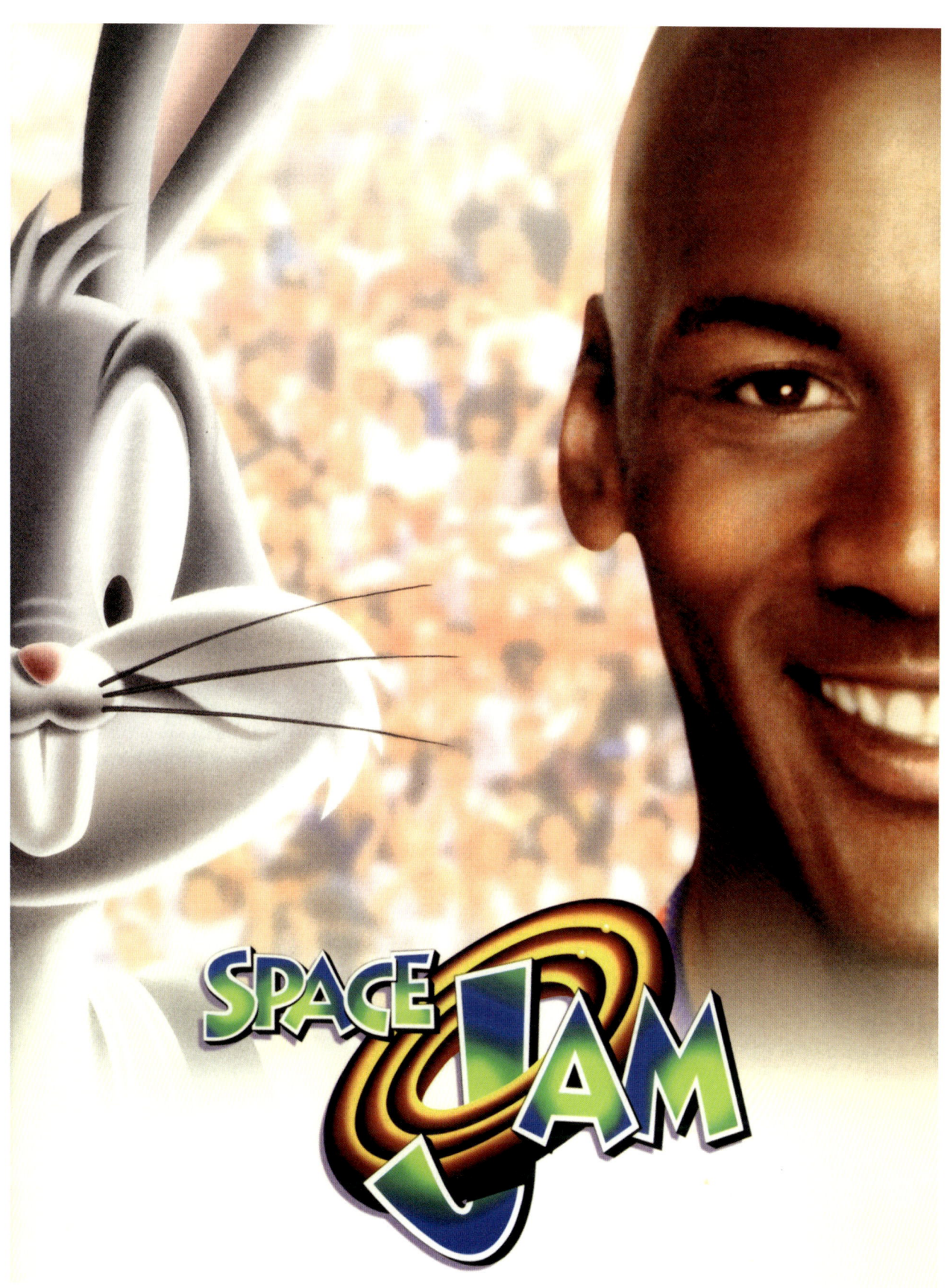

neuen NBA-Saison, hatte *Space Jam* weltweit Premiere. An diesem Abend holte Jordan 38 Punkte in einem haushohen Sieg – einer von zwölf aufeinanderfolgenden zu Beginn der Spielzeit (die mit einem weiteren Titel für die Bulls enden sollte).

Space Jam war nicht der erste Basketballfilm, der 1996 in die Kinos kam. Diese Ehre gebührt dem Streifen *Das große Basketball-Kidnapping*, zu dem Judd Apatow das Drehbuch schrieb. Darin sieht man Dan Aykroyd und Daniel Stern in der Rolle von Celtics-Superfans, die den fiktiven Utah-Jazz-Star Lewis Scott (gespielt von Damon Wayans) im Vorfeld der NBA-Finals entführen.

In *Eddie*, einem weiteren Basketballfilm aus dem Jahr 1996, spielt Whoopi Goldberg die Rolle einer Knicks-Anhängerin, die durch den Gewinn eines Wettbewerbs zum Head Coach des Teams ernannt wird – in Nebenrollen sind zahlreiche Topspieler der NBA zu sehen, darunter Mark Jackson und John Salley. Shaquille O'Neal – wahrscheinlich der NBA-Star mit dem höchsten Wiedererkennungswert nach Jordan – spielte die Hauptrolle in *Kazaam – der Geist aus der Flasche*, ein Streifen über einen verzauberten Flaschengeist.

Dass ausgerechnet während Jordans kurzer Auszeit derart viele Filme produziert wurden, beruht nicht auf einem Zufall. Die Hochkonjunktur der Kinofilme mit NBA-Background war zum Teil dem eifrigen Bemühen der Liga geschuldet, ihre wachsende Anhängerschaft in einer Welt ohne Jordan beizubehalten – und außerdem stand die 50-Jahr-Feier der NBA vor der Tür.

An die Größenordnung (und den Erfolg) von *Space Jam* kam allerdings kein anderer Basketballfilm heran. Dass der Streifen ein gigantisches Marketinginstrument war – die neueste Idee, um aus dem Bekanntheitsgrad der Superstars Kapital zu schlagen –, lag auf der Hand. Er diente als Blaupause für eine ganze Generation nachfolgender Promi-Athleten.

Das Filmstudio investierte unglaubliche 70 Millionen Dollar in Merchandising-Produkte – von »Space Jam Happy Meals« bei McDonald's über Space-Jam-Pudding bis hin zu wortwörtlicher Space Jam (Marmelade). Anlässlich ihres 20-jährigen Bestehens im Jahr 2009 brachte die Marke Jordan sogar einen Air-Jordan-Sneaker heraus, der dem Modell, das Jordan in *Space Jam* trug, nachempfunden war.

Die Kritiker bewerteten Jordans Auftritt positiv, wobei sie anführten, dass er, indem er sich selbst spielte, seine Komfortzone kaum hatte verlassen müssen. In der *New York Times* hieß es: »Als Starathlet, der dermaßen gefeiert wird, dass selbst die Rückseiten seiner Ohrläppchen Berühmtheit erlangt haben, hatte Herr Jordan hier nicht viel mehr zu tun, als seinen Sportsgeist zu zeigen und Basketball zu spielen.«

Mit O'Neal gingen die Rezensenten weniger freundlich ins Gericht. Seine zweite Hauptrolle als Superheld in *Steel – der stählerne Held* aus dem Jahr 1998 war ein riesiger Flop. »Herr O'Neal hätte das Drehbuch mit einem mächtigen Dunk im nächsten Mülleimer versenken sollen«, schrieb ein Kritiker.

Mit der Rolle des Protagonisten in seinem eigenen Kinofilm hatte Michael Jordan erneut einen ungewöhnlichen Weg eingeschlagen. Einen (Kurz-)Auftritt als Basketballer hatten jedoch schon andere NBA-Größen vor ihm gehabt.

Im Jahr 1979 sah man Julius Erving in der Low-Budget-Komödie *Das Wunder von Pittsburgh* eine Streetball-Legende verkörpern. Ein Jahr darauf, im Jahr 1980, hatte Kareem Abdul-Jabbar, der damals bekannteste Star der NBA, eine weitaus denkwürdigere Rolle in der erfolgreichen Slapstick-Komödie *Die unglaubliche Reise in einem verrückten Flugzeug*. Abdul-Jabbar spielt den Co-Piloten Roger Murdock, der in einer unvergesslichen Szene aus der Rolle fällt und sich als der Basketballer Abdul-Jabbar entlarvt.

Dies war nicht Abdul-Jabbars erstes Erscheinen auf der Leinwand – ein Kurzauftritt als Kung-Fu-Kämpfer in *Bruce Lee – mein letzter Kampf* aus dem Jahr 1972 war der Komödie vorausgegangen. Doch zum Ende des Jahrzehnts hatte er mehr und mehr mit einem negativen Ruf abseits des Courts zu kämpfen. Die Fangemeinde nahm ihn als mürrisch, abweisend und freudlos wahr. *Die unglaubliche Reise in einem verrückten Flugzeug* erwies sich als erfolgreicher PR-Schachzug für einen Superstar, dessen Image dringend aufpoliert werden musste.

»Ich war [von den Fans] bereits als der grüblerische schwarze Kerl stigmatisiert worden«, sagte Abdul-Jabbar. »Ich schien wie Mr Griesgram rüberzukommen. Dass ich mich [im Film] über mein Image lustig machte ... veränderte die Haltung der Menschen mir gegenüber.«

Obwohl der Film im selben Jahr wie die Blockbuster *Independence Day*, *Twister* und der erste Teil von *Mission: Impossible* herauskam, landete *Space Jam* immer noch unter den Top Ten der Kassenschlager und spielte weltweit über 250 Millionen Dollar ein.

Es ist nicht verwunderlich, dass Hollywood im Zuge dieser Erfolgsgeschichte seine Türen für die Stars der NBA weit öffnete. Dank Jordan verschwammen die Grenzen zwischen Sportlern und Promis dauerhaft. Im Jahr 2018 zählte die einflussreiche Agentur William Morris bereits über ein Dutzend NBA-Spieler zu ihren Kunden. Mehrere Spieler, zum Beispiel Elton Brand und Kobe Bryant, gründeten erfolgreiche Produktionsfirmen – Kobe gewann als Executive Producer des 2017 erschienenen Films *Dear Basketball* sogar einen Oscar für den besten animierten Kurzfilm.

Im Sommer 2019 begann LeBron James mit den Dreharbeiten zur Fortsetzung von *Space Jam* und bewies damit, dass mehr als 20 Jahre später immer noch alle so wie Mike sein wollen.

DIE NBA UND HOLLYWOOD

In den Jahren nach Kareems Auftritt in *Die unglaubliche Reise in einem verrückten Flugzeug* von 1980 feierten mehrere NBA-Athleten ihr Debüt auf der großen Leinwand. Wilt Chamberlain spielte im Jahr 1984 in *Conan der Zerstörer* neben Arnold Schwarzenegger einen Bösewicht. Bevor sie auch im richtigen Leben zu Teamkameraden wurden, nahmen Shaq und Penny die Rolle von College-Basketballstars im Kultklassiker *Blue Chips* von 1994 an. Ray Allen spielte an der Seite von Denzel Washington im Jahr 1998 in der Spike-Lee-Produktion *Spiel des Lebens*. James zeigte seine komödiantische Seite zusammen mit Bill Hader und Amy Schumer 2015 im Apatow-Streifen *Dating Queen*. 2018 reüssierte Kyrie Irving in *Uncle Drew*, ein Film, der auf einer erfolgreichen Pepsi-Werbekampagne beruht.

1997
DIE MARKE NBA

Es war das perfekte Timing. Nur wenige Monate vor dem Tip-Off der Finals von 1984 wurde Larry O'Brien als Commissioner der NBA von David Stern abgelöst. Der in New York geborene Anwalt Stern hatte bereits seit 1966 für die Liga gearbeitet.

Ihm wurde eine Liga in finanziellen Nöten und mit lädiertem Ruf hinterlassen. Doch er machte eine Bestandsaufnahme, sah, wie die auf das Finale zumarschierenden Spieler Magic Johnson und Larry Bird sich zu Stars mauserten, und arbeitete einen visionären Plan aus, um die Liga nicht nur zu retten, sondern sie auch in ungeahnte Höhen zu katapultieren. Er würde das Image der League mithilfe der Anziehungskraft ihrer größten Stars aufpolieren.

Sterns erster Vorstoß allerdings muss als Fehlwurf bezeichnet werden – einer, der ungewollt den ersten Schritt der NBA in Richtung eines Multimilliarden-Dollar-Imperiums auslöste und aus ihren Helden Multimillionäre machte.

Ungefähr zur selben Zeit, als Stern sich in seine neue Rolle als Commissioner einfand, stand Michael Jordan, Pick Nummer drei des Drafts von 1984, mit Nike wegen seines eigenen Sneaker-Modells, das den Namen Air Jordan 1 erhalten würde, in Vertragsverhandlungen. MJ war die ideale Werbefigur für das angeschlagene Unternehmen. Er sah gut aus, konnte sich gut ausdrücken und war der beeindruckendste Athlet der Welt.

Es kam äußerst selten vor, dass ein Spieler sein eigenes Schuhmodell bekam – ganz zu schweigen von einem Rookie. Der erste war Chuck Taylor, ein halbprofessioneller Basketballspieler aus dem frühen 20. Jahrhundert, der nach seiner Laufbahn als Spieler für Converse arbeitete und die kultigen Schuhe entwarf, die seinen Namen tragen. 1973 tat sich Walt »Clyde« Frazier, Point Guard der New York Knicks, mit Puma zusammen, um den Puma Clyde auf den Markt zu bringen. Zu dem Zeitpunkt, da Jordan sich mit Nike verbünde-

Das Jumpman-Logo auf der Fassade des Niketown-Stores in Portland, Oregon

te, sollte es noch zwei Jahre dauern, bis Magics und Birds Converse-Sneaker in den Farben der Lakers und Celtics erschienen.

Jordans Manager David Falk sorgte dafür, dass der Air-Jordan-Vertrag eine Klausel enthielt, die Nike verpflichtete, mindestens eine Million Dollar in Werbeaktionen zu investieren. Der Sportausstatter stellte den Schuh auf Reklametafeln und in Fernsehspots einem Massenpublikum vor. Als Jordan den schwarzroten Sneaker jedoch in seinem ersten Spiel der Vorsaison trug, erachtete man dies als eine Verletzung der »uniformity of uniform rule« (einer Regel, die eine Uniformität der Spielkleidung vorschreibt), da er nicht den offiziellen Mannschaftsfarben der Bulls entsprach. Stern und mit ihm die Liga hatten den gehyptesten Sneaker aller Zeiten verbannt.

Nikes PR-Abteilung erkannte die Steilvorlage und veröffentlichte eine landesweite Anzeige: »Am 15. Oktober brachte Nike einen revolutionären neuen Basketballschuh auf den Markt. Am 18. Oktober stellte ihn die NBA vom Platz. Glücklicherweise kann die NBA dir nicht verbieten, ihn zu tragen.«

Jordan erschien hier und da trotzdem mit den Schuhen auf dem Platz und zahlte die ihm auferlegten Strafgebühren. Die Sneakers waren ausverkauft, bevor sie überhaupt in den Regalen standen. Die »verbannten« Air Jordans erzielten allein im ersten Jahr einen Umsatz von über 100 Millionen Dollar und verhalfen Jordan zu einem überirdischen Bekanntheitsgrad.

Stern verhalf der Marke Jordan ungewollt zu einem Senkrechtstart von Tag eins an. Nikes Erfolg mit der Vermarktung Jordans konnte unmöglich ignoriert werden und der Beauftragte der NBA verstand schnell, dass es sinnvoller wäre, den Aufbau individueller Spieler als Marke zu begrüßen, anstatt sich dagegen zu sperren. Stern hatte die Idee, dem Beispiel Walt Disneys zu folgen. So wie Disney es mit Micky Maus, Pluto und Donald Duck gemacht hatte, würde die League von nun an eher ihre Stars als einzelne Teams vermarkten. Hier bewies Stern ein perfektes Timing. In seiner ersten kompletten Saison als Commissioner trat der NBA ein ganzes Bündel vielversprechender Rookies bei, darunter Hakeem Olajuwon, Charles Barkley und natürlich Jordan. Innerhalb einer Dekade wurde der Talentpool mit Spielern wie Shaquille O'Neal, Grant Hill und Penny Hardaway aufgefüllt.

Um die Vermarktung der Stars voranzutreiben, kümmerte sich die Liga darum, Lizenzabkommen mit global aufgestellten Unternehmen zu vereinbaren – bis Mitte der 1990er-Jahre waren es mehr als 150, darunter McDonald's und Coca-Cola. Bei McDonald's erhielten Kinder zu ihren Happy Meals Spielzeugfiguren, die das Trikot ihres Lieblingsspielers trugen. Sprite wurde 1994 zum »offiziellen Softdrink der NBA«. Diese Deals stellten zum einen eine gigantische Einkommensquelle dar, zum anderen sorgten sie für einen globalen Bekanntheitsgrad der Spieler.

Weitere Faktoren, die außerhalb des Einflussbereichs von Stern lagen, spielten der League zusätzlich in die Hände. 1989 änderte die FIBA ihre Regularien, um es Profispielern zu erlauben, in der Nationalmannschaft zu spielen. Die NBA nutzte diese Gelegenheit und arbeitete mit dem Basketballteam der USA zusammen, um das Dream-Team zu formieren, dessen Mitglieder während der Olympischen Spiele von 1992 in Barcelona ihre Aufgabe als weltweite Botschafter erfüllten.

Das College-Basketballturnier der NCAA erfreute sich in den frühen 1990ern ebenfalls einer stark wachsenden Popularität. Dutzende Begegnungen wurden landesweit im Fernsehen übertragen (zwischen 1990 und 1995 verfolgten in den USA durchschnittlich 31 Millionen Zuschauer das Finalspiel) und die College-Spiele verwandelten zukünftige NBA-Athleten in Ikonen, noch bevor sie der Liga beigetreten waren.

Als Folgeerscheinung fädelten immer mehr Spieler lukrative Sneaker-Deals ein, die von innovativen Werbekampagnen begleitet wurden – und zwar noch bevor die Jungs einen Fuß auf einen Court der NBA gesetzt hatten. Shaq, Hill und Allen Iverson befanden sich unter den vielen, die davon profitierten.

Was den Aufbau einer ganzen Marke betrifft, kam niemand auch nur in die Nähe von MJ. Dank des Erfolgs des Air Jordan 1 lag Nikes Anteil am Turnschuhmarkt 1996 bei 44 Prozent, mit Umsätzen, die die Marke von 3,6 Milliarden Dollar knackten. 1997 wurde Jordan von Nike mit einer eigenen Produktlinie namens Team Jordan belohnt. Michael suchte die Spieler, die seine Jumpman Pros tragen durften, höchstpersönlich aus. Ray Allen, ein Star in seinem zweiten Jahr, wurde von ihm dazu auserkoren, die Marke einzuführen. Um mit Jordan zu kooperieren, sagte Allen einen in Aussicht stehenden Deal mit Fila ab.

Seitdem sind Basketball-Sneaker zu einem Kultobjekt geworden und haben einen ganzen Industriezweig entstehen lassen. Air Jordans werden gesammelt und gehandelt wie wertvolle Kunstwerke. Ein seltenes Paar kann auf einer Auktion schon mal für 30 000 Dollar den Besitzer wechseln. Die Branche hat nie da gewesene Dimensionen erlangt. Als Jordan im Jahr 1984 seinen ersten Vertrag mit Nike abschloss, brachte ihm dieser Deal innerhalb von fünf Jahren 2,5 Millionen Dollar ein – Tantiemen nicht mitgerechnet. Kevin Durants Deal mit Nike bescherte ihm allein im Jahr 2019 über 30 Millionen Dollar.

Zum Zeitpunkt seiner Ernennung als Commissioner wurde David Stern mit der Aufgabe betraut, eine ins Trudeln geratene Liga in ein Multimilliarden-Dollar-Juwel zu verwandeln. Innerhalb von zehn Jahren gelang ihm dieses Kunststück. Er arbeitete unermüdlich, um die Marke NBA aufzubauen, wobei er unverhohlen vorging und das Logo der NBA samt ihrer Helden auf jedes Produkt unter der Sonne pappte. Er setzte sich aggressiv dafür ein, dass die Spiele der NBA in Wohnzimmern auf der ganzen Welt zu sehen sind, und verkaufte die TV-Übertragungsrechte in mehr als 180 Länder.

Die Mühe sollte belohnt werden. Im Jahr 1986 wurde durch Ticketverkäufe und Übertragungsrechte ein Umsatz von 255 Millionen Dollar generiert. Im Jahr 1996 waren es 1,2 Milliarden Dollar. Rechnet man die Industriekooperationen hinzu, wurden allein in diesem Jahr mehr als vier Milliarden Dollar Umsatz in die Kassen der NBA gespült, während ihre Superstars zu ungeahntem Reichtum gelangten.

Der gigantische Geschäftserfolg der NBA beruht zum Teil auf Sterns Errungenschaften, doch ist es nur schwer vorstellbar, dass die League sich in diesem Ausmaß entwickelt hätte, wäre da nicht der kometenhafte und äußerst werbewirksame Aufstieg von Michael Jordan gewesen.

Disneyland hätte es ohne Micky Maus ja auch nicht gegeben.

INVESTIERE MIT WEITSICHT

Nur wenige Spieler haben die Einnahmen aus ihrer Zeit in der NBA so klug investiert wie Junior Bridgeman. Während seiner zwölf Jahre zwischen 1975 und 1987, in denen er hauptsächlich für die Milwaukee Bucks spielte, verbrachte Bridgeman seine Sommermonate damit, das Einmaleins der Fast-Food-Industrie zu erlernen. Er kaufte sich in das Wendy's-Franchise-System ein und nach seinen Tagen als aktiver Spieler gehörten ihm über 100 Wendy's- und Chili's-Restaurants. 1988 wurde er Präsident und CEO der Manna Inc. und fügte seinem Portfolio weitere Franchise-Unternehmen hinzu. Bridgeman ist zurzeit der zweitgrößte Wendy's-Franchisenehmer weltweit. Sein Unternehmen hat über 700 Millionen Dollar Gewinn erzielt.

1997
JETZT SIND WIR DRAN

1984 führt Cheryl Miller die USA zu olympischem Gold.

Während der Saison 1995–96 setzte die NBA ganz auf die Jordanmania. Es wurde diskutiert, zwei Ligen unter der Flagge der NBA ins Leben zu rufen: eine unterrangige Profiliga zur Spielerentwicklung und eine Frauenliga, die den Namen WNBA erhalten sollte.

Aufgrund der Beliebtheit der drei kurz zuvor gekrönten Gewinnerinnen des NCAA Player of the Year Awards für Frauen – Texas Techs Sheryl Swoopes, Lisa Leslie von der University of Southern California und Rebecca Lobo von der University of Connecticut – erfuhr der Frauenbasketball enormen Zuspruch.

Nach dem weltweiten Erfolg des Dream-Teams von 1992 befand sich die NBA noch immer auf einem Höhenflug und sah in den Spielen von Atlanta im Sommer 1996 eine weitere Gelegenheit, die Olympiade als Sprungbrett zu nutzen. Im Vorfeld der Spiele hatte sich die NBA dazu bereit erklärt, das Gros der Marketingaufgaben sowie deren Kosten zu übernehmen und das Basketballfrauenteam von 1996 zu promoten. Im Gegenzug erhielt die League dadurch die Chance auszuloten, ob an dem Spiel der Frauen ein generelles Interesse bestand.

Die Liga organisierte ein Schauturnier für die Mannschaft und handelte mit ESPN einen Deal für die Übertragungsrechte an zehn Spielen aus. Die Resonanz war durchweg positiv. Für Frauenbasketball gab es sowohl ein Publikum als auch einen potenziellen Markt.

Frauenligen hatte man schon viele kommen und gehen sehen. Es bestanden sogar Pläne, im Jahr 1996 mit der American Basketball League eine Konkurrenzliga entstehen zu lassen. Die ABL überlebte nur ein Jahr – und war damit beileibe kein Einzelfall. Über viele Jahre hinweg konnten angehende amerikanische Profispielerinnen nur unsichere Arbeitsplätze in europäischen Ligen an Land ziehen.

In den Vereinigten Staaten konnte das professionelle Damenbasketball nie wirklich Fuß fassen. Nicht, dass es an Talenten gemangelt hätte; bereits Jahrzehnte vor der Gründung der WNBA hatte es zahlreiche außergewöhnliche Spielerinnen gegeben. Cheryl Miller an der USC war eine nationale Berühmtheit – zweimalige NCAA-Titelträgerin sowie Goldmedaillengewinnerin bei den Olympischen Spielen von 1984 –, allerdings wollte sie nicht auf professioneller Ebene antreten.

Nancy Lieberman verdiente sich den Spitznamen Lady Magic, nachdem sie in ihren College-Zeiten an der Old Dominion University einen Rekord bei den Assists aufgestellt hatte. Sie spielte in der ersten amerikanischen Frauen-Profiliga, der Women's Professional Basketball League. Die WPBL verschwand im Jahr 1981 nach drei Jahren wieder von der Bildfläche. Da Lieberman keine große Wahl mehr hatte, unterschrieb sie im Jahr 1986 bei der United States Basketball League einen Vertrag und wurde dadurch zur ersten Frau, die einer Herren-Profiliga beitrat.

Das darauffolgende Jahrzehnt unterlag jedoch einem signifikanten Umwandlungsprozess. Am 24. April 1996 gab die Führungsetage der NBA grünes Licht und verkündete die Einführung der WNBA. Sie sollte im Sommer starten.

Im Juli 1996 wurde das Damen-Dream-Team auf dem Titelbild der *Sports Illustrated* abgebildet. »Diese Titelseite zu sehen, war ein unvergesslicher Augenblick«, erinnerte sich Val Ackerman, die erste Präsidentin der WNBA.

Die Ausgabe erschien am selben Morgen, an dem sich Ackerman und NBA-Commissioner David Stern mit potenziellen WNBA-Sponsoren verabredet hatten. Auf dem Weg zum Meeting kaufte Stern eine Ausgabe und als das Treffen begann, legte er sie wortlos auf den Tisch. Die Botschaft war eindeutig.

»Die Tatsache, dass die NBA sich hinter die neue Liga stellte, schuf das nötige Vertrauen, dass es sich nicht bloß um ein ›Schauen wir mal, was passiert‹, sondern um ein langfristiges Engagement handelte«, sagte Rick Welts, eine Führungskraft der NBA.

Stern war der Auffassung, dass die WNBA eine Win-win-Situation für die Liga bedeutete. Nun bestand die Möglichkeit, während der spielfreien Zeit der NBA weiterhin Tickets zu verkaufen und Stadien zu füllen. Als weiteres Plus hatte die Frauenliga das Potenzial, eine ganze Generation junger Mädchen zu inspirieren – zukünftige Konsumentinnen, wie Stern es sah. »Denn wenn du selbst aktiv spielst, ist die Chance deutlich höher, dass du ein Leben lang ein Basketballfan bleibst«, lautete seine Erklärung.

Allerdings ging es um weitaus mehr als nur den finanziellen Anreiz. »Die Sinnhaftigkeit des Unterfangens war das, was uns vereinte«, sagte Ackerman. »Wir brachten den Ball ins Rollen.«

Wie die American Basketball Association vor ihr wollte die WNBA sich abheben. Das fing schon beim Design des Balls an. Dank der Angliederung an die NBA würden die Spiele der WNBA in ihrer ersten Saison landesweit übertragen werden und man versuchte das Interesse der neuen Zuschauerschaft zu erwecken. Die ABA hatte sich 1967 für rotweiß-blau entschieden. Die WNBA wählte Orange und einen Farbton, den sie als hellbeige – oder cremefarben – beschrieb.

In acht Städten (von der NBA bereits erschlossene Märkte) wurden neue Vereine gegründet und die Liga versuchte, die Teams mit ihren Pendants bei der NBA zu verlinken. Die Los Angeles Sparks beispielsweise liefen in Lila und Gold auf, genau wie ihre Brüder bei den Lakers.

Am 21. Juni 1997 fand mit der Paarung der Sparks gegen die New York Liberty die erste Begegnung der WNBA statt. Es war kein Zufall, dass der erste landesweite Auftritt der Liga in ihren zwei bedeutendsten Medienmärkten über die Bühne ging.

Vor dem Spiel wurden in ganz L.A. Reklametafeln aufgestellt, auf denen überdimensionierte Versionen von Sparks-Heldin Lisa Leslie und Libertys Rebecca Lobo zu sehen waren. In Großbuchstaben war neben ihren Gesichtern der perfekte Slogan zu lesen: »We Got Next.« (»Jetzt sind wir dran.«)

Für Liberty-Veteranin Teresa Weatherspoon, die in den vorherigen acht Jahren in Russland und Italien gespielt hatte, bedeutete dies eine riesige Chance. »Wir hatten richtig Schiss«, sagte sie. »Nicht davor, zu spielen, sondern davor, schlecht abzuschneiden, da das Ganze im Fernsehen übertragen wurde.«

An einem Samstagnachmittag wurde die Partie von der NBC übertragen. Eine ganze Generation zukünftiger WNBA-Stars sah dabei zu, wie Geschichte geschrieben wurde.

Tamika Catchings, die an diesem Tag ihren 18. Geburtstag feierte, erinnert sich daran, wie Sparks-Spielerin Penny Toler den ersten Korb in der Geschichte der Liga warf. »Ich wäre gerne dabei gewesen«, sagte Catchings. »Ich wollte ein Teil der Bewegung sein.« Catchings spielte in ihrer späteren Karriere 15 Saisons für die Indiana Fever.

An jenem Nachmittag bezwangen die Liberty die Sparks und setzten ihren Weg bis in die WNBA-Finals fort, wo sie vom ersten First Overall Draft Pick der League, Tina Thompson, und ihren Houston Comets besiegt wurden.

In den darauffolgenden Jahren etablierte sich die WNBA auf dem Sportmarkt. Weitere denkwürdige Momente folgten, zum Beispiel Cynthia Coopers Wurf über mehr als die

Lisa Leslie schlägt in Spiel 1 der Playoffs von 2009 den Ball aus Camille Littles Händen.

Hälfte des ganzen Courts, um Spiel 2 der Finals von 2000 zu gewinnen. Zwei Jahre später schaute Tina Charles, First Overall Pick des Drafts von 2010, ehrfürchtig dabei zu, wie Lisa Leslie den ersten Slam Dunk der WNBA-Geschichte durchs Netz feuerte.

Die Erfolgsgeschichte dieser frühen Jahre weiterzuführen, sollte sich als schwierig erweisen. Im Jahr 1998 kamen im Schnitt mehr als 11 000 Zuschauer zu den Spielen, während es im Jahr 2019 nur noch 6800 waren.

»Ich habe das Desinteresse sowie die fehlende Berichterstattung nie verstehen können«, sagte David Stern. »Deshalb richteten wir unseren Fokus noch mehr darauf.«

Die WNBA hat einen unermesslichen Einfluss auf eine Generation junger Frauen ausgeübt. Als Rebecca Lobo im Jahr 2017 zusammen mit George McGinnis, Tracy McGrady und anderen namhaften Größen in die Naismith Hall of Fame aufgenommen wurde, stieg sie aufs Podium und erzählte eine kleine Anekdote über ihre Tochter.

Genau wie ihre Freundinnen wuchs diese mit Frauenbasketball auf und verfolgte die Spiele der WNBA und ihrer Lieblingsspielerin – ihrer Mom. Als sie eines Abends mit ihrem Vater zu Hause war, der sich ein Spiel der NBA anschaute, war sie völlig baff, Männer auf dem Court zu sehen. »Jungs spielen Basketball?«, fragte sie. »Ich wusste nicht, dass Jungs auch Basketball spielen.«

DIE MEISTEN WNBA-TITEL

1.	Minnesota Lynx	4
	Houston Comets	4
3.	Los Angeles Sparks	3
	Detroit Shock	3
	Phoenix Mercury	3
	Seattle Storm	3

1999
DER LOCKOUT

Die Geschichte der NBA hat eine Vielzahl beeindruckender Serien vorzuweisen: Die Erfolgsserie der 33 nacheinander gewonnenen Spiele der Los Angeles Lakers 1972. Wilt Chamberlains Minimum von 30 Punkten in 65 aufeinanderfolgenden Partien im Jahr 1965. Tim Duncans 1310 Begegnungen, in denen er bei jeder mindestens einen Treffer aus dem Feld erzielte. Die 22 Jahre, in denen die San Antonio Spurs jedes Mal die Playoffs erreichten.

Die längste Erfolgsserie von allen fand jedoch 1998 ein abruptes Ende. Ab dem Tag ihrer Gründung hatte man in der NBA 52 aufeinanderfolgende Spielzeiten genossen. Die Wende kam mit der Saison 1998–99, als ein schon länger vor sich hin brodelnder Konflikt zwischen der Spielergewerkschaft und den Vereinseigentümern in einem Lockout gipfelte, der 207 Tage andauerte und die NBA eine halbe Saison sowie einen Teil ihrer Popularität kostete.

Die Spielzeit 1997–98 endete spektakulär. Eine Rekordzuschauerzahl von 36 Millionen sah dabei zu, wie Michael Jordan den Siegtreffer zum Gewinn der Meisterschaft gegen die Utah Jazz einlochte. Air Jordan hatte die NBA auf seinen Flügeln in die Stratosphäre befördert. Sowohl die Liga als auch deren Spieler ernteten die finanziellen Früchte des Erfolges. Die Athleten verdienten deutlich besser, während die Vereine mehr Umsatz als je zuvor generierten und die League sich einer weltweiten Beliebtheit erfreute.

Die NBA schien sich auf einem Höhenflug zu befinden, doch hinter den Kulissen hatten sich Bosse wie Spieler schon lange vor Michael Jordans legendärem Treffer auf die erste Auszeit in der Geschichte der Liga vorbereitet.

Der Lockout von 1998–99 war der dritte innerhalb von vier Jahren. 1994 lief das bestehende CBA (»collective bargaining agreement«; einem Tarifvertrag ähnlich) aus und die Verhandlungen über eine neue Vereinbarung erstreckten sich über die komplette Saison 1994–95. Im Kampf um mehr Selbstbestimmung forderten die Spieler eine Anhebung der Gehaltsobergrenze sowie die Abschaffung des Vorkaufsrechts, wodurch Vereine ihre Sportler erneut verpflichten konnten. Des Weiteren wollten sie das Draft-System für die Nachwuchsrekrutierung von College-Spielern abschaffen, um es den Rookies zu ermöglichen, sich auf dem freien Markt zu präsentieren – eine Forderung, die bereits seit Jahrzehnten von den Spielern gestellt worden war.

Während der Nachsaison verklagte die Spielergewerkschaft NBPA (National Basketball Players Association) die NBA mit der Behauptung, dass diese Beschränkungen illegal seien. Ein Richter eines U.S.-Amtsgerichts widersprach dem und ermahnte beide Seiten, »das Gericht nicht als ein Druckmittel in dem kollektiven Verhandlungsprozess zu benutzen«.

Unmittelbar nach den Finals von 1995 verhängten die Teambesitzer einen Lockout. Die NBA stellte den Betrieb über den Sommer hinweg für drei Monate ein, allerdings wurde ein Flickwerk von Lösungen zusammengeschustert, um zu gewährleisten, dass während der anstehenden Saison 1995–96 keine Begegnungen geopfert werden mussten. Mittlerweile hatte sich unter Führung von Michael Jordan und Patrick Ewing eine Gruppe von Spielern formiert, die sich dafür aussprachen, der Gewerkschaft die Vertretungsbefugnis zu entziehen. Ohne eine bestehende Gewerkschaft wäre ein Lockout illegal gewesen. Im September 1995 wurde eine Abstimmung durchgeführt, die mit 226 zu 134 Stimmen einen Rückschlag für Jordans Gruppierung bedeutete.

Nach den Finals von 1996 wurde ein weiteres Mal ein Lockout verhängt, der allerdings nach zwei Stunden bereits wieder Geschichte war, nachdem beide Seiten einem neuen Tarifvertrag zugestimmt hatten. Die Vereinbarung enthielt eine Ausstiegsklausel, die im Jahr 1998 zur Anwendung kommen konnte, falls die Spielergehälter 51,8 Prozent der basketballbezogenen Umsätze der NBA überstiegen.

Mit der Saison 1997–98 lag der Anteil der Spieler bei 57 Prozent. Am 23. März 1998, 82 Tage vor Jordans unvergesslichem Wurf, beschlossen die Franchise-Inhaber, von der Ausstiegsklausel Gebrauch zu machen und die Tarifverhandlungen erneut zu eröffnen.

Die vorausgegangene Abmachung hatte verhindern sollen, dass die Spielergehälter ins Unendliche schossen. Doch die Agenten der Spieler fanden kreative Wege, diese Obergrenzenregelung zu umgehen – insbesondere in Form eines Hintertürchens, durch das lukrative Vertragsverlängerungen von Spielern im zweiten Jahr möglich wurden. Das Resultat? Der rekordbrechende Sechsjahresvertrag über 126 Millionen-Dollar des 21-jährigen Kevin Garnett aus dem Jahr 1997, mit dem Garnett in den stetig wachsenden Kreis des 100-Millionen-Dollar-Klubs aufgenommen wurde, zu dem auch Shaquille O'Neal, Juwan Howard, Alonzo Mourning und Shawn Kemp gehörten.

Die League hatte sich in eine Milliarden-Dollar-Industrie verwandelt und die Spieler kassierten mächtig ab. Allerdings gab es beiderseitige Bedenken und Jahre voller Misstrauen hatten ihre Spuren hinterlassen. Schließlich hatte die Liga sich noch nie großartig um ihre Sportler gekümmert.

Bob Cousy, ehemaliger Star der Boston Celtics, hatte 1954 mit der NBPA die erste Spielergewerkschaft für eine Mannschaftssportart aufgebaut. Die Fusion von NBL und BAA sechs Jahre zuvor markierte die Geburtsstunde der NBA, was zur Folge hatte, dass Athleten die Ligen nun nicht mehr gegeneinander ausspielen konnten, um bei Vertrags-

verhandlungen besser dazustehen. Die Vereinsbosse besaßen nun mehr Macht als je zuvor. Die Gründung einer Spielergewerkschaft war unumgänglich. Doch es sollte noch weitere zehn Jahre dauern, bis die Gewerkschaft dank eines Spielerstreiks nur wenige Augenblicke vor dem Tip-Off des All-Star Games von 1964 von der League anerkannt wurde.

Das Auftauchen der ABA im Jahr 1967 verschärfte die Spannungen zwischen Arbeitgebern und Arbeitnehmern. Den Sportlern wurde dadurch erneut ein Handlungsspielraum verschafft und sie spielten die konkurrierenden Ligen geschickt gegeneinander aus. Als im Jahr 1970 die ersten Gespräche über einen Zusammenschluss stattfanden, führte Oscar Robertson einen Rechtsstreit gegen die NBA, der dies verhindern sollte. Der Fall »Robertson gegen die National Basketball Association« konnte die NBA nicht daran hindern, die ABA Jahre später zu schlucken, allerdings entschied 1977 ein Richter, dass es der Liga nicht gestattet ist, einen Spieler fest an einen Verein zu binden. Der wegweisende Rechtsstreit führte zur Einführung eingeschränkter Vertragsfreiheiten, wodurch den Teams ein Vorkaufsrecht gewährt wurde und die Sportler wiederum die Chance erhielten, ihren Marktwert auf dem freien Markt auszuloten.

Der angedrohte Spielerstreik im Vorfeld der Saison 1987–88 führte zu einer Reihe von Zugeständnissen an die Athleten, inklusive einer uneingeschränkten Vertragsfreiheit, von der lediglich die Rookies ausgenommen waren. Doch das Verhältnis zwischen der Liga und ihren Spielern trübte sich ein, als der NBPA im Jahr 1991 bekannt wurde, dass die NBA ihre Umsätze nicht vollständig offengelegt hatte. Ein Gericht entschied zugunsten der Athleten, die fortan mit einer gesunden Portion Skepsis in weitere Verhandlungen hineingingen.

Im Jahr 1998 hatten die Spieler eine gewichtigere Stimme als jemals zuvor. Michael Jordan hatte die Liga in den 1990ern grundlegend verändert. Die Sportler brachten ihre Beschwerden offen vor und die Franchise-Eigner, die Verträge mit Rekordbeträgen aufsetzten, waren davon herzlich wenig begeistert.

Die Vereinsbosse waren dafür, einen neuen Tarifvertrag auszuhandeln. Auf beiden Seiten bereitete man sich auf einen Lockout und langwierige Gespräche vor.

Die Gewerkschaft engagierte Billy Hunter, um sie zu vertreten. Hunter, ein ehemaliger

David Stern verkündet Spielausfälle aufgrund des Lockouts von 2011.

NFL-Spieler und nun Bundesanwalt, hatte unter anderem die Hells Angels und die Black Panther vor Gericht gebracht. Ein Trupp von 29 Milliardären stellte eine neue Herausforderung für ihn dar und in ihrem Beauftragten, NBA-Commissioner David Stern, fand Hunter einen würdigen Gegner. Stern galt als gerissener und unbarmherziger Verhandlungsführer, der seinen selbst gewählten Spitznamen »Easy Dave« (»Lockerer Dave«) des Öfteren Lügen strafte.

Die Spieler machten erneut Druck, um Gehaltseinschränkungen zu limitieren, während die Eigentümer vehement versuchten, Gehaltsobergrenzen durchzusetzen. Beide Seiten waren sich der gigantischen Umsätze bewusst und wollten ein größeres Stück vom Kuchen abhaben.

Eines der ersten formellen Meetings zwischen Spielern und deren Arbeitgebern am 6. August 1998 gab den Ton für weitere Gesprächsrunden vor. 15 Minuten nach der Mittagspause erhoben sich die Vereinseigentümer

Karl Malone und Alonzo Mourning bei den Tarifverhandlungen in New York 1998

gemeinsam wie aufs Stichwort und stürmten aus dem Verhandlungsraum.

Es folgten weitere hitzige Debatten. Im Dezember nahm Jordan, der im Januar 1999 offiziell zurückgetreten war, an einer Runde teil und machte Washington-Wizards-Inhaber Abe Pollin mundtot, indem er sagte, wenn Pollin Angst davor habe, Geld zu verlieren, solle er aufhören und sein Team verkaufen. Ein weiterer Zwölfstundentag, der ergebnislos verlaufen war.

Im Oktober hatte die NBA die Vorsaison sowie die ersten 20 Spiele gecancelt. Danach kam das All-Star-Wochenende. Zwei Tage vor Weihnachten sprach Stern die Empfehlung aus, die komplette Saison zu streichen, wenn bis zum 7. Januar keine Einigung gefunden sei.

Am 6. Januar waren beide Seiten endlich zufriedengestellt und der Saisonstart für den 5. Februar geplant. Die Fans folgten dem fortwährenden Disput zwischen Millionären und Milliardären ohne große Sympathie für die eine oder andere Seite. Gerade als die NBA endlich eine Fangemeinde aufgebaut hatte, verprellte sie diese wieder. Für eine Wohltätigkeitsveranstaltung, bei der All-Star-Teams, angeführt von Patrick Ewing und Alonzo Mourning, gegeneinander antraten, wurden nur knapp 1200 Tickets verkauft.

Während des Lockouts verkauften sich gut 50 Prozent weniger Merchandise-Artikel, und als der Spielbetrieb wieder aufgenommen wurde, bestand ein deutlich geringeres Interesse an den Begegnungen. Die Ticketverkäufe sollten lange unter Vor-Lockout-Niveau bleiben, bis in der Saison 2003–04 LeBron James und eine neue Generation junger Helden die Liga beflügelten. Die Finals von 1999, in der die San Antonio Spurs die New York Knicks vom Platz fegten und den Grundstein für eine neue Dynastie legten, wurde von 40 Prozent weniger Anhängern als im Jahr zuvor mitverfolgt.

Als eine Folge des Lockouts sahen die Mannschaften sich gezwungen, 50 Spiele in einem Zeitraum von 90 Tagen zu absolvieren, was wiederholt zu Begegnungen an zwei Tagen hintereinander und weitaus mehr Verletzungsproblemen als sonst schon üblich führte.

Die Spieler erhielten ein Gesundheitspaket, die Eigentümer ihre Obergrenze in Bezug auf die Gehälter einzelner Sportler. Richtig zufrieden war keine von beiden Parteien.

Es hatte 52 Jahre gedauert, bis einem Lockout erstmals Spiele der NBA zum Opfer fielen. Es dauerte nur gute zehn Jahre, bis es wieder so weit war.

Im Vorfeld des All-Star Games von 2011 kam es zwischen Hunter und Stern zu einem Wortgefecht. Da der Tarifvertrag nach der Saison auslaufen würde, saßen beide Parteien erneut am Verhandlungstisch. Vor dem Tip-Off wandten sie sich an die Spieler. Hunter sprach in höchsten Tönen vom All-Star Game 1964, bei dem die Spieler damit gedroht hatten, erst zu spielen, wenn ihre Forderungen erfüllt wären. Stern erklärte Hunter und den anwesenden Sportlern daraufhin, dass er wisse, wer Leichen im Keller hätte – er selbst hätte manchen dorthin gelegt.

Dieses Mal ging es um den Anteil an den Gesamterlösen. Die Athleten forderten 53 Prozent, während die Teaminhaber ihnen nicht mehr als 47 Prozent zugestehen wollten. Ein neuerlicher Lockout wurde verhängt. Diesmal dauerte er 161 Tage und verzögerte den Start der Spielzeit 2011–12 bis zum 25. Dezember.

Nur wenige befanden sich in einer unangenehmeren Situation als Michael Jordan, der sich 13 Jahre nach dem längsten Lockout der Geschichte nun auf der anderen Seite des Verhandlungstisches wiederfand. Als Eigentümer der Charlotte Bobcats führte Jordan eine Inhabergruppe an, die sich dagegen sträubte, mehr als 50 Prozent vom Kuchen abzugeben.

Der aktuelle Tarifvertrag der NBA läuft nach der Saison 2022–23 aus. Gerüchte über einen weiteren Lockout machen bereits die Runde.

2000
DIE KOBE-SHAQ-LAKERS

Im letzten Viertel des siebten Spiels der Western Conference Finals des Jahres 2000 liegen die Los Angeles Lakers gegen die Portland Trail Blazers mit 22-4 in Führung. Zehn Minuten zuvor lagen sie noch mit 15 Punkten im Rückstand. Doch die Trail Blazers haben gegen das Lakers-Superstar-Duo kein Mittel gefunden. Kobe Bryant, der 21 Jahre alte zweimalige All-Star, brilliert von der ersten Sekunde an. Und sein Teamkollege und MVP der

Shaquille O'Neal legt während eines Spiels gegen die Houston Rockets im Jahr 1999 seine Arme um Kobe Bryant und andere Mitspieler.

Richard Hamilton bewacht Bryant während der NBA-Finals von 2004.

Liga, Shaquille O'Neal, ist wie immer unaufhaltbar.

Bei 50 verbleibenden Sekunden und einer Vier-Punkte-Führung der Lakers läuft Bryant mit dem Ball den Court hoch. Er spielt einen Crossover und zieht an seinem Gegenüber vorbei. Kurz bevor er gedoppelt wird, sieht er, wie Shaq mit seinem Finger in Richtung der Hallendecke zeigt, und lässt einen Pass in Richtung Korb davonschweben. O'Neal haut den Alley-oop durchs Netz und sichert den Lakers dadurch den Sieg. Los Angeles wird seinen Lauf fortführen und am Ende den Meisterschaftstitel nach Hause holen, den ersten von dreien in Folge.

Mit Shaq und Kobe herrschten die Lakers über die League, zwischen 2000 und 2002 konnten sie von 15 Finals-Partien zwölf für sich entscheiden. Die beiden waren das schlagkräftigste Duo der NBA – laut Statistik eins der besten aller Zeiten. Doch mit der Zeit fingen sie an, sich zu hassen. Ihr Verhältnis schien wie für Hollywood inszeniert und war die größte Seifenoper der League – eine, die die Dauer der Lakers-Dynastie deutlich verkürzte.

Im Sommer 1996 war O'Neal nach vier Jahren in Orlando auf der Suche nach einer neuen Wirkungsstätte. Mit den Magic hatte er in den Playoffs Michael Jordan geschlagen und sie bis in die Finals geführt. Er war der größte Gamechanger in der NBA und Jerry West, Spielerlegende und GM der Lakers, war sich dessen bewusst. Los Angeles drehte für Shaq die Geldhähne auf und bot ihm einen Vertrag über 120 Millionen Dollar, der ihn zum bestbezahlten Athleten der NBA machen würde.

Als Shaq und West sich zur Vertragsunterzeichnung persönlich trafen, sagte West: »Gerade eben habe ich einen jungen Kerl eingekauft und ihr zwei werdet zusammen drei bis vier Meisterschaftstitel abräumen.«

Kobe Bean Bryant wurde in Philadelphia geboren und wuchs in Italien auf, wo sein Vater, der ehemalige 76er Joe »Jellybean« Bryant, nach seinen Tagen bei der NBA seine Brötchen als Spieler verdiente. Kobe versuchte, die Sprache zu lernen und sich den Kindern seiner Altersgruppe anzupassen, fühlte sich aber oft ausgeschlossen. Diese Erfahrung ließ ihn vorsichtig werden. Wann immer er jedoch einen Basketball-Court betrat, hatte er das Gefühl, unverwundbar zu sein.

Er war ein Naturtalent und wusste sehr genau, über welche Fähigkeiten er verfügte. Im Alter von elf Jahren forderte er die Mannschaftskameraden seines Vaters regelmäßig zu Spielen eins gegen eins oder einer Runde H-O-R-S-E heraus – die er gewann. Als er Michael Jordan kennenlernte, den Spieler, der ihm die Vorlagen für all seine Spielzüge lieferte, sagte er, dass er ihm »den Arsch versohlen« würde, wenn er erst mal in der NBA angekommen sei. Auch in seinem Highschool-Team dominierte er, nachdem er mit seiner Familie zurück in die Staaten gegangen war. Von der Lower Merion High School in Philadelphia schaffte er den Sprung direkt in die NBA – und wurde damit zum ersten Guard, der ohne Zwischenstopp im College von der Highschool in die NBA wechselte.

Am 3. November 1996 kam er von der Bank zu seinem NBA-Debüt und wurde mit 18 Jahren und 72 Tagen zum jüngsten Spieler, der je an einem NBA-Spiel teilgenommen hatte. Seine Saison als Rookie verlief relativ unspektakulär (den Dunk Contest gewann er immerhin), jedoch hatte er einen prägenden Auftritt in einem Playoff-Ausscheidungsspiel gegen die Utah Jazz.

Die Lakers lagen in der Serie mit 3-1 zurück und als Shaq gegen Ende des fünften Spiels wegen Foulspiels den Platz verlassen musste, bekam Bryant seine große Chance. Er nutzte sie nicht, sondern ließ drei Fehlwürfe los, davon zwei in der letzten Minute der Verlängerung. Die Lakers verloren, doch Kobe hatte in Lakerland definitiv Eindruck hinterlassen. »Er (Kobe) war der Einzige, der den Mumm hatte, in so einer Situation solche Würfe abzuziehen«, sagte Shaq, der seinen Arm um den Rookie legte, als sie gemeinsam den Platz verließen.

In der Spielzeit darauf wurde Bryant mit 19 Jahren zum jüngsten All-Star der NBA-Geschichte. Zusammen mit Shaq spielte er im All-Star-Team der Western Conference und führte die Auswahl bei den Punkten an. Bryant wurde über Nacht zum Superstar und als »Heir Jordan« (Jordans Thronfolger) vermarktet. Mit Vorliebe dominierte er weite Strecken einer Partie, so wie sein Idol es getan hatte.

Obwohl er der Ansicht war, dass Kobe manchmal zu egozentrisch auf dem Platz agierte, war Shaq damit einverstanden, dass der aufblühende Bryant während der regulären Saison den Ton angab. Als die Playoffs sich ankündigten, wollte der mächtige Center allerdings wieder das Ruder übernehmen. Der neue Coach der Lakers, Phil Jackson, sah dies genauso.

Immerhin befand sich O'Neal auf einem beeindruckenden Leistungshoch. In der Saison 1999–2000 gelangen ihm durchschnittlich 29,7 Punkte, 13,6 Rebounds und 3 Blocks pro Partie, wodurch er sich seine erste Auszeichnung zum MVP verdient hatte. In den Playoffs wurden seine Werte noch besser und Aktionen wie der Alley-oop in Spiel 7 gegen Portland ließen auch den Rest der NBA hellhörig werden. Die Folge: Shaq wurde zum Finals-MVP ernannt, eine Ehre, die ihm in den nächsten beiden Jahren ebenfalls zuteilwerden sollte.

Die Heldentaten von Shaq und Kobe waren ein Fall für die Geschichtsbücher. Sie waren in Los Angeles die legitimen Nachfolger der Weltklasse-Duos West und Baylor, Magic und Kareem. Nun war ihre Zeit gekommen.

Als sie nach dem Gewinn des ersten Meisterschaftstitels vor der neuen Saison im Trainingslager eintrafen, war Shaq nicht in Form und laborierte an diversen Verletzungen. Bryant, der die Sommermonate im Gym verbracht und einen weiteren Schritt nach vorn gemacht hatte, zeigte kein Verständnis für O'Neal und rief lautstark nach einer bedeutenderen Rolle in der Mannschaft. Jackson war einverstanden. Shaq war nicht gerade erfreut.

»Als klar war, dass ich den Mittelpunkt des Teams bildete«, äußerte sich O'Neal Reportern im Januar gegenüber und bezog sich dabei auf die zurückliegende Saison, »war das Resultat ein 67-15, wir spielten mit viel Enthusiasmus, die Stadt stand Kopf und es gab eine Siegesparade. Nun liegen wir bei 23-11. Macht euch euer eigenes Bild.«

Als Bryant auf Shaqs Statement angesprochen wurde, antwortete dieser mit einer Kritik an Shaqs Defensivleistung. Dergestalt ging es die nächsten zwei Jahre weiter – ein öffentlich ausgetragener Kleinkrieg.

Auf dem Feld waren die Lakers weiterhin eine Übermacht. Shaq und Kobe wurden von einer Gruppe Rollenspieler umgeben – allesamt Veteranen, unter denen sich Robert Horry, Derek Fisher und Rick Fox sowie Horace Grant und Ron Harper befanden. Die letzteren beiden waren Mitglieder von Jacksons Chicago Bulls gewesen, die in den 1990ern gleich mehrere Titel abgeräumt hatten. 2001 triumphierten die Lakers in den Finals über die New Jersey Nets. 2002 rangen sie die Philadelphia 76ers nach fünf Begegnungen nieder. Während der Spielzeit 2001–02 wurde O'Neal von Problemen mit seinen Zehen beeinträchtigt. Anstatt in der Nachsaison einen Eingriff vornehmen zu lassen, wartete er damit bis zum Beginn des Trainingslagers.

»Ich verletzte mich während der Arbeitszeit, also werde ich auch während der Arbeitszeit die Reha machen«, sagte er. Kobe, der seinen unermüdlichen Siegeswillen von Jordan geerbt hatte, war angewidert. Doch ohne Shaq begannen die Lakers die Spielzeit mit 11-19 und in der zweiten Runde der Playoffs flogen sie gegen die San Antonio Spurs raus.

Im Sommer 2003 behauptete eine 19-jährige Hotelangestellte in Eagle, Kalifornien, dass Bryant sie vergewaltigt hätte. Am 4. Juli wurde Kobe wegen sexueller Nötigung angeklagt. Er räumte die Interaktion sowie die Untreue seiner Frau gegenüber ein, wies die Vergewaltigungsvorwürfe aber von sich. Der Fall ging vor Gericht und Bryant verbrachte die Spielzeit 2003-04 damit, zwischen dem Gerichtsgebäude in Aspen, Colorado, und Los Angeles hin- und herzufliegen. Letztendlich wurde die Anklage fallen gelassen, da die Anklägerin sich weigerte, vor Gericht auszusagen.

Im selben Sommer erregten die Lakers weiteres Aufsehen, als sie mit Gary Payton und Karl Malone zwei zukünftige Hall of Famer verpflichteten und damit die beeindruckendste Starbesetzung der Kobe-Shaq-Ära aufstellten. Als Bryant während des Trainingslagers vor Gericht erscheinen musste, verkündete O'Neal, dass ihn keiner vermisse. »Die Mannschaft ist vollzählig«, wie er sich ausdrückte.

Es war eine unrunde Saison. Bryant war oft nicht anwesend und wenn er es war, verprellte er seine Teamkameraden und erhob das Wort gegen Jackson, der Bryant loswerden wollte. Zu einem Spiel gegen Denver kam Bryant während des zweiten Viertels direkt vom Gerichtssaal. Er spielte, als ob nichts gewesen wäre, und holte mit einem Jumper mit dem Buzzer den Siegtreffer. »Wie er es fertigbringt, alles andere auszublenden, ist mir ein Rätsel«, sagte Jackson.

Der brodelnde Kleinkrieg zwischen Shaq und Kobe schwappte sogar auf Bryants Gerichtsverhandlung über. In einem Polizeibericht gab er an, dass Shaq sich schon in derselben Position wie er befunden, die Frauen jedoch einfach mit mehreren Millionen Dollar zum Schweigen gebracht hätte, um sein Fehlverhalten zu vertuschen.

Hinter den Kulissen hatte man die beiden physisch voneinander trennen müssen, nachdem Shaq gedroht hatte, Bryant umzubringen. Reportern gegenüber schlug O'Neal vor, dass Kobe zum Ende der Saison aus seinem Vertrag aussteigen und sich ein neues Team suchen solle. Die Lakers gehörten Shaq und er hatte drei Auszeichnungen zum Finals-MVP vorzuweisen, um dies zu unterstreichen.

In einem landesweit im Fernsehen übertragenen Interview stimmte Bryant der Behauptung zu, dass Shaq die Lakers anführte. Genau das war es, was Kobe so frustrierte: »Es ist an der Zeit, dass er sich dementsprechend verhält. Das bedeutet, in Zukunft nicht mehr fett und untrainiert im Trainingslager aufzutauchen.«

Während ihres Meisterschaftslaufs hatte Jackson die beiden oft ganz bewusst gegeneinander ausgespielt. Er war ein Puppenspieler, der fest davon überzeugt war, so das meiste aus seinen Starathleten herauszuholen. Doch in der Spielzeit 2003-04 erkannte auch er, dass die Dinge aus dem Ruder gelaufen waren. Jackson ging sogar so weit, für sein dysfunktionales Team einen Psychologen zu engagieren, der auf Narzissmus spezialisiert war.

Im Umkleideraum der Lakers hatte man die Grenzen schon lange abgesteckt. Bryants Fähigkeiten und Arbeitsmoral machten ihn zum besten Spieler der Auswahl, doch er besaß keine Führungsqualitäten. Machten seine Teamkameraden einen Fehler, wurden sie von Kobe oft direkt auf dem Feld angebrüllt. Jackson erklärte Kobe, dass Jordan erst hinter verschlossenen Türen seinen Gefährten bei den Bulls die Meinung gegeigt hätte.

Shaq wiederum war der perfekte Teamkamerad. »Er vermittelte dir, dass er dir den Rücken freihält«, erinnerte sich Luke Walton, Sohn von Bill und in jener Spielzeit Rookie bei den Lakers. »Wenn dich jemand foulte, sagte er: ›Schieb ihn zu mir rüber.‹«

Die Vorzeichen waren unübersehbar, die Trennung nur noch eine Frage der Zeit. Bryant wollte aus Shaqs Schatten heraustreten und es gingen Gerüchte um, dass er sich heimlich mit den LA Clippers getroffen hätte. »Holt mich zu euch«, sagte er zu Betreuern der Clippers während einer Partie.

Shaq zeigte sich mittlerweile mit dem Management der Lakers unzufrieden und hatte lautstark eine deftige Gehaltserhöhung zum Saisonende gefordert.

Trotz des andauernden Dramas begannen die Lakers die Spielzeit mit 18-3 und zogen 2004 erneut in die Finals ein – zum Teil dank Derek Fishers traumhaftem Wurf bei noch 0,4 verbleibenden Sekunden gegen die Spurs in den Finals der Western Conference.

In den Finals besiegten die Detroit Pistons die Lakers, indem sie Shaqs und Kobes Egos gegeneinander ausspielten. Schon früh in Be-

gegnungen ließen sie Shaq nur durch einen Defensivspieler decken, da sie wussten, dass sein Team versuchen würde, ihm den Ball in der tiefen Zone zukommen zu lassen. »Was dann passierte«, erklärte Finals-MVP Chauncey Billups, »war, dass sich bei Mr Bryant eine leichte Frustration aufbaute, da er keine Bälle zugespielt bekam. [...] Nun war er da, wo wir ihn haben wollten.«

Nachdem die Lakers verloren hatten, hielt der künftig vertragsfreie Kobe nach einer neuen Mannschaft Ausschau. Zusammen mit seiner Familie besichtigte er Häuser und Schulen im Großraum Chicago und war fest entschlossen, sich bei den Bulls zu verpflichten.

»Ich werde nicht mehr mit Shaq spielen«, sagte er. »Ich habe den privaten Scheiß ganz bewusst hintangestellt, um den Titel zu holen, und werde jetzt dafür kritisiert. Jetzt werde ich euch Arschlöchern zeigen, wozu ich allein imstande bin.«

Die Nachsaison von 2004 war richtungsweisend für die Mannschaft der Lakers. Jackson teilte der Vereinsführung mit, dass er seinen Job an den Nagel hängen würde, sollte sich Kobe weiterhin im Kader befinden. Die Verantwortlichen wiederum taten sich schwer damit, Shaqs neuerliche Gehaltsforderungen zu erfüllen, da dieser mit 32 Jahren seine beste Zeit bereits hinter sich hatte. Shaq ahnte, dass der Verein sich zugunsten Bryants entscheiden würde, und verlangte einen Trade. Am 14. Juli wurde O'Neal an die Miami Heat verkauft. Am Tag darauf unterschrieb Kobe bei den Lakers eine Vertragsverlängerung über sieben Jahre, die ihm 136 Millionen Dollar bescherte.

In der darauffolgenden Spielzeit war das Team um Bryant herum nur mittelmäßig und Bryant musste einsehen, dass sich das Blatt nicht unbedingt zum Besseren gewendet hatte. Die Lakers erreichten nicht einmal die Playoffs.

Im Jahr 2006 holte sich Shaq die Meisterschaft an der Seite von Dwyane Wade, dem nächsten großen Shooting Guard der NBA.

Nach einem Monster-Dunk gegen die Dallas Mavericks rennt Shaq den Platz runter.

Shaq und Kobe versöhnten sich öffentlich, doch ihr Streit wurde nie ganz beigelegt. In einem Interview im Jahr 2019 sagte Bryant, dass er zwölf Meisterschaftsringe gewonnen hätte, wenn Shaq in Form geblieben wäre. O'Neal erwiderte daraufhin, dass Kobe seine zwölf Ringe besäße, wenn er gegen die Pistons den Ball öfter abgegeben hätte.

2001
MJ UND DIE WIZARDS

Das Spiel stand auf Messers Schneide, als Michael Jordan den entscheidenden Wurf zum Titelgewinn versenkte – was für ein wundervolles Ende einer traumhaften Karriere. Im Januar darauf erklärte Jordan zum zweiten Mal seinen Rücktritt. Dieses Mal sah es so aus, als ob der beste Spieler aller Zeiten mit 37 Jahren dauerhaft die Füße hochlegen wollte. Ihm sei der Wettkampfgeist abhandengekommen, der ihn stets dazu angetrieben habe, der Beste zu sein, sagte er. Und er fügte hinzu, er sei sich zu 99,9 Prozent sicher, dass man His Airness nicht mehr auf einem NBA-Court zu sehen bekäme. Was bedeutete, dass die Chance bestand …

Das Spiel hatte ihre Kultfigur verloren und Jordan eine Lücke hinterlassen, die die nächste Generation von NBA-Stars nicht zu füllen vermochte. In der Lockout-bedingt verkürzten Saison 1998–99 waren Namen wie Keith Van Horn und Shareef Abdur-Rahim unter den Top Five der Punktetabelle zu finden, während es mit Allen Iverson und Shaquille O'Neal lediglich zwei Spieler fertigbrachten, durchschnittlich mehr als 24 Punkte pro Partie zu erzielen – weit weniger als die 31,5, die Jordan in seiner Laufbahn mit den Bulls gemacht hatte. Seine Anhänger mussten nicht lange auf Jordans Rückkehr warten, wenn auch nicht als Spieler: Am 19. Januar 2000 wurde er Miteigentümer und Director of Basketball Operations der Washington Wizards.

Washington galt in der NBA schon seit Langem als Gurkentruppe. Der Meisterschaftsgewinner von 1978 geriet spätestens zu dem Zeitpunkt endgültig in Vergessenheit, als er aufgrund der anhaltenden Waffengewalt, die den Großraum D.C. während der 1990er-Jahre fest im Griff hatte, seinen Namen von Bullets in Wizards abänderte.

Ganz egal unter welchem Namen – das Team war absolut bedeutungslos. Seit 1989 hatten sie bloß einmal die Playoffs erreicht, wo sie 1997 in der ersten Runde von Jordans Bulls vom Platz gefegt wurden. (Den Gegner mental immer gern unter Druck setzend, schlenderte Jordan vor Spiel 1 der Serie mit einer rauchenden Zigarre in der Hand lässig in die Umkleidekabine der Washingtoner und fragte: »Wer soll heute Abend denn auf mich aufpassen?«) Seit Jordan 1984 in die NBA eingetreten war, hatte er 179-mal an Playoff-Spielen teilgenommen. Die Wizards im selben Zeitraum 15-mal.

Jordan brachte der Mannschaft das, was sie am nötigsten brauchte: Glaubwürdigkeit und Aufmerksamkeit. Allerdings hatte er null Erfahrung im Management. Nichtsdestotrotz hatte man ihm die sportliche Entscheidungsgewalt gegeben und er war entschlossen, dem Team seinen Stempel aufzudrücken.

Als Cheftrainer engagierte er Doug Collins, der ihn drei Spielzeiten lang bei den Bulls gecoacht hatte. Im Jahr 2001 setzte Jordan seinen First Overall Pick ein, um den Highschool-Absolventen Kwame Brown zu draften. Der 2,11 Meter große Brown sollte sich letztendlich als einer der größten Draft-Flops aller Zeiten erweisen.

Mit einer Mannschaft, die sich in einer Abwärtsspirale befand, und einem superehrgeizigen Jordan, der von der Chefetage aus tatenlos dabei zusehen musste, war es nur eine Frage der Zeit, wann MJ wieder aktiv ins Geschehen eingreifen würde. Spekulationen über eine mögliche Rückkehr machten die Runde und ESPN installierte für die Saison 2000–01 sogar einen »Jordan's Return-o-Meter«, einen Comeback-Anzeiger, auf ihrer Website.

Der 11. November 1999 war ein ansonsten eher unbedeutender Tag im Kalender der NBA. Ausgenommen die Tatsache, dass Jordan zum ersten Mal nach seinem Rücktritt auf dem Trainingsgelände der Chicago Bulls auftauchte, um »die Moral ein wenig anzukurbeln«, wie er es formulierte. Die Bulls waren mit 0-4 in die Saison gestartet und mussten sich der rauen Realität ohne MJ stellen.

Jordan spielte mit dem 21-jährigen Corey Benjamin, damals seit zwei Jahren bei den Bulls, eine Partie eins gegen eins – die Michael selbstverständlich gewann. »Es ist gut zu sehen, dass es ihn mehr angestrengt hat als mich«, sagte der notorische Trash Talker Jordan danach.

»Ich glaube, er hat ein paarmal geschummelt«, äußerte sich Benjamin später Reportern gegenüber. »Es gab viele Fouls.«

Mit der Begründung, dass Basketball ihn im Gegensatz zu seinem leidenschaftlichen Hobby Golf nicht mehr herausfordern könne, wischte Jordan die Gerüchte über eine eventuelle Rückkehr schnell vom Tisch.

»Ich bin einfach mal vorbeigekommen, macht jetzt bitte kein großes Ding draus«, sagte er. Als er gefragt wurde, ob er mit dem Gedanken spiele, wieder für die Bulls anzutreten, verneinte er dies und fügte hinzu: »Ich habe mich nie in einem anderen Trikot gesehen.«

Am Ende seiner ersten Saison als Sportdirektor der Wizards hatten sich die Dinge allerdings geändert. Sein Team hatte gerade einmal 19 Partien für sich entscheiden können. Den von ihm zusammengestellten Kader verlieren zu sehen, machte ihn fertig. Vor allem, da er genau wusste, dass er es immer noch draufhatte. Vermutlich ging ihm die Unterhaltung, die er zwei Jahre zuvor mit dem 19-jährigen Kobe Bryant geführt hatte, wieder und wieder durch den Kopf. Der angehende Lakers-Star hatte ihm damals gesagt, dass er ihm im Eins-gegen-eins-Duell »den Arsch versohlen« würde. Genau so etwas brauchte es, um MJs Ehrgeiz anzustacheln.

Jordan verfolgte akribisch den Werdegang eines weiteren Helden seiner Generation. Mario Lemieux, Star der NHL, war zurückgetreten und feierte nun ein erfolgreiches Come-

back. Jordan rief Lemieux oft an und fragte ihn detailliert darüber aus, wie er sich auf seine Rückkehr vorbereitet hatte.

Wenn man Michael im Spätsommer des Jahres 2001 suchte, musste man nur in den Kraftraum der Wizards gehen. Collins sah das Feuer in seinen Augen. »Er wird spielen«, sagte der Coach jedem, der es hören wollte.

Der pathologisch ehrgeizige Jordan musste nicht lange überredet werden – wir reden hier schließlich von dem Mann, der vor Heimspielen Stadionangestellte ausquetschte, welches Maskottchen bei den Halbzeit-Rennen gewinnen würde, um daraufhin seine Teamkameraden zu überreden, gegen ihn zu wetten.

Am 25. September 2001 verkündete Jordan, dass er wieder spielen und in der kommenden Saison für die Wizards auflaufen werde. Seinen Posten im Front Office gab er auf, seinen Anteil von zehn Prozent am Verein verkaufte er wieder und die eine Million Dollar, die er als Gehalt bezogen hatte, spendete er für Hilfsmaßnahmen nach dem Anschlag auf das World Trade Center vom 11. September.

Es war verstörend, Jordan sein Handwerk in einem anderen NBA-Trikot als dem der Bulls ausüben zu sehen. Natürlich hatten schon vor Michael andere Legenden ihre Karrieren in ungewohnter Dienstkleidung beendet, zum Beispiel Hakeem Olajuwon im purpurfarbenen Dinosauriertrikot der Toronto Raptors, Karl Malone im Gold der Lakers und Patrick Ewing im Dress der Orlando Magic. Doch Jordan und das Logo der Bulls hatten eine scheinbar unverbrüchliche Einheit gebildet. Mit dem Überstreifen eines anderen Trikots machte er ein glanzloses Franchise zu einer der bekanntesten Marken auf dem Planeten (die Wizards verzeichneten in der Saison 2001–02 sowohl bei Heim- als auch bei Auswärtsspielen die höchsten Zuschauerzahlen).

Jordan war 38 Jahre alt und hatte seit drei Jahren nicht mehr auf dem Court gestanden. Viel erwartete man nicht von ihm. »Wir werden ihn in Zukunft wohl ›Floor Jordan‹ nennen«, sagte ein ESPN-Analyst vor Michaels Rückkehr.

Dass es aus war mit der Luftakrobatik von einst, traf zu, doch auch als Wizard war Jordan weiterhin ein äußerst effizienter Spieler. In seiner ersten Saison nach dem Comeback fuhr er im Schnitt 23 Punkte pro Partie ein und belegte Platz zehn der NBA-Punkteliste. Allerdings sollte sich sein neuerlicher Feldzug auf 60 Spiele begrenzen, da seine Knie nach all den Jahren auf dem Court langsam ihre Dienste verweigerten.

Er hatte seine großen Momente. Am 29. Dezember 2001 wurde Jordan zum ältesten Spieler, der die 50-Punkte-Marke knacken konnte, als er gegen die Charlotte Hornets 51 Punkte erzielte – und ließ damit vergessen, dass er in der Begegnung zuvor nur sechs Punkte geschafft hatte, die niedrigste Ausbeute seiner ganzen Laufbahn.

Am stolzesten war Jordan auf die Momente, in denen er im Match-up gegen die aufstrebenden Stars der NBA beweisen konnte, dass er mehr draufhatte, als bloß Punkte zu generieren. Celtics-Star Paul Pierce wurde von ihm derart gut in Schach gehalten, dass er im letzten Viertel der hart umkämpften Partie lediglich zwei Punkte holen konnte. Gegen die Raptors gönnte er Vince Carter über die volle Spielzeit hinweg nicht einen einzigen Treffer. Gerüchten zufolge fragte Carter Jordan während der Partie nach seiner Telefonnummer.

Seine Kollegen zollten ihm viel Respekt. Als mitten in Jordans letzter Saison das All-Star Game von 2003 vor der Tür stand, boten die All-Stars Tracy McGrady, Allen Iverson und Carter (der die meisten Stimmen erhalten hatte) dem 40-jährigen Jordan alle ihren Platz in der Startaufstellung an.

Der 14. Auftritt Jordans bei einem All-Star Game fügte seiner Laufbahn einen letzten denkwürdigen Moment hinzu. Die Partie stand unentschieden, als in der Verlängerung noch zehn Sekunden zu spielen waren und Michael den Ball mit dem rechten Ellenbogen annahm. Wie schon Tausende Male zuvor spielte er seinen Verteidiger auf der Ball-Korb-Linie aus, bewegte sich zwei Schritte in Richtung Grundlinie, um kurz vor dem Buzzer zu einem Fadeaway Jump Shot emporzusteigen. Wusch!

Am 16. März 2003, vor dem letzten Spiel der Saison, waren mehrere Legenden des Basketballsports anwesend, um MJ in den Ruhestand zu verabschieden. Julius Erving und Moses Malone übergaben ihm einen speziell für ihn angefertigten Golfwagen. Die Wizards kassierten eine haushohe Niederlage, während Jordan die meiste Zeit auf der Bank verbrachte. »Wir wollen Mike!«, sangen die Zuschauer im Chor.

Jordans Präsenz allein war nicht genug, um das ansonsten einfallslose Team wieder auf die Beine zu bringen. Während seiner zwei Spielzeiten in Washington schafften es die Wizards nicht, die Playoffs zu erreichen.

Wie schon in Chicago nahm auch Jordans Abschied bei den Wizards eine unschöne Wendung. Nach der Saison von 2003 geriet er mit einer Gruppe von Mitinhabern aneinander, die ihm mitteilten, dass seine Dienste nicht länger benötigt wurden. So etwas hatte er seit der Highschool nicht mehr erlebt. Jordan behauptet bis heute, man habe ihm versprochen, er könne nach seinem Rücktritt seine Anteile am Verein zurückerhalten. Doch das geschah nicht.

Im März 2010 kehrte er in den administrativen Bereich zurück, als er zum Mehrheitseigentümer der Charlotte Bobcats (die ihren Namen 2014 in Hornets abänderten) wurde. Seine Statistik als Funktionär hat er auch hier nicht wirklich verbessern können: Jordan, der Manager, scheint genau den gegenteiligen Einfluss auf seine Teams auszuüben wie Jordan, der Basketballspieler.

Heutzutage kann man seine neuesten Highlights auf unscharfen Handyvideos bestaunen, zum Beispiel wie er als 43-Jähriger in seinen Sommercamps topgesetzte Highschool-Athleten zerlegt. Hin und wieder fordert er nach einer Trainingseinheit der Hornets einen Spieler zu einem Eins-gegen-eins-Duell heraus – auch wenn er danach seine Knie tagelang in Eis packen muss.

MJs Tage bei den Wizards werden oft als Fleck auf der ansonsten makellos weißen Weste seiner Karriere bezeichnet. Aber sie sind auch der angemessene Abschluss für einen Wettkämpfer, der die Finger einfach nicht vom Ball lassen konnte.

Wie Jordan es in seiner Hall-of-Fame-Rede aus dem Jahr 2009 formulierte: »Sag niemals nie. Denn Grenzen sind, genau wie Ängste, oft nur eine Illusion.«

SPIELER MIT DEN MEISTEN VEREINSWECHSELN

1.	Chucky Brown	12 (1990-2002)
	Jim Jackson	12 (1993-2006)
	Tony Massenburg	12 (1991-2005)
	Joe Smith	12 (1996-2011)
5.	Mike James	11 (2002-2014)
	Kevin Ollie	11 (1998-2010)
	Ish Smith	11 (2011-2020)

Allen Iverson versucht 2004, an Steven Jackson vorbeizukommen.

2001
AI UND DER KAMPF DER KULTUREN

Am 12. März 1997 waren mit den Chicago Bulls die Titelverteidiger nach Philadelphia gekommen, um sich mit den 76ers zu messen. Die Sixers steckten mitten in einer lausigen Saison, in der sie lediglich 22 Spiele für sich entscheiden konnten. Das Stadion allerdings war restlos ausverkauft – das Aufeinandertreffen von Michael Jordan und dem aktuellen First Overall Pick Allen Iverson wollte sich niemand entgehen lassen.

Wie eine ganze Generation von Superstars verehrte Iverson Jordan schon seit Kindheitstagen. Allen erzählte jedem, dass er eines Tages sein Schnellfeuer-Crossover gegen den ewigen Champion einsetzen werde.

Iverson bekam am oberen Ende des Keys den Ball zugespielt. »Michael!«, schrie Phil Jackson vom Spielfeldrand aus, als Jordan sich des Rookies der 76ers annahm. Jordan türmte sich vor Iverson auf, der keine 1,85 Meter groß war und kaum 75 Kilo wog.

Die restlichen acht Spieler machten den Weg frei, und die Eins-gegen-eins-Schlacht, auf die alle gewartet hatten, konnte beginnen. Iverson setzte zu einem schnellen Crossover an, um zu schauen, ob Jordan anbeißen würde. Die Philly-Fans hielt nichts mehr auf ihren Sitzen. In dem Moment, in dem Michael seine Füße auf dem Boden fixiert hatte, spielte Iverson einen weiteren Cross und ließ den ehemaligen Verteidiger des Jahres im Regen stehen. Er zog rechts an ihm vorbei und hoch zu einem Jumper. Als Jordan endlich in Aktion trat, war es zu spät. Der Ball zischte durchs Netz und die Menge tobte.

Wenn ein einzelner Moment in einem ansonsten unbedeutenden Spiel der regulären Saison Symbolcharakter haben kann, dann dieser.

Nach einem Senkrechtstart an der Georgetown University wurde Iverson als First Overall Pick des mit Stars in spe vollgepackten Drafts (unter anderen Kobe Bryant, Steve Nash und Ray Allen) von 1996 ausgewählt. Mit seiner auffälligen, vom Streetball beeinflussten Spielweise, die auf Täuschungsmanövern und gewagten Aktionen beruhte, hatte Iverson sich schnell von der Masse abgehoben.

Er war vor allem bei den jüngeren Fans beliebt. Obwohl er ein erstaunlicher Athlet war – mit Football und Basketball in gleich zwei Sportarten Weltklasse –, konnten sie sich mit ihm identifizieren. Seine geringe Körpergröße ließ ihn auf dem Weg zum Korb wie einen ganz normalen Typ wirken, der sich einen Weg zwischen Riesen hindurch bahnt. Schon bald verkörperte er die Hip-Hop-Szene, die damals gerade Einlass in die Popkultur fand. »Tupac mit einem Jump Shot«, wie der Kritiker Michael Eric Dyson es einmal formulierte.

Nach dem Draft unterschrieb er einen 50-Millionen-Dollar-Vertrag bei Reebok, die ihn unbedingt als »Anti-Establishment« – mit anderen Worten: als den Anti-Jordan – vermarkten wollten. Jordan erschien Tag für Tag mit Anzug und Krawatte zur Arbeit. Er liebte das Golfspiel und schmauchte Zigarre; er symbolisierte das amerikanische Big Business. Iverson hingegen bevorzugte Durags und Schlabberklamotten, die er mit Goldketten abrundete – die Uniform seiner Generation.

Reebok hatte die Hoffnung, dass Iverson den Look und die Ausstrahlung der NBA in der Art und Weise beeinflussen würde, wie es Dr. J in den 1970ern gelungen war. Er verpasste einem Spiel, das sich für die wachsende Anzahl jugendlicher Anhänger allmählich altbacken anfühlte, einen neuen Style. Doch die Liga hatte andere Vorstellungen.

Iverson wurde 1997 zum Rookie des Jahres gewählt, nachdem er durchschnittlich 23 Punkte pro Partie erzielt hatte. Um die Auszeichnung in Empfang zu nehmen, erschien er auf einer Pressekonferenz mit einem weißen, eng anliegenden Durag mit Reebok-Logo. »Das sieht wie etwas aus, das Gefängnisinsassen tragen«, kommentierte der stellvertretende Commissioner Russ Granik. In der folgenden Spielzeit präsentierte sich Iverson mit neuer Haartracht – Cornrows – und etablierte sich als Trendsetter einer neuen Ära.

Während Allens kometenhafter Aufstieg sich fortsetzte – in seiner dritten Saison führte er die Punktetabelle der League an –, begann die NBA, sich an seinem Hip-Hop-Image zu stören. Als er im Januar 2000 auf dem Titelbild des von der NBA herausgegebenen *Hoop*-Magazins erschien, hatte man die Tattoos, die seinen Oberkörper schmückten, wegretuschiert.

»Sie hätten jemand anderen nehmen können, wenn sie mich nicht so akzeptieren, wie ich bin«, sagte Iverson. Seine Tätowierungen enthielten die Namen seiner Mutter und Großmutter sowie die seiner Kinder. »Sie wegzuretuschieren, fühlt sich für mich wie eine schallende Ohrfeige an.«

Die NBA mag versucht haben, sein Hip-Hop-Image im Zaum zu halten, da sie befürchteten, potenzielle Großkunden zu verprellen. Die Fans allerdings sahen das anders. Mit Iverson – »The Answer«, wie er auch genannt wurde – als Werbeträger für eine ganze Generation wurde die nach ihm benannte Reebok-Kollektion zum absoluten Verkaufsschlager. Genau wie Hip-Hop selbst stand er für eine Gegenkultur, die zum Mainstream wurde.

Auf dem Court blühte Iverson auf. Im Sommer 2000 verstärkten die 76ers ihren Kader mit dem Center Dikembe Mutombo und engagierten als Head Coach Larry Brown, der Philadelphias Offensivspiel auf ihren Superstar-Guard zuschnitt. Die Saison 2000–01 schlossen die Sixers auf dem ersten Tabellenplatz der Eastern Conference ab. Iverson holte im Schnitt 31,1 Punkte pro Partie sowie seinen zweiten von insgesamt vier Titeln als Top-Scorer nach Hause. Er wurde zum MVP 2001 gewählt.

Allen führte die Sixers in dieser Spielzeit zu ihrer ersten Finalteilnahme, die Finalpaarung gegen Shaq, Kobe und die Los Angeles Lakers war mit einem Kampf David gegen Goliath vergleichbar. Im ersten Spiel erzielte Iverson 48 Punkte in einem Sieg nach Verlängerung – die einzige Niederlage der Lakers in dieser Post Season. Letztendlich entschied Los Angeles die Serie mit 4-1 für sich.

Iverson sammelte weiterhin fleißig Punkte ein (zwischen 1998 und 2006 gab es keinen Spieler, der mehr erzielte), die Finals erreichte er jedoch kein weiteres Mal.

In den Jahren nach Michael Jordans Rücktritt 2003 wurde Iverson auf den Thron des beliebtesten Spielers gehoben. Allerdings sank die TV-Zuschauerquote von Saison zu Saison. Ab dem 1. November 2005 führte die NBA eine Kleiderordnung ein, angeblich als Reaktion auf die als »Malice at the Palace« berühmt-berüchtigte Massenschlägerei der Vorsaison, ein Vorfall, der nicht gerade dazu beigetragen hatte, das Gangster-Image der Liga und ihrer neuen Stars aufzupolieren. In Wahrheit war wohl Iverson der Auslöser.

Die Vorschrift untersagte T-Shirts, Ketten und weitere Hip-Hop-Accessoires. Commissioner David Stern bezeichnete die neue Regelung als »freizügig und locker«.

»Sie nehmen meine Generation ins Visier – die Hip-Hop-Generation«, erwiderte Iverson scharf.

Mehrere prominente Spieler sprachen sich gegen die neue Kleiderordnung aus. Jason Richardson nannte sie »irgendwie rassistisch« und sagte, dass die Regel unverhohlen auf schwarze Athleten abziele.

Stern ließ sich nicht von seinem Kurs abbringen und behauptete, dass in einer Liga

Hakeem Olajuwon wird 1997 von Iverson ausgespielt.

Iverson schaut 2006 einem verlorenen Ball hinterher.

mit vorwiegend afroamerikanischen Spielern Rassismusdebatten unvermeidlich sein. »In jeder neuen Tarifrunde wurde mir die Mentalität eines Plantagenbesitzers unterstellt«, sagte er. Iverson stand nicht zum ersten Mal im Mittelpunkt eines Rassenkonflikts.

An der Highschool war er in seiner Heimatstadt Newport News, Virginia, an einer Schlägerei zwischen schwarzen und weißen Teenagern beteiligt gewesen. Damals war er ein übermütiger Starspieler, der frech und selbstbewusst seine beeindruckenden Fähigkeiten auf dem Footballfeld oder Basketball-Court zur Schau stellte. Zum Zeitpunkt des Vorfalls war Iverson noch minderjährig, doch die Vertreter der Anklage zogen den Fall in die Länge, sodass er unter das Erwachsenenstrafrecht fiel. Die Gerichte wollten an dem prominenten Mitglied der afroamerikanischen Gemeinde ein Exempel statuieren. Er wurde der Straftat »maiming by mob« (öffentliche Aufforderung zur Gewalt) für schuldig befunden, ein Anklagepunkt, der ursprünglich dem Gesetzesrecht Virginias beigefügt wurde, um die Lynchjustiz nach dem Bürgerkrieg zu bekämpfen, und seit Jahren nicht mehr angewendet worden war. Iverson wurde zu 15 Jahren Gefängnis verurteilt. Nach vier Monaten wurde er von L. Douglas Wilder, Virginias erstem schwarzen Gouverneur, begnadigt und das Urteil wurde später aufgehoben.

Iversons Karriere erreichte nicht die Höhen der Karrieren anderer Superstars. Nach der Finalteilnahme von 2001 schaffte er es nie mehr über die zweite Playoff-Runde hinaus. Sein Status als einer der ganz Großen des Basketballsports steht jedoch außer Frage. Von seinen Mitspielern wurde er verehrt, da er oft der kleinste Spieler auf dem Feld und trotzdem unaufhaltsam war. Seine Auszeichnung zum MVP war eine Bestätigung dafür, dass man auch mit seiner Statur zu den Besten gehören konnte. Iverson verlieh der Ära neuer afroamerikanischer Superstars ein Gesicht und ebnete den Weg für LeBron James sowie einer ganzen Generation stolzer, freimütiger Spieler, die noch folgen sollten.

Im Jahr 2016 wurde Allen Iverson in die Hall of Fame aufgenommen. »Worauf ich am meisten stolz bin«, sagte er bei seiner Dankesrede, »ist die Tatsache, dass ich es auf meine Art und Weise durchgezogen habe. Ich habe mich niemals verstellt.«

NBA-AUFNAHMEN

Allen Iverson repräsentierte nicht nur die Hip-Hop-Kultur, sondern war auch selbst ein Rapper. 2005 brachte er die Single *40 Bars* heraus – nicht das einzige Mal, dass ein NBA-Star einen Ausflug in die Musikwelt unternahm:

- *Shaq Fu: Da Return* — Shaquille O'Neal
- *The Album That Never Was* — Lou Williams
- *Shaq Diesel* — Shaquille O'Neal
- *The Letter O* — Damian Lillard
- *40 Bars* — Allen Iverson

2002
YAO

»Mit dem First Pick des Drafts von 2002 wählen die Houston Rockets Yao Ming aus Schanghai, China, von den Shanghai Sharks.«

Nach dieser Bekanntgabe wurde live aus dem Wohnzimmer der Familie Ming übertragen. Die überwiegend kahlen Wände bildeten nicht die allerbeste TV-Kulisse, aber alle Aufmerksamkeit war auf den 2,29 Meter-Hünen gerichtet, der, von seiner Familie und einem Übersetzer flankiert, auf der Couch saß.

Auf Drängen eines NBA-Mitarbeiters, der im Bild nicht zu sehen war, klatschten sich die Anwesenden etwas unbeholfen ab.

Vom Tag seiner Geburt an trug Yao die Erwartungshaltung einer ganzen Nation auf seinen Schultern. Unter der Kommunistischen Partei Chinas (KPCh) galt Sport als ein probates Mittel, den globalen Einflussbereich des Landes auszuweiten. Im Basketball war Yao Chinas größte Hoffnung.

Es sollte nicht lange dauern, bis seine Nation stolz auf ihn war. In seinem ersten Jahr in der NBA wurde er zum All-Star gewählt. Er sprengte den Weg für den globalen Vorstoß der NBA frei und dank seiner Hilfe wurde Basketball zur beliebtesten Sportart in China.

Doch an diesem Draft-Abend sah man einen erschöpften Yao in seinem Wohnzimmer sitzen. Er musste einen langen, steinigen Weg hinter sich bringen, um an diesen Punkt zu gelangen. Seinem Wechsel in die USA und der damit verbundenen Freistellung von den Shanghai Sharks der Chinese Basketball Association waren jahrelange Verhandlungen vorausgegangen. Als er im Alter von 21 Jahren endlich die Erlaubnis bekam, am NBA-Draft teilzunehmen, tauchten Meldungen auf, dass die chinesische

Yao Ming springt in einem Spiel gegen die Golden State Warriors von 2006 höher als alle anderen.

Regierung plane, die Hälfte seiner Einnahmen abzukassieren. »Frustrationen sind nichts Neues für mich«, sagte Yao Berichten zufolge im April des Jahres einer örtlichen Zeitungsagentur gegenüber. »Ein paar mehr davon machen jetzt auch nichts mehr aus.«

Nur Stunden vor dem Draft hatte Yaos Mutter Fang Fendi damit gedroht, dass ihr Sohn seine Basketballschuhe für immer an den Nagel hängen würde, sollten sie keine faire Freigabe erhalten. In Yaos Laufbahn hatte seine Mutter stets eine Schlüsselrolle gespielt. Die 1,88 Meter große Fang hatte in China sowohl in der Profiliga als auch in der Nationalmannschaft Basketball gespielt. Yaos Vater Yao Zhiyuan war ein 2,08 Meter großer Center-Spieler aus Schanghai.

Die beiden hatten sich im örtlichen Basketballverein kennengelernt und ihre Beziehung wurde von der KPCh außerordentlich begrüßt. Als der »Große Vorsitzende« Mao Tsetung Mitte des 20. Jahrhunderts an die Macht kam, drängte er sportliche Mitbürger zur Zeugung genetisch bevorteilter Stars der Zukunft für den Aufbau seines Sportimperiums. Als sie im Jahr 1979 heirateten, waren Yaos Eltern das körperlich größte Paar Chinas.

Yao kam mit fünf Kilogramm und einer Größe von 58,5 Zentimeter auf die Welt – deutlich über chinesischem Durchschnitt. Als Schanghais Sportkommission davon Wind bekam, fing Yaos Wurfuhr zu ticken an.

»Seit drei Generationen haben wir auf die Ankunft eines Yao Ming gewartet«, sagte ein örtlicher Jugendtrainer und ehemaliger Teamkollege seines Vaters.

Im Alter von acht Jahren hatte Yao die Durchschnittsgröße eines chinesischen Mannes erreicht. Noch vor seinem zehnten Geburtstag wurde er an eine »Sportschule« für Jugendliche geschickt, um dort Basketball zu trainieren. Zu spielen fühlte sich wie Arbeiten an und die routinemäßige Monotonie – tagein, tagaus derselbe Drill – tötete jegliche Freude am Spiel ab. Deprimiert kam er nach Hause und wollte nie mehr einen Ball in die Hand nehmen.

Ungefähr zur selben Zeit kamen die Harlem Globetrotters auf ihrer Tour durch Asien nach Schanghai. An einem Sonntagnachmittag kaufte Fang zwei Eintrittskarten für sich und ihren Sohn und veränderte dadurch Yaos Leben für immer. Die Globies schienen sich kaputtzulachen, während sie Basketball spielten, und besonders ihr Showtalent hatte es Yao angetan. Basketball konnte also auch Spaß machen.

Mit einer neuen Einstellung dem Ballsport gegenüber blühte Yao förmlich auf. Mit 13 hatte er die Zwei-Meter-Marke erreicht und trat für die Jugendauswahl der Shanghai Sharks an. Noch als Teenager schaffte er es in die Erwachsenenauswahl.

1996 wurde Yao (damals 16 Jahre alt und 2,18 Meter groß) von Nike-Repräsentanten in Schanghai entdeckt, die sich auf einer Chinareise befanden, um den lukrativen chinesischen Markt zu erschließen. Die chinesische Regierung erlaubte es Yao, 1997 an einem von Nike organisierten Basketballcamp in Paris teilzunehmen, und stimmte zusätzlich noch einer für 1998 geplanten Tour durch die USA zu. Dort traf er Michael Jordan – und war so aufgeregt, dass er die einfachsten Wurfübungen vermasselte, als die große Ikone ihm dabei zuschaute. Die Reisegenehmigungen waren eine seltene Geste des autoritären Regimes, das eine Gelegenheit sah, sein wertvollstes sportliches Gut auf ein athletisch höheres Level zu heben und Chinas Einflussbereich auszubauen.

Bis zum Jahr 2002 hatte sich der mittlerweile 21-jährige und 2,27 Meter große Yao in eine unaufhaltsame Maschine verwandelt. Er verhalf der chinesischen Nationalmannschaft bei den Basketball-Asienmeisterschaften von 2001 zur Goldmedaille und dominierte die Chinese Basketball Association mit durchschnittlich 39 Punkten und 20 Rebounds pro Partie, wobei er nebenbei die Sharks noch zum Meisterschaftstitel führte.

Als die Houston Rockets Yao zum First Overall Pick bestimmten, ernteten sie dafür Kritik. Für viele bedeutete Yao lediglich eine Nebenattraktion und seine Erfolge auf dem Platz wurden dem niedrigeren Niveau der chinesischen Liga zugerechnet. Die NBA würde ihn bei lebendigem Leibe auffressen.

Aufgrund seiner Verpflichtungen der chinesischen Nationalmannschaft gegenüber verpasste er in seinem Jahr als Rookie sowohl das Trainingslager als auch die Vorsaison. Schätzungen zufolge saßen gut 300 Millionen Chinesen während seines ersten Auftritts in der NBA vor ihren Fernsehern. In seinen elf Minuten auf dem Platz erzielte er nicht einen einzigen Punkt.

Die NBA hatte 1989 zum ersten Mal Kontakt mit China aufgenommen, als David Stern sich mit Vertretern von CCTV, dem staatlichen Fernsehsender, traf, um sie davon zu überzeugen, Spiele der NBA zu übertragen. Fünf Jahre darauf wurden die Finals der League regelmäßig und landesweit in China ausgestrahlt.

Doch solche Zuschauerzahlen wie in Yaos Rookie-Jahr hatte die NBA noch nie gesehen. Während er sich allmählich in die NBA eingewöhnte, traten Yaos Fähigkeiten zutage. Er kombinierte seine beachtliche Körpergröße und baumstammgleichen Beine mit einem bemerkenswerten Ballgefühl, erstaunlich guter Beinarbeit, instinktivem Passspiel und der Fähigkeit, mit der einen wie der anderen Hand abzuschließen.

Im Gegensatz zu anderen Riesen der NBA wie beispielsweise dem 2,30 Meter großen Gheorghe Muresan oder Manute Bol spielte Yao Basketball, seitdem er denken konnte. Und dies machte sich langsam bezahlt. Im Dezember seines Rookie-Jahres holte er im Schnitt 17 Punkte, 10 Rebounds und fast 3 Blocks pro Partie.

Selbst in einer Liga voller Giganten stach Yao noch heraus wie ein 2,29 Meter großer Kerl mitten in Schanghai. Während er in der NBA immer besser Fuß fassen und seinen Bekanntheitsgrad steigern konnte, gab es auch den einen oder anderen Fremdschämmoment – zum Beispiel den Abend, an dem Yaos Rockets in Miami gegen die Heat antraten und als PR-Gag im Publikum Glückskekse verteilt wurden. Kurz vor dem ersten Aufeinandertreffen von Yao und Shaquille O'Neal tauchten Videoaufnahmen von einem Interview auf, in dem O'Neal Yao nachahmte, indem er ein Kauderwelsch von sich gab, das vage an Chinesisch erinnerte. Die Liga schenkte dem Vorgang jedoch so gut wie keine Beachtung. Shaq entschuldigte sich – mehr oder weniger. Er behauptete, dass das Ganze ein schlechter Scherz gewesen sei. Die Situation wurde von Yao elegant entschärft. »Ich denke, Shaquille O'Neal hat nur einen Witz reißen wollen«, sagte er Reportern gegenüber, »doch ich kann mir vorstellen, dass viele Asiaten diese Art von Humor nicht verstehen.«

INTERNATIONALE SPIELER MIT DEN MEISTEN PUNKTEN

1.	Dirk Nowitzki	31 560
2.	Hakeem Olajuwon	26 946
3.	Pau Gasol	20 894
4.	Tony Parker	19 473
5.	Steve Nash	17 387

Yao Ming und Shaquille O'Neal kämpfen in den Playoffs von 2004 um einen Rebound.

Als am 17. Januar 2003 die Los Angeles Lakers bei den Rockets antraten, standen die beiden Giganten sich zum ersten Mal gegenüber. Ein Pflichttermin für jeden Basketballfan. Shaq, der als einziger Athlet der NBA mehr auf die Waage brachte als Yao, war genau die Art Spieler, den der chinesische Neuling angeblich nicht in den Griff bekäme. Zu Yaos Verteidigung sei gesagt, dass lediglich Hakeem Olajuwon in der Lage war, Shaq ein wenig zu bremsen.

Während des ersten Ballbesitzes der Lakers postete sich Shaq gegen Yao auf und ließ sich den Ball zuspielen. Er wollte den Chinesen nicht einfach mit purer Kraft überrumpeln, das wäre zu einfach gewesen. Stattdessen spielte er einen Crossover und versuchte, zu einem Korbleger hochzusteigen. Der von Yao geblockt wurde. Was vollkommen mühelos aussah. Die Menge tobte. Im nächsten Spielzug postete Yao sich gegen Shaq unter dem Korb auf. Yao drehte sich und setzte zu einem eleganten Hook Shot an. Wusch!

Nun war Shaq wieder an der Reihe und der dreimalige Finals-MVP schob Ming regelrecht unter den Korb, um seinen charakteristischen Drop Step durchzuziehen. Yao blockte auch diesen. Der Neuling der Rockets rannte den Court hoch, wo er von seinen Teamkollegen den Ball für den nächsten Korb erhielt. Yao 2, Shaq 0.

Nur wenige Spielzüge später wurde O'Neal von Ming zurückgedrängt, der sich zu einem Fadeaway Jumper umdrehte, der mühelos durchs Netz fiel. Jetzt war O'Neal ernsthaft sauer. Er hielt Yao in Schach und machte von seinen brachialen Kräften Gebrauch, um über ihn hinwegzudunken. Zum dritten Mal hintereinander endete Shaqs Aktion in einem Block von Yao. Die Rockets gewannen die Partie mit vier Punkten Vorsprung.

China feierte das Ereignis auf Public-Viewing-Partys im ganzen Land. Spiele der NBA lockten durchschnittlich zehn Millionen Menschen vor die Fernsehapparate und Yao war in unzähligen Werbespots sowohl zu Hause als auch in Übersee zu sehen.

Sein Auftritt gegen Shaq und die Lakers hatte viele Augen geöffnet – Yao wurde in die Startaufstellung des All-Star Games gewählt. Je wohler er sich in seiner neuen Umgebung fühlte und je mehr er das Gefühl hatte, mit den Topathleten der NBA mithalten zu können, desto mehr kam sein eigentliches Wesen zum Vorschein. Er war lustig, selbstironisch und scharfsinnig.

Im Jahr 2004 wurde Tracy McGrady, der führende Scorer der Liga, nach Houston verkauft. Die Rockets gewannen 51 Begegnungen und mit der Unterstützung seiner chinesischen Anhänger wurde Yao im dritten Jahr in Folge mit rekordverdächtigen 2 558 278 Stimmen ins All-Star-Team gewählt.

McGrady und Yao hatten das Zeug zu einem Elite-Duo, doch nach seiner dritten Spielzeit fing Yao an, unter Fußproblemen zu leiden, die seine Karriere schließlich beenden sollten. Bis

Yao posiert 2004 für ein Mannschaftsfoto vor einem Porträt Mao Tse-tungs.

dahin war er von Verletzungen verschont geblieben, hatte bloß zwei von 246 Partien auslassen müssen. Die Liste der NBA-Spieler mit Fußproblemen ist lang – man muss sich nur die Laufbahnen von Bill Walton, Greg Oden und Kevin Durant vor Augen halten. Sogar Jordan brach sich in seinem zweiten Jahr den Fuß. Auch Yao war gegen diesen Fluch nicht gefeit.

Die Probleme mit seinen Füßen hielten an. Er sah sich gezwungen, die komplette Saison 2009–10 auszusitzen. Im Jahr darauf kam er zurück, aber nach lediglich fünf Spielen musste er wieder auf die Bank. Auf einem Court der NBA sah man ihn nie wieder.

Nach nur acht Spielzeiten musste Yao seinen Rücktritt erklären – in jedem seiner acht Jahre als NBA-Spieler wurde er ins All-Star-Team und fünfmal ins All-NBA-Team gewählt. Zum ersten Mal in seinem Leben trat nun Basketball in den Hintergrund, obwohl er als Kind eher Architekt oder Politiker hatte werden wollen. Er agierte weiterhin als globaler Botschafter für das Spiel, hatte nun aber Zeit, sich anderen Dingen zu widmen. So fing er an, für Wohltätigkeitsorganisationen zu arbeiten, und engagierte sich für den Schutz von Wildtieren.

Im Jahr 2017, demselben Jahr, in dem die Rockets sein Trikot mit der Nummer 11 für immer aus dem aktiven Verkehr zogen, ernannte man Yao zum Vorsitzenden des staatlich geförderten nationalen Basketballprogramms. Die Chinese Basketball Association expandierte und wurde zum beliebten Arbeitsplatz für in die Jahre gekommene NBA-Stars wie Stephon Marbury, Steve Francis und Kenyon Martin.

Heutzutage ist die NBA die populärste Liga in China. Der Basketballsport erlebte dort einen beispiellosen Aufschwung, was allein Yao zu verdanken ist.

Trotz einer relativ kurzen Karriere wurde Yao im Jahr 2016 in die Hall of Fame aufgenommen – im selben Jahr wie O'Neal. In seiner Rede dankte er seiner Mutter sowie Teamkameraden und Coaches, die ihn in seiner Laufbahn als Spieler begleitet hatten. »Das Spiel hat Milliarden von Menschen auf der ganzen Welt inspiriert«, sagte er zum Abschluss. »Als einer von ihnen werde ich weiterhin meinen Teil dazu beitragen, das großartige Spiel des Basketballs voranzubringen.«

DAS CHINESISCHE WUNDER

Dank Yao erhielt Basketball in seinem Heimatland einen nie da gewesenen Popularitätsschub. 2004 nahm die NBA als erste amerikanische Profiliga an Schauturnieren in China teil. 2008 gründete die Liga die NBA China, die mittlerweile auf über vier Milliarden Dollar taxiert wird. Im Jahr 2015 schloss die League mit einem 500-Millionen-Dollar-Deal mit dem chinesischen Technologieunternehmen Tencent ihre bislang umfangreichste internationale Kooperation ab. Während der Finals von 2017 registrierte die NBA in China 2,9 Milliarden Videoaufrufe via Weibo, einer Social-Media-App. Und im Juli 2019 verlängerte die NBA ihre Zusammenarbeit mit Tencent für 1,5 Milliarden Dollar um weitere fünf Jahre.

2004
»MALICE AT THE PALACE«

Es ist der 14. November 2004. Ron Artests Indiana-Pacers-Trikot ist zerrissen und von Bier durchtränkt, als er in Detroits Palace of Auburn Hills vom Platz eskortiert wird. Der Kragen hängt unterhalb seiner Brust. Sein Gesichtsausdruck lässt sich mit »verwirrt« wohl am besten beschreiben.

Augenblicke zuvor war bei noch 45 Sekunden auf der Uhr ein Tumult zwischen den Pacers und Pistons ausgebrochen. Inmitten des Gewühls segelte ein blauer Becher aus den Zuschauerrängen hinab und landete direkt auf Artest. Explosionsartig schoss dieser auf die Tribüne, um den Verantwortlichen zu stellen, und schlug einen Fan – den falschen allerdings – mit der Faust zu Boden. Die schwerwiegendste und unschönste Massenschlägerei in der Geschichte des nordamerikanischen Profisports hatte ihren Lauf genommen.

Artests Teamkameraden, von Newcomer Stephen Jackson angeführt, folgten ihm auf die Zuschauerränge. Die Spieler kloppten sich mit den Fans, von denen viele während des sich entwickelnden Chaos auf den Court gestürmt kamen.

Später in der Kabine wandte sich Artest an Jackson und fragte ihn: »Jack, glaubst du, wir kriegen Ärger?«

Körperliche Auseinandersetzungen waren für die NBA nichts Neues; in ihren Anfängen kamen Schläge und unsportliche Attacken fast genauso oft vor wie Jump Shots. Während der 1940er- und 1950er-Jahre gab es in jedem Umkleideraum Aufbewahrungsboxen für Zahnprothesen. Doch nie zuvor hatte eine Rangelei solche Ausmaße angenommen.

Ein Ellenbogen während der Playoffs von 2004 brachte den Stein ins Rollen. Mit einem imposanten Kader, zu dem unter anderem Center Jermaine O'Neal sowie der 38 Jahre alte Reggie Miller gehörten, hatten die Pacers die Saison mit 61 Siegen – mehr als jedes andere Team – abgeschlossen und galten nun als Favoriten für die Finals. Doch die Detroit Pistons hatten andere Pläne. Als sie kurz davor waren, ihre Rivalen in den Eastern Conference Finals nach Hause zu schicken, warf der notorisch ruppige Artest Pistons Starspieler Rip Hamilton mit einem Schlag ins Gesicht zu Boden (ungeachtet der Schutzmaske, die Hamilton aufgrund einer gebrochenen Nase trug).

Nach seinem Ausflug in die Zuschauerränge kehrt Artest auf den Platz zurück.

Das hässliche Foul war nicht untypisch für Artest. Geboren und aufgewachsen im New Yorker Sozialbau-Brennpunkt Queensbridge, hatte Artest, als er 22-Jähriger zu den Pacers stieß, bereits einen Ruf als außergewöhnlicher Verteidiger, aber auch als Hitzkopf. Bis zum Jahr 2004 hatte man ihn innerhalb von sechs Spielzeiten schon achtmal gesperrt. (Am Ende seiner 15-jährigen Laufbahn brachte er es auf insgesamt 14 Sperren.)

Artest war einer der wichtigsten Spieler der Pacers, ein zweimaliger All-Star, der half, sein Team zu einem heißen Anwärter auf den Titel zu machen.

Auf dem Papier waren die Pacers von 2004–05 sogar noch besser als die der vorherigen Saison (die in den Conference Finals gegen die Pistons ausgeschieden waren). Miller musste aufgrund einer gebrochenen Hand zum Saisonstart zwar aussetzen, doch der Verein hatte in der Nachsaison Jackson verpflichtet und dem Team damit einen dynamischen dritten Schützen neben O'Neal und Artest beschert.

Das Spiel zwischen Pacers und Pistons vom 14. November 2004 war mit einem roten Sternchen im Kalender versehen und wurde von ESPN landesweit ausgestrahlt. Es war die Gelegenheit für die Pacers, den Pistons sowie dem Rest der Liga eine Nachricht zu übermitteln: Diesmal kann uns niemand aufhalten.

Indiana kontrollierte die Partie über die volle Spielzeit hinweg und war auf dem Weg zu einem souveränen Sieg. Trotz eines 15-Punkte-Vorsprungs zum Ende des letzten Viertels ließ Pacers-Coach Rick Carlisle seine Startaufstellung auf dem Feld, um die Botschaft durch ein höheres Endergebnis noch deutlicher zu übermitteln. Ab hier wurde es hässlich.

Bei einer Restspielzeit von 1:11 Minuten foulte Pistons Center Ben Wallace Artest so hart, dass dieser gegen die Haltevorrichtung der Korbkonstruktion knallte – ein klarer Racheakt für die Saison zuvor. Beim nächsten Trip den Court runter antwortete Artest, indem er den Center von hinten schubste. Wallace drehte sich um, sah Artest und rammte ihm seine Arme in den Hals, als stünde er im Boxring und nicht auf dem Court.

Wallace ging Artest nach, der sich hinter die Seitenlinie zurückzog. Während Spieler beider Teams sich nun vor ihm gegenseitig hin- und herschubsten, legte Artest sich demonstrativ auf den Anschreibertisch, der auch als Pseudo-Trennwand zwischen Spielern und Fans fungierte. Es war ein Versuch, seine Reife zu beweisen, sich nicht in die Auseinandersetzung mit hineinziehen zu lassen und abzuwarten, bis die Situation sich wieder beruhigt hätte. Es sollte eine lange Wartezeit werden.

Artest lag also auf dem Tisch, als der blaue Becher angeflogen kam, ihn mitten im Gesicht erwischte und seinen Inhalt über ihn ergoss. Er folgte einem ersten Impuls und preschte in die Zuschauerränge.

Bevor irgendjemand irgendetwas unternehmen konnte, befand sich Artest schon zehn Reihen weiter oben, auf direktem Weg in Richtung des unschuldigen Fans, von dem er dachte, er hätte den Becher mit Bier geworfen. Artest brachte ihn zu Boden, während weitere Fans der Pistons auf ihn zugestürmt kamen. John Green, der Mann, der in Wahrheit den Becher geschmissen hatte, schnappte sich Artest von hinten und attackierte ihn mit Schlägen am Hinterkopf, während noch viel mehr Bier auf dem rasenden Pacers-Star ausgeleert wurde. Jackson, der seinem Teamkameraden helfen wollte, hatte sich an Artests Fersen geheftet und mit einem heftigen Punch einen weiteren Fan ausgeknockt.

Immer mehr Spieler und Coaches der Pacers und Pistons tauchten in den Rängen auf – nicht um die Situation zu beruhigen, sondern um die Spieler möglichst schnell aus der Schusslinie bringen. Die Fans waren im Verhältnis zehn zu zwei in der Überzahl und viele von ihnen glaubten, vom Alkohol benebelt, es mit Basketballspielern aufnehmen zu können, die doppelt so groß waren wie sie.

Artest wurde von seinen Mannschaftskameraden zurück auf den Platz gebracht, wo er von zwei weiteren Zuschauern herausgefordert wurde. Einem der beiden verpasste O'Neal ein blaues Auge. Die Pacers hatten mittlerweile den Ernst der Lage erkannt und verteidigten sich so, als ob ihr Leben auf dem Spiel stünde. Sie wurden nach und nach vom Platz eskortiert. Auf ihrem Weg in die Katakomben regnete es Flaschen und Becher samt Inhalt auf sie nieder.

Als Konsequenz der unschönen Szenen wurden die bis heute härtesten Strafen in der NBA verhängt. Jackson wurde für 30 Spiele gesperrt. »Ich bereue es nicht, meinen Teamkameraden geholfen zu haben«, sagte er Jahre später. »Ich bereue es, in die Zuschauerränge geklettert zu sein und auf Fans eingeschlagen zu haben.« O'Neal wurde für 25 Partien suspendiert, die in zweiter Instanz auf 15 reduziert wurden, während Wallace für seine Rolle als Verursacher der Eskalation sechs Spiele lang gesperrt wurde. Es wurden mehrere Anklagen erhoben. Green, der Fan, der den Becher auf Artest geworfen hatte, war bereits auf Bewährung, da er schon dreimal wegen Alkohol am Steuer verurteilt worden war. Er wurde auf Lebenszeit von den Spielen der Pistons ausgeschlossen, sein Saisonticket eingezogen. Außerdem verbrachte er 30 Tage im Gefängnis. Insgesamt wurden fünf Spieler sowie fünf Fans der Straftat eines tätlichen Angriffs beschuldigt. Die Spieler plädierten auf »no contest« (womit sie die Vorwürfe weder bestätigten noch abstritten). Artest, Jackson und O'Neal wurden zu einem Jahr auf Bewährung verurteilt und zur Teilnahme an einem Aggressionsbewältigungskurs verdonnert.

Artest wurde am härtesten von allen bestraft. Man sperrte ihn für den Rest der verbleibenden Spielzeit und die Playoffs, wodurch er unvorstellbare 86 Begegnungen aussitzen musste. Seine Sperre ist die längste, die jemals in der Geschichte der NBA aufgrund eines Vorfalls auf dem Platz ausgesprochen wurde.

»Ich brauchte eine Weile [um das zu überwinden]«, sagte er Jahre später. »Nach der Schlägerei fiel ich in eine tiefe Depression. Ich war damals wirklich gut in Form. Im Jahr zuvor war ich zum All-Star gewählt worden und hätte wohl noch mehr solcher Jahre in der Eastern Division vor mir gehabt. Ich wog gute 112 Kilo und fühlte mich hervorragend. Nach dem Vorfall ging ich auf 125 Kilo hoch – und zwar schnell. Ich war bereit, alles hinzuschmeißen.«

Auf der Suche nach einem Neuanfang verlangte Artest inmitten der darauffolgenden Spielzeit einen Trade und wechselte zu den Sacramento Kings, denen er dabei half, die Playoffs zu erreichen. Schließlich landete er in Los Angeles, wo er eine Schlüsselrolle im Meisterschaftsteam der Lakers von 2010 übernahm. Im entscheidenden siebten Spiel der Finals gegen die Boston Celtics holte Artest 20 Punkte, fünf Steals und hatte mit 46 Minuten die meiste Spielzeit auf dem Court. Die erste Person, der Artest beim anschließenden Interview unter Konfettiregen dankte, war sein Psychiater.

Im April 2011 gewann er den J. Walter Kennedy Citizenship Award der NBA. Im Sommer desselben Jahres änderte er seinen Namen offiziell von Ron Artest in Metta World Peace.

Rasheed Wallace blockt 2004 im dritten Spiel der Eastern Conference Finals einen Wurf von Ron Artest.

NBA FIGHT NIGHT

In der NBA gab es schon mehrmals berüchtigte Vorfälle zwischen Spielern: 1977 brach Kermit Washington mit einem Schlag aus vollem Lauf heraus Rudy Tomjanovichs Schädel und beendete damit beider Karrieren. Die Superstars Larry Bird und Julius Erving ließen während einer hitzigen Partie 1984 die Fäuste fliegen. Bei einigen wenigen Ausnahmen waren auch Nicht-Spieler beteiligt. Vernon »Mad Max« Maxwell schlug 1995 einen Zwischenrufer zu Boden, wofür er für zehn Spiele gesperrt wurde. Dennis Rodman trat einem Fotografen am Spielfeldrand in den Unterleib, da dieser unverschämterweise genau dort stand, wo Rodman gelandet war. Im selben Jahr ging Latrell Sprewell seinem Coach an die Gurgel und würgte ihn.

2005
DER WEG DER SPURS

Im Sommer 1999 bevölkerten Tausende von Fans San Antonios River Walk, um den in Silber und Schwarz gehüllten Bötchen auf ihrem Weg den Fluss hinab zuzusehen.

Gregg Popovich, Cheftrainer und Geschäftsführer der San Antonio Spurs, ein normalerweise zurückhaltender Air-Force-Veteran, juchzte und brüllte mit der Menge. Ein Jahr zuvor hatte er Tim Duncan als First Overall Pick gedraftet – die leichteste Entscheidung seiner Laufbahn. Der 34-jährige Center David Robinson, die zentrale Anlaufstelle des Teams und ehemaliger Liga-MVP, winkte den jubelnden Fans mit einem breiten Grinsen im Gesicht zu und wirkte dabei wie ein Politiker auf Wahlkampftour.

Die Spurs feierten ihren ersten Titelgewinn seit der Fusion von ABA und NBA. Mit der Unterstützung von Duncan und Robinson beendete die Auswahl die Playoffs von 1999 mit 15-2. Duncan wurde mit gerade einmal 23 Jahren zum Finals-MVP gewählt – dem jüngsten seit Magic Johnson –, nachdem er im Schnitt 27 Punkte, 14 Rebounds und 2 Blocks gegen die glücklosen New York Knicks eingefahren hatte.

Die Spurs fanden in der durch den Lockout verkürzten Spielzeit von 1998–99 zu alter Stärke zurück und hinterließen auf ihrem Weg in die Finals viele erstaunte Gesichter. Nur wenige hatten erwartet, dass derartige Siegesparaden im Südosten Texas schon bald zu einer Tradition werden sollten. Mit fünf Championships innerhalb von 15 Jahren setzten sie in der NBA einen Maßstab für Spitzenleistungen – und Beständigkeit –, den nur wenige Teams je erreichen würden.

Die Spurs sind Gewinner. Sie gewannen bereits in der ABA, gestützt vom brillanten Top-Scorer George Gervin. Als der Verein Robinson draftete, der aufgrund seiner Zeit bei der Navy »der Admiral« genannt wurde, ging es weiter mit der Siegesträhne.

Nach dem Zusammenschluss von 1976 musste San Antonio über 20 Jahre hinweg lediglich fünf verlustreiche Spielzeiten hinnehmen – aber keine war schlimmer als die von 1996–97. Robinson spielte verletzungsbedingt nur in sechs Begegnungen und die Spurs beendeten die Saison mit 20-62 – dem zweitschlechtesten Resultat im Westen. Als Trostpflaster gewannen sie die Draft-Lotterie und das Vorrecht, Duncan zu draften, den NCAA-Spieler des Jahres.

Duncan, geboren und aufgewachsen auf der Insel St. Croix, die zu den Amerikanischen Jungferninseln gehört, hatte nie vor, Basketballspieler zu werden. Als Heranwachsender hatte er praktisch im Wasser gelebt. Mit seinem breiten Oberkörper und langen Armen und Beinen war er der geborene Schwimmer und auf dem Weg in Richtung Olympiateilnahme. Als er an der Wake Forest University von Head Coach Dave Odom entdeckt wurde, entschied sich Duncan, den Ballsport einmal auszuprobieren.

Er lernte schnell.

In seiner ersten Saison in der NBA wurde Duncan zum Rookie des Jahres gewählt und in seiner zweiten zum Finals-MVP. In den Jahren 2002 und 2003 wurde er zwei Jahre in Folge zum MVP der regulären Spielzeit ernannt – 2003 verdiente er sich zusätzlich zum zweiten Mal den Titel des Finals-MVP, nachdem er die Spurs in der Endrunde gegen die New Jersey Nets zum Gewinn der Meisterschaft geführt hatte.

Duncans Spielweise hatte Symbolcharakter für den Weg der Spurs. Gelassen ging er seiner Arbeit nach, unterstützte seine Teamkollegen und nahm das Zepter in die Hand, wenn es wirklich darauf ankam. Duncan holte sich seine Befriedigung aus den kleinen Dingen und kümmerte sich nicht im Geringsten um den ganzen Ruhm und Glamour, die typischerweise zum Leben eines NBA-Stars gehören. Die Tatsache, dass ein unspektakulärer Bank Shot aus der Mitteldistanz heraus sein Markenzeichen war, sagt eigentlich alles.

Während der ersten acht Jahre seiner Karriere erzielte Duncan durchschnittlich über 22 Punkte und 12 Rebounds pro Partie – Zahlen, die in den Playoffs stets in die Höhe gingen. Er spielte bis zum Alter von 40 Jahren und war dabei so beständig, dass seine Kontrahenten anfingen, ihn »Groundhog Day« zu nennen, bezogen auf den Film *Und täglich grüßt das Murmeltier*.

Beständigkeit war auch ein Markenzeichen der Spurs insgesamt. Ihrem ersten Titel im Jahr 1999 folgten 18 Saisons, in denen San Antonio 50 oder mehr Begegnungen für sich entscheiden konnte. In sechs dieser Spielzeiten fuhren die Spurs mehr als 60 Siege ein. Duncan und Popovich waren die festen Größen bei den Spurs. Sie setzten die Maßstäbe für jeden Spieler in Silber und Schwarz.

Popovich diente fünf Jahre aktiv in der Air Force. Während dieser Zeit repräsentierte er sein Land mit dem U.S. Armed Forces Basketball Team auch auf dem Basketballfeld. Er machte einen Abschluss in Soviet Studies und erwog, für die CIA zu arbeiten, bevor er sich für eine Trainerlaufbahn entschied.

Nachdem er vier Jahre als Assistenztrainer für die Spurs gearbeitet hatte, kehrte er 1996 als deren General Manager zurück. Nach 18 Partien der unterirdischen Saison 1996–97 feuerte Popovich den damaligen Coach der Spurs, Bob Hill, und stellte stattdessen sich selbst als Trainer an. Der Rest ist Geschichte.

Mit seinem knallharten Auftreten, das von einem geistreichen trockenen Humor be-

gleitet wurde, fand er bei den Spielern großen Zuspruch. Als er Duncan im fortgeschrittenen Alter bei bedeutungslosen Begegnungen der regulären Spielzeit auf der Bank ließ, listete er den Star-Forward unter »DNP-Old« (Did Not Play-Old).

Pop bat seine Athleten nicht darum, ihr Bestes zu geben, er verlangte es von ihnen. Ganz egal, wie hoch der Gehaltsscheck war oder wie viele Meisterschaftsringe einer schon geholt hatte: Alle wurden mit demselben Maßstab gemessen. Er hatte sich zu eigen gemacht, seine Starspieler vor dem kompletten Team runterzuputzen – eine Vorgehensweise, die nicht selten zur Entlassung eines Trainers führt, denn letztendlich dreht sich in der Liga alles um die

Tim Duncan postet sich in Spiel 6 der Finals von 2013 vor Chris Anderson auf.

Spieler. Popovich wusste allerdings, dass Duncan damit umgehen konnte. Und dem Rest der Mannschaft öffnete es die Augen.

»Wenn dein Superstar es wegstecken kann, hin und wieder mal eine auf den Deckel zu bekommen«, erklärte Popovich, »kann auch jeder andere verdammt noch mal die Klappe halten und tun, was von ihm verlangt wird. Er (Duncan) ließ mich meine Arbeit als Coach machen.«

Duncan war das Herzstück des Teams, doch die Spurs hatten auch ein gutes Händchen dafür, echte Talente aufzuspüren. Sie stockten ihren Kader mit Zweitrunden-Draft-Picks, Minor-League-Spielern, die von einem Verein zum anderen wanderten (sogenannten Journeymen), und zahllosen bislang unentdeckten Juwelen von der Resterampe auf.

Bevor die Spurs ihn im Jahr 2001 auflasen, hatte der ungedraftete Bruce Bowen in vier Jahren schon in drei Mannschaften gespielt. Im Dienste der Spurs wurde er achtmal ins All-Defensive-Team gewählt. Danny Green hatte sich in der NBA Development League abgemüht, bevor die Spurs ihn unter Vertrag nahmen und er sich einen Platz in der Startaufstellung verdiente. 2013 stellte er mit den meisten Dreiern in einer Partie der Finals einen Rekord auf. Kawhi Leonard wurde als 15. Pick von San Antonio gedraftet. In seiner dritten Saison, 2013–14, wurde er zum Finals-MVP gewählt, nachdem er LeBron James an die Wand gespielt hatte.

Die Liste ließe sich noch endlos fortsetzen.

»Sie recherchieren sehr gründlich, um herauszufinden, was für eine Art Mensch du bist«, sagte Jaren Jackson, ein ungedrafteter Guard, der für zwölf Mannschaften in drei Ligen aufgelaufen war, bevor die Spurs ihn 1997 unter Vertrag nahmen. Während ihres Titellaufs im Jahr 1999 führte Jackson die Statistik bei den Dreiern an.

»Wir holen uns Jungs, die ihre Arbeit erledigen und danach ihre Ruhe haben wollen«, sagte Popovich. »Es gehört zu unserem Erfolgsrezept, Typen in die Mannschaft einzubringen, die ihr Ego hinter sich gelassen haben. Sie erfüllen ihre Aufgabe und respektieren, dass es eine Hackordnung gibt.«

Wann immer ein Spiel auf Messers Schneide steht, ist es den Spurs völlig egal, wer den letzten Wurf hat. In den 2005er-Finals gegen die Detroit Pistons war es der nervenstarke Journeyman und Rollenspieler Robert Horry, der in der Verlängerung den entscheidenden Drei-Punkte-Wurf machte. Allerdings war allen klar, wer das größte Arbeitstier der Spurs war: Nachdem sie das siebte Spiel gewonnen hatten, nahm Duncan seine dritte Auszeichnung zum Finals-MVP mit nach Hause.

Die »großen Drei« der Spurs im Jahr 2008 gegen die Oklahoma City Thunder

Die wertvollsten Rohdiamanten, die die Spurs aufspürten, waren Tony Parker und Manu Ginóbili.

Der in Frankreich aufgewachsene Parker war Pick Nummer 28 im Draft von 2001. Als 19-jähriger Rookie fand er sich als Point Guard in der Startaufstellung wieder. Er war blitzschnell und sein Geschick, über die erste Verteidigungslinie hinauszukommen, in der Zone hochzuziehen und einen Floater loszulassen, brachte seine Gegenspieler fast um den Verstand. Popovich erkannte, dass er das Zeug zu einem echten Anführer hatte, und nahm ihn während seiner ersten Jahre in San Antonio besonders hart ran. Was sich auszahlen sollte. Im Jahr 2007 fegten die Spurs in der Finalrunde die Cleveland Cavaliers vom Platz – ihr dritter Titel innerhalb von sechs Jahren – und Parker wurde zum Finals-MVP gewählt.

Als Popovich ihn 1999 an 57. Stelle draftete, war Ginóbili in seiner Heimat Argentinien bereits eine Berühmtheit. Im Jahr 2002 gab er sein Debüt in der NBA, wo er sich durch seine unverwechselbare Spielweise einen Namen machte. Er bewegte sich wie im Schnelldurchlauf und sein Repertoire bestand unter an-

Duncan feiert den Titelgewinn von 2014.

derem aus einer Serie von abgehackten und unrunden Bewegungsabläufen sowie wilden, zirkusartigen Schüssen auf den Korb.

Während seiner ersten Saison wurde Ginóbili von Popovich wiederholt ermahnt, einen Gang runterzuschalten und sein manisches Spiel etwas zu zügeln. »So spiele ich halt«, sagte er zu Popovich, der clever genug war, ihm daraufhin freien Lauf zu lassen. Ginóbili wurde zu einem entscheidenden Puzzleteil im Gesamtbild des Spurs-Spiels. Er galt als hartnäckiger Verteidiger und verfügte über zerstörerische Offensivqualitäten. Genau wie Duncan spielte er noch mit 40 und zeichnete sich bis zum Ende seiner Laufbahn durch Beständigkeit aus.

Was die Spurs unter Popovich besonders hervorhob, war ihre Fähigkeit, sich über die Jahre immer wieder neu zu erfinden. Sie passten sich an die ständigen Entwicklungen im Basketball an. Im Verlauf ihrer lang andauernden Dynastie wandelten sie sich von einem langsamen Defensivmonster zu einer agilen Offensivmaschine.

Von all ihren Titeln war der von 2014 wohl der befriedigendste. Die vorausgegangene Saison hatte mit einer vernichtenden Niederlage in den Finals gegen LeBron und seine Miami Heat geendet, die zum Teil der heldenhaften Leistung Ray Allens im sechsten Spiel geschuldet war. Mit einer gealterten Kernmannschaft – Duncan war in seiner 16. Saison, Parker in seiner zwölften, Ginóbili in seiner zehnten und alle hatten alljährlich immer noch zusätzlich in den Playoffs gestanden – gingen die Spurs als Underdogs in die Finals-Runde. Doch dank einer bahnbrechenden Leistung von Kawhi Leonard sowie 15 Punkten und 10 Rebounds pro Partie von Duncan gewannen sie die Serie souverän in fünf Spielen.

Leonard war der perfekte Spur. Er machte, was immer man von ihm verlangte, und arbeitete unermüdlich an sich selbst. Er galt als Duncans Nachfolger, da er die gleiche Ruhe ausstrahlte und mindestens so dominant auf dem Court agierte. Als die Spurs von Duncan zu ihrem ersten Titel geführt wurden, war Leonard acht Jahre alt. 15 Jahre später trug er maßgeblich zum krönenden Abschluss einer beeindruckenden Siegessträhne im Basketballsport bei. Fünf Meisterschaftstrophäen für Tim und Pop.

Auch wenn sie nie mehrere Jahre in Folge den Titel gewannen, gelten die Spurs in jeder Hinsicht als eine der großen Dynastien der NBA.

Was sich nicht in Zahlen ausdrücken lässt, ist die Chemie der Spurs. Durch die Beständigkeit ihres Star-Trios und die Selbstlosigkeit ihres Anführers Duncan waren die Spurs ein Paradebeispiel für Teamfähigkeit.

Bei Auswärtsspielen lässt Popovich das Abendessen regelmäßig zu einer großen Veranstaltung werden. Dabei kann man am Tisch oft auch den einen oder anderen Ex-Spur entdecken – Spieler im Ruhestand, die sich zufällig in der Stadt aufhalten, Assistenztrainer, die mittlerweile für ein anderes Team tätig sind, und sogar Kontrahenten. Einmal ein Spur, immer ein Spur.

Harte Arbeit, Hingabe, Spaß, Familie und vor allem Siege – das ist der Weg der Spurs.

PROZENTSATZ GEWONNENER PLAYOFFS

1.	Los Angeles Lakers	59,7
2.	Boston Celtics	56,8
3.	Baltimore Bullets	56,3
4.	Miami Heat	55,4
5.	San Antonio Spurs	55,1

2005
DIE SUNS – SIEBEN SEKUNDEN ODER WENIGER

Das Konzept war denkbar einfach: Ein Ballbesitz sollte nicht länger als sieben Sekunden dauern. Hol dir einen Defensiv-Rebound und ab die Post. Verschwende keine Zeit mit Dribbling. »Catch and Shoot« lautet die Devise. Maximiere die Anzahl der Ballbesitze und spiel in einem Tempo, bei dem der Rest der NBA nicht mithalten kann.

»Wir wollten Mannschaften auslaugen«, sagte Point Guard Steve Nash. »Wir liebten es, dabei zuzusehen, wie unsere Rivalen am Ende der Partie eingingen.«

Am Anfang der Spielzeit 2004–05 waren die Phoenix Suns auf der Suche nach einer neuen Identität. Hinter ihnen lag eine Saison mit lediglich 29 Siegen. Mitten in der Saison 2003–04 hatten die Suns ihren Cheftrainer gefeuert und Assistenztrainer Mike D'Antoni zum Head Coach befördert. Mike war ein ehemaliger Point Guard, der einen kurzen Auftritt in der ABA gehabt und danach den überwiegenden Teil der 1990er-Jahre in Europa als Trainer gearbeitet hatte. Ihm wurde eine Mannschaft übergeben, die einen Neubeginn herbeisehnte und damit zufrieden gewesen wäre, irgendwo in der Mitte der Tabelle abzuschließen.

Frei von jeglichen Erwartungshaltungen und mit einem offensiv ausgerichteten Kader im Rücken zeigte sich D'Antoni experimentierfreudig. Das Ergebnis? Die »Sieben Sekunden oder weniger«-Offensivtaktik (*Seven Seconds or Less*, SSOL), die Phoenix nicht nur zum erfolgreichsten, sondern auch zum atemberaubendsten Team aufsteigen ließ.

Während seiner Zeit in Italien stand D'Antoni für ein fieberhaftes Offensivspiel, doch er hatte nicht erwartet, diesen Stil auf die NBA übertragen zu können. »Jeder sagte zu mir: ›Du wirst deine Spieler damit umbringen. Du wirst gefeuert werden.‹« Damit es funktionieren konnte, brauchten die Suns den perfekten Point Guard, um ihr Angriffsspiel zu beschleunigen. Und hier kam Steve Nash ins Spiel.

Der in Südafrika geborene Nash wuchs im kanadischen Vancouver auf und verbrachte seine Kindheitstage mit Fußballspielen. Eine Gruppe von Freunden, die Basketball liebten, führte ihn in den Sport ein. Wenn die NBA Ende der 1980er nicht einen unglaublichen Popularitätsschub erlebt hätte, wäre Nash wohl Fußballprofi geworden.

»Die NBA war ein wirklich großes Ding, mit Magic, Michael und Larry«, erinnerte er sich. »Ich war total angefixt von dem Spiel und dem ganzen Hype drum herum.«

Nash gelang es, seine geniale Übersicht vom Fußball- auf das Basketballfeld zu übertragen. Er war der geborene Spielmacher, der Passwege sah, die sonst keiner erkannte, und seine Teamkameraden optimal in Szene setzte. In den Anfangstagen seiner Laufbahn punktete er nur zögerlich und musste regelrecht zu Korbwürfen überredet werden. Doch dann entwickelte er sich schnell zu einem der beständigsten Schützen der Liga und erkannte, dass sein Jumper eine echte Herausforderung für jede gegnerische Defense war.

Kanada war nicht gerade als Brutstätte für NBA-Talente bekannt und lediglich eine Uni, Santa Clara in Kalifornien, bot ihm ein Stipendium an. Allen Widrigkeiten zum Trotz wurde er von den Suns in der ersten Runde des Drafts von 1996 ausgewählt. Nach zwei Saisons als ihr dritter Point Guard hinter Jason Kidd und Kevin Johnson wechselte Nash nach Dallas, wo er an der Seite von Dirk Nowitzki aufblühte und sich zum All-Star mauserte. Obgleich er nie als der schnellste oder athletischste Spieler galt, zeichnete ihn sein endloses Arsenal an kreativen Zuspielmöglichkeiten aus. »Er dribbelt auf große Spieler zu, wird mitten im Flug eingekesselt und bringt es irgendwie noch fertig, den Ball durch seine Beine hindurch einem Shooter in der Ecke zuzuwerfen«, sagte Nowitzki ehrfürchtig über ihn.

Mit seinen 80 Kilogramm und seinem langen Haar sah er eher wie der Bassist einer alternativen Rockband aus als wie ein Topspieler der NBA. Doch als er im Sommer 2004 nach Phoenix zurückkam und einen lukrativen Sechsjahresvertrag unterschrieb, erkannte D'Antoni in ihm den perfekten Point Guard. Nash erhielt absolute Narrenfreiheit beim Offensivspiel und entwickelte sich in kürzester Zeit zu einem erstklassigen Spielgestalter.

»Für unseren Ansatz hätte es keinen besseren Basketballspieler als Steve geben können«, sagte D'Antoni. »Er katapultierte unser Spiel in bisher ungeahnte Höhen.«

Mit ihrer neuen Offensivtaktik startete Phoenix mit 31-4 in die Spielzeit 2004–05 und stellte damit einen Rekord auf. In 26 dieser Partien lag Nash bei den Assists im zweistelligen Bereich.

Um das Offensivexperiment der Suns zur vollen Blüte zu bringen, brauchte Nash Spieler an seiner Seite, die den Court runtersprinten, einen Pass im vollen Lauf annehmen, hohe Bogenpässe und Alley-oops fangen konnten. Auftritt Amar'e Stoudemire und Shawn Marion. Marion verfügte über eine gewaltige Sprungkraft und war ein wandlungsfähiger Verteidiger. Wo es ihm an Körpergröße mangelte, setzte er seine Muskeln und großartigen Instinkte ein. Stoudemire war ein Fitnessfreak, der scheinbar einzig für das Pick-and-Roll-Spiel mit Nash auf die Welt gekommen war. 2002 direkt aus der Highschool gedraftet, war er Nashs bevorzugter Anspielpartner und zugleich einer der aggressivsten und besten Dunker der League.

Steve Nash fliegt während der Playoffs von 2010 zum Korb.

Er gab sich selbst den Spitznamen »STAT«, was für »Standing Tall and Talented« stand. »Ich war überrascht, wie einfach die Sache funktionierte«, sagte er, nachdem er ein paarmal mit Nash gespielt hatte.

Um das Puzzle der Suns zu komplettieren, brauchte Phoenix noch Wurfspezialisten, die hinter der Drei-Punkte-Linie geparkt Richtung Korb schießen würden. Hier kamen Joe Johnson und Quentin Richardson ins Spiel. Mit den Jahren sollten immer mehr Flügelspieler diese Rolle übernehmen, da die Suns bei Dreiern einen neuen Standard setzten. Anstatt mit einem Fast Break auf den Korb loszustürmen, schwirrten die Suns in die Ecken aus – damals ein Novum, heutzutage unerlässlich.

D'Antonis Team führte nach der Spielzeit 2004–05 mit 796 Dreiern die Tabelle der Liga an. In der darauffolgenden Saison wurde dieser Rekord gebrochen – von ihm selbst.

Die Suns beendeten die Saison mit 62 Siegen, mehr als jedes andere Team der NBA. Phoenix erzielte durchschnittlich 110 Punkte pro Spiel, sieben mehr als alle anderen – und das in einer Spielzeit, in der der Durchschnitt bei 97 lag.

Für seine Rolle als Kopf der schlagkräftigsten Offensive der Liga wurde Nash zum MVP der NBA ernannt. Er kam pro Spiel auf durchschnittlich 11,5 Assists und 15,5 Punkte – die niedrigste Punkteausbeute eines MVPs seit Wes Unseld im Jahr 1969. Nash steuerte jedoch fast 200 mehr Assists bei als jeder andere Spieler. Zwischen 2004 und 2011 erreichte Nash mit 5933 Assists einen NBA-Rekord, mit dem er den zweitplatzierten Jason Kidd um 1000 überbot.

»Nash demonstrierte, was möglich ist, wenn ein großartiger Point Guard einen offenen Court und alle Freiheiten der Welt hat«, sagte D'Antoni. »Das Spiel explodiert.«

Mit der »Sieben Sekunden oder weniger«-Offensive in voller Blüte holte sich Phoenix 2005–06 erneut den Titel des Pacific Division Champions. Nash wurde wieder als MVP ausgezeichnet – nun stand auch er auf der Liste der zweimal hintereinander zum MVP ernannten Spieler und befand sich damit in der exklusiven Gesellschaft von Legenden wie Wilt Chamberlain, Kareem Abdul-Jabbar, Moses Malone, Larry Bird, Magic Johnson, Michael Jordan und Tim Duncan.

Die Suns mit Nash standen für alles oder nichts. Totale Offensive, keine Defensive. Sie holten mehr Punkte als ihre Rivalen, gaben aber auch mehr Punkte als jede andere Mannschaft der Liga ab. Die Spielweise ließ sich allerdings nicht auf die Playoffs übertragen. Die Weisheit, dass die Defensive Meisterschaften gewinnt, sollte sich bewahrheiten.

Die Suns scheiterten 2005 und 2006 in den Finals der Western Conference. 2006–07 schien ein ausbalanciertes und durchschlagskräftiges Team allerdings zielstrebig in Richtung der Finals zu marschieren. Zum ersten Mal nach 14 Jahren. Doch eine umstrittene Entscheidung während des vierten Spiels ihrer Zweitrundenserie gegen die San Antonio Spurs machte ihre Träume zunichte. Die Suns gingen mit einem Rückstand von 2-1 in die Begegnung. Dank 15 Assists von Nash sowie 29 Punkten von Stoudemire entschieden sie die Partie für sich und konnten die Serie ausgleichen. In der letzten Minute der regulären Spielzeit wurde Nash jedoch von Robert Horry mit einem gezielten Hüfteinsatz gegen den Anschreibertisch geschleudert. Stoudemire und Boris Diaw sprangen von der Bank auf, um Nash zu Hilfe zu kommen. Auch wenn es nicht zu einer ernsthaften Auseinandersetzung kam, so missachteten die beiden damit geltende Vorschriften, weil sie den Platz betraten. Man sperrte die zwei für die nächste Begegnung – die mit 88-85 an die Spurs ging.

2008 kegelten die Spurs die Suns zum vierten Mal innerhalb von sechs Jahren aus den Playoffs – dieses Mal mit einem schnellen 1-4 in der ersten Runde. In diesem Sommer verließ D'Antoni das Team, um die New York Knicks zu coachen. In der folgenden Saison wurden Nash die Veteranen Grant Hill und Shaquille O'Neal an die Seite gestellt und die Tage der »Run and Gun«-Suns waren gezählt.

Nash blieb weiterhin ein Weltklassespielmacher. In der Spielzeit 2010–11 wurde er mit 36 Jahren zum ältesten Spieler, der innerhalb einer Saison die Liga bei den Assists anführte.

In den Western Conference Finals 2010 holte sich Nash gegen die Lakers eine blutige Nase.

Doch Phoenix schaffte es nicht bis in die Playoffs und Nash stellte sich kurz darauf einer neuen Herausforderung. Im Sommer 2012 unterschrieb er bei den Los Angeles Lakers, brach sich aber nach gerade mal einem Spiel das linke Bein. Es war der Anfang vom Ende.

Zu Nashs Zeiten galten die Suns als Sonderlinge. Ein Jahrzehnt später diente ihr »Run and Gun«-Spiel als Vorlage für den modernen Basketball. Forciere das Tempo, maximiere den Ballbesitz, wirf früh und oft und lass Dreier genauso oft vom Stapel wie Korbleger. Die Suns spielten Small Ball, indem sie Marion als Power Forward und Stoudemire als Center einsetzten – damals war das experimentell, in der heutigen NBA ist es gesunder Menschenverstand.

RUN TMC

Bevor die Suns für die NBA neu definierten, was eine High-Power-Offense ist, hatten die Golden State Warriors unter Head Coach Don Nelson eine Blaupause für das »Run and Gun«-Spiel gezeichnet. Zwischen 1989 und 1995 führten die Warriors während Nelsons erster von zwei Amtszeiten beim Verein die League mehrere Male in Scorer-Punkten an. Nelson stellte Tim Hardaway, Mitch Ritchmond und Chris Mullin auf, ließ mit drei Guards und zwei Forwards Small Ball spielen, zog das Tempo an und erreichte während dieser Zeitspanne viermal die Playoffs. Er bewies, dass man Meisterschaften auch mit einem Schwerpunkt auf der Offense gewinnen kann. Als er 2010 in den Ruhestand ging, war er der Coach mit den meisten NBA-Siegen aller Zeiten.

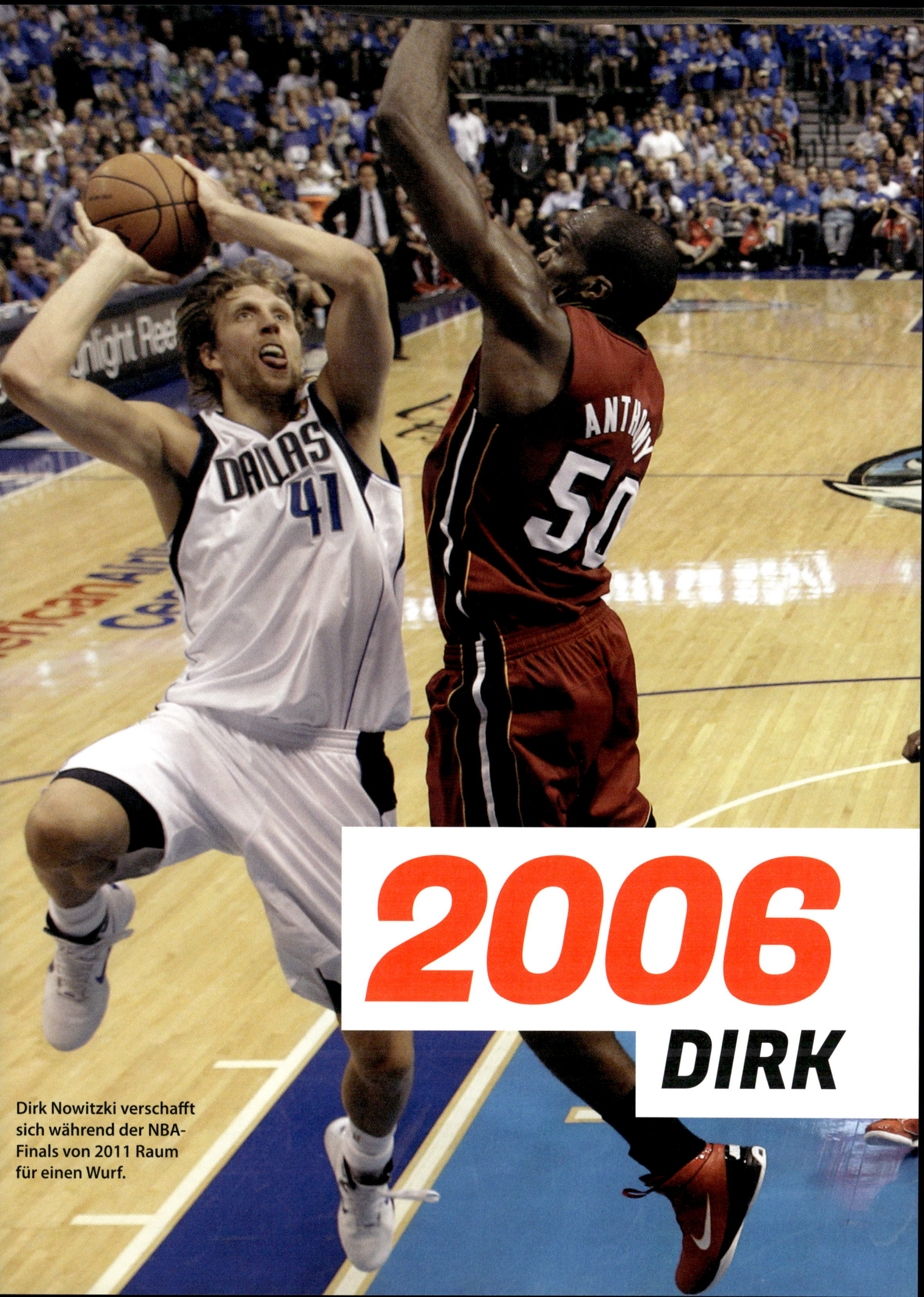

2006 DIRK

Dirk Nowitzki verschafft sich während der NBA-Finals von 2011 Raum für einen Wurf.

Wir befinden uns in Spiel 7 der zweiten Runde der Playoffs von 2006. Die Dallas Mavericks liegen mit drei Punkten hinter Titelverteidiger San Antonio zurück. Dirk Nowitzki und Tim Duncan, zwei Weltklasse-Power-Forwards, haben sich von der ersten Sekunde an duelliert. Bei nur noch 26 Sekunden auf der Uhr steht die Saison für die Mavericks auf der Kippe und Nowitzki weiß, dass er den Ball bekommen wird.

Es bedurfte jahrzehntelanger Arbeit und Tausende Stunden Wurftraining, um von einer winzigen Vorort-Turnhalle in Deutschland auf die größte Bühne der NBA und zu diesem Moment zu gelangen. Nowitzki ist bereit.

Innerhalb der Drei-Punkte-Linie postet er gegen Bruce Bowen auf. Bowen, ein achtmaliges Mitglied des All-Defensive-Teams, kann dem Gewicht des 2,13-Meter-Mannes nicht genug entgegensetzen. Nowitzki drängt Bowen zurück, dreht sich nach rechts weg und schießt vor zum Korb. Er hebt kaum vom Boden ab und legt, während er gefoult wird, den Ball in den Korb. Er holt die Punkte und begibt sich mit der Chance auf den Ausgleich zur Freiwurflinie. Nowitzki, der in jener Saison 90 Prozent seiner Freiwürfe verwandeln konnte, versenkt den Freiwurf. Am anderen Ende des Courts blockt er einen Korbleger von Duncan, womit er Dallas in die Verlängerung und schließlich zum Gewinn der Endrunde führt.

Würzburg gilt nicht gerade als Schmiede für angehende Basketball-Superstars. Trotzdem wuchs hier ein sechsmaliger Top-Scorer, Champion und MVP auf.

»Er zwang alle zu Veränderungen«, sagte Spurs-Coach Gregg Popovich später einmal. »Die ganze League musste sich umstellen, denn ihn zu bewachen war etwas völlig anderes als das, was man sonst bei Spielern seiner Größe kannte.«

Dirk Nowitzki war vom ersten Tag an ein Unikat. Er kam aus einer sportlichen Familie – seine Mutter war Basketball-Profispielerin, sein Vater Mitglied der deutschen Handball-Nationalmannschaft – und schoss so lange in die Höhe, bis er 2,13 Meter erreicht hatte. Holger Geschwindner entdeckte sein enormes Potenzial. Geschwindner, der 1972 für die westdeutsche Olympiaauswahl angetreten war, spielte in einer Seniorenliga vor den Toren Würzburgs und wartete gerade das Ende einer Begegnung der Jugendliga ab. Als die Partie in die Verlängerung ging, schaute er interessiert zu. Ihm sprang sofort ein großer, dünner Bursche mit einem beeindruckenden Gefühl für das Spiel ins Auge.

Nach der Begegnung spurtete der Junge in Richtung Umkleidekabinen, als Holger ihn aufhielt. »Wer bringt dir denn die Sportart bei?«, fragte er den 15-Jährigen.

»Niemand«, erwiderte Dirk.

Mit dem Einverständnis von Nowitzkis Eltern fingen die beiden in einer ortsansässigen Turnhalle mit dem Training an.

Holgers Methoden waren, gelinde gesagt, unorthodox. Er brachte einen Saxofonisten mit, der Jazz spielte, während seine Schüler zum Rhythmus der Musik dribbeln und passen mussten. Von Krafttraining für junge Athleten hielt er nichts; für einen kräftigen und stabilen Oberkörper setzte er auf das Rudern, für die Verbesserung der Wurfqualität waren Liegestütze auf den Fingerspitzen seine erste Wahl. Den Platz teilte er nicht in Meter, sondern Schritte auf und zur Vermittlung seiner Prinzipien auf dem Court griff er auf Geometrie zurück. Seine Basketballschule nennt er mittlerweile »Institut für angewandten Unfug«.

Während der Arbeit mit Dirk fand er heraus, dass der perfekte Wurf in einem Winkel von 60 Grad abgefeuert wird. Daraufhin wandte er rationale mathematische Berechnungen an, um den auf Nowitzki zugeschnittenen, perfekten Wurfbogen und Abwurfpunkt zu bestimmen. Nach Jahren des Experimentierens kreierten sie einen Jump Shot, der in der NBA einen hohen Wiedererkennungswert hat: Dirk positionierte seine Füße, stieg hoch, ließ sich etwas nach hinten fallen, winkelte zur Balance sein rechtes Bein an und ließ den Ball im hohen Bogen davonschweben. Genau wie Kareems Skyhook oder Gervins Finger Roll wurde der Fadeaway Jumper zu Dirks Markenzeichen.

Der 1998 in San Antonio abgehaltene Nike Hoop Summit bedeutete für Nowitzki den Durchbruch. In dem Schauturnier, das im Vorfeld eines Drafts durchgeführt wird, treten Spitzenathleten aus aller Herren Länder gegen ein Team angehender amerikanischer Stars an. Bei dem Überraschungssieg von Team World über die USA holte Dirk 33 Punkte und ergatterte 14 Rebounds. Er war der beste Spieler auf dem Feld und der Anblick des 2,13-Meter-Hünen, der über einen unaufhaltsamen Jumper sowie ein außergewöhnlich hohes Verständnis für das Spiel verfügte, ließ die NBA-Scouts aufhorchen.

Donnie Nelson, der GM der Dallas Mavericks, war an besagtem Abend ebenfalls anwesend und tauschte einen niedrigeren Draft-Pick der Mavericks gegen einen höheren, um den 20 Jahre alten Deutschen im Draft von 1998 an neunter Stelle an Land zu ziehen.

In einer Pressekonferenz wurde Nowitzki zusammen mit dem 24-jährigen Point Guard Steve Nash, den die Mavs im Sommer verpflichtet hatten, der Öffentlichkeit präsentiert. Beide hatten langes, blond gelocktes Haar und ein dazu passendendes, leicht unbeholfenes Grinsen im Gesicht. Kurz gesagt: Besonders vertrauenswürdig wirkte das neue Fundament der Mavericks nicht.

»Es sah aus, als wären zwei Mitglieder der Beach Boys in der falschen Pressekonferenz gelandet«, sagte Nelson.

Nowitzkis Ankunft in der NBA war ein Novum – es hatte zwar schon vor ihm 2,13-Meter-Typen gegeben, die Körbe werfen konnten, allerdings hätte keiner von ihnen dies als seine Kernkompetenz bezeichnet. Doch es sollte noch lange dauern, bis jemand Dirk für einen NBA-Star hielt.

Während seiner Rookie-Saison hatte er sehr zu kämpfen. Unsicher, auf welcher Position sie Nowitzki einsetzen sollten, probierten die Mavs mehrere Varianten aus – oder ließen ihn im Fall eines Misserfolgs auf der Bank. In seiner ersten Spielzeit schaffte er durchschnittlich nur acht Punkte pro Partie und zweifelte zunehmend an seinen Fähigkeiten.

Noch vor Saisonende traf sich Geschwindner mit Cheftrainer Don Nelson. Daraufhin ging es mit Nowitzki zurück ins Würzburger Trainingslabor. Ein souveräner Auftritt während der NBA-Summer-League stärkte sein Selbstbewusstsein und das Zusammenspiel mit Nash half ihm, zu seinem Spiel zu finden.

Bis zu seiner dritten Saison war Nowitzkis Trefferquote auf 20 Punkte pro Partie hochgeschnellt, wodurch er auf Platz acht der Scorer-Liste landete. Für den Rest des Jahrzehnts sollte er unter den Top-Ten-Scorern der Liga bleiben. Das Trio Nash, Dirk und Michael Finley verhalf den Mavericks zur ersten Teilnahme an den Playoffs seit 2001 – elf Jahre lag ihre letzte Playoffs-Runde zurück – und Nowitzki wurde zum ersten von insgesamt 14 Malen ins All-Star-Team gewählt.

Als Steve Nash im Jahr 2004 zu den Phoenix Suns wechselte, drängte dies Nowitzki in eine größere Rolle hinein. Den nervösen, unsicheren Teenager von einst gab es nicht mehr; aus ihm war Dirk geworden, der selbstsichere Scorer, der in hart umkämpften, äußerst knappen Partien bereitwillig den Ball annahm.

In genau solch einer Situation verwandelte er während der Playoffs von 2006 einen wichtigen Korbleger. In der nächsten Runde gegen Nash und seine Suns machte er im fünften

Spiel 50 Punkte zum verdienten Sieg und trug die Mavs auf seinen Schultern bis in die Endrunde gegen die Miami Heat.

Im Laufe der Jahre hatte man in der NBA schon mehrere großartige Talente aus Europa kommen sehen. Toni Kukoč. Vlade Divac. Dražen Petrović. Detlef Schrempf. Allesamt Stars in ihren Heimatländern, die selbst zu ihren Glanzzeiten in der NBA höchstens als wertvolle Rollenspieler galten. Nowitzki allerdings definierte neu, was europäische Spieler zu leisten vermochten, und diente als Vorbild für Athleten wie Kristaps Porziņģis und Luka Dončić – deren Rookie-Spielzeit in Dallas Dirks letzte bei den Mavericks war.

In den Finals von 2006 gingen die Mavs mit 2-0 in Führung, obwohl Nowitzki sich schwertat. Als er sich wieder gefangen hatte, war es zu spät. Miamis Dwyane Wade, eine 26-jährige Naturgewalt, legte einen der unglaublichsten Finalauftritte aller Zeiten hin. Er machte in der Finalserie im Schnitt 39,3 Punkte und holte sagenhafte (oder, falls man Mavs-Fan ist, verdächtige) 18 Freiwürfe pro Partie raus.

Im Jahr 2007 wurde Nowitzki zum MVP der NBA ernannt. Die Mavericks schlossen die Saison mit einem Ligarekord von 67-15 ab, was sie zu Titelfavoriten und dem an Nummer eins gesetzten Team für die Playoffs machte. In der ersten Runde wurden sie jedoch äußerst überraschend mit 4-2 von den Golden State Warriors rausgekegelt.

Erschöpft und deprimiert zog sich Nowitzki nach Australien zurück. Zwei Monate lang fasste er keinen Basketball an, so lang wie noch nie als Erwachsener. »Wenn ich an diese Spielzeit zurückdenke, habe ich nicht die Auszeichnung zum MVP vor Augen«, sagte Nowitzki in jenem Sommer. »Ich glaube, dass ich mir Niederlagen mehr zu Herzen nehme als wahrscheinlich irgendjemand sonst in der Liga.«

Die Jahre vergingen und mit Holger zusammen verbrachte er Sommer für Sommer in ihrem Würzburger Labor, wo sie sein unaufhörlich voranschreitendes Spiel weiterentwickelten und perfektionierten. In Dallas übten sie ganze Nächte lang Würfe. Manchmal gesellten sich Teamkameraden zu ihnen, die aber irgendwann erschöpft die Segel strichen.

Egal, wie sehr er sich abmühte: Er hatte den Ruf, einer der besten Spieler zu sein, der noch nie einen Titel gewonnen hatte. Im Jahr 2011 sollte Nowitzki allerdings eine weitere Chance erhalten – bei einer Neuauflage gegen Wade und die Heat.

Dieses Mal präsentierte sich Miami anders. Sehr anders. Wade wurde nun von den All-Stars LeBron James und Chris Bosh flankiert. Es war das erste Jahr des neu formierten Superteams.

Kurz vor Spiel 4 lagen die Mavs mit 2-1 Spielen in der Finals-Serie zurück. Nowitzki kämpfte mit fast 39 Grad Fieber, lief aber trotzdem auf. In den Time-outs sank er mit einem Handtuch über dem Kopf auf die Bank und ließ literweise Gatorade in sich reinlaufen.

Nowitzki jubelt bei den Western Conference Finals 2011 gegen die Thunder.

Seine eigene Version von Michael Jordans »Erkältungsspiel« schloss er mit 21 Punkten inklusive des spielentscheidenden Korblegers zum Ausgleich der Serie ab. Zwei Begegnungen später wurde den Mavs die Meisterschaftstrophäe überreicht.

Während seine Mannschaft auf dem Court feierte, zog sich Nowitzki in die Kabine zurück und ließ seinen Tränen freien Lauf. Draußen saß Holger Geschwindner in den Zuschauerrängen des Stadions und wischte sich ebenfalls Tränen aus den Augen. 20 Jahre lang hatten sie immer dieselben Drills durchgezogen, dieselben Trainingsprogramme. »Morgen«, sagte Geschwindner mit einem Lächeln im Gesicht, »werde ich ihm einen Tag freigeben.«

Nowitzki spielte bis zu seinem 40. Lebensjahr. Auch wenn er in seinen letzten Jahren nicht mehr ganz an seine frühere Trefferquote herankam: Wann immer er emporstieg und dieses eine Bein anwinkelte, um seinen Markenzeichen-Shot abzufeuern, konnte man sicher sein, dass der Ball sein Ziel erreichen würde.

Zu seiner Abschiedszeremonie erschienen einige der legendärsten Spieler: Larry Bird, Charles Barkley, Scottie Pippen, Shawn Kemp und Detlef Schrempf. Alle waren sich einig: Einen Dirk wird es kein zweites Mal geben.

2006
KOBES 81

Im Sommer 2004, nach einer schockierenden Finalniederlage gegen die Detroit Pistons, wurde Kobe Bryants sehnlichster Wunsch erfüllt: Die Los Angeles Lakers verkauften Shaquille O'Neal. Befreit vom übergroßen Schatten seines nun ehemaligen Co-Stars, konnte Kobe zum ersten Mal seit seinem Debüt in der NBA 1996 behaupten, dass die Lakers sein Team waren. Und sie waren grottenschlecht.

Verschwunden waren Bryants drei Teamkameraden Shaq, Karl Malone und Gary Payton. Verschwunden war Phil Jackson, Drahtzieher und Cheftrainer. An ihrer Stelle gab es nur noch Spieler, die ihr Können erst noch unter Beweis stellen mussten – und Kobe.

Das Leben nach Shaq war nicht so wunderbar, wie Bryant es sich ausgemalt hatte. Ja, man sah mehr Würfe und das tägliche Drama gehörte der Vergangenheit an. Doch zum ersten Mal seit acht Jahren verloren die Lakers Spiele. Die erste Saison in der Zeit nach Shaq beendete Bryant auf dem zweiten Platz der Scorer-Tabelle, musste allerdings aufgrund einer Knöchelverletzung für mehr als einen Monat aussetzen. Als er wieder einsatzbereit war, war die Bilanz 2-19. Zum ersten Mal seit 1994 schafften es die Lakers nicht in die Playoffs.

Für einen Sportler, der wie besessen davon war, Michael Jordans Spiel zu kopieren, war dies nur schwer zu schlucken. Jordan hatte kein einziges Mal die Playoffs verpasst.

Die darauffolgende Saison brachte weitere drastische Einschnitte. Im Herbst 2005 wurde mit dem Abschied von Caron Butler der Kader der Lakers zusätzlich geschwächt. Mit Ausnahme von Kobe hatte L.A. nun einen der schlechtesten Kader der Liga. Bryant war entschlossen, alles zu tun, um nicht noch mal die Playoffs zu verpassen. Also warf er. Oft.

Was folgte, war ein Scoring-Feuerwerk, wie es die Liga in 40 Jahren nicht erlebt hatte. Im Dezember stellte Bryant bei einem souveränen Sieg über die Mavericks mit 62 Punkten innerhalb von drei Vierteln einen persönlichen Rekord auf. Er machte in den folgenden Wochen noch zweimal 50 Punkte und dominierte damit die Scorer-Tabelle. Im Januar absolvierte er neun Partien, in denen er durchschnittlich über 41 Punkte erzielte und sich damit an Wilt Chamberlain herantastete, den einzigen Spieler, der dieses Level jemals über einen ganzen Monat lang halten konnte.

Richtig Spaß zu machen schien ihm die Sache jedoch nicht und Bryants Ruf als arroganter, egozentrischer Korbjäger verfestigte sich. Da die Lakers nun keine Titelanwärter mehr waren, kam sein Verhalten noch unsympathischer rüber.

Bryant hatte insbesondere Smush Parker auf dem Kieker. Die ehemalige Streetball-Größe schaffte es nach einem Sichtungstrainingslager direkt in die Startaufstellung des Teams. »Er gehörte nicht in die NBA«, sagte Bryant später. »Wir holten ihn, weil wir zu geizig waren, einen richtigen Point Guard zu bezahlen.«

Bryants Auffassung nach musste er das Spiel dominieren, um den unwürdigen Lakers zumindest die Chance auf einen Sieg zu geben. Und er hatte recht. Das vergessen viele, wenn es um den Abend geht, an dem Kobe Bryant Geschichte schrieb.

Das Spiel am 22. Januar 2006 im Staples Center hatte wohl kaum ein Basketballfan im Kalender markiert. Die Toronto Raptors waren für das Sonntagabendspiel nach L.A. gekommen. Das Team tat sich schwer und hatte eine miese Bilanz von 14-27.

Nachdem die Lakers früh in ein Loch gefallen waren, gingen die Raptors mit einer komfortablen Führung in die Halbzeit. Bryant hatte in den ersten zwei Vierteln 26 Punkte geholt, trotzdem führte Toronto mit 63-49. Als Kobe aus der Umkleidekabine zurückkam, lechzte er nach Blut. Er nahm die Raptors nach allen Regeln der Kunst auseinander. Unter dem Korb wand er seinen Körper geschickt an Verteidigern vorbei, versenkte zornige Dunks und brannte ein Dreierfeuerwerk ab.

Im dritten Viertel erzielte Bryant 27 Punkte und die Lakers gingen mit sechs Punkten in Führung – 91-85. Der Punktestand der Lakers stieg im letzten Viertel rasant an, doch Kobe weigerte sich, den Fuß vom Gas zu nehmen. In Sprechchören rief das heimische Publikum: »MVP! MVP!«, während Kobe seine letzten Würfe versenkte – zwei Freiwürfe bei noch 43,4 Sekunden Restspielzeit. Letztendlich machte Bryant an diesem Abend 81 Punkte. Einundachtzig. In der zweiten Hälfte hatte er 46 Schüsse abgefeuert und im Alleingang mehr Punkte als Torontos komplette Mannschaft erzielt – Kobe 55, Raptors 41.

Noch nie hatte ein Spieler, der nicht auf der Center-Position spielte, in der Geschichte der NBA so viele Punkte in einem Spiel gemacht. Auf der Scorer-Gesamtliste liegt Bryant damit direkt hinter Wilt Chamberlains 100-Punkte-Abend aus dem Jahr 1962.

»Davon hätte ich nicht einmal als Kind zu träumen gewagt«, sagte Bryant. »Einfach unmöglich.« Und er fügte hinzu: »Die Bälle, die ich im Korb versenkt habe, waren entscheidend für das Comeback und den Sieg der Lakers.«

»Das war wirklich beeindruckend«, so Jackson. »Nicht von dieser Welt.« Aber, so Jackson weiter, es sei »nicht unbedingt die Art und Weise, in der man ein Team gewinnen sehen möchte«. Dieser Standpunkt wurde von Spielern und Coaches der NBA geteilt. So als ob 81 Punkte keine große Sache wären. »Es gibt viele Jungs in der Liga, die eine Menge Punkte holen würden, wenn sie 70-mal zum Werfen kämen«, sagte Pat Riley, Coach der Miami Heat, tags darauf.

Als er Jahre später zu dem historischen Spiel befragt und daran erinnert wurde, dass

Kobe Bryant lässt in einem Spiel von 2005 nichts unversucht, um den Ball zu retten.

der zweitbeste Schütze der Lakers an diesem Abend Smush Parker gewesen war, sagte Bryant: »Jetzt weißt du, warum ich an diesem Abend 81 machen musste.«

Im Verlauf der Saison ließ Bryant mehr Würfe vom Stapel als irgendein anderer Spieler seit Jordan in der Saison 1986–87. Seine 2173 Wurfversuche waren die siebtmeisten aller Zeiten und markierten die einzige Saison seit 1990, in der ein Spieler diesbezüglich unter den besten 35 aller Zeiten landete.

Kobe schloss die Saison mit durchschnittlich 35 Punkten pro Partie ab und holte sich dadurch seinen ersten Top-Scorer-Titel. Er führte die Lakers bis in die Playoffs, wo sie in der ersten Runde gegen die Phoenix Suns mit 3-1 in Führung gingen, die Serie aber nach sieben Spielen verloren.

Nach zwei Spielzeiten erhielt Kobe Unterstützung durch All-Star-Center Pau Gasol und konnte sein Vermächtnis durch einen erneuten Einzug in die Finals sowie zwei weitere Championships aufbessern. Sein Ruf als einer der besten Spieler aller Zeiten war wiederhergestellt. Im Jahr 2013 läutete ein Achillessehnenriss das Ende seiner Karriere ein.

Er spielte noch zwei weitere, verletzungsbedingt verkürzte Spielzeiten und verbrachte seine letzten Tage auf dem Court damit, für ein schlechtes Team einen Korb nach dem anderen zu werfen, wenn auch wenig begeistert. Im Dezember 2014 stürmte der 36-jährige Kobe wütend vom Trainingsplatz und brüllte dabei, charmant wie eh und je, Lakers-GM Mitch Kupchak zu: »Sinn und Zweck des Trainings ist es, besser zu werden, Mitch. Wie soll ich mich mit diesen Arschlöchern verbessern?«

Das letzte Spiel seiner Laufbahn fand am Abschlussabend der regulären Spielzeit 2015–16 statt. Vor den Fans im Staples Center unternahm er 50 Wurfversuche und brach damit Jordans Rekord über die meisten Wurfversuche aus dem Feld in einem Spiel. Während die Menge jeden seiner Spielzüge lautstark umjubelte, machte er insgesamt 60 Punkte. Die Lakers gewannen mit fünf Punkten Vorsprung – es war erst ihr 17. Sieg der Saison. Als die Schlusssirene ertönte, sah man vor lauter Teamkameraden, die ihn umarmten, keinen Kobe mehr.

»Es war ein sonderbares Jahr«, reflektierte Bryant nach der Begegnung. »Erst bist du der Bösewicht, dann der Held. Erst sagt dir jeder, du sollst den Ball öfter abspielen, dann heißt es, dass du viel mehr Körbe machen sollst.«

Seine letzte Aktion in der NBA: ein Pass.

In den Playoffs von 2006 ist Bryant schneller als der Buzzer.

26. JANUAR 2020

Kobe Bryants bevorzugtes Transportmittel waren Hubschrauber. Um den chronisch verstopften Straßen L.A.s zu entgehen, ließ er sich regelmäßig von zu Hause zum Training der Lakers oder ihrer Spielstätte fliegen. Am Morgen des 26. Januar 2020 war der 41-jährige Bryant zusammen mit seiner 14-jährigen Tochter Gianna, einer aufstrebenden Spielerin, die nach ihrem Vater kam, in einem privat gecharterten Helikopter auf dem Weg zu einem Basketballturnier. Sie würden ihr Ziel niemals erreichen. Über Calabasas in Kalifornien stürzte der Helikopter ab; alle neun Menschen an Bord, darunter Kobe und Gianna, kamen ums Leben. Die Tragödie brachte die NBA vorübergehend zum Stillstand. Eine Partie der Lakers gegen die Clippers, die für den darauffolgenden Tag angesetzt war, wurde abgesagt und für die Anhänger der Lakers fand im Staples Center eine bewegende Trauerfeier statt. Auf der ganzen Welt wurde um den Star getrauert. Das Empire State Building, der Flughafen von Los Angeles, der Madison Square Garden und Dubais Burj Khalifa (der höchste Turm der Welt) erstrahlten Kobe zu Ehren in Lila und Gold. Während des zwei Wochen später stattfindenden All-Star Game von 2020 trugen die Spieler der einen Mannschaft alle Trikots mit Kobes Nummer 24, während die anderen in Giannas Nummer 2 aufliefen.

2007
KING JAMES

LeBron James vor einem Spiel im Jahr 2008

Es ist der 31. Mai 2007. Spiel 5 der Eastern Conference Finals in Detroit. Die Serie steht mit 2-2 und das Spiel mit 107-107 unentschieden, als bei einer verbleibenden Spieldauer von 11,4 Sekunden in der zweiten Verlängerung LeBron James den Ball festhält und sein Königreich überblickt.

James hat erst vor fünf Monaten seinen 22. Geburtstag gefeiert, scheint aber im Verlauf der vier gnadenlosen Finals-Spiele um fünf Jahre gealtert zu sein. Es handelt sich um eine Neuauflage der letztjährigen Zweitrundenserie zwischen James Cleveland Cavaliers und den mit Veteranen gespickten Detroit Pistons. Ein Sieg für Detroit würde ihre dritte Finalteilnahme in vier Jahren bedeuten. Die Cavs wiederum stünden zum ersten Mal in der Geschichte des Vereins in den Finals – eine gute Gelegenheit für James, seine Aufgabe als Retter Clevelands zu erfüllen.

Am oberen Punkt des Keys umklammert LeBron den Ball wie ein Running Back im Football. Er zupft einmal an seiner Hose, täuscht rechts an und zieht, von mehreren Verteidigern umschwärmt, Richtung Korb. LeBron hat bereits 23 Punkte hintereinander erzielt.

James war schon lange vor seinem ersten Auftritt in der NBA zum König gekrönt worden. In seinen Tagen an der Highschool wurde das Phänomen aus Ohio von Lokalzeitungen »King James« genannt und der Spitzname blieb.

James wuchs als Einzelkind einer alleinerziehenden Mutter auf. Abgesehen von zwei Jahren, die er bei Pflegeeltern verbrachte, lebte er mit seiner Mutter Gloria in Akron, Ohio, wo sie von einer Sozialwohnung zur anderen zogen.

Schwer war es nicht, James außergewöhnliches Talent zu erkennen. Er war der erste Schüler in Ohio, dem bereits im zweiten Highschool-Jahr der Titel »Mr Basketball« verliehen wurde. In seinem dritten Jahr galt er schon als zukünftiger NBA-Star.

Die Presse schien ein größeres Interesse an dem Schüler zu haben als an irgendeinem aktiven Spieler der NBA. Als LeBrons Mutter 2003 einen Kredit aufnahm, um ihrem Sohn zum 18. Geburtstag einen Hummer H2 SUV vor die Tür zu stellen, wurde darüber landesweit berichtet und es gab Gerüchte über unlautere Einflussnahme. James interessierte sich allerdings nicht weiter für das Getratsche. Er steuerte geradewegs auf den Draft zu – und wurde als First Overall Pick gehandelt.

Die Leistungsbilanz von Spielern, die direkt aus der Highschool in die NBA katapultiert wurden, ist nicht gerade berauschend. Aber LeBron James war anders als alle anderen.

»[Andere Spieler] können den Ball durchs Netz werfen«, sagte LeBron als Teenager, »ich sehe aber schon vorher, was passieren wird.«

Scouts sahen in LeBron die Weiterentwicklung Magic Johnsons, einen 2,06 Meter großen Feldherren, der auch noch springen konnte wie Kobe und Siege einfuhr wie Jordan. James hätte in jeder Basketballära als Top-Pick gegolten. Aber sein Aufstieg in einer Zeit, in der die Welt durch das Internet umgekrempelt wurde, war geradezu kometenhaft. Seine Schlachten an der Highschool wurden von ESPN landesweit übertragen und Spiele der St. Vincent-St. Mary High School zogen so viele Zuschauer an, dass ein Umzug in die deutlich größere Sportstätte der University of Akron unumgänglich wurde. James zierte Titelseiten, unter anderem die der Februarausgabe 2002 von *Sports Illustrated*, in welcher der 17-Jährige »Chosen One« getauft wurde. James gefiel die Bezeichnung so gut, dass er sie sich auf den Rücken tätowieren ließ.

Sein Grinsen war so überzeugend wie das von Jordan, seine Fähigkeiten auf dem Platz muteten außerirdisch an – James wurde schon vor seinem ersten Spiel in der NBA zum Superstar, der alles kann, gekrönt. Noch vor seiner Rookie-Saison verdiente er mit Werbeverträgen genauso viel wie Jordan in seiner Blütezeit – Berichten zufolge strich er über 100 Millionen Dollar ein.

Mit LeBron als Hauptgewinn der Draft-Lotterie entschied man sich bei der NBA zum ersten Mal dafür, die Ziehung in ein 30-minütiges TV-Live-Event zu verwandeln. Die Denver Nuggets und die Cleveland Cavaliers hatten dieselbe Ausgangsposition – einer von beiden würde den Volltreffer an Land ziehen. Die Pingpongbälle, die darüber entschieden, wo King James in Zukunft herrschen würde, fielen auf Cleveland. Der Junge aus der Region, so die Story, würde also nun den abgewrackten Verein retten.

In ihrem 33-jährigen Bestehen hatten die Cavaliers deutlich mehr schlechte als gute Tage gesehen. Zweimal hatten sie es bis in die Playoffs geschafft, wo sie von Michael Jordan nach Hause geschickt worden waren. Jetzt jedoch schienen es die Basketballgötter zur Abwechslung mal gut mit ihnen zu meinen.

Am 29. Oktober 2003 gab LeBron bei einem Spiel gegen die Sacramento Kings sein Debüt in der NBA. Seit Yao Mings und Shaquille O'Neals erstem Aufeinandertreffen hatten nie mehr so viele Menschen Interesse an einer Begegnung der regulären Spielzeit gezeigt. Was sie sahen, war ein Teenager, der die Kontrolle übernahm. LeBron holte 25 Punkte – bei Weitem das beste Ergebnis eines Spielers, der direkt von der Highschool in die NBA kam (Kobe Bryant und Tracy McGrady erzielten in ihrem ersten Spiel nicht einen einzigen Punkt). Innerhalb von zwei Spielzeiten schaffte er es bis zum All-Star. Im Alter von 21 Jahren zählte er zu den dominantesten Athleten der Liga und erzielte durchschnittlich 31,4 Punkte, 6,6 Assists und 7 Rebounds pro Partie.

Auch abseits des Courts stand er im Rampenlicht. Er veranstaltete gemeinsam mit Jay-Z Partys, war in zahlreichen TV-Spots zu sehen, gab den Gastgeber in der *Saturday Night Live*-Show. Alles, was ein Mainstream-Star eben so treibt.

Auf dem Platz hatte er sich als Ausnahmetalent und selbstloser Starspieler etabliert, der seine Mitspieler zu Höchstleistungen antrieb. Doch in den Playoffs, wo Legenden geschaffen werden, hatte er noch kein Zeichen setzen können. An mangelnder Einsatzbereitschaft lag es ganz sicher nicht.

Während seiner ersten Playoffs 2006 machte James 45 Punkte gegen die Washington Wizards, trotzdem flogen die Cavaliers in der zweiten Runde nach sieben Spielen gegen die Pistons raus. Die Pistons hatten eine knallharte Defense, die an die Bad-Boys-Ära erinnerte. Im Entscheidungsspiel ließen die Pistons nicht mehr als 61 Punkte zu – das niedrigste Ergebnis aller Zeiten in einem siebten Spiel.

Die Detroit Pistons mischten unerwartet beim Kampf um den Titel mit. 2004 schockierte ihr Kader aus Spielern zweiter Wahl und Basketballnomaden, angeführt von Chauncey Billups und Ben Wallace, die Starbesetzung der Lakers, die mit Shaq, Kobe, Karl Malone und Gary Payton aufliefen, und rissen sich den Titel unter den Nagel. Im darauffolgenden Jahr erreichten die Pistons erneut die Finals, wo sie jedoch gegen die San Antonio Spurs den Kürzeren zogen.

Für James und seine Cavs hatte sich Detroit als Respekt einflößender Gegner erwiesen. In Spiel 1 der Eastern Conference Finals von 2007 wurde LeBron auf lediglich zehn Punkte beschränkt, schaffte aber noch zehn Rebounds und neun Assists. Im Nachhinein zählte jedoch nur, dass er in der entscheidenden Phase zum Korb vorstieß und den Ball an seinen Teamkameraden Donyell Marshall abspielte – in der Hoffnung, dass dieser den Siegtreffer versenken würde. Was nicht geschah. Kritiker bezeichneten LeBron als zu passiv. Kobe hätte den Wurf selbst gemacht, sagten sie. Michael hätte ihn gemacht.

»Ich entscheide mich immer für den richtigen Spielzug«, wiegelte LeBron ab. »Der richtige Spielzug, wenn zwei Jungs auf dich zugestürmt kommen und du einen frei stehenden Mitspieler siehst, besteht darin, den Ball abzuspielen. So einfach ist das.«

Bis zum fünften Spiel hatte sich die Serie in einen zähen Schlagabtausch verwandelt. James war das Fundament seiner Mannschaft und stand rekordverdächtige 45 Minuten pro Partie auf dem Feld. Auf halbem Wege durch das letzte Viertel einer weiteren, äußerst engen Begegnung hatte James 19 Punkte vorzuweisen. Über James hieß es, dass man ihn werfen lassen musste, wenn man ihn schlagen wollte. Die Pistons zogen sich zurück und LeBron ließ sie dafür bluten. Er versenkte einen Jumper aus fünf Meter Entfernung. Wenige Spielzüge später brach er durch die Verteidigungslinie der Pistons hindurch und machte einen Korbleger, anschließend verwandelte er einen Dreier und die Cavs lagen bloß noch einen Punkt zurück. James befand sich in der Zone, diesem besonderen mentalen Ort, an dem die Zeit stehen bleibt, Gegner zu Salzsäulen erstarren und der Korb 30 Zentimeter breiter wird. Während einer Auszeit sagte James zu seinen Teamkameraden, dass sie sich auf die Verteidigung konzentrieren sollten. Um die Offensive würde er sich kümmern.

Mit seinem Jumper hatte sich James den Respekt der Pistons verdient – jetzt legte er so richtig los. Bei noch 30 verbleibenden Sekunden explodierte James zu einem furchterregenden Slam Dunk auf Höhe der Grundlinie. Ein weiterer Monster-Dunk zum Ende des letzten Viertels brachte die Verlängerung.

In den Playoffs von 2008 windet sich James zwischen zwei Boston Celtics durch.

Die Pistons setzten ihre komplette Defense auf LeBron an, doch stoppen konnte ihn nun keiner mehr. »Ich kann mit gutem Gewissen sagen, dass wir alles versucht haben, was möglich war«, sagte Billups nach dem Spiel. »Gegen die ganz Großen passiert so was schon mal. Ich habe es nur noch nie auf diese Weise erlebt.«

In der zweiten Verlängerung verwandelte James einen weiteren Dreier und die Partie stand mit 107-107 unentschieden. Ein Fehlwurf der Pistons führte dazu, dass LeBron den Ball in die Hände bekam. Verbleibende Restspielzeit: 11,4 Sekunden. Dieses Mal entschied er sich gegen einen Pass.

Er klemmte sich den Ball unter den Arm und observierte das Feld. Seine Teamkameraden machten ihm Platz. Von Pistons eingekesselt, zog er hoch zu einem Korbleger, wechselte mitten im Flug die Strategie und schloss mit einem wilden Windmill Lay-in ab. Endstand: 109-107 für Cleveland.

LeBron hatte in über 50 Minuten Spielzeit 48 Punkte gemacht. Die letzten 25 Punkte für die Cavs wurden von ihm erzielt und er war der einzige Spieler seines Teams, der während der letzten 18 Minuten aus dem Feld punkten konnte.

Er hatte das Zeichen gesetzt, auf das alle gewartet hatten. LeBron galt nicht länger als das nächste große Ding. Er hatte seinen Platz auf dem Thron eingenommen.

In Spiel 6 fegten die Cavaliers die Pistons vom Platz und standen – zum ersten Mal überhaupt – im Finale. Dort wurden sie von den San Antonio Spurs mit 4-0 abgefertigt und wieder auf den Boden der Tatsachen gebracht.

Für James sollte es die erste von vielen Finalteilnahmen bedeuten. In den folgenden Jahren tauchte er achtmal hintereinander in den Finals auf. Doch niemand hätte ahnen können, dass es weitere drei Spielzeiten dauern würde, bis LeBron erneut in der Endrunde stand. Oder dass es mit einer völlig anderen Mannschaft geschehen würde.

2007
EIN SCHIEDSRICHTER AUF ABWEGEN

Es ging subtil vonstatten. Ein übersehener Schrittfehler hier, ein kurzer Pfiff dort. Was für das eine Team den Freiwurf bedeutete, handelte dem anderen ein Foulspiel ein. Auch wenn es am Anfang noch nicht offensichtlich war, stand eine Sache fest: Unter den NBA-Schiedsrichtern gab es schwarze Schafe.

»Abgekartetes Spiel in der NBA«, lautete die Schlagzeile der *New York Post* am Morgen des 20. Juli 2007. In dem Bericht war zu lesen, dass das FBI gegen einen in der NBA pfeifenden Schiedsrichter ermittele, der an illegalen Wettabsprachen beteiligt sei. Die Ermittlungen waren Teil einer größeren Untersuchung, die auf einen von der Mafia organisierten Glücksspielring in New York City abzielte. Am Ende des Tages wurde veröffentlicht, dass es sich bei dem besagten Schiedsrichter um Tim Donaghy handelte. Angesichts dieser Nachricht verurteilte NBA-Beauftragter David Stern Donaghy in einer Pressemitteilung. »Wir möchten unseren Fans versichern, dass wir keinen Aufwand und keine Mühen scheuen sowie alle zeitlichen und personellen Ressourcen einsetzen (…), um ein Individuum zur Rechenschaft zu ziehen, das dem Ansehen des Profisports schwer geschadet hat«, schrieb er.

Donaghy war der Sohn eines Schiedsrichters. Geboren in einem Vorort von Philadelphia, ging er in Springfield, Pennsylvania, auf dieselbe Highschool, auf die drei langjährige NBA-Schiedsrichter vor ihm gegangen waren, und es dauerte nicht lange, bis auch er die Karriereleiter emporstieg. Seinen ersten Einsatz als Offizieller hatte er im Jahr 1994. Bis zum Ende der Saison 2006–07 hatte er 772 Begegnungen der NBA gepfiffen.

James Battista, den Donaghy aus der Highschool kannte, machte gleichzeitig mit ihm Karriere. Mit dem Unterschied, dass Battista sich in der Welt des Glücksspiels und organisierten Verbrechens nach oben arbeitete. An Insiderwissen interessiert, wandte sich Battista an Donaghy, der ihm nach und nach immer mehr Informationen zukommen ließ. Donaghy war selbst eine Spielernatur und schon bald platzierte er Wetten auf seine eigenen Spiele.

Im Dezember 2006 trafen sie eine Vereinbarung. Donaghy würde Battista oder einen seiner Verbündeten anrufen und ihm codierte Nachrichten über verletzte Spieler sowie weitere nützliche Informationen zukommen lassen. Daraufhin platzierte er eine Wette auf die Begegnung, die er abends leiten würde. Ging die Rechnung auf, wurde Donaghy bezahlt. Es war eine Win-win-Situation und er gewann eine Menge – 88 Prozent seiner Prognosen trafen ins Schwarze. Ein dem Richter vorgelegtes Dokument bewies, dass der korrupte Unparteiische bereits seit Mai 2003 regelmäßig Wetten platzierte.

Illegale Spielabsprachen hat es im Basketball schon früher gegeben. Es war ein wiederkehrendes Phänomen, das sich in der Regel auf College-Ebene abspielte und in das bereits einige der größten Stars verwickelt gewesen waren. In der Geschichte der NBA gab es zwei Fälle: In einen war ein Spieler namens Jack Molinas involviert, der gesperrt wurde; in dem anderen der Schiedsrichter Sol Levy, der während der Saison von 1953 ebenfalls gesperrt und aus der Liga ausgeschlossen wurde. Wettskandale erreichten in den 1950ern ihren Höhepunkt und traten danach nur noch ganz vereinzelt auf. Einer der etwas aktuelleren Vorfälle ereignete sich im Jahr 1979, als am Boston College organisierte Absprachen bekannt wurden. Strippenzieher war Henry Hill, dessen Mafiakarriere später mit dem Streifen *GoodFellas* verfilmt wurde. Der Fall Donaghy war der größte Skandal seit Jahren und rückte die Liga in ein schlechtes Licht. »Wie viele Partien hat er wohl gepfiffen, an denen ich beteiligt war?«, fragte Shaquille O'Neal stellvertretend für eine ganze Liga.

Im August 2007 stellte sich Donaghy den Behörden. Er räumte ein, auf eigene Spiele gesetzt zu haben – auf zwei während der Saison 2006–07 –, und gab an, von Buchmachern 30 000 Dollar im Austausch für Informationen erhalten zu haben. Vorsätzlich den Verlauf von Spielen beeinflusst zu haben, stritt er jedoch ab. FBI und NBA kamen zu demselben Ergebnis. »Ich kann nichts finden«, sagte Stern in Bezug auf einen Beweis dafür, dass Donaghy Spielergebnisse manipuliert habe.

Während Donaghys Amtszeit gab es durchaus fragwürdige Begegnungen. So sorgte ein Aufeinandertreffen der Detroit Pistons und New Jersey Nets im Dezember 2006 für hochgezogene Augenbrauen. Basierend auf Donaghys Absprachen mit den Buchhaltern mussten die Pistons ein bestimmtes Ergebnis erzielen, und dies taten sie auch.

Im Januar 2003 wurde Donaghy Berichten zufolge auf seinem Weg aus der Arena nach einer Begegnung in Portland von Rasheed Wallace, dem Forward der Trail Blazers, bedroht. Wallace war wegen eines umstrittenen technischen Fouls sauer, das während des Spiels der Blazers gegen Memphis von Donaghy gepfiffen worden war. Wallace wurde für sieben Spiele gesperrt.

Dennis Rodman beschwert sich 1996 bei den Unparteiischen Tim Donaghy (Nr. 55) und Mike Callahan (Nr. 24).

Und dann gab es da noch die Partie Heat gegen Knicks, in der New York 31-mal öfter an der Freiwurflinie stand als Miami. Sowohl der Coach der Heat, Pat Riley, als auch sein Assistent erhielten während des Spiels Verwarnungen wegen technischer Fouls. Die Buchmacher sahen die Knicks mit viereinhalb Punkten vorn. Sie gewannen mit sechs.

»Falls dies größere Ausmaße angenommen hat«, sagte Bob Cousy, »kann es irreparable Schäden verursachen.« Das hatte es bereits. Die Fans begannen, an der Glaubwürdigkeit des Spiels zu zweifeln.

Im Juni 2008 gab Donaghys Anwalt ein Statement heraus, in dem behauptet wurde, dass weitere Unparteiische der NBA Spiele manipulieren würden. Eine Partie, die besonders in die Schusslinie geriet, war die der Sacramento Kings gegen die Los Angeles Lakers während der Western Conference Finals von 2002. In einer engen Begegnung bekamen die Lakers während des letzten Viertels 27 Freiwürfe zugesprochen, im Vergleich zu lediglich neun für die Kings. L.A. gewann sowohl das Spiel als auch die Serie. So ungeheuerlich war das Verhalten des Schiedsrichters, dass der bekannte Verbraucheranwalt Ralph Nader daraufhin eine offizielle Untersuchung beantragte.

Die League stritt die Behauptungen ab und blieb bei ihrer Version, dass es sich bei dem korrupten Unparteiischen um einen Ausnahmefall handele. Lamell McMorris, Vorsitzender der NBA-Schiedsrichtergewerkschaft, sagte, Donaghy sei »ein überführter Straftäter, der für seine von ihm eingeräumten kriminellen Machenschaften noch keinen Urteilsspruch erhalten hat. Er sagt möglicherweise Dinge, nur um sich einen Vorteil zu verschaffen (…) Ganz im Ernst, wir sind Donaghys Katz-und-Maus-Spiel schon lange leid.«

Am 29. Juli 2008 wurde Donaghy zu 15 Monaten Gefängnis verurteilt.

Bis zu diesem Zeitpunkt war noch nie ein direkt am Spiel beteiligter Offizieller von irgendeiner der vier großen nordamerikanischen Profiligen illegaler Spielabsprachen bezichtigt worden.

SPIELER MIT DEN MEISTEN FOULS

1.	Kareem Abdul-Jabbar	4657
2.	Karl Malone	4578
3.	Artis Gilmore	4529
4.	Robert Parish	4443
5.	Caldwell Jones	4436
6.	Charles Oakley	4421
7.	Hakeem Olajuwon	4383
8.	Buck Williams	4267
9.	Elvin Hayes	4193
10.	Clifford Robinson	4175

2008
RETTET UNSERE SONICS

Am 16. Juni 2008 hielt eine Gruppe von 3000 Fans der SuperSonics eine Kundgebung auf der Fifth Avenue in Seattle ab.

Ihre grün-gelben Trikots, die für mehr als vier Jahrzehnte Sonics-Geschichte standen, spiegelten sich im Gebäude des Bundesgerichtshofs hinter ihnen. Die Fans hielten Plakate in die Luft und verwiesen auf die Ironie, dass sich direkt gegenüber ein Starbucks befand (Starbucks-Gründer Howard Schultz war einst der Besitzer des Vereins gewesen). Die ehemaligen All-Stars Gary Payton und Xavier McDaniel sprachen zur Menge, die in Sprechchören »Rettet unsere Sonics« skandierte.

14 Stockwerke über ihnen wurde in einem sechstägigen Verfahren die Zukunft der Sonics in der Emerald City bestimmt.

Als Seattle im Winter 1966 ein NBA-Franchise zugesprochen bekam, baute die Liga die Anzahl ihrer Teams damit auf zwölf aus. In ihren Anfangstagen liefen so großartige Spieler wie Lenny Wilkins und Spencer Haywood für die Sonics auf, die Playoffs erreichte Seattle aber erst 1975 mit Bill Russell als Cheftrainer. Drei Jahre später wurden die SuperSonics unter der Ägide von Wilkins zu NBA-Champions gekrönt. In den 1990ern erhielt der Verein durch das schillernde Duo Payton und Shawn Kemp einen ungeheuren Popularitätsschub. In einem Jahrzehnt, in dem Sonics-Trikots für echte Hipster unerlässlich waren, machte sich das Team an der Westküste einen Namen.

Die reguläre Saison 1993–94 schloss Seattle als beste Mannschaft der Liga ab, kassierte aber in der ersten Playoff-Runde eine völlig überraschende Niederlage gegen die Denver Nuggets – eine der größten Pleiten in der Geschichte der NBA. »Ich saß im Whirlpool und schüttete bis zwei Uhr nachts Bier in mich rein«, sagte Cheftrainer George Karl, »und das Spiel hatte am Nachmittag stattgefunden.« Ihr letztes Spiel der Saison war gleichzeitig auch ihr letztes Spiel im Seattle Coliseum. In jenem Sommer begann man mit umfangreichen Renovierungsarbeiten an der Spielstätte, die im Oktober 1995 unter dem Namen KeyArena wiedereröffnet wurde.

Mit einer beeindruckenden Mannschaft auf dem Feld und einer ganzen Stadt, die ihr erstes professionelles Team von Anfang an unterstützte, verwandelte sich die KeyArena in eine der atemberaubendsten Kulissen der NBA. Das lautstärkste Heimpublikum der Liga feuerte ihren Verein auf dem Weg in die Finals von 1996 unablässig an.

Doch Anfang der 2000er-Jahre, zum Ende der Ära Payton, brauchte Seattles Spielstätte erneut eine Generalüberholung. Die Arena war inzwischen veraltet und verfügte mit nur 17000 Sitzplätzen über die geringste Zuschauerkapazität der League.

Im Januar 2001 wurden die SuperSonics zusammen mit den Seattle Storm der WNBA für 200 Millionen Dollar an Howard Schultz verkauft. Als erste Amtshandlung wollte dieser die KeyArena aufrüsten und umgestalten, um die Kapazität zu erhöhen und VIP-Logen für gut betuchte Fans zu schaffen. Allerdings hatte die Sache einen Haken: Der Starbucks-Gründer war der Meinung, dass die lokalen Steuerzahler die Zeche von 220 Millionen Dollar zahlen sollten, und drohte damit, das Team nach dem Auslaufen des Pachtvertrags im Jahr 2010 umzusiedeln, sollte die Stadt nicht in der Lage sein, die Kosten zu übernehmen.

2006 verkaufte Schultz den Verein, den er fünf Jahre zuvor gekauft hatte, an eine in Oklahoma City angesiedelte Unternehmensgruppe, die von Clay Bennett angeführt wurde. Bennett hatte in eine der reichsten Familien des Mittleren Westens eingeheiratet und war in den 1990ern für kurze Zeit ein Minderheitseigentümer der San Antonio Spurs gewesen. Seine Gruppe erwarb den Verein mit dem Versprechen, dass sie weiter für eine verbesserte Arena in Seattle kämpfen würden. Genau wie Schultz wollte auch Bennett, dass das Projekt aus öffentlichen Mitteln finanziert wurde.

Schultz Drohung, das Team umzusiedeln, machte den Sonics-Fans bewusst, dass der Arena-Deal eine zentrale Rolle für das Überleben ihrer Mannschaft spielte. Eine örtliche Gruppierung namens »Save Our Sonics« (Rettet unsere Sonics) startete eine Kampagne, die die Stadt dazu bewegen sollte, die Renovierung der KeyArena aus öffentlichen Geldern zu finanzieren. Allerdings formierte sich eine noch größere Gruppe namens »Citizens for More Important Things« (Bürger für wichtigere Dinge), die das Projekt für eine Verschwendung von Steuergeldern hielt. Bei den Wahlen im November 2006 hatte sich eine überwältigende Mehrheit der Wähler dafür ausgesprochen, dass Steuergelder zukünftig nicht mehr für die Finanzierung von Sportvereinen ausgegeben werden sollten.

Daraufhin präsentierte Bennett einen neuen Vorschlag, der vorsah, ein 530 Millionen Dollar teures Stadion im verschlafenen Vorort Renton zu errichten. Der Plan war von Anfang an dubios. Wenn Steuerzahler nicht dazu

bereit waren, 220 Millionen Dollar für Schultz Renovierungen auszugeben, warum sollten sie dann damit einverstanden sein, mehr als das Doppelte für eine neue Arena außerhalb der Stadt auf den Tisch zu blättern? Zahlreiche Verschwörungstheorien hinsichtlich der wahren Absichten der Bennett-Gruppe machten die Runde.

Im August 2007 schrillten die Alarmglocken, als Aubrey McLendon, ein Mitglied der Inhabergruppe, erklärte, dass es nie eine ernsthafte Absicht gegeben hätte, das Arena-Abkommen in die Tat umzusetzen. »Wir haben das Team nicht gekauft, damit es in Seattle bleibt«, äußerte er sich einer Zeitung aus Oklahoma City gegenüber.

Zwei Jahre zuvor, nachdem New Orleans vom Orkan Katrina zerstört worden war, waren die Hornets vorübergehend nach Oklahoma City umgesiedelt, wo sie zwei Spielzeiten absolvierten. Die Fans in Oklahoma strömten ins Stadion und das NBA-Experiment der Stadt war ein voller Erfolg. Noch wichtiger war, wie Bennett anmerkte, dass der Umzug profitabel war.

Nach McLendons Kommentar räumte Bennett ein, dass er plane, die SuperSonics nach Oklahoma City umzusiedeln, sobald der Miet-

Lenny Wilkens bei der Siegesparade 1979

vertrag für die KeyArena im Jahr 2010 auslief. Im September 2007 versuchte er, zwei Jahre früher aus dem Mietvertrag auszusteigen, und leitete rechtliche Schritte ein, um dies durchzuboxen. Drei Tage später verklagte die Stadt Seattle Bennett und seine Inhabergruppe, um sie an ihren bestehenden Mietvertrag zu erinnern.

In der Zwischenzeit bereiteten sich die Sonics auf die bevorstehende Saison 2007–08 vor. Obwohl ihre Zukunft in Seattle am seidenen Faden hing, gab es bei der Mannschaft noch genügend Anlass zur Freude, denn es war ihnen gelungen, mit dem zweiten Draft Pick Kevin Durant an Bord zu holen. Durant wurde zum zweitjüngsten Spieler (nach LeBron), der durchschnittlich mehr als 20 Punkte pro Partie erzielte, doch das Drama abseits des Spielfelds sorgte dafür, dass seine Rookie-Saison nicht gebührend wahrgenommen wurde.

Im November gab Bennett bekannt, dass er offiziell mit der NBA in Verhandlungen stehe, um sich deren Einverständnis für die geplante Umsiedlung zu holen. Allerdings wollte er ausschließlich die SuperSonics. Die Storm der WNBA, sagte er, könnten in Seattle bleiben (im Januar 2008 wurden die Storm an eine Gruppe von Geschäftsfrauen aus dem Raum Seattle verkauft). Bennett wurde in Seattle zur Persona non grata und es dauerte nicht lange, bis die NBA samt ihres Commissioners David Stern dort denselben Status erlangte: Im April 2008 stimmte das Direktorium der Liga mit 28 zu 2 für eine Umsiedlung.

Im Juni begann das Verfahren und die »Save Our Sonics«-Anhänger marschierten vor dem Gerichtsgebäude auf. Beide Seiten einigten sich schließlich auf einen Vergleich: Bennett und die Inhabergruppe der Sonics würden der Stadt 45 Millionen Dollar zahlen und dafür aus dem Mietvertrag der KeyArena entlassen werden. Sollte Seattle nicht innerhalb von fünf Jahren über ein neues Team verfügen, so würden die Eigentümer der Sonics noch einmal 30 Millionen Dollar herausrücken.

Die Schlacht war vorüber.

Im Zuge des Vergleichs versuchte Howard Schultz, die NBA dazu zu bewegen, seinen Verkauf der Mannschaft sieben Jahre zuvor für ungültig zu erklären, da Bennett sein Versprechen gebrochen und damit gegen ihre »in gutem Glauben« getroffene Vereinbarung verstoßen hatte. Die Liga stellte sich auf Bennetts Seite und Schultz ließ die Anklage fallen.

Rechtzeitig zum Start der Saison 2008–09 wurde die Mannschaft in Oklahoma City Thunder umgetauft. In ihrem letzten Jahr in Seattle, Durants Rookie-Jahr, konnten die SuperSonics lediglich 20 Spiele für sich entscheiden. Es war das schlechteste Ergebnis in der Geschichte des Vereins.

In den folgenden Jahren trauerten die Fans in Seattle ihren Sonics hinterher und sahen gequält dabei zu, wie Durant sich zu einem Hall of Famer entwickelte. Allerdings konnten sie unter Beweis stellen, dass das Basketballfieber in Seattle mindestens genauso grassierte wie in jeder anderen Stadt der NBA auch. Die Seattle Storm etablierten sich als eines der erfolgreichsten Teams der WNBA und im Jahr 2018 holte die Mannschaft ihren dritten Meisterschaftstitel. Sie stellten dabei einen weiteren Rekord auf: Noch nie hatte es eine derart häufig ausverkaufte KeyArena gegeben.

Sue Bird feiert den WNBA-Titelerfolg von 2010.

Die Sonics mögen aus Seattle verschwunden sein, die Liebe zum Basketball ganz bestimmt nicht.

RUNDE 3
CELTICS GEGEN LAKERS

Kobe Bryants Reaktion auf den Buzzer in Spiel 7

Im Jahr 1987 standen sich die Boston Celtics und Los Angeles Lakers zum zehnten Mal in den Finals der NBA gegenüber. Danach fiel der bedeutendste Konkurrenzkampf der Liga in einen Dornröschenschlaf.

Die folgenden zwei Jahrzehnte führte das Schicksal die beiden Vereine in unterschiedliche Richtungen. In L.A. blieben die Lakers von Shaq, Kobe und Phil auf der Überholspur und räumten zwischen 2000 und 2002 drei Meisterschaftstitel hintereinander ab. Die Celtics dagegen schafften es zwischen 1993 und 2007 nur zweimal über die erste Runde hinaus.

In der Nachsaison von 2007 gelangen den Celtics allerdings zwei Hammer-Trades, die sie wieder um den Titel mitspielen ließen. Am Abend des Drafts im Juni gab Boston seinen fünften Pick (Jeff Green) an Seattle ab, was Teil eines Deals war, um sich den begehrten Shooting Guard Ray Allen zu angeln. Einen Monat darauf holten sie außerdem den zehnmaligen All-Star Kevin Garnett von den Minnesota Timberwolves.

Der 32-jährige Allen galt weit und breit als der zuverlässigste Schütze, hatte gerade ein äußerst erfolgreiches Jahr hinter sich und würde innerhalb der nächsten drei Jahre Reggie Millers Allzeitrekord bei Drei-Punkte-Körben überbieten. Garnett, 31 Jahre alt, wurde 2004 zum MVP ernannt und war auf beiden Seiten des Courts eine echte Waffe. Doch da beide Spieler allmählich in die Jahre kamen, belastete die Tatsache, dass sie in den Playoffs noch kein Ausrufezeichen hatten setzen können, ihr Vermächtnis.

Dasselbe galt für Paul Pierce, den 30 Jahre alte Star, der seine gesamte zehnjährige Karriere ausschließlich im Grün der Celtics aufgelaufen war. Pierce hatte sich zu Recht den Ruf als einer der härtesten Spieler der Liga verdient. Im September 2000 wurde in einem Bostoner Nachtklub elfmal auf ihn eingestochen. Dabei kollabierte seine Lunge und er musste notoperiert werden. Doch schon nach knapp einer Woche verließ er das Krankenhaus, kam rechtzeitig zum Eröffnungsspiel am 1. November zurück auf den Court und verpasste die ganze Saison über kein Spiel.

Pierce war der Haupt-Scorer der Celtics – über die letzten sieben Spielzeiten hinweg hatte er pro Partie durchschnittlich 25 Punkte gemacht. Mit Allen und Garnett im Team avancierte Boston in kürzester Zeit zum Titelanwärter. Bostons »drei Musketiere« trugen das Team zu 66 Siegen – nur einer weniger als die legendäre Celts-Mannschaft von 1986. In Los Angeles hatten sich die Lakers mittlerweile ebenfalls rundumerneuert. Nachdem Shaquille O'Neal den Verein im Jahr 2004 verlassen hatte, verlief die Solokarriere von Kobe Bryant nicht so wie erwartet. Zwischen 2004 und 2007 wiesen die Lakers eine Bilanz von 121-125 auf, während Bryant eine unterdurchschnittliche Auswahl über Wasser hielt, die es zweimal in die Playoffs schaffte und beide Male in der ersten Runde rausflog.

In der Spielzeit 2007–08 führte Bryant die Scorer-Tabelle der Liga zum dritten Mal hintereinander an und die Lakers hatten einen 35-20-Start hingelegt. In dieser Saison würde Kobe zum ersten und einzigen Mal in seiner Karriere zum MVP ausgezeichnet werden. Am 1. Februar 2008 luchste Los Angeles den Memphis Grizzlies ihren ehemaligen First Overall Pick und ewigen All-Star Pau Gasol ab. Gasol war ein vielseitiger Low-Post-Spieler, der zwei Jahre zuvor Spanien zur Goldmedaille beim FIBA World Cup verholfen hatte.

Mit Gasol hatten die Lakers wieder den Low-Post-Star, der ihnen seit Shaqs Weggang gefehlt hatte. Dazu kamen der aufstrebende 20-jährige Center Andrew Bynum, ein 2,13 Meter großes und 130 Kilo schweres Riesenbaby (bei der letzten Finalpaarung Celtics gegen Lakers war Bynum noch nicht geboren), sowie der vielseitige Forward Lamar Odom (letztes Überbleibsel aus dem O'Neal-Deal). Zusammen bildeten sie den durchschlagkräftigsten Lakers-Kader seit Jahren. Das Team schloss die Saison mit einem 22-5-Lauf ab und nahm diesen Elan bis in die Finals mit.

Die Celtics zogen von ihrem heiligen Boston Garden in eine neue, hochmoderne Spielstätte keine zehn Meter von ihrem alten Zuhause entfernt – nahe genug, dass die Garden-Gespenster der Vergangenheit die Lakers heimsuchen konnten.

Boston übernahm mit 2-0 die Führung in der Finals-Runde, doch nach dem dritten Spiel stand es dank einer 36-Punkte-Glanzleistung von Bryant nur noch 2-1. Im vierten Spiel hatte L.A. nach der ersten Halbzeit eine 24-Punkte-Führung, doch Boston holte in der zweiten Halbzeit kontinuierlich auf. Noch 3:48 Minuten waren im letzten Viertel zu spielen, als die Celtics zum ersten Mal in Führung gingen. Die erfolgreiche Aufholjagd hatte Boston zum größten Teil einem Dauerfeuer von Ray Allen zu verdanken. Ein Zuspiel von Bryant, das mit einem Dunk von Gasol abgeschlossen wurde, verkürzte die Führung der Celts auf drei, aber ein Korbleger von Allen bei noch 15,7 Sekunden verbleibender Spielzeit bedeutete den Sieg für Boston, die damit souverän 3-1 führten.

»Wir haben uns schlicht und einfach in die Hosen gemacht«, sagte ein frustrierter Bryant, der mit sechs Würfen 17 von 19 möglichen Punkten erzielte, obwohl er mit einem Bänderriss in seiner Wurfhand spielte.

Zwei Partien später packte Boston die Angelegenheit mit einem überragenden 131-92 in trockene Tücher und holte sich zum ersten Mal nach 22 Jahren den Titel – den 17., ein NBA-Rekord. »Alles ist möglich!«, schrie ein aufgelöster Garnett während eines Interviews in Richtung Hallendecke. Schluchzend hatte er damit fast den Slogan seiner beliebten Adidas-Kampagne wiederholt (»Nichts ist unmöglich«).

Pierce, der für Boston in den Finals die meisten Punkte gesammelt hatte, wurde zum Finals-MVP ernannt.

»Irgendwo da oben«, sagte Commissioner David Stern, während er der Mannschaft die Larry-O'Brien-Trophäe überreichte, »sitzt Red (Auerbach) und zündet sich eine Zigarre an.«

In der folgenden Saison unterlagen die Celtics den Orlando Magic, die daraufhin in den Finals in fünf Spielen gegen die Lakers verloren. Bryant bekam seine erste Auszeichnung zum Finals-MVP.

Doch schon im Jahr 2010 gab es eine Neuauflage des Klassikers Celtics gegen Lakers. Genau wie die Auswahl von 1987 hatte auch dieses Mal der innere Kern der Celtics mit fortschreitendem Alter zu kämpfen. Doch der Kader verfügte durchaus noch über eine große Durchschlagskraft und wurde tatkräftig von dem 23-jährigen Rajon Rondo unterstützt, der in den Playoffs im Schnitt 15,8 Punkte und 9,3 Assists machte.

Die Lakers hatten indes in der Nachsaison 2009 den 30-jährigen Ron Artest unter Vertrag genommen, den besten Verteidiger und aggressivsten Spieler der NBA. In Spiel 1 der Finalrunde stellte Artest sein Können unter Beweis, indem er Allen und Pierce auf eine Trefferquote von 9 von 21 drücken konnte, während die Celtics auf das Inside-Outside-Spiel von Bryant und Gasol keine rechte Antwort fanden.

Im zweiten Spiel hatte Allen sich wieder gesammelt und auf dem Weg zum Sieg der Celtics stellte er mit acht verwandelten Dreiern einen Finals-Rekord auf.

Über die nächsten zwei Begegnungen ging es wieder hin und her, nach vier Spielen stand es 2-2 unentschieden. In Spiel 5 machte Bryant 38 Punkte, aber kein anderer Laker schaffte mehr als zwölf. Die Celtics gingen als Sieger vom Platz, nur um von L.A. im sechsten Spiel erneut geschlagen zu werden, wobei Boston lediglich 67 Punkte erzielen konnte. Zum fünften Mal in der Geschichte des Klassikers musste das siebte Spiel die Entscheidung bringen. Bis jetzt hatte Boston dabei jedes Mal den Sieg davongetragen.

Die Lakers hatten die meiste Zeit die Zügel in der Hand, aber den Celtics gelang es, bei noch etwas über einer Minute Restspielzeit auf drei Punkte heranzukommen. Bei 1:03 Minuten auf der Uhr war es Bryant, der von zwei Gegenspielern gedoppelt den Ball abspielte. Der Bryant, der von Teamkameraden, Trainern und der Presse gleichermaßen dafür verteufelt worden war, dass er seinen Mitspielern nicht vertraute und ihnen den Ball nicht oft genug zukommen ließ. Der Ball segelte zu Artest hinter der Drei-Punkte-Linie. Der machte einen kurzen Schritt zur Seite und feuerte, noch während Pierce zur Verteidigung angeflitzt kam, seinen Schuss ab. Artests Dreier flog im hohen Bogen ansatzlos durchs Netz. Das Heimpublikum der Lakers flippte komplett aus.

Es war der Todesstoß. Die Lakers behielten mit 83-79 die Oberhand und hatten sich somit nicht nur den zweiten Titel in Folge gesichert, sondern auch für ihre Finalniederlage gegen Boston zwei Jahre zuvor gerächt. Lakers-Coach Phil Jackson hatte sich seinen elften Meisterschaftsring verdient, womit er Auerbach um zwei übertrumpfte.

Artest hatte im siebten Spiel 20 Punkte beigesteuert. Bryant machte 24 Punkte, holte 15 Rebounds und wurde zum zweiten Mal zum Finals-MVP gekürt.

Es war Kobes fünfter Titel. Für einen eingefleischten Laker wie ihn, dem nur zu bewusst war, wie sehr die Celtics die Lakers seit jeher dominiert hatten, bedeutete dieser Meisterschaftserfolg von 2010 unendlich viel.

»Dieser Sieg ist bei Weitem der süßeste«, sagte Bryant, »weil sie es sind.«

DIE MEISTEN NBA-TITEL

1.	Boston Celtics	17
	Los Angeles Lakers	17
3.	Golden State Warriors	6
	Chicago Bulls	6
5.	San Antonio Spurs	5

Bryant wird 2008 von Paul Pierce und Kevin Garnett geblockt.

2010
DIE ENTSCHEIDUNG

Dwyane Wade findet LeBron James für einen Alley-oop.

»Ab diesem Herbst – oh Mann, das ist hart«, sagte ein nervös wirkender LeBron James. Es war der Abend des 8. Juli 2010. LeBron hatte seine weinrot-goldene Cleveland-Cavaliers-Montur gegen ein Holzfällerhemd eingetauscht, als er während einer Liveübertragung die schwerwiegendste Entscheidung seiner Karriere verkündete.

»The Decision«, eine 75-minütige Sondersendung, war der von Basketballfans wohl meistererwartete NBA-Moment des 21. Jahrhunderts. Mehr als 13 Millionen Fernsehzuschauer schalteten in den USA ihre Apparate ein, um herauszufinden, in welchem Trikot James in der nächsten Saison auflaufen würde – zehn Millionen mehr als für das Fußball-WM-Spiel am Abend zuvor.

Mit seinen 25 Jahren hatte sich James bereits den Ruf als genialster Spieler der Welt erworben. Seine Zeit in Cleveland kam einem Märchen gleich: Er war das Wunderkind aus dem benachbarten Akron, der die Cavaliers aus dem Tabellenkeller herausgeholt und bis in die Finals getragen hatte.

Die Cavs unter LeBron waren eine One-Man-Show. In den Eastern Conference Finals von 2007 holte James im fünften Spiel die letzten 25 Punkte in einem Sieg über die Detroit Pistons – ein Erfolg, bei dem er der Dreh- und Angelpunkt der Mannschaft war. In ihrer bis dahin einzigen Finalteilnahme wurden die Cavs von den San Antonio Spurs weggeputzt. Gegen die amtierende Dynastie der NBA sahen sie wie ein Highschool-Team aus.

Im Sommer 2009 versuchte das Management der Cavs, LeBron Verstärkung an die Seite zu stellen. Sie konnten den 37-jährigen Shaquille O'Neal sowie den 33-jährigen Antawn Jamison verpflichten – zwei Veteranen, deren Tage als All-Stars schon weit zurücklagen. Die Cavaliers beendeten die Saison 2009–10 als erfolgreichstes Team der NBA und LeBron erhielt zum zweiten Mal hintereinander die Auszeichnung zum MVP. Allerdings vergeigten sie eine 2-1-Führung gegen die Boston Celtics in Runde zwei der Playoffs. Eine unschöne Wurfquote von 3 aus 14 bei einer Niederlage in Spiel 5 verstärkte noch die Kritik, dass James in wirklich entscheidenden Situationen nicht abliefern konnte.

Zum ersten Mal in seiner Laufbahn war LeBron ein Free Agent.

In Toronto hatte Chris Bosh dasselbe Schicksal wie James in Cleveland ereilt, wenn auch mit viel weniger Erfolgen im Rücken. Der 2003 an vierter Stelle gedraftete Bosh war eine Naturgewalt an der Low Post, dessen Gefühl für Würfe aus der Mitteldistanz ein Albtraum für jeden Verteidiger war. Seit 2006 wurde er Jahr für Jahr ins All-Star Team gewählt, während seiner Zeit in Toronto schaffte es seine Auswahl jedoch in sieben Jahren nur zweimal bis in die Playoffs, wo es ihnen nicht gelang, auch nur ein einziges Mal eine Serie für sich zu entscheiden.

Bosh und LeBron waren 2010 Teil einer Gruppe vertragsfreier Spieler, zu der unter anderem auch Dirk Nowitzki, Yao Ming, Amar'e Stoudemire und Dwyane Wade gehörten. Wade hatte die Miami Heat 2006 zum Titelgewinn geführt, bevor das Team um ihn herum abbröckelte.

Einen Tag vor LeBrons Entscheidung hatte Bosh bei Miami unterschrieben, wo Wade einer Verlängerung bereits zugestimmt hatte.

Nun waren alle Augen auf James gerichtet.

Sechs Mannschaften waren an dem Rennen um ihn beteiligt: Cleveland, Chicago, New York, New Jersey, Miami und die Los Angeles Clippers.

Auf CNN sagte LeBron Larry King, dass er aufgrund seiner großen Verbundenheit mit Ohio zu Cleveland tendiere. Parallel dazu stattete er allen interessierten Vereinen einen Besuch ab und diese ließen nichts unversucht, um ihn zu beeindrucken. Die Knicks wussten, dass James ein begeisterter Anhänger der Serie *The Sopranos* war, und engagierten die Schauspieler James Gandolfini und Edie Falco, um eine Szene zu drehen, in denen diese in ihren Rollen als Tony und Carmela genau darlegten, warum LeBron den Madison Square Garden sein neues Zuhause nennen sollte.

Als die Cavs während der regulären Saison gegen die Heat antraten, organisierte Miamis Hauptgeschäftsführer Pat Riley ein formloses Treffen, an dem er selbst, LeBron und Michael Jordan teilnahmen. Beim offiziellen Rekrutierungstermin im Sommer legte Riley dann seine fünf Meisterschaftsringe auf den Tisch – vier davon hatte er mit Magic Johnson und den Showtime Lakers gewonnen, den fünften in Miami zusammen mit James gutem Freund Wade.

Weiterer Worte bedurfte es nicht.

Am Set von »The Decision« vergingen 30 lange Minuten, bis James seine Entscheidung endlich preisgab.

»Ab diesem Herbst werde ich meine Fähigkeiten am South Beach unter Beweis stellen und bei den Miami Heat unterschreiben.«

211

James bei einem Wurf gegen die San Antonio Spurs 2012

»Noch nie fühlte man sich als Sportfan für so für dumm verkauft«, lautete die Headline des Artikels einer New Yorker Zeitschrift. Eine weitere Headline bezeichnete das Ganze als »Publicity-Desaster«.

»LeBron James hat die Cleveland Cavaliers im Stich gelassen, genau wie er es in Spiel 5 gegen Boston tat«, schrieb ein New Yorker Kolumnist. »Und dieser Typ denkt ernsthaft, er könne der nächste Michael Jordan sein? Er spielt nicht mal in derselben Liga wie Kobe Bryant.«

»The Decision« war ein unbeabsichtigt taktloses Auftreten, mit dem James öffentlich sowohl seine Heimatstadt als auch die Fans, die ihn King James getauft hatten, verprellte. Rückblickend sagte James, dass er es anders machen würde, wenn er noch mal in der Situation wäre. Aber der Schaden war angerichtet.

In Cleveland verbrannten Basketballfans LeBron-Trikots und Devotionalien. Dan Gilbert, Inhaber der Cavs, äußerte in einem in New Yorker Zeitungen abgedruckten Brief seinen Unmut. In dem im unseriösen Schrifttyp Comic Sans verfassten Schreiben hieß es, LeBrons Entscheidung sei »ein schockierender Akt der Illoyalität (...), ein herzloses und kaltschnäuziges Vorgehen.«

Angesichts dieser heftigen Reaktionen zeigte sich James schockiert. Darauf war er nicht vorbereitet gewesen. »Ich war 25 Jahre alt und wollte von allen gemocht werden«, sagte er Jahre später.

Eine viel gerühmte »Pressekonferenz«, die ein paar Tage nach »The Decision« abgehalten wurde, verschlimmerte die Sache nur noch. James, Wade und Bosh erschienen auf einer Bühne, die mit Nebelmaschinen und Stroboskoplichtern in Szene gesetzt wurde. »Wir sind hierhergekommen, um Meisterschaftstitel zu gewinnen«, sagte James zu einer berauschten Menge in Miami. »Nicht einen, nicht zwei, nicht drei, nicht vier, nicht fünf, nicht sechs, nicht sieben ...«

Bis dahin war es niemandem schwergefallen, LeBron zuzujubeln. Er war der clevere Junge, der eine Kindheit in Armut gemeistert und seinen Heimatverein weitergetragen hatte, als es dieser eigentlich verdiente. Und dann machte er sich mit nur einem Satz – »meine Fähigkeiten am South Beach unter Beweis stellen« – zum Schurken.

Hinter vorgehaltener Hand erzählte man sich, dass James, Bosh und Wade nach ihrem gemeinsamen Auftritt im Team USA bei den Olympischen Spielen von 2008 einen Pakt geschlossen hätten, sich in der NBA zusammenzutun – ein Gerücht, das bei den Fans für weitere Verstimmung sorgte. Miamis Team wurde fortan als die »Heatles« bezeichnet, eine Ansammlung von supertalentierten Individuen, die sich zusammengefunden hatten, um gewaltige Kräfte zu bündeln. Der Unterschied bestand darin, dass die Beatles geliebt und die Heatles unverhohlen verachtet wurden.

Obwohl sie den talentiertesten Kader der Liga hatten – mit James und Wade verfügte Miami wahrscheinlich über die zwei besten Athleten der NBA –, war ihr Start etwas holprig. James und Wade übernahmen abwechselnd die Rolle des Leitwolfs, während Bosh sich schwertat, das fünfte Rad am Wagen zu sein. Viele Basketballfans freuten sich über Miamis unspektakulären 11-8-Start in die Saison.

Am 2. Dezember 2010 kam LeBron zum ersten Mal nach seinem Auftritt in »The Decision« nach Cleveland zurück. Allerdings befand er sich nun in Feindesland und es hagelte Buhrufe. »Was die Energie der Zuschauermenge anbelangt, war das mit Abstand heftiger als jede Playoff- oder Finals-Partie, die ich jemals erlebt habe«, erinnerte sich Heat-Center-Spieler Joel Anthony.

LeBron war der Bösewicht und nahm die Rolle an wie der Wrestler Razor Ramon. Die Heat vernichteten die Cavs an diesem Abend. Von der Menge angestachelt, stellte LeBron mit 38 Punkten einen Saisonrekord auf, während die Auswahl aus Miami die Cavaliers unbarmherzig mit 118-90 deklassierte.

Die Begegnung hatte gezeigt, dass die Heat dann ihr volles Potenzial entfalten konnten, wenn James die Führungsrolle übernahm

und Wade sich mit der Rolle eines überqualifizierten Sidekicks zufriedengab.

Miami entschied die folgenden neun Partien für sich und kannte nur noch eine Richtung: vorwärts. Die Heat cruisten in die Finals von 2011, wo sie nach den ersten drei Runden eine Bilanz von 12-3 aufwiesen, dann jedoch von Dirk Nowitzki und der äußerst erfahrenen Auswahl der Dallas Mavericks aufgehalten wurden. Im entscheidenden vierten Spiel sahen gegnerische Fans genussvoll dabei zu, wie LeBron seine wahrscheinlich schlechteste Playoff-Performance ablieferte und auf gerade einmal acht Punkte kam. Während der Serie hatte er 24-mal den Ball an die gegnerische Mannschaft verloren.

Doch das waren nur Anlaufschwierigkeiten. In der Spielzeit darauf waren LeBrons Heat deutlich stärker und schafften es in die Finals. James erlebte seine bis dahin wohl beste Saison in der NBA – gleichzeitig war es die effizienteste überhaupt für einen Spieler seit Jordans Saison 1987–88. Zum dritten Mal wurde James zum MVP ernannt.

Wade wuchs in seiner neuen Rolle als Co-Star über sich hinaus. Doch niemand opferte sich mehr auf als Bosh, der sein Spiel komplett umstellte, zu einem Dreierschützen und Korbbewacher wurde und dabei half, die Jobbeschreibung für heutige Center-Spieler zu verfestigen.

Nach einem klaren 4-1-Sieg über die Oklahoma City Thunder holte sich James 2012 nach neun Spielzeiten seine erste Meisterschaftstrophäe. Er erhielt außerdem die Auszeichnung zum Finals-MVP. In der darauffolgenden Spielzeit wiederholte Miami das Kunststück – dieses Mal setzten sie sich in einer knallharten Serie nach sieben Spielen über die Spurs hinweg.

In Erinnerung geblieben sind diese Finals wegen eines der großartigsten Clutch Shots, den man in der NBA jemals zu sehen bekommen hat. In Spiel 6 war der Meisterschaftstitel für San Antonio zum Greifen nah, als die Spurs bei noch 18 Sekunden mit drei Punkten vorn lagen. Die Larry-O'Brien-Trophäe stand schon abholbereit, die Stadionmitarbeiter hatten den Court bereits mit Seilen von den Zuschauerrängen abgetrennt, um eine reibungslose Übergabe zu garantieren.

Nachdem LeBron ein Dreier misslungen war, schnappte sich Bosh den Rebound und passte ihn zu Ray Allen, den besten Dreierschützen aller Zeiten, der sich in der rechten Ecke befand. Allen positionierte sich hinter der

Die Miami Heat vor einem Spiel der Finalserie von 2013

Drei-Punkte-Linie und feuerte seinen Schuss mit einer gegnerischen Hand im Gesicht ab. Wusch! Miami gewann die Partie in der Verlängerung.

Im Anschluss an seine 37-Punkte-Performance in Spiel 7 wurde LeBron zum zweiten Mal hintereinander zum Finals-MVP gekrönt und die Heat waren – ebenfalls zum zweiten Mal hintereinander – NBA-Champions.

Allmählich wurde es deutlich schwieriger, die Heat nicht zu mögen. James hatte sich für »The Decision« entschuldigt – nicht für seine Wahl, sondern für die Art und Weise, wie er sie kommuniziert hatte. Und er konnte das Image abschütteln, ein genialer Spieler zu sein, der in kritischen Situationen die Nerven verliert. Damit zementierte er seinen Platz unter den Größten aller Zeiten.

Wilt Chamberlain sagte einmal: »Ich bin ein Goliath in einer Welt voller Davids. Und glaub mir: Niemand feuert Goliath an.«

Nach einer emotionalen Achterbahnfahrt in Miami machte man für LeBron James diesbezüglich eine Ausnahme.

2011
DERRICK »ONE HIT WONDER« ROSE

Derrick Rose ist auf Kollisionskurs mit LeBron James. Mit einem bösen Crossover zieht er an seinem Verteidiger vorbei und weiter in Richtung Korb. James verankert seine Füße im Boden und wartet auf den Einschlag.

Die reguläre Saison 2010–11 geht dem Ende zu; zwischen Roses Chicago Bulls und James Miami Heat steht es unentschieden.

Rose sieht James, katapultiert sich in die Luft und fliegt mit seinen robusten 1,91 Meter auf ihn zu. Während er in die Höhe steigt, windet er seinen Körper zwischen LeBron und einem weiteren Verteidiger der Heat hindurch, um mit einem akrobatischen Korbleger abzuschließen. Er verleiht dem Ball gerade so viel Spin, dass dieser in hohem Bogen vom Brett direkt durchs Netz plumpst.

Rose ist in seiner dritten Saison und hat seinen Status als einer der fähigsten Point Guards bereits zementiert. An diesem Abend kann ihn niemand mehr aufhalten und die Bulls cruisen in seinem Windschatten zum Sieg.

Das Jahr 2011 hätte eigentlich LeBron gehören sollen. Im vorangegangenen Sommer sah die Basketballwelt schockiert dabei zu, wie James am South Beach ein Superteam um sich herum aufbaute. Er hatte sich höchstpersönlich für unmittelbare Meisterschaftserfolge verbürgt und war auf dem besten Weg zu seiner dritten Auszeichnung zum MVP in Folge.

Niemand hatte mit Roses Sprengkraft gerechnet. Er zerstörte gegnerische Pläne – keine noch so ausgeklügelten Strategien kamen gegen sein Talent an. Aufgewachsen war Derrick im Chicagoer Stadtteil Englewood, wo er die spontanen Basketballspiele seiner älteren Geschwister aufmischte. Die ließen den Jungen, den sie Pooh nannten, mitspielen, auch wenn sie gegen ihn verloren. An der Highschool zeigte er seine Explosivkraft, als er im Endspiel um die State Championship in letzter Sekunde den Siegtreffer versenkte. Und auch im College stellte er alles auf den Kopf, als er die University of Memphis zum ersten Mal nach 35 Jahren ins Endspiel um die National Championship führte.

Rose, der First Overall Pick des Drafts von 2008, war ein lautloser Killer – so leise, dass seine Teamkollegen sich darüber beklagten, sie würden nichts verstehen, wenn er Spielzüge ansagte. Umso lauter war sein Spiel.

Der Wettbewerbsvorteil des begnadeten Spielmachers bestand in einer explosiven Athletik, wie man sie auf seiner Position äußerst selten sieht. Sein Antritt war eine Waffe.

Seit Michael Jordans Rücktritt hatten die Bulls keinen adäquaten Ersatz für den Superstar finden können – obwohl sie sich redlich Mühe gaben. Das Team hatte seit 1998 sechsmal beim Draft einen der ersten fünf Picks gehabt, es war ihnen aber nicht gelungen, einen Franchise-Spieler zu ergattern. Bis ihnen Rose in den Schoß fiel. Der Junge aus Chicago führte die Bulls in seiner ersten Saison direkt bis in die Playoffs.

2011 bescherte der 22-jährige Rose den Bulls 62 Siege, wodurch sie als Favoriten in die Playoffs gingen. Er wurde als jüngster Spieler aller Zeiten zum MVP gewählt. Damit unterbrach er die Erfolgssträhne von LeBron, der zwischen 2009 und 2013 viermal innerhalb von fünf Jahren die Auszeichnung zum MVP überreicht bekam.

In der folgenden Saison zog sich Rose im ersten Spiel der Playoffs von 2012 einen Riss im vorderen Kreuzband des linken Knies zu und verpasste die komplette Spielzeit 2012–13. In seiner Comeback-Saison erlitt er nach zehn Partien einen Riss im Meniskus – dieses Mal war es das rechte Knie.

Für einen Spieler, der sich auf seine atemberaubende Luftakrobatik stützte, bedeuteten kaputte Knie das Aus. Zwischen 2010 und 2012 wurde Rose dreimal nacheinander ins All-Star-Team gewählt, danach nie wieder. In nur wenigen Jahren hatte er die Liga im Sturm erobert. Sein Absturz war noch rasanter. Die Auszeichnung zum MVP wurde von der NBA zum ersten Mal im Jahr 1956 vergeben. In den 55 Jahren zwischen damals und dem Tag, an dem Rose die Trophäe erhielt, gab es nur 16 Spieler, denen diese Ehre nur ein einziges Mal zuteilwurde. Außer Charles Barkley und Derrick Rose hatten alls MVPs Championships gewonnen. Und so gut wie alle erlebten langjährige und erfolgreiche Karrieren.

Als One-Hit-Wonder würde man diese Spieler sicherlich nicht bezeichnen.

Nur Rose vielleicht.

Im Jahr 2011 galt Rose als der Spieler, der LeBron in den kommenden Jahren ernsthaft die Stirn würde bieten können. Aber wegen seiner ständigen Verletzungen wandten die Fans in Chicago, die ihn einst als ihren Retter angesehen hatten, sich allmählich von ihm ab. »Sie waren enttäuscht von mir, wollten mich auf dem Platz sehen«, sagte er. »Ich kann das verstehen.«

In acht Spielzeiten für die Bulls verpasste Rose 257 Begegnungen. Im Sommer 2016 wurde er an die New York Knicks verkauft.

Derrick Rose vor einem Dunk im Jahr 2011

Rose verletzt sich in den Playoffs von 2012.

In dieser Saison riss er sich erneut das vordere Kreuzband und musste eine vierte Knieoperation über sich ergehen lassen – eine fast beispiellose Pechsträhne oder schlicht und einfach die Reaktion eines Körpers, der für solche Strapazen nicht geschaffen war. Als der ehemals explosive Rose die 30 erreichte, hatte er seine Zündkraft verloren, seine besten Jahre lagen hinter ihm. Er wanderte von Team zu Team und gab sich mit der Rolle eines Ersatzspielers zufrieden.

Am Halloween-Abend 2019 streifte er sich zum letzten Mal den Superheldenumhang über und erinnerte alle daran, wie gut er einmal gewesen war. Rose, der Ersatz-Point-Guard der Minnesota Timberwolves, donnerte los, um 50 Punkte zu holen, inklusive zweier nervenstarker Würfe in der letzten Minute und dem spielentscheidenden Block mit dem Buzzer. Von seinen Teamkameraden umringt, brach er am Ende der Partie in Tränen aus.

»Das ist es, was unseren Sport so einzigartig macht«, sagte LeBron James. »Wenn ein Superheld fällt, ist er immer noch ein Superheld. (…) Derrick Rose hat gezeigt, warum er immer noch ein Superheld ist.«

Die NBA kürte die Performance zu ihrem Moment des Jahres.

Rose hätte eigentlich in die Geschichtsbücher eingehen sollen. Er war auf dem Weg, Jordans Nachfolger und LeBrons Widersacher zu werden. Und er könnte immer noch Geschichte schreiben: Vielleicht wird er der erste MVP, der nicht in die Hall of Fame aufgenommen wird.

Die Geschichte der NBA wird anhand von Dynastien und langjährig dominierenden Stars erzählt. Doch hin und wieder kommt ein Spieler vorbei und sprengt das Muster.

Rose war der energiegeladenste Guard der NBA, wenn auch nur für einen Wimpernschlag.

ONE-HIT-MVPS

Bob Cousy (1957), Oscar Robertson (1964), Wes Unseld (1969), Willis Reed (1970), Dave Cowens (1973), Bob McAdoo (1975), Bill Walton (1978), Charles Barkley (1993), Hakeem Olajuwon (1994), David Robinson (1995), Shaquille O'Neal (2000), Allen Iverson (2001), Kevin Garnett (2004), Dirk Nowitzki (2007), Kobe Bryant (2008).

2012
OKC – NUR FAST EINE DYNASTIE

Mit einer 3-2-Führung und Heimvorteil gingen die Oklahoma City Thunder gegen die San Antonio Spurs in das sechste Spiel der Western Conference Finals von 2012. Es war der Durchbruch für die Thunder. Kevin Durant, Russell Westbrook und James Harden hatten sich zusammengetan und liefen nun als jüngste Titelanwärter der NBA auf. Sie waren nur einen Sieg entfernt von ihrer ersten Finalteilnahme, der noch viele hätten folgen sollen. Doch plötzlich lagen die Kids mit 18 Punkten zurück. Noch vor der Halbzeit. So war das nicht geplant.

Kaum eine Serie hatte jemals solch einen Symbolcharakter. Es war eine Schlacht der alten Garde der NBA (Spurs) gegen die neue Generation (Thunder). Die Unsterblichen gegen die Aufstrebenden.

Die Spurs waren das Paradebeispiel für Beständigkeit, während die Thunder wie eine Sturzflut über die NBA hereinbrachen. Durant und Westbrook waren gerade einmal 23, Harden 22 Jahre alt. Durant und Westbrook waren bereits All-Stars (Durant war nur ein paar Monate zuvor zum MVP des All-Star Games ernannt worden) und Harden würde am Ende der Saison zum Sixth Man of the Year gekürt werden. Mit ihrem überirdisch talentierten und jungen Zentrum galten die Thunder als Mannschaft der Zukunft. Doch so lange wollten sie nicht warten.

In der ersten Runde warfen sie Titelverteidiger Dallas raus. In der zweiten arbeiteten sie zügig Kobe Bryant und die Lakers ab. Die Spurs jedoch verlangten nach einer anderen Strategie. Der letzte Titelgewinn der Spurs lag zwar schon ein paar Jahre zurück, doch seit 1999 hatte die Mannschaft aus San Antonio in keiner Saison weniger als 50 Spiele gewonnen. Ihre Stammspieler kamen allmählich in die Jahre – Tim Duncan und Manu Ginóbili hatten die 35 überschritten und Tony Parker war nicht weit davon entfernt –, doch es sollte noch fünf Jahre dauern, bis ihre Erfolgssträhne unterbrochen wurde. In zwei Jahren würden sie erneut den Meisterschaftstitel abräumen, ihr fünfter Titel innerhalb von 15 Jahren.

Die Erfahrung der Spurs zeigte sich in Spiel 6. Als das dritte Viertel begann, lagen sie mit 15 Punkten vorn. Doch beim ersten Spielzug zog Durant für einen Korbleger an

James Harden feiert in den Western Conference Finals von 2012 einen Dreier.

Russell Westbrook überwindet Dwyane Wade in den Finals von 2012.

Kawhi Leonard vorbei. Eine Minute darauf stieg Westbrook zu einem spektakulären Jumper auf, der seinen Weg durchs Netz fand. Die Spurs taten sich extrem schwer mit Serge Ibaka, dem 22-jährigen kongolesischen Center-Spieler der Thunder, und Harden, der noch von seinem befreienden Dreier in der letzten Sekunde des fünften Spiels zehrte.

Als die Uhr am Ende des dritten Viertels 1:49 anzeigte, hatten die Thunder ihren Rückstand auf einen Punkt verkürzt. Durant holte sich den Rebound, zog mit dem Ball den Court hoch und positionierte sich unmittelbar vor der Drei-Punkte-Linie. Die Zuschauer tobten, als der Ball im Korb verschwand. Oklahoma City 79, San Antonio 76. Die Thunder lagen ab diesem Zeitpunkt nicht mehr hinten. Durant zog eine Vorstellung für die Ewigkeit ab. Er spielte die vollen 48 Minuten, verbuchte 34 Punkte und 14 Rebounds. Auf ihrem Weg ins Finale steuerten er, Westbrook und Harden insgesamt 75 Punkte für Oklahoma City bei.

In den Finals mussten sich die Thunder gegen die Miami Heat nach fünf Begegnungen geschlagen geben, sie wurden von der weitaus erfahreneren Auswahl mit LeBron James, Dwyane Wade und Chris Bosh deklassiert. Aber es war ja erst ihr erster Anlauf im Versuch, die Meisterschaftstrophäe zu holen.

Doch der erste Anlauf sollte gleichzeitig der letzte sein.

Sam Presti, General Manager von Oklahoma City, hatte bei den Drafts ein goldenes Händchen bewiesen. Im Jahr 2007 wählte er Durant als Second Overall Pick (wodurch First Pick Greg Oden zum Sam Bowie seines Drafts wurde). 2008 draftete er Westbrook an vierter und Ibaka an 24. Stelle. 2009 wurde Harden mit dem Third Pick auserkoren (womit Second Overall Hasheem Thabeet wiederum zum Greg Oden seines Drafts wurde). Alle drei würden in den folgenden Jahren die Auszeichnung zum MVP erhalten.

Das Trio hatte einen Superstar-Status erlangt und wollte auch dementsprechend entlohnt werden. Durant und Westbrook hatten umfangreiche Vertragsverlängerungen unterschrieben und dafür insgesamt 166 Millionen Dollar eingestrichen. Im Sommer 2012 konnten die Thunder Ibaka mit einem Vertrag über 48 Millionen Dollar für weitere vier Jahre verpflichten. Harden allerdings machte ihnen zu schaffen. Sein Rookie-Vertrag lief in jenem Jahr aus, er war also der Nächste auf der Liste für eine verdiente Lohnerhöhung.

Für NBA-Verhältnisse ist Oklahoma City ein eher kleiner Markt, die Taschen des Vereins sind nicht so gut gefüllt wie die von Organisationen wie den Knicks oder Lakers. Während die Gehaltsliste der Thunder ins Unermessliche stieg, lief die Franchise Gefahr, den Salary Cap (die Spielergehaltsobergrenze) zu überschreiten, was für sie bedeuten würde, der League weitere Millionen Dollar an Luxussteuern abzutreten. Im Gegensatz zu besser situierten Vereinen der NBA sah man die Luxussteuer bei den Thunder als legitimes Mittel zur Vermeidung von Budgetüberschreitungen an. Vor dem Start der Saison 2012–13 bot man Harden eine Verlängerung an, die für ihn eine Bezahlung unter Marktwert bedeutet hätte. Er lehnte ab. »Ich war der Ansicht, bereits ein Opfer gebracht zu haben. Ich hatte alles getan, was nötig war, um der Mannschaft zu helfen«, sagte Harden, »und nun wäre es an ihnen gewesen, mir zu helfen.«

Da man ihn nicht ohne Gegenleistung als Free Agent ziehen lassen wollte, verkauften die Thunder Harden eine Woche vor Saisonstart an die Houston Rockets. Die Mannschaft hatte damit eines ihrer Standbeine verloren, verfügte aber immer noch über Westbrook und Durant, die die Scorer-Tabelle der Liga in jeder der drei vergangenen Spielzeiten angeführt hatten. Nach ihrer Finalniederlage gegen die Miami Heat kamen die Thunder stärker als je zuvor zurück. Sie fuhren 60 Siege ein und gingen als die Favoriten der Western Conference in die Post Season 2013.

Während Durant Oklahomas Star und Hauptanspielstation war, entwickelte sich ihr Point Guard Westbrook zu Herz und Seele der Mannschaft. Er war ein leidenschaftlicher Wettkämpfer und explosiver Athlet, der auf seine Verteidiger wie ein Kampfjet losging.

In Spiel 2 der ersten Runde gegen die L.A. Clippers erlitt Westbrook einen Riss im Meniskus des rechten Knies, nachdem er mit Patrick Beverly zusammengestoßen war. Westbrook, der amtierende Iron Man der NBA, hatte in seiner bisherigen Laufbahn nicht ein einziges Spiel ausgelassen und nun musste er sich einer Operation unterziehen, die ihn auf unbestimmte Zeit außer Gefecht setzte.

Ohne Westbrook schied Oklahoma City in der zweiten Runde aus. In Houston schickte sich Harden mittlerweile dazu an, ein waschechter Star zu werden. In seiner ersten Saison bei den Rockets erhöhte sich seine Trefferquote um fast zehn Punkte pro Partie, und dies sollte erst der Anfang sein.

Westbrooks Knieprobleme zogen sich durch die Spielzeit 2013–14 hindurch. Er konnte lediglich an 46 Begegnungen teilnehmen und im Februar kam er erneut unters Messer. Doch diesmal nahm Durant die Zügel in die Hand. Wieder einmal führte er die Scorer-Tabelle an, machte durchschnittlich 32 Punkte pro Partie und wurde für seine maßgebliche Rolle am Erfolg seines Teams zum MVP 2014 gekrönt.

Unter Durants Führung erreichte Oklahoma die Finals der Western Conference, wo die Spurs – zum zweiten Mal – auf sie warteten. In einem erneut dramatischen Spiel 6 übernahm Ginóbili in den entscheidenden Sekunden das Ruder: San Antonio gelang die Revanche und schickte OKC nach Hause.

Ab diesem Zeitpunkt zerfiel die Beinah-Dynastie der Thunder.

Vor dem Saisonstart 2014–15 brach Durant sich den Fuß und spielte lediglich in 27 Partien. Dazu kam, dass Westbrook immer noch mit Verletzungen zu kämpfen hatte. Die Folge: Die Thunder erreichten nicht einmal die Playoffs. Auf der Suche nach einem Sündenbock feuerte man Cheftrainer Scott Brooks. »Was kann er denn dafür?«, äußerte sich ein verwunderter Ibaka der Presse gegenüber.

In der anschließenden Spielzeit fanden die Thunder wieder zu alter Stärke zurück und erreichten zum vierten Mal in sechs Saisons die Finals der Western Conference. Gegen die Golden State Warriors, die gerade mit 73 Siegen während der regulären Spielzeit einen Rekord aufgestellt hatte, ging Oklahoma City mit 3-1 in Führung. Das schien die Vorentscheidung zu sein. Doch Golden State kämpfte sich zurück und glich die Serie aus. In Spiel 6 vollbrachte Warriors-Guard Klay Thompson das Kunststück, elf Dreier zu verwandeln – so viele hatte es noch nie zuvor in einem einzigen Spiel der Playoffs gegeben –, und erzwang damit das entscheidende siebte Spiel. Golden State ging als Sieger hervor und wurde dadurch zum erst zehnten Team in der Geschichte der Playoffs, das einen 3-1-Rückstand überwinden konnte.

Seit ihrem Finals-Auftritt im Jahr 2012 hatten die Thunder vier herzzerreißende Jahre erlebt. Aus verschiedenen Gründen – Verletzungen, eine schlecht gemanagte Salary Cap, eine zu starke Abhängigkeit von ihren zwei Stars – schienen sie ihren Zenit überschritten zu haben.

Im Sommer 2016 tauschten die Thunder Ibaka gegen Victor Oladipo, einen Shooting Guard, der die Lücke füllen sollte, die Harden Jahre zuvor hinterlassen hatte.

Zu spät. Durant war ab jenem Sommer ein Free Agent. Er hatte sich als der herausragendste Scorer der NBA etabliert und galt in der Liga als die Nummer zwei hinter LeBron James. Die Misserfolge der vergangenen Playoffs waren allerdings nicht spurlos an ihm vorübergegangen. Er war es leid, die Thunder Jahr für Jahr auf seinen Schultern in die Playoffs zu tragen und ohne Titel wieder nach Hause zu fahren. Er wollte den Titel gewinnen, als Champion in Erinnerung bleiben.

Am 4. Juli 2016 rief Durant Thunder-GM Sam Presti an und teilte ihm etwas mit, das die NBA in ihren Grundfesten erschüttern sollte: Er würde bei den Golden State Warriors unterschreiben. Frei nach dem Motto: Wenn du sie nicht schlagen kannst, verbünde dich mit ihnen.

Durants Entscheidung bedeutete, dass die Thunder ab sofort nicht mehr als Titelanwärter galten. Der einst vielversprechendste Kader der League war ausgeweidet worden.

Mit Durant waren die Warriors nicht mehr aufzuhalten. Während seiner ersten beiden Spielzeiten räumten sie zwei Meisterschaftstitel ab und Durant wurde sowohl 2017 als auch 2018 zum Finals-MVP ernannt.

Westbrook hingegen war das letzte Überbleibsel der OKC-Starformation von einst. Er tat alles, um den Siegeszug der Thunder am Leben zu halten, und zog eine One-Man-Show ab, wie man sie in der NBA noch nicht gesehen hatte. 2017 erhielt er die Auszeichnung zum MVP und wurde zum ersten Spieler seit Oscar Robertson im Jahr 1962, der im Schnitt über eine ganze Saison hinweg ein Triple-Double erreichte.

Robertsons Rekord hatte lange Zeit als unerreichbar gegolten. Westbrook jedoch schaffte drei Spielzeiten nacheinander einen Triple-Double als Saisondurchschnitt. Trotz allem kamen die Thunder nie über die erste Playoff-Runde hinaus.

Harden war es in der Zwischenzeit gelungen, die Rockets im Jahr 2015 und 2018 bis in die Finals der Western Conference zu führen. 2019 wurde er zum MVP ernannt, nachdem er im Schnitt grandiose 36 Punkte pro Partie erzielt hatte – das beste Ergebnis seit Michael Jordan im Jahr 1987.

Wie die Orlando Magic mit Shaq und Penny oder Olajuwons Rockets der 1980er – Teams, die auf Jahre hinaus als Titelanwärter galten, deren Zeitfenster sich aber vorzeitig schloss – brannten die Thunder so schnell aus wie ein Strohfeuer. Sie waren die Dynastie, die nie so ganz zu einer richtigen Dynastie wurde.

Im Sommer 2019 verkauften die Thunder Westbrook an die Houston Rockets, wo er mit Harden wiedervereint war.

2012 standen Durant, Harden und Westbrook kurz davor, die NBA zu übernehmen. Sieben Jahre später waren sie weg vom Fenster. So war das nicht geplant.

2014
KAWHI

Seine Bewegungen wirken einstudiert und er geht mit der Effizienz einer Maschine vor. Emotionen zeigt er äußerst selten und er gibt sich einsilbig. Er verfügt über eine Gabe, die nicht von dieser Welt scheint: Er kann spüren, wo der Ball sich gerade befindet – und zwar immer.

Kawhi Leonard ist ein Roboter. Dachten zumindest alle.

Kawhi war ein ruhiger Zeitgenosse. Er wuchs im kalifornischen Moreno Valley auf, etwa eine Stunde östlich von Los Angeles. Basketball war für ihn mehr als nur ein Spiel. Hier konnte er seine Spielweise für sich sprechen lassen.

Er wohnte bei seiner Mutter Kim, während sein Vater Mark in Compton lebte. Leonard war 16 Jahre alt, als man seinen Vater erschoss. Als er die Nachricht erfuhr, zog sich Kawhi auf sein Zimmer zurück – er wollte allein sein. »Als wir nach ihm schauten«, erinnerte sich sein Onkel Dennis, »sagte er nur: ›Mir geht's gut.‹«

Am Tag darauf nahm Leonard an einem Spiel teil. Es war so schon schwer genug, Leonards Gedanken zu lesen, doch als er an jenem Tag seine Mannschaft zu einem Sieg führte, war sein Gesicht wie versteinert. Nach der Begegnung brach er in den Armen seiner Mutter zusammen, umarmte seine Mannschaftskameraden und weinte bitterlich.

»Basketball hilft mir, auf andere Gedanken zu kommen. Wenn es mir schlecht geht, baut es mich wieder auf«, sagte er. »Ich versuche, jeden Abend absolut alles zu geben. Das ist das, was mein Vater gewollt hätte.«

Nach zwei aufsehenerregenden Spielzeiten an der San Diego State University wurde Leonard beim NBA-Draft von 2011 an 15. Stelle ausgewählt. Am Abend des Drafts trennten sich die San Antonio Spurs für Kawhi Leonard von Fan-Liebling George Hill. Auf dem Papier war Kawhi nicht der perfekte Spur. Man hatte schon bessere Schützen gesehen, das Gleiche galt für sein Zuspiel, und ein richtiges Gefühl für das Spiel schien er auch nicht zu haben. Allerdings galt er als unermüdliches Arbeitstier, der etwas von der Defense verstand und das machte, was sein Coach von ihm verlangte. Genug Argumente für Cheftrainer Gregg Popovich, der Leonard in seiner Rookie-Saison während der Playoffs einen Platz in der Startaufstellung zuteilte.

Kawhi war trotz seiner jungen Jahre vom ersten Tag an derart fokussiert, dass es einem unheimlich werden konnte. Er war immun gegen Trash Talk und ging so methodisch seiner Arbeit nach, dass es fast schon beunruhigend war. »Manchmal, wenn er etwas wirklich gut gemacht hat, bin ich es, der ihm sagen muss: ›Das war spitze. Das war fantastisch. Der absolute Hammer. Du darfst jetzt ruhig mal lachen‹«, sagte Popovich.

Leonard stieg schnell vom vielversprechenden Rollenspieler zum unbestrittenen Star auf. Seinen Durchbruch hatte er in den Finals von 2014, als Pop den 22-Jährigen auf LeBron ansetzte, der für die Miami Heat auflief. Als Kawhi auf dem Platz auftauchte, verzog LeBron das Gesicht; Leonard war fast genauso groß wie James, der mit ihm wahrlich kein leichtes Spiel hatte.

Am anderen Ende des Courts galt Leonard als eiskalter Killer. In den letzten drei Begegnungen der Serie – alles haushohe Siege der Spurs – machte er durchschnittlich 23,7 Punkte, 9,3 Rebounds, 2 Steals und 2 Blocks. San Antonio gewann die Runde mit 4-1. Obwohl er sich das Spielfeld mit den Hall of Famern Tim Duncan, Manu Ginóbili und Tony Parker geteilt hatte, war niemand verwundert, als Kawhi zum Finals-MVP auserkoren wurde.

Über den aufsteigenden Stern der Spurs wusste man nur sehr wenig. Leonard wollte es so. Er vermied es, Interviews zu geben, und ging dem Social-Media-Hype aus dem Weg. Er lehnte äußerst lukrative Werbeverträge sowie große Anzeigenkampagnen ab. »Ich möchte kein großartiges Aufsehen erregen«, sagte er. In der »Schaut her, hier bin ich«-Epoche, in der er aufwuchs, eine Seltenheit.

Von seinem '97er Chevy Tahoe, auf den er als Teenager gespart hatte, trennte er sich genauso wenig wie von seinen aus der Mode gekommenen Cornrows, die er sich bei Iverson abgeschaut hatte. Er bewarb die Fast-Food-Kette Wingstop, da er Stammkunde bei ihnen war und der Deal Gutscheine mit sich brachte.

Kawhi ist unkompliziert. Genau wie sein Spiel. Leonard hatte alles drauf, inklusive einer Antwort auf jede Defensivtaktik. Es war wie ein Abenteuerspiel, in dem seine Widersacher ihm verschiedene Optionen präsentierten. Aber egal, welche er wählte: Seine Gegner zogen immer den Kürzeren.

Er hatte so viel Kraft wie ein Footballspieler und seine riesigen Pranken erlaubten ihm, den Ball zu kontrollieren wie nur wenige Spieler vor ihm – 40 Jahre nachdem Dr. J mit diesem Spitznamen bedacht worden war, wurde nun Kawhi als »die Klaue« bekannt.

Gleichzeitig galt er als intelligenter, intuitiver Spieler. In seinen Statistiken findet man mehr Steals als Fouls.

AUSZEICHNUNGEN ZUM FINALS-MVP

1.	Michael Jordan	6
2.	Magic Johnson	3
	Shaquille O'Neal	3
	Tim Duncan	3
	LeBron James	3

Jedes Jahr fügte er seinem Repertoire weitere Elemente hinzu, bis er nahezu fehlerfrei spielte. Moves in der tiefen Zone, allerlei Tricks mit dem Ball, Turnaround Jumper. In seiner Zeit am College hatte er eine Dreiererfolgsquote von 25 Prozent, die sich in seiner fünften Spielzeit für die NBA auf 44 Prozent erhöhte.

Als natürlicher Nachfolger von Duncan nahm Leonard bei den Spurs die Zügel in die Hand und führte das Team 2016 zu einem Vereinsrekord von 67 Siegen. 2016 und 2017 landete er bei den Wahlen zum MVP auf dem zweiten beziehungsweise dritten Platz.

Im Vorfeld der Spielzeit 2017–18 wurde bei Kawhi eine Verletzung im Oberschenkel diagnostiziert, die ihn bis Dezember außer Gefecht setzte. Das Ärzteteam der Spurs erteilte ihm die Spielfreigabe, doch Leonard hatte das Gefühl, dass die Verletzung noch nicht ausgeheilt war, und holte sich eine zweite Meinung ein. In dieser Saison sah man ihn lediglich neunmal auf dem Court. Seine Teamkollegen deuteten an, dass sie ihn für einsatzbereit hielten, und Berichten zufolge stellten mehrere Personen des Vereins seine Verletzung gänzlich infrage.

Kawhi war außer sich vor Wut. Bei einer restlichen Vertragslaufzeit von noch einem Jahr forderte er einen Vereinswechsel ein. Der unvorstellbare Fall war eingetreten: Ein Spur tanzte aus der Reihe. Am 18. Juli 2018 wurde Leonard für ein Jahr an die Toronto Raptors abgetreten, im Austausch für DeMar DeRozan, den besten Raptors-Scorer aller Zeiten.

Als er in Toronto ankam, war Leonard immer noch ein sehr seltsamer Typ. Das machte auch seine Antwort auf die erste Frage, die ihm während seiner Einführungspressekonferenz gestellt wurde, deutlich.

»Was können Sie uns über sich selbst erzählen?« Kawhis monotone Antwort: »Ich bin ein lustiger Typ.«

Seine Antwort trug nicht gerade dazu bei, sein roboterhaftes Image abzuschütteln.

Kawhi Leonard bringt Blake Griffin während der Playoffs von 2015 in Bedrängnis.

Doch Raptors-Fans sollten schon bald den wahren Kawhi kennenlernen. Sie erkannten sofort, warum er zweimal zum Verteidiger des Jahres gewählt worden war. In einer seiner ersten Begegnungen spürte er den Ball auf, als ob er mit Sensoren ausgestattet wäre. Mit dem Rücken zum Spielgeschehen vollführte er urplötzlich einen Hechtsprung, fing einen Pass ab und riss sich den Ball unter den Nagel – der seltene blind gespielte Steal.

Sie sahen, dass er sich zu einem Athleten entwickelt hatte, der das Angriffsspiel mit chirurgischer Präzision ausführte und seine Verteidiger mit einem tödlichen Spiel aus der mittleren Distanz heraus vernichtete. Er stellte mit durchschnittlich 26,6 Punkten pro Partie einen persönlichen Rekord auf und verwandelte die Mannschaft in einen Titelanwärter.

Leonard feiert seinen NBA-Meisterschaftstitel von 2019.

In den Playoffs schaltete er noch einen Gang höher und die ersten Vergleiche mit den ganz großen Namen ließen nicht lange auf sich warten. Sogar ein Siegtreffer in der Schlusssekunde gelang ihm: Im siebten Spiel der zweiten Playoff-Runde versenkte Leonard bei Gleichstand einen Buzzer Beater – einen Jumper von der Grundlinie, der viermal höchst dramatisch auf dem Ring hin und her tanzte, bevor er sein Ziel fand. Der Schuss schickte die Philadelphia 76ers nach Hause und brachte die Raptors einen Schritt weiter in Richtung Finale.

Kawhi durfte sich ab sofort damit rühmen, zusammen mit Michael Jordan der einzige Spieler zu sein, der eine Alles-oder-Nichts-Partie der Playoffs mit einem Treffer in letzter Sekunde für sein Team entscheiden konnte. Er wurde außerdem zum ersten Spieler seit 25 Jahren, der mindestens 243 Punkte in einer Playoff-Runde erzielte – noch eine Meisterleistung à la Jordan.

Leonard holte während der Playoffs durchschnittlich 30,5 Punkte. Und als die Raptors in den Finals die dynastischen Golden State Warriors vom Thron gestoßen hatten, ernannte man ihn erneut zum Finals-MVP. Zusammen mit LeBron James und Kareem Abdul-Jabbar war er nun der einzige Spieler, der diese Trophäe mit zwei verschiedenen Mannschaften bekommen hatte.

Leonard befand sich in seiner Blütezeit und war kurz davor, ein Free Agent zu werden. Damit würde sich das Gleichgewicht innerhalb der League verändern und dementsprechend wurde um seinen nächsten Vertrag ein Wirbel gemacht, der mit der Berichterstattung über eine königliche Hochzeit vergleichbar war. In Toronto wurde ein schwarzer SUV vom Hubschrauber eines Nachrichtensenders verfolgt, da man vermutete, Kawhi wäre damit auf dem Weg zur Vertragsunterzeichnung bei einem potenziellen neuen Arbeitgeber (was nicht stimmte). Leonard hielt sich bedeckt, während sich die täglichen Kawhi-Meldungen über die Nachsaison der NBA hinzogen und jeder fieberhaft darauf wartete, wie die Würfel fallen würden. Er entschied sich für seine Heimat Los Angeles und unterschrieb bei den L.A. Clippers – allerdings nicht, ohne vorher dafür gesorgt zu haben, dass sein Kumpel, der ebenfalls in L.A. beheimatete All-Star Paul George, dort mit ihm auflief. Die Clippers gingen als Favoriten für den Meisterschaftstitel in die Saison, in der Leonard versuchen würde, ein weiteres Team in das gelobte Land zu führen.

In der NBA war die »player empowerment«-Bewegung in vollem Gange, in deren Verlauf Spieler zunehmend das Sagen hatten, und Kawhi stand im Mittelpunkt des Geschehens. Es stellte sich heraus, dass »ruhig« nicht »ahnungslos« bedeutete. Noch vor seinem 30. Geburtstag hatte Leonard eine legendäre, beispiellose Karriere hingelegt. Er ging mit der höchsten Erfolgsquote in der Geschichte der NBA in die Spielzeit 2019–20 – noch vor Magic Johnson.

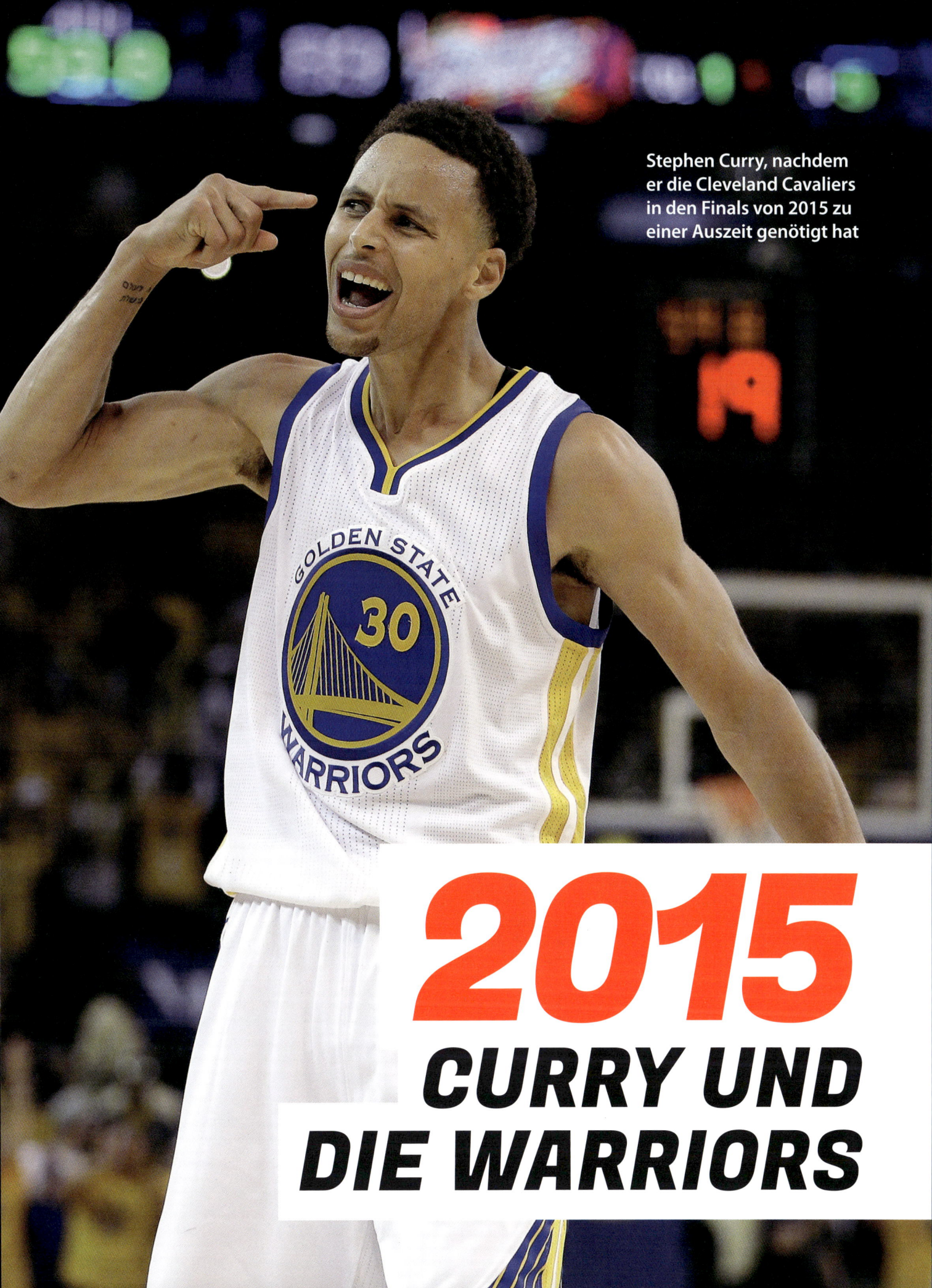

Stephen Curry, nachdem er die Cleveland Cavaliers in den Finals von 2015 zu einer Auszeit genötigt hat

2015
CURRY UND DIE WARRIORS

Curry bei einem Dreier gegen die Memphis Grizzlies im Jahr 2016

DIE MEISTEN VERWANDELTEN DREIER EINER SAISON

1.	Stephen Curry	402	(2015)
2.	James Harden	378	(2018)
3.	Stephen Curry	354	(2018)
4.	Stephen Curry	324	(2016)
5.	Paul George	292	(2018)
6.	Stephen Curry	286	(2014)
7.	Buddy Hield	278	(2018)
8.	Klay Thompson	276	(2015)
9.	Stephen Curry	272	(2012)
10.	James Harden	271	(2019)

DIE MEISTEN DREIERVERSUCHE EINER SAISON

1.	James Harden	1.028	(2018)
2.	Stephen Curry	886	(2015)
3.	Stephen Curry	810	(2018)
4.	Stephen Curry	789	(2016)
5.	James Harden	769	(2019)

Als die Golden State Warriors in das vierte Spiel der zweiten Playoff-Runde 2015 gingen, lagen sie mit 1-2 gegen die Memphis Grizzlies zurück. In diesem Jahr hatten die Warriors ihren Durchbruch erlebt und die Saison als Tabellenführer der NBA abgeschlossen. Ihr Starspieler Stephen Curry war dabei, sich die erste seiner zwei Auszeichnungen zum MVP zu verdienen. Ob das temporeiche Angriffsspiel der Warriors die zermürbenden Playoffs überleben würde, musste sich allerdings erst noch herausstellen. Die hünenhaften Grizzlies, die auf eine knallharte Defense setzten, würden nur schwer zu knacken sein.

Dies war der Moment, in dem Curry das Ruder übernahm, explosionsartig 33 Punkte machte und den Warriors einen souveränen Sieg bescherte. Sie gewannen auch die restlichen Spiele der Runde und wurden dafür mit dem Meisterschaftstitel 2015 belohnt.

Auch wenn es zu diesem Zeitpunkt noch niemand ahnen konnte: Die Warriors waren auf dem besten Weg, sowohl eine moderne Dynastie als auch einer der dominantesten Vereine in der Geschichte der NBA zu werden. Innerhalb von fünf Spielzeiten stellten sie den Rekord über die meisten Siege über einen Fünfjahreszeitraum auf – und brachen ihn selbst. Sie räumten drei Titel ab und erreichten fünf Saisons hintereinander die Finals.

Die Besten aller Zeiten – die Spieler, die ihren Teams mehrere Titel bescheren – erkennt man schon lange, bevor sie in der NBA auftauchen. Es sind die viel gepriesenen Anwärter – die, die als Erste gedraftet werden. Nur selten tauchen sie aus dem Nichts auf. Steph Curry ist da eine Ausnahme.

Irgendwie zumindest. Schon früh war klar, dass Curry ein Ausnahmetalent ist. Als Sohn von Dell Curry, dem langjährigen Guard der Charlotte Hornets und einem der besten Dreierschützen der 1990er, genoss Steph den Vorteil, mitten im Profigeschehen aufzuwachsen. Im Alter von elf Jahren hatte er schon Tausende Male auf einen NBA-Korb geworfen.

Wie bei seinem Vater lag auch Stephs Stärke in seinen Qualitäten als Schütze. Als Achtklässler zog er mit seiner Familie nach Toronto, wo sein Vater für die Raptors spielen würde. Ungefähr zur selben Zeit entwickelte Steph seine charakteristische Wurftechnik: den spektakulären, aus der Hüfte abgefeuerten Knaller, der in hohem Bogen aufsteigt und zuverlässig sein Ziel findet. Sein Team in der Middle School führte er mit extrem weit aus dem Feld geschossenen Dreiern durch eine Saison oh-

Curry und Warriors-Coach Steve Kerr während der Auszeit einer Playoff-Erstrundenpartie aus dem Jahr 2019

ne Niederlagen. In jenem Jahr machte er im Schnitt 50 Punkte pro Partie.

Die Scouts auf College-Ebene sahen in ihm jedoch lediglich einen kleinen, dürren Jungen mit kindlichem Gesicht und ließen ihn kollektiv links liegen. Frisch aus der Highschool schaffte er es nicht unter die Top 150 der potenziellen NBA-Anwärter und nur ein bedeutenderes College bot ihm ein Stipendium an – unter der Bedingung, dass er ein Jahr aussetzte und erst mal Muskelmasse aufbaute.

Also ging Curry ans Davidson College in North Carolina, das seit 1969 kein einziges Spiel eines NCAA-Turniers gewinnen konnte. Bis zum März seines ersten Studienjahres hatte er mit 113 verwandelten Dreiern den NCAA-Erstsemester-Rekord haushoch übertroffen. In seinem zweiten Jahr machte er sich einen Namen, als er vor laufenden Kameras in der zweiten Hälfte einer Begegnung gegen Gonzaga nach Rückstand 30 Punkte holte. Curry trug das Team auf seinen Schultern zur Runde der letzten acht, wobei er einen Rekord für verwandelte Dreier innerhalb einer einzigen Spielzeit aufstellte. Nach seinem dritten Jahr war Curry der Top-Scorer der gesamten NCAA und meldete sich zum Draft an.

Seine Offensivqualitäten standen außer Frage. Was man nicht wusste, war, ob er auch in der größeren, schnelleren, stärkeren NBA bestehen konnte. Der Bericht eines Scouts las sich wie folgt: »In Korbnähe aufgrund seiner Größe und Statur nicht gerade überwältigend im Abschluss. Obwohl er dieses Jahr auf der Position des Point Guards spielt, ist er kein geborener Point Guard, der ein NBA-Team zuverlässig führen kann.«

Am Abend des Drafts wurden vier Point Guards vor Curry ausgewählt – fünf, wenn man James Harden dazuzählt. Die Warriors waren dankbar, den fleißigen Scorer an siebter Stelle draften zu können.

Im Schnitt schaffte er in seiner Saison als Rookie 17 Punkte, doch erst ab seiner vierten Spielzeit in der NBA (2012–13) vollzog sich Currys Aufstieg. Es war aufregend mitzuverfolgen, wie er den Rekord für erzielte Dreier innerhalb einer Saison brach. Er sollte die Liga diesbezüglich fünf Jahre in Folge anführen.

Currys Auftritte wurde zum TV-Event. Jedes Spiel der Warriors bot die Gelegenheit, dem neuen Superstar bei seinen unfassbaren Distanzwürfen zuzuschauen. Da er nicht die imposanteste Statur hatte, wirkte er wie ein normaler Typ und sein unkompliziertes Spiel brachte dem Sport scharenweise neue Anhänger. 2016 war sein Trikot das meistverkaufte der NBA.

Bei Golden State war Curry an der richtigen Adresse gelandet. Mit ganzen sechs Playoff-Auftritten in den vergangenen 30 Jahren waren die Warriors eines der schlechtesten Teams der Liga. Da sie nichts zu verlieren hatten, konnten sie den Ball in Currys Hände legen und abwarten, ob er seine Fähigkeiten aus College-Zeiten auf die Courts der NBA übertragen würde.

Auch der Zeitpunkt seiner Ankunft passte perfekt. Drei-Punkte-Würfe erfuhren eine Wertschätzung wie noch nie zuvor. Allerdings brauchte es einen einmaligen Schützen wie Curry, um das neue Mittel der Wahl richtig auszutesten.

Mit jeder Saison legte Steph die Messlatte höher, bis er sich als der beste Shooter aller Zeiten etabliert hatte. Das Besondere an den Warriors war, dass der wahrscheinlich zweitbeste Spieler Abend für Abend an seiner Seite stand. Klay Thompson wurde 2011 an elfter Stelle gedraftet. Auch sein Vater war ein ehemaliger NBA-Spieler: der ehemalige First Overall Pick Mychal Thompson. Klay war ebenfalls ein exzellenter Schütze und zusammen mit Curry verfügten die Warriors im Rückraum nun über ein Duo mit einzigartiger Durchschlagskraft. Nach kurzer Zeit kannte man sie unter dem Namen »Splash Brothers«. Abseits des Courts galt Thomson als ruhig und gelassen, fast ein wenig verträumt. Auf dem Court jedoch war er zu 100 Prozent anwesend und einer der vielseitigsten Guards seiner Ära.

Im Vorfeld der Saison 2014 engagierten die Warriors Steve Kerr als neuen Cheftrainer. Genau wie Phil Jackson, als dieser im Jahr 2000 zu den Lakers kam, wusste Kerr genau, wie viel harte Arbeit investiert werden musste, um eine Dynastie zu erschaffen und aufrechtzuerhalten. Als Spieler war Kerr Bestandteil zweier Dynastien gewesen: den Bulls von Michael Jordan sowie den Spurs von Tim Duncan.

Kerr war begeistert von seinem wild um sich schießenden Rückfeld und unterzog die Offensive einem Feintuning, worauf die Warriors einen weiteren Gang hochschalteten. Zwischen 2014 und 2018 generierte diese Offensive mit Abstand die meisten Punkte in der NBA. Sie zauberten derart schnell Punkte auf die Anzeigetafeln, dass ihre Widersacher unter Druck gerieten. Ein Fehler der Verteidigung, und die Sache war erledigt. So wie die Bad Boys der Pistons für eine physische Bedrohung oder die Full-Court-Press der Showtime Lakers für eine gewaltige Zerstörungskraft standen, so hatte Golden State immer einen mentalen Vorsprung und praktisch jede Partie bereits vor dem Tip-Off gewonnen.

Außer Steph und Klay bestand der innere Kern der Warriors noch aus Andre Iguodala, einem ehemaligen Pick der Draft-Lotterie, der im Vorfeld der Saison 2013–14 an Golden State verkauft worden war. Der 30-jährige Veteran Iguodala wurde mit seinem souveränen Auftreten zu einer wichtigen Stimme in der Kabine der Warriors, während er auf dem Court die Mannschaft zusammenhielt. Er war ein äußerst athletischer Spieler, der wusste, wo er sich beim Angriffsspiel zu positionieren hatte, und stets den stärksten Spieler der gegnerischen Auswahl bewachte. In den Finals von 2015 wurde er auf LeBron James angesetzt, den er während der Serie auf eine Wurfquote von unter 40 Prozent drücken konnte, wobei er selbst im Schnitt über 16 Punkte erzielte. Für seine Performance wurde Iguodala zum Finals-MVP gewählt.

Das Tüpfelchen auf dem i war jedoch Draymond Green. Der 2,01 Meter große Forward konnte mehrere Positionen ausfüllen und wurde oft als Small-Ball-Center eingesetzt, wo sich sein vielseitiges Spiel auf beiden Seiten des Courts positiv auswirkte. Er brachte den Ball das Feld hoch, spielte clever ab, bewachte den Korb und war ein solider Schütze aus der Distanz. Dazu kam, dass er Golden State eine gewisse Attitüde verlieh. Er war selbstbewusst und stolz darauf, 29 Teams demonstrieren zu können, dass sie am Abend des Drafts von 2012 einen Fehler gemacht hatten. Green war ein Zweitrunden-Draft von der Michigan State University, der seine ersten Spielzeiten überwiegend auf der Ersatzbank verbrachte. Verletzungen anderer Spieler boten ihm jedoch die Gelegenheit zu zeigen, was in ihm steckte. Er tat dies so überzeugend, dass er seinen verdienten Platz in der Startaufstellung bekam.

Mit dieser starken Kerntruppe nahm die Erfolgssträhne der Warriors ihren Lauf. In der Saison 2014–15 errangen sie 67 Siege. Im Vorjahr waren sie noch auf Platz sechs gelandet, jetzt führten sie die Tabelle der Western Conference an. Am Ende der Spielzeit trafen sie in der Finalrunde auf die Cleveland Cavaliers, wo sie ihre Saison mit dem Meisterschaftstitel krönten. Curry erhielt in diesem Jahr den ersten von zwei aufeinanderfolgenden Auszeichnungen zum MVP.

Die Saison 2015–16 begannen die Warriors mit 24 Siegen in Folge, wobei sie bei jeder Begegnung mehr als 100 Punkte erzielten. Der fulminante Start bereitete die Bühne für eine Spielzeit, in der Golden State in 73 Spielen der regulären Saison triumphierte, womit sie den von Jordans Bulls aufgestellten Rekord aus dem Jahr 1995–96 brachen. Allerdings verpatzten sie den Saisonabschluss und wurden zum ersten Team in der Geschichte der NBA, das eine 3-1-Führung in den Finals verspielte.

Im darauffolgenden Sommer verpflichteten sie Kevin Durant und stiegen, wie Kerr es formulierte, von einem »Meisterschaftsanwärter zu einem der besten Teams aller Zeiten« auf. Mit »nur« 67 Siegen kam das Team wieder auf den Boden der Tatsachen zurück, belegte aber erneut den ersten Tabellenplatz. Dieses Mal erledigten sie den Job und räumten den Titel ab. Im Jahr darauf wiederholten sie das Kunststück und Durant wurde beide Male mit der Auszeichnung zum Finals-MVP geehrt.

Einen ganz besonderen Spielzug gab es, den Kerr nie vergessen wird, da er für die Warriors auf der Höhe ihrer Schaffenskraft typisch war. Es passierte in Spiel 6 der Playoffs von 2018 gegen die Houston Rockets. Curry und Green hatten die Rockets während der Partie mit ihrem Pick-and-roll-Spiel zermürbt. Im letzten Viertel entschlossen die Rockets sich schließlich dazu, Steph Curry zu doppeln. Der brachte es trotzdem fertig, den Ball an Draymond abzuspielen, der ihn wiederum direkt zu Igoudala an der Grundlinie ablieferte, der mit einem weiteren Pass den Ball zu Thompson hinter der Drei-Punkte-Linie schnickte. Thompson schloss mit einem Dreier ab.

»Die fließenden Abläufe, die Raumaufteilung, die einzigartige Übersicht und Wahrnehmung von Andre und Draymond, dazu noch das tödliche Zusammenspiel von Steph und Klay …«, erinnerte sich Kerr. »Es war etwas ganz Besonderes.«

Die Warriors insgesamt waren etwas ganz Besonderes. Drei Titel innerhalb von fünf Jahren. Eine der mörderischsten Aufstellungen, die man in der NBA jemals gesehen hatte, angeführt und am Laufen gehalten von der Kultfigur einer ganzen Generation.

Am Anfang jeder Saison stellte man sich die gleiche Frage: Schafft es irgendjemand, die Warriors aufzuhalten? Jahrelang fand man darauf keine Antwort. Scheinbar konnten die Warriors nur von den Warriors aufgehalten werden.

Doch während der Finals von 2019 gegen die Toronto Raptors fiel das Team auseinander. Sie waren durch Verletzungen geschwächt. In der fünften Begegnung in Toronto riss Durants Achillessehne. Im Spiel darauf zog sich Thompson einen Riss im vorderen Kreuzband zu. Die starke Mannschaft der Raptors erwies sich als eine Nummer zu groß für Curry und Green im Alleingang.

Im darauffolgenden Sommer machte sich Durant auf die Suche nach einer neuen Herausforderung und verließ die Mannschaft als Free Agent. Thompson fiel aufgrund seiner Verletzung fast die ganze nächste Saison aus. Und nach vier Begegnungen der Spielzeit 2019–20 brach Curry sich die Hand, wodurch er auf unbestimmte Zeit aussetzen musste. Die Warriors wurden bis ans untere Ende der Tabelle durchgereicht. Innerhalb weniger Monate wurden sie zum schlechtesten Verein der Liga.

Golden State hatte die Messlatte ein ganzes Stück höher gelegt und der Rest der League versuchte verzweifelt, sie zu erreichen. Mit jeder gewonnenen Meisterschaft bauten mehr und mehr Vereine ihre Kader um – mit dem einzigen Ziel, die Golden State Warriors zu schlagen. Die Zeiten, in denen sich Teams Spieler auf dem Platz erlauben konnten, die keine Punkte beisteuerten, waren vorbei. Ebenso brauchte es keinen großen, Furcht einflößenden Center mehr. Golden State machte vor, wie man mit zuverlässigen Dreierschützen Meisterschaftstitel abräumt.

Curry und die Warriors waren mehr als nur eine erfolgreiche Mannschaft. Sie veränderten die Liga.

2016
LEBRON IST ZURÜCK

Als LeBron James im Jahr 2010 die Cavaliers verließ – ein Bruch, der live im Fernsehen übertragen wurde – verbrannten Basketballfans in den Straßen Clevelands Trikots mit seinem Namen.

James Aufbruch zum South Beach katapultierte die Cavaliers in die Steinzeit zurück. Von 61 Siegen in LeBrons letzter Saison (vor seiner Entscheidung) fielen sie auf nur noch 19 während seines ersten Jahres in Miami. »Die Ersten werden die Letzten sein« hatte sich im Osten bewahrheitet. In den ersten drei Spielzeiten ohne LeBron gewannen die Cavs zusammengenommen 64 Spiele.

Zu verlieren hat allerdings auch seine Vorteile. Innerhalb von vier Jahren landete Cleveland drei First Overall Picks. Im Jahr 2011 wählte die Franchise mit Kyrie Irving einen Dribbelkünstler aus, der schnell zu einem der besten Point Guards der NBA aufstieg. Mit ihren Top-Picks drafteten sie zusätzlich noch zwei Kanadier – im Jahr 2013 Anthony Bennett (zu diesem Zeitpunkt eine überraschende Entscheidung, die sich als totale Pleite entpuppte) und im Jahr darauf Andrew Wiggins.

Als James verkündete, dass er nach Cleveland zurückkommt, waren keine Fernsehkameras anwesend. »Ich komme nach Hause«, lautete die Überschrift eines selbst verfassten Artikels, der am 11. Juli 2014 in *Sports Illustrated* erschien. In dem Beitrag bedauerte er die Umstände, unter denen er Cleveland den Rücken gekehrt hatte, und hob hervor, wie sehr er sich darauf freue, mit Irving und den anderen Jungs zusammenzuspielen – wobei er interessanterweise den kürzlich an Land gezogenen Top-Pick Wiggins mit keinem Wort erwähnte. Wiggins wurde einen Monat später im Austausch für Kevin Love an Minnesota abgegeben. Der All-Star und Center-Spieler Love war ein erstklassiger Rebounder und Dreierschütze. Der König stellte sich seinen neuen Hofstaat zusammen. Anhänger der Cavs vergaßen ihren Unmut über LeBrons Abgang erstaunlich schnell. Es war, als hätte »The Decision« nie stattgefunden.

In LeBrons erster Saison zurück in der Heimat schafften es die Cavaliers bis ins Finale, wo sie auf die Golden State Warriors trafen – eine aufstrebende Supermacht, die um MVP Steph Curry und Klay Thompson herum aufgebaut war, das treffsicherste Rückfeld-Duo, das man in der NBA jemals gesehen hatte. LeBron war brillant. Er machte durchschnittlich 35,8 Punkte, 13,3 Rebounds und 8,8 Assists, womit er zum ersten Spieler in der Geschichte der NBA-Finals wurde, dem es gelang, in beiden Mannschaften die meisten Punkte, Assists und Rebounds einzusammeln. Allerdings waren Love und Irving nicht einsatzbereit und allein konnte er es unmöglich schaffen. Die Warriors besiegten Cleveland in sechs Spielen.

Die Neuauflage der Finalpaarung im Jahr 2016 sorgte dafür, dass Cavs gegen Warriors zu einem echten Klassiker wurde, und fand ihren Höhepunkt in einem dramatischen siebten Spiel, dass dem größten Comeback in der Geschichte der Finals die Krone aufsetzte.

Es war lange her, dass LeBron James die Rolle des Underdogs innehatte. Schon früh in seiner Laufbahn hatte er die verschiedensten Cavs-Mannschaften auf seinem tätowierten Rücken getragen, doch erst während seiner Amtszeit in Miami konnte er den NBA-Thron besteigen. Und als die Finals von 2016 sich ankündigten, wurden James und seine Cavs von der aufsteigenden Dynastie der Warriors überschattet.

In jener Saison stellte Golden State mit 73 Siegen innerhalb der regulären Spielzeit einen NBA-Rekord auf. Die Warriors waren mit einem Tornado vergleichbar, der alles und jeden in sich hineinzog, der in seine Nähe kam, und dagegen war sogar der König nicht gefeit. James war vielleicht der Spieler mit der größten Durchschlagskraft in der Liga, aber Steph Curry war ihre beliebteste neue Heldenfigur. 2015–16 wurde Curry zum zweiten Mal in Folge zum MVP gewählt und seine Trikots waren die Bestseller der NBA – zuvor hatten die von LeBron sieben Jahre lang die Verkaufsliste angeführt.

Mit dem Beginn der Finals machten Curry und die Warriors genau da weiter, wo sie ein Jahr zuvor aufgehört hatten. In der Best-of-Seven-Runde gingen sie mit 3-1 in Führung – ein Todesurteil für die Cavaliers, die jetzt nur noch eine Niederlage vom Ausscheiden trennte. In der Geschichte der NBA findet man 35 Teams, die bei den Finals in ein Loch von 3-1 fielen. Nicht eins davon kämpfte sich wieder daraus hervor.

Es herrschte eine angespannte Atmosphäre. Zum Ende der vierten Partie gerieten zwei Spieler aneinander – LeBron James und Golden-State-Forward Draymond Green, berüchtigter Unruhestifter und Fels in der Brandung der Warriors-Defense. Zwei Minuten waren noch zu spielen und Golden State führte mit zehn Punkten, als LeBron bei einem Gerangel Green zu Boden brachte. Als er daraufhin über Green hinwegsteigen wollte, ging Hitzkopf Green in die Offensive über und schlug dem König in die Kronjuwelen. Nach der Begegnung schauten sich NBA-Offizielle den Vorfall genauer an und bewerteten Greens Aktion als schweres Foulspiel (»flagrant foul«). Sie stellten fest, dass er »mit seiner Hand einen Vergeltungsschlag in den Unterleib ausgeübt und dadurch einen unnötigen Kontakt hergestellt« hatte. Es war Greens viertes Flagrant Foul der Playoffs, womit er nach NBA-Regularien automatisch gesperrt wurde.

LeBron James nach dem Sieg der Cavs in der Verlängerung in Spiel 2 der Finals von 2015

In Spiel 5 ohne den gesperrten Green sorgte ein hoch motivierter James mit 41 Punkten und 16 Rebounds dafür, dass die Cavs ihre Chancen wahrten. Im sechsten Spiel holte er noch einmal 41 Punkte: Es stand 3-3 unentschieden. Nun musste Spiel 7, ein Heimspiel für die Warriors in Oakland, die Entscheidung bringen.

Zeitweise verfolgten mehr als 41 Millionen Amerikaner das Endspiel an ihren Fernsehapparaten mit, um zu sehen, ob LeBron es schaffen würde – die höchsten Zuschauerzahlen für ein Spiel seit Michael Jordans letztem Championship-Finale aus dem Jahr 1998.

So wie Mike vor ihm dominierte James seine Ära. Der selbst ernannte Auserwählte war ein viermaliger MVP und übernahm in jeder der sechs Meisterschaftsrunden die Hauptrolle. Und es gab noch etwas, das er mit Mike gemeinsam hatte: Sein eigenes Sneaker-Modell wurde zum Bestseller der NBA. In der Saison 2015–16 wurden damit Umsätze von 348 Millionen Dollar erzielt, zweimal so viel wie mit dem Schuh anderer Spieler.

In jenem Jahr gesellte er sich zu Jordan und trat dem exklusiven 25000-Punkte-Klub bei. Niemals zuvor hatte ein Spieler mit 30 Jahren – noch drei Jahre vor MJ – dieses Kunststück vollbracht.

Während seiner 13 Jahre in der NBA hatte James sich weiterentwickelt. Den grazilen Point Guard, der im Jahr 2003 der Liga beitrat und sich durch gegnerische Verteidigungslinien hindurchschlängelte wie ein Rettungswagen durch den Feierabendverkehr, hatte er zurückgelassen und sich in einen Respekt einflößenden Athleten mit der Statur eines Power Forwards verwandelt. Anstatt sich hindurchzuschlängeln, raste er mittlerweile einfach wie ein Tanklastzug durch die Defense hindurch.

Seine körperbetonte Spielweise stellte für die kleineren Warriors eine echte Herausforderung dar; die beeindruckendste Offensive der ganzen Liga in Schach zu halten, jedoch eine noch viel größere – was sich im Vorjahr deutlich gezeigt hatte. Bei all den berechtigten Vergleichen mit Jordan – wenn es wirklich darauf ankam, konnte James nicht abliefern. Seit 2016 hatte man LeBron sechsmal in den Finals gesehen – genauso oft wie Michael. Der Unterschied? Jordan hatte jedes Mal den Titel mitgenommen. LeBrons Quote lag mittlerweile bei 2-4 mit einem weiteren Titel am seidenen Faden.

Spiel 7 der Finals von 2016 war seine Chance, die Geschichte umzuschreiben.

Über drei lange Viertel ging es zwischen Cavs und Warriors hin und her. Das Spiel befand sich bei 3:39 Minuten Restspielzeit und einem Spielstand von 89-89 in einer kritischen Phase, da keines der Teams den Deckel draufmachen konnte. Während die Uhr runterlief, gaben sie sich bei Fehlwürfen gegenseitig die Klinke in die Hand. Und dann passierte es.

Nach einem misslungenen Korbleger von Kyrie Irving bei weniger als zwei Minuten verbleibender Spielzeit krallte sich Andre Igoudala, Warriors Finals-MVP von 2015, den Rebound und leitete einen 2:1-Fast-Break ein. Igoudala spielte den Ball an Curry ab, der sich mit einem Bodenpass revanchierte, der Igoudala den Weg in Richtung Korb wies. Mit James an seinen Fersen nahm Igoudala den Pass auf und stieg hoch zu einem Korbleger. Womit er nicht gerechnet hatte, war, dass James aus dem Nichts angeflogen kam, um über alle anderen hinwegzusegeln und den Ball mit beiden Händen ans Backboard zu nageln.

Als noch 55 Sekunden zu spielen waren und die Anzeigetafel nach wie vor ein 89-89 auswies, versenkte Kyrie Irving einen Dreier über Currys ausgestreckte Arme hinweg und brachte die Cavaliers mit 92-89 in Führung. Nachdem Curry mit dem Buzzer einen Dreier versemmelt hatte, war den Cavs das Unmögliche gelungen: Sie wurden zum ersten Team, das jemals einen 3-1-Rückstand aufholen und den Titel abräumen konnte.

»Das ist für dich, Cleveland!«, leitete James die Pressekonferenz nach dem Spiel ein. Er hatte Spiel 7 mit 27 Punkten, 11 Rebounds

James beim Slam Dunk in Spiel 6 der 2016er-Finals

und 11 Assists abgeschlossen, womit er sich zu Jerry West und James Worthy gesellte, den einzigen weiteren Spielern, denen in einem Endspiel ein Triple-Double gelungen war.

James hatte die Begegnung in eine Symphonie verwandelt. »Heute Abend hatte ich das Gefühl, Beethoven bei der Arbeit zuzusehen«, sagte Irving, nachdem der Champagner geleert war.

Zwischen 2015 und 2018, viermal hintereinander, hieß es in den Finals immer wieder Cavs gegen Warriors. Der Titel von 2016 war der einzige davon, der an Cleveland ging. In der Saison darauf liefen die Warriors zusätzlich mit Kevin Durant auf, der sowohl 2017 als auch 2018 zum Finals-MVP ernannt wurde. In diesen zwei Finals-Series stellte Golden State gegen LeBron und Co. mit 8-1 einen Rekord auf.

LeBron hatte die Cavs auf seinen Schultern so weit getragen, wie es ihm nur möglich war – genau wie im Jahr 2010. In der Spielzeit 2016–17 sowie 2017–18, seiner 14. und 15. in der League, führte er die NBA bei den gespielten Minuten an. Und doch hatte es jedes Mal nicht ganz gelangt.

Im Sommer 2018 verabschiedete James sich zum zweiten Mal von den Cavaliers. Von nun an würde er seine Fähigkeiten in Hollywood unter Beweis stellen: Er unterschrieb bei den Los Angeles Lakers und spielte in *Space Jam 2* mit.

Die Clevelands-Fans bereiteten LeBron dieses Mal einen standesgemäßen Abschied. Er hatte der Stadt ihren ersten großen Meisterschaftstitel im Sport seit 1964 beschert. Der König war nach Hause gekommen und hatte sich unsterblich gemacht.

Kyrie Irving punktet trotz Draymond Greens Abwehrarbeit in den Finals von 2016.

2017
DER RASTLOSE SUPERSTAR

Kevin Durant kommt während der 2019er Playoffs zum Abschluss.

»Mein ganzes Leben lang war ich Zweiter«, sagte Kevin Durant am Ende der Saison 2012–13. »Ich bin es satt, immer nur Zweiter zu sein.«

Er bezog sich damit nicht auf die Scorer-Tabelle, obgleich er in ihr am Ende dieser Spielzeit den zweiten Platz belegen würde (nachdem er dreimal hintereinander auf dem ersten Platz gelandet war). An Durants Fähigkeiten, den Ball durchs Netz zu werfen, zweifelte niemand. Einige hielten den 24-Jährigen, der sich in seiner sechsten NBA-Spielzeit befand, bereits für einen der besten Schützen aller Zeiten.

In ausnahmslos jeder Mannschaft, für die Durant gespielt hatte, war er Dreh- und Angelpunkt gewesen. Außerhalb seines Teams galt er indes nur selten als die Nummer eins.

Im Großraum D.C., wo Kevin aufgewachsen war, sah man seinen Freund aus Kindheitstagen und Teamkameraden Michael Beasley lange Zeit als den aussichtsreicheren Anwärter an. An der Highschool belegte Durant den zweiten Platz hinter Center Greg Oden. Beim Draft wurde Oden als First Overall Pick ausgewählt, obwohl Durant an der University of Texas der erste Erstsemesterstudent in der Geschichte des Colleges war, der zum National Player of the Year ausgezeichnet wurde. In der NBA erstrahlte sein Stern in einem Königreich, das von LeBron James regiert wurde. Bei den Wahlen zum MVP landete Durant zwischen 2010–11 und 2011–13 dreimal auf dem zweiten Platz hinter LeBron.

In seinem Bestreben, die Nummer eins zu werden, sorgte Durant gleich zweimal für eine der schockierendsten Entscheidungen in der Geschichte der Free Agency.

Als die Basketballgötter den perfekten Spieler kreieren wollten, gaben sie uns Michael Jordan. Als sie anfingen, sich zu langweilen, änderten sie die Vorlage ein bisschen ab, und heraus kam Kevin Durant. In seiner Rookie-Saison 2007–08 mit 2,05 Meter gelistet, spross er schnell zu seinen fast 2,10 Meter auf und wechselte auf die Position des Forwards, wo seine Kombination aus Größe und Können ihresgleichen suchte. Seine geschmeidige, mühelose Art zu punkten, erinnerte ein wenig an George Gervin. Sein Killerinstinkt für den richtigen Wurf zur richtigen Zeit zog Vergleiche mit Reggie Miller nach sich. Und seine Fähigkeit, lange Abschnitte eines Spiels zu übernehmen, nahm jordaneske Züge an.

Durant war ein Basketballrätsel, das kein Verteidiger zu lösen vermochte. Wie hält man einen Spieler auf, der keinerlei Schwächen zeigt? LeBron konnte man – besonders in seinen Anfangstagen – hinter die Drei-Punkte-Linie zurückdrängen. Shaquille O'Neal schickte man am besten an die Freiwurflinie. Aber Durant?

In der Saison 2009–10 machte er durchschnittlich 30,1 Punkte pro Partie und im Alter von 21 Jahren wurde er zum jüngsten Top-Scorer der NBA. Seine Oklahoma City Thunder verbesserten ihre Statistik von 23 Siegen im Jahr zuvor auf 50, womit sie sich einen Platz in den Playoffs verdient hatten.

In jenem Sommer unterschrieb Durant für weitere fünf Jahre bei den Thunder. Mit talentierten jungen Spielern wie Russell Westbrook, James Harden und Serge Ibaka baute Oklahomas Management um Kevin herum ein Team auf, das auf Jahre hinaus ein Titelanwärter sein konnte.

Schon bald drangen seine Thunder in den Playoffs immer weiter nach vorn, während er seinen Weg nach oben unbeirrt fortsetzte. Seine Trefferquote stieg in den Playoffs immer an.

2012 wurden Dirk Nowitzki und die Dallas Mavericks von Durant aus den Playoffs geschossen. Danach schickte er Kobe Bryant und die Los Angeles Lakers nach Hause. In diesem Jahr schaffte es OKC bis ins Finale – die erste Teilnahme von vielen, wie man hoffte –, doch Durant gelang es nicht, den

Meisterschaftsring zu holen: Die Thunder verloren in fünf Spielen gegen LeBron und die Miami Heat.

In den Finals sah man OKC nie wieder.

Durant hatte sich als einer der besten drei Spieler etabliert, war im Jahr 2014 zum MVP der Liga ausgezeichnet worden und obendrein hatte er zwei Ernennungen zum MVP eines All-Star Games mit nach Hause genommen. Nach sieben Spielzeiten ohne Titeltrophäe in Oklahoma City find er jedoch an, sich anderweitig umzusehen.

Die Thunder waren im Vergleich zu anderen Franchises ein eher sparsamer Verein mit kleinem Markt. Durant hatte das Gefühl, die Thunder so weit gebracht zu haben, wie es ihm unter den Umständen eben möglich war. Dort zu bleiben, würde bedeuten, sich mit dem zweiten Platz zufriedenzugeben.

Am Morgen des 4. Juli 2016 verkündete Durant, dass er bei den Golden State Warriors unterschreiben werde, die sich gerade von einer vernichtenden Spiel-7-Niederlage gegen die Cleveland Cavaliers erholten.

Bei Golden State erhielt Durant die Gelegenheit, einen vielseitigeren Stil zu spielen, der seine Fähigkeiten deutlicher hervorhob. Ein weiteres Plus: Ein Titelgewinn war nun realistisch – äußerst realistisch. Die Warriors hatten die dynamischste Offensive der Liga. Mit Durant in ihren Reihen brachte das Team drei der tödlichsten Schützen aufs Parkett – ihn selbst, Steph Curry und Klay Thompson. Nahm man dazu noch Green sowie Andre Iguodala, Finals-MVP von 2015, marschierten die Warriors mit der wahrscheinlich fähigsten

Fünf-Mann-Aufstellung aller Zeiten auf den Court. Anstatt einen Rivalen zu schlagen, lief Durant zu ihm über. Eine Entscheidung, die vielen Anhängern sauer aufstieß.

»Ich hätte den einfachsten Weg gewählt«, wiederholte Durant die Worte seiner Kritiker. »›Einfach‹. Dieser Scheiß kotzt mich an. Mein Weg war noch nie ein einfacher.«

Durant wuchs in Prince George's County, Maryland, auf, wo er mit seinem älteren Bruder Tony und seiner Mutter Wanda Pratt zusammenlebte. Seine Mutter hatte mehrere Jobs, um ihre Kinder über Wasser zu halten, und da nicht immer genug Essen für alle da war, ging sie oft hungrig zu Bett.

Mit acht Jahren schlenderte Kevin eines Tages ins Seat Pleasant Activity Center, wo gerade eine Basketballveranstaltung für Kinder stattfand. Er wurde sofort vom Anblick und den Geräuschen des Spiels in den Bann gezogen wurde. »Es war Liebe auf den ersten Blick«, sagte er.

Das Basketballfeld war die feste Konstante in einem Leben, das durch ständige Umzüge von einem Apartment zum nächsten geprägt war. Kevin versuchte, so viel Zeit wie möglich auf dem Court zu verbringen. Das Spiel gab seinem Leben sowohl einen Sinn als auch die Aussicht auf einen ansonsten für ihn unerreichbaren Wohlstand.

Als Durant im Jahr 2014 zum MVP ernannt wurde, erzählte er auf der anschließenden Pressekonferenz die Geschichte, wie er mit Tony und seiner Mutter in ein unmöbliertes, unfertiges Apartment umgezogen war. Obwohl die Wohnung karg und seine Familie mittellos war, war die Bleibe doch ein Ort, den sie ihr Zuhause nennen konnten. Zu dritt standen sie in dem leeren Wohnzimmer, umarmten sich und wollten nie mehr loslassen.

»Wir hatten das Gefühl, es geschafft zu haben«, erinnerte sich Durant unter Tränen. Daraufhin wandte er sich seiner im Publikum sitzenden Mutter zu. »Mit 21 Jahren eine alleinerziehende Mutter von zwei Jungs. Du bist der wahre MVP.«

Durants Entscheidung für Golden State war nicht nur umstritten, sondern es war auch ein fast beispielloses Vorgehen für einen Superstar, mitten in seiner Blütezeit den Verein zu wechseln. »Es gibt wahrscheinlich nur einen in der Geschichte der League, der diesen Schritt wirklich nachvollziehen kann«, so Durant.

LeBron James war für seinen berüchtigten Wechsel nach Miami verteufelt worden. Bei seinem ersten Besuch in Oklahoma City als Mitglied der Warriors wurde Durant der gleiche Empfang bereitet wie James damals in Cleveland. Er wurde von Buhrufen und eisigen Blicken der Thunder-Mitarbeiter begrüßt.

»[Es herrschte] so eine giftige, hasserfüllte Atmosphäre, als ich diese Arena betrat«, erinnerte er sich. »Weil ich einen Verein verlassen hatte, um für einen anderen zu spielen?«

Durant hatte alles für OKC getan. Er spendete eine Million Dollar für die Opfer eines Wirbelsturms und nahm aktiv am Leben der Gemeinde teil. Doch als er wegging, musste er seine Mutter beruhigen, die verstört auf Videos von Fans reagierte, die hasserfüllt sein Thunder-Trikot beschossen.

»Aufgrund dieser Ereignisse werde ich mich der Stadt nie mehr verbunden fühlen«, sagte er.

Mit Golden State bekam Durant das, was er sich immer gewünscht hatte.

In seiner ersten Saison bei den Warriors erreichte sein Team die Finals, wo sie erneut gegen LeBron und die Cavaliers antraten. Bei einer Drei-Punkte-Führung in Spiel 3 und weniger als einer Minute Spielzeit zog Durant mit dem Ball den Court hoch und stieg kurz vor Ablauf der Wurfuhr zu einem spektakulären Dreier auf, der sein Ziel fand und die Partie besiegelte. Zwei Spiele darauf wurden die Warriors zu Champions gekrönt. Durant war LeBron überlegen gewesen und nach im Schnitt über 35 Punkten, 8 Rebounds, 5 Assists sowie einem Steal und einem Block pro Begegnung ernannte man ihn zum Finals-MVP.

Im Folgejahr trafen die beiden Mannschaften wieder aufeinander. Das dritte Spiel fühlte sich an wie ein Déjà-vu-Erlebnis, nur dass dieses Mal Durants Team mit zwei Punkten zurücklag, als dieser zum Ende des letzten Viertels kurz hinter der Linie einen Dreier einnetzte und damit die Partie für die Warriors entschied. »Er ist einer der besten Spieler, gegen die ich jemals gespielt und den diese Liga jemals gesehen hat«, sagte LeBron nach der Begegnung.

In diesen Finals wurden die Cavs von den Warriors weggefegt. Durant wurde zum zweiten Mal hintereinander Finals-MVP, was vor ihm lediglich Jordan, Hakeem Olajuwon, Shaq, Kobe und LeBron gelungen war.

Den zweiten Platz hatte Durant mittlerweile hinter sich gelassen. Zufrieden war er trotzdem nicht.

»Kevin kam aus demselben Grund zu uns, aus dem er auch wieder fortging«, sagte Steve Kerr, Head Coach der Warriors. »Er war rastlos.«

In seiner dritten Saison bei Golden State näherte sich seine Vertragslaufzeit dem Ende und Durant fing erneut an, sich umzuschauen. Er galt vielleicht als bester Spieler der League, aber die Herzen der Warriors-Fans schlugen für Steph Curry. Wieder einmal war Kevin nur Zweiter.

Während der Spielzeit 2018–19 kriegten Green und Durant sich vor laufenden Kameras in die Haare. Die zwei stritten sich am Spielfeldrand – Green stellte Durants Siegeswillen infrage und warf ihm vor, mit dem Kopf schon woanders zu sein. Auch wenn die Zeichen schon auf Umbruch standen – die Warriors waren wieder auf Championship-Kurs und dieses Mal sollte es in den Finals gegen die Toronto Raptors gehen. In der zweiten Playoff-Runde hatte sich Durant gegen Houston eine Verletzung zugezogen und kam in Spiel 4 der Finals, als sein Team bereits 3-1 in Spielen zurücklag, wieder auf den Platz. Nach gerade einmal elf Minuten riss seine Achillessehne. Golden State verlor die Finals in sechs Partien.

Wieder einmal war es Zeit für einen Wechsel. Nachdem eine komplette Saison lang die Gerüchteküche vor sich hin gebrodelt hatte, unterschrieb KD bei den Brooklyn Nets. Eine neue Herausforderung. Eine neue Chance, sich zu beweisen. Eine Gelegenheit, im größten Markt der NBA seinen Platz an der Spitze der Pyramide zurückzuerobern und sein Vermächtnis als Hall of Famer aufzupolieren – auch wenn seine verletzte Achillessehne ihn erst mal für eine Spielzeit auf die Bank verbannen würde.

Durant sah die Sache etwas weniger dramatisch. »Es war eine weitere Gelegenheit, für ein neues Team zu spielen«, sagte er. »So ein Riesending war das gar nicht. Mir stand es frei, mich für wen auch immer zu entscheiden. Und das habe ich getan.«

PUNKTE PRO ALL-STAR GAME

1.	Giannis Antetokounmpo	27,3
2.	Kevin Durant	25,0
3.	LeBron James	24,1
4.	Russell Westbrook	21,6
5.	Paul George	20,7

Durant nach einem Dunk in den Playoffs von 2011

2018
BIG DATA UND DIE DREI-PUNKTE-REVOLUTION

James Harden, führender Schütze der NBA, feuert einen Dreier ab. Schepper – vorderer Korbrand. Zwei Spielzüge darauf versucht Eric Gordon aus dem Lauf selbst einen Dreier. Schepper – ein weiterer Fehlwurf. Nur kurze Zeit später schnickt ein gedoppelter Harden den Ball einem in der Ecke völlig frei stehenden Trevor Ariza zu. Schepper.

Über die komplette Saison 2018 war der Dreier unumstritten die schärfste Waffe der Rockets. Houston unternahm 3470 Versuche, über 500 mehr als irgendein anderes Team.

Jetzt, wo die Saison auf der Kippe steht, haben sie allerdings Ladehemmungen. Wir befinden uns in Spiel 7 der Western Conference Finals 2018 zwischen den Houston Rockets und Titelverteidiger Golden State Warriors. Zwei der schlagkräftigsten Offensivaufstellungen, die jemals in der Liga aufmarschiert sind, treten gegeneinander an.

Die beiden Vereine haben das moderne Basketballspiel perfektioniert; sie gelten als die Vorzeigeteams der Drei-Punkte-Revolution.

Die Warriors nutzen schon seit Jahren Dreier, um ihre Kontrahenten zu vernichten. Sie haben ihre Dynastie um Steph Curry und Klay Thompson im Rückfeld errichtet, zwei der begnadetsten Shooter aller Zeiten. Die Rockets werfen jedoch noch häufiger aus der langen Distanz und während der regulären Spielzeit 2018 führte Harden (der zum MVP ernannt wurde) mit zehn Dreierversuchen pro Partie die League an. General Manager Daryl Morey, ein ehemaliger Statistiker, baute den Kader gemäß seiner auf Daten basierenden Vision einer Offensive auf, die ihre Gegner von hinter der Drei-Punkte-Linie und an der Freiwurflinie zerstört.

Bis zur Halbzeit des siebten Spiels haben die Rockets allerdings nur einen von 21 Bällen aus der Distanz geworfen und 37 ihrer 44 versuchten Drei-Punkte-Würfe verfehlt. An einem Punkt haben sie 27 Dreier in Folge versemmelt. Die Daten haben solch ein Durchhänger nicht mitberechnet. Der Plan geht nach hinten los.

In der Saison 2017–18 waren Dreier schwer im Kommen. Das durchschnittliche NBA-Team versuchte sich 2378-mal daran (29-mal pro Partie). 30 Jahre zuvor lag der Schnitt bei 410 (5 pro Partie). Zum Vergleich: In der Spielzeit 2015–16 versenkte Steph Curry allein 402 Dreier. So einschneidend war die Revolution, dass der Anführer der Liga von 2000–01 bei Dreiern (die Celtics mit 1633) 2017–18 auf dem letzten Tabellenplatz gelandet wäre.

Trotz aller ausgeklügelter Analysemöglichkeiten, die in das Spiel eingeflossen waren, galt immer noch ein einfacher mathematischer Grundsatz: Drei Punkte zählen mehr als zwei. Boston-Celtics-Forward Antoine Walker, der 2000–01 die Liga bei Dreiern mit großem Abstand anführte, gab als Grund für seine vielen Dreier an, dass es »keine Vierer gibt«.

Es grenzt an ein Wunder, dass die Mannschaften so lange brauchten, um den Dreier anzunehmen. Im Jahr 1945 wurde der Drei-Punkte-Wurf zwar am College ausgetestet, erfreute sich aber erst ab seiner Einführung in der ABA in den späten 1960ern größerer Beliebtheit. Dank Legenden wie Louie Dampier, der mehr als sieben Dreier pro Partie machte, erlaubte der als »Homerun-Wurf« vermarktete Schuss den Anhängern der ABA einen flüchtigen Blick in die Zukunft.

Es dauerte bis zur Spielzeit 1979–80, bis die NBA den Drei-Punkte-Wurf übernahm. Der »Trick«-Schuss, wie die *New York Times* ihn damals nannte, wurde anfangs skeptisch begutachtet.

»Es könnte unser Spiel zum Ende eines Viertels hin beeinflussen«, sagte Phoenix-Suns-Coach John MacLeod, »aber ich werde mir keine Spielzüge ausdenken, die vorsehen, dass aus sieben Meter Entfernung geschossen wird. Ich glaube, das wäre furchtbar langweiliger Basketball.« Celtics-Präsident Red Auerbach schätzte, dass der Dreier lediglich aufgrund von schlechten TV-Quoten eingeführt worden war. In der ersten Saison nach Einführung der Drei-Punkte-Linie machten die Atlanta Hawks im Schnitt weniger als einen Versuch pro Spiel. Einer der ersten Spieler der NBA, der den Dreier regelmäßig als Waffe einsetzte, war Celtics-All-Star Larry Bird. Er konnte von überall aus damit punkten und tat dies auch. Sich seiner Popularität bedienend, veranstalte die NBA 1986 den ersten Dreier-Wettbewerb. Bevor die Veranstaltung begann, spazierte Bird

James Hardens Reaktion auf den Pfiff eines Schiris während der Playoffs von 2018

in die Umkleideräume und taxierte seine Widersacher. »Wer von euch wird den zweiten Platz machen?«, fragte er in seinem gedehnten, ländlich geprägten Indiana-Slang. Bird gewann das Kräftemessen und zog vorher noch nicht mal seine Trainingsjacke aus.

In der Saison 1994–95 experimentierte die NBA ein wenig und platzierte die Drei-Punkte-Linie näher am Korb, wovon man sich eine höhere Wurfquote versprach. Die Quote erhöhte sich tatsächlich und blieb sogar auf diesem Niveau, als die Liga die Linie kurz darauf wieder an ihren ursprünglichen Platz zurückverlegte.

In den 1990ern gab es eine ganze Welle von Weltklasseschützen, darunter Reggie Miller, der Star der Indiana Pacers, der eine neue Ära von Drei-Punkte-Spezialisten einläutete. Niemand warf aus der Distanz besser als Ray Allen, ein kaltblütiger Shooter, der 2014 nach 18 Spielzeiten mit 2973 verwandelten Dreiern in den wohlverdienten Ruhestand ging – als bester Drei-Punkte-Schütze aller Zeiten.

Doch zum Zeitpunkt von Allens Rücktritt berücksichtigten die Teams den Dreier immer noch nicht beim Spielaufbau. Er war ein netter Zusatz, nicht mehr.

Eine wirkliche Veränderung brachte Steph Currys Durchbruch in der Saison 2012–13. Der Sohn des hervorragenden Schützen Dell Curry war ein Jahrhunderttalent, das schon ab seinem vierten Lebensjahr Bälle mit Prä-

DIE MEISTEN DREIER AUS DEM FELD IN EINEM SPIEL

1. Klay Thomson 14 (2018)
2. Zach LaVine 13 (2019)
   Stephen Curry 13 (2016)
3. Stephen Curry 12 (2016)
   Donyell Marshall 12 (2005)
   Kobe Bryant 12 (2003)

zision im Netz versenkte. Mit seiner unkonventionellen, blitzschnellen Wurftechnik und einer Reichweite, die locker bis zur Platzmitte ging, war Curry auf diesem Gebiet unschlagbar. 2013 verwandelte er 272 Dreier und brach damit Ray Allens Rekord für eine einzelne Saison. Diese Marke sollte er über die kommenden sechs Spielzeiten hinweg noch viermal übertreffen.

Dabei war Curry nicht einmal der effizienteste Schütze in seiner eigenen Mannschaft. Diese Ehre gebührte Klay Thompson. Zusätzlich zu seiner Bilderbuch-Wurftechnik war Thompson ein Meister in der Kunst des Catch-and-Shoot, bei dem er Zeit und Bewegung auf ein Minimum reduzierte.

Während einer Partie erzielte er einmal 42 Punkte, davon sieben Dreier – den Ball dribbelte er dabei ganze vier Mal. Am 23. Januar 2015 machte Thompson 37 Punkte in einem einzigen Viertel, darunter neun Dreier (ein Rekord). Steve Kerr, Cheftrainer der Warriors, der noch in dessen Glanzzeit an der Seite von Michael Jordan gespielt hatte, war nach dem Spiel voller Bewunderung. »Michael machte zwar Abend für Abend viele spektakuläre Dinge«, sagte Kerr, »aber so etwas habe ich von ihm nie gesehen.«

Nachdem der Drei-Punkte-Wurf fest etabliert war, begannen die Scorer-Rekorde zu purzeln. 2017 wurde Klay Thompson zum Spieler, der am schnellsten 60 Punkte einsammeln konnte – in weniger als 30 Minuten, was zum Teil seinen acht Dreiern geschuldet war. Im Oktober 2018 legte er die Messlatte mit 14 Dreiern in einer Partie noch ein ganzes Stück höher.

Die Drei-Punkte-Ära wurde von Ausnahmetalenten wie Steph und Klay eingeläutet. Der Boom dieser Epoche indes war zum großen Teil auf die Verarbeitung immer größerer Datenmengen zurückzuführen.

Der Rückgriff auf Daten als Arbeitsgrundlage änderte die Art und Weise, wie Spieler bewertet wurden. Von heute auf morgen war es weniger entscheidend, wie hoch ein Athlet springen konnte, und dafür wichtiger, wie gut seine Wurftechnik war und wie schnell er den Ball abfeuerte.

Die Analyse von Computerdaten ließen den traditionellen Center-Spieler – der sich so gut wie nie weit außerhalb des Drei-Sekunden-Raums bewegte – obsolet werden und führte zu einem neuen Fokus auf das Distanzspiel.

Coachingstrategien unterlagen ebenso einem Wandel. Anstatt die Spieler bei einem Gegenstoß unter den Korb zu schicken, wollten ihre Trainer sie ab sofort in den Ecken sehen – die kürzeste Distanz zum Korb für einen Dreier.

»Analytics sind ein wesentlicher Bestandteil von praktisch allem, was wir heutzutage in Angriff nehmen«, sagte NBA-Commissioner Adam Silver im Jahr 2017.

In Houston war General Manager Daryl Morey für die Verarbeitung und Auswertung von Daten verantwortlich. Er hatte am MIT studiert, wo er sich mit der Anwendung statistischer Analysen im Basketballsport einen Namen gemacht hatte. Nach erfolgreichen Jahren bei den Boston Celtics ging er im Jahr 2007 zu den Rockets.

Morey baute seinen Kader um den Drei-Punkte-Wurf im Allgemeinen und um James Harden im Besonderen auf. Harden war ein tödlicher Shooter und Künstler mit dem Ball, der entweder seinen eigenen Dreier abschoss oder auf seinem Weg zum Korb die Aufmerksamkeit der Defense auf sich zog und den Ball aus der Zone heraus einem lauernden Teamkameraden zuspielte.

Morey engagierte außerdem Mike D'Antoni als Trainer, den Architekten der analytisch vorausschauenden »Sieben Sekunden oder weniger«-Suns der frühen 2000er-Jahre.

Nachdem sie 2012 Harden verpflichtet hatten, führten die Rockets die NBA in jeder außer einer Saison (in der sie auf dem zweiten Platz landeten) bei versuchten Drei-Punkte-Würfen an. Im Jahr 2015 stellte Houston mit 894 verwandelten Dreiern einen Rekord auf. Vier Jahre darauf machten sie 1323. Ihre 45,4 Dreier pro Partie in der Spielzeit 2018–19 bedeuteten erneut eine Rekordmarke.

In jener Saison machte Harden pro Begegnung mehr als 13 Dreier – ein weiterer Rekord – und schloss die Spielzeit mit im Schnitt 36 Punkten pro Partie ab. Nur Wilt Chamberlain und Michael Jordan war es gelungen, in einer einzelnen Saison mehr zu erzielen.

Die Drei-Punkte-Revolution hat aufregende Spiele und schwindelerregende Endergebnisse mit sich gebracht. Sie hat dazu beigetragen, dass Playoff-Serien der Rockets gegen die Warriors zu Pflichtterminen eines jeden Basketballfans geworden sind. Doch alle statistischen Berechnungen der Welt, die besagen, dass Teams aus der Distanz feuern sollten, konnten nicht voraussagen, dass eine Mannschaft voller Eliteschützen wie Houston 27 Dreier nacheinander vergeigen würde.

Ray Allen 2008 bei einem vollendeten Abschluss

Big Data kann den Faktor Mensch nicht mitberechnen.

Den Rockets war es nicht gelungen, ein Team aufzubauen, das von außerhalb der Zone Meisterschaftstitel gewinnt. Das Spiel hatten sie jedoch grundlegend und dauerhaft verändert. Der Wurf aus der Distanz entwickelte sich von einer reinen Shownummer über eine selten genutzte Waffe zu einer absoluten Notwendigkeit, um Spiele zu gewinnen.

Die Zukunft wird zeigen, wie weit diese Revolution noch geht.

DIE MEISTEN DREIER IN EINER LAUFBAHN

1.	Ray Allen	2.973
2.	Reggie Miller	2.560
3.	Stephen Curry	2.495
4.	Kyle Korver	2.437
5.	James Harden	2.296

Klay Thompson 2016 bei einem seiner makellosen Jump Shots

2019
GIANNIS UND DIE GLOBALE TALENTSUCHE

»Ich danke Gott dafür, dass er mich mit diesem großartigen Talent gesegnet hat.«

Dem Talent, den Court in neun Schritten abzuschreiten und von der Freiwurflinie aus zu dunken. Mit einer Physis, die Giannis Antetokounmpo den Spitznamen »Greek Freak« eingebracht hat.

»Dafür, dass ich mich heute in dieser Situation befinde.«

Der arme Junge aus Griechenland, der zu einem der Superstars der NBA wurde.

»Ich möchte den Leuten im Verein dafür danken, dass sie an mich geglaubt haben.«

Sie gingen nicht nur das Risiko ein, einen schlaksigen Teenager ohne spezielles Training zu rekrutieren, sondern sie bauten um ihn herum auch ein Championship-Team auf.

Giannis tritt vom Mikrofon zurück und wischt sich Tränen aus den Augen.

»Dies ist erst der Anfang.«

Antetokounmpos früheste Kindheitserinnerungen an den Ballsport spielen in Outdoor-Courts in Sepolia, einem Stadtteil von Athen. Noch vor seiner Geburt waren seine Eltern aus dem nigerianischen Lagos nach Griechenland ausgewandert. Da griechische Einwanderungsgesetze es seinen Eltern unmöglich machten, eine Arbeitserlaubnis zu erhalten, wuchs die Familie in Armut auf. Giannis teilte sich ein Paar Turnschuhe mit einem seiner vier Brüder und wenn er nicht auf dem Court zu finden war, versuchte er sein Glück beim Verkauf von gefakten Markenhandtaschen und -uhren auf den Straßen Athens.

Als Giannis 13 Jahre alt war, sah ein örtlicher Scout, der unter den Migranten in Griechenland gezielt nach Talenten suchte, einen großen, schlaksigen Jungen auf der Straße beim Spielen zu und organisierte ihm einen Platz in einer Jugendmannschaft.

Seine neue Spielstätte befand sich im Vorort Zografou und Giannis fühlte sich dort schnell zu Hause. Die Mannschaft trainierte zweimal am Tag und er musste früh aufstehen, um die acht Kilometer dorthin zu laufen. Am Ende des Tages war er oft so müde, dass er auf einer Matte übernachtete, die er sich in eine Ecke der Turnhalle legte. Antetokounmpo besaß eine schnelle Auffassungsgabe und sprudelte über vor Talent. Er sah sich selbst als Point Guard und sparte sein Geld, um in einem Internetcafé für einen Dollar je halbe Stunde Highlights von Allen Iverson zu bewundern. Er konnte damals nicht ahnen, dass er bis zum Zeitpunkt seines Drafts eine Größe von 2,08 Meter erreicht haben würde. Oder dass er nach seiner Ankunft in der NBA noch ein Stück in die Höhe schießen würde.

Als sich Giannis 18. Geburtstag näherte, hatten Geschichten über einen Rohdiamanten aus Griechenland die Runde gemacht. Scouts der NBA tauchten bei seinen Spielen auf und das, was sie zu sehen bekamen, war deutlich besser als die unscharfen Handyvideos, die man ihnen über den Großen Teich geschickt hatte. 2012 wurde festgelegt, dass er in der folgenden Saison für einen hochrangigen spanischen Verein auflaufen würde. Was niemals geschah.

Beim NBA-Draft 2013 wählten die Milwaukee Bucks den Teenager aus Griechenland mit dem 15. Pick.

»Das erste Mal, dass ich von den Bucks hörte«, sagte er später, »war an diesem Abend.«

Antetokounmpo mag für viele ein Mysterium gewesen sein, im Endeffekt war es aber absolut nicht überraschend, dass Milwaukee dieses Risiko auf sich nahm. Schon seit Jahren waren Teams auf der Suche nach dem nächsten Dirk Nowitzki – Juwelen aus Übersee, denen ungewöhnliche Eigenschaften zugeschrieben wurden und die, mit etwas Glück, das Zeug zu Weltklassespielern hatten. Anläufe hatte es bereits mehrere gegeben. Nikoloz Tskitishvili (Pick Nummer fünf 2001), Andrea Bargnani (First Pick 2006) und Ricky Rubio (Pick Nummer fünf 2009) waren einige der vielen europäischen Talente, auf die Vereine der NBA ihre Hoffnungen setzten. Nachdem Giannis es geschafft hatte, setzte sich der Trend fort, wie man an den Erstrunden-Picks Bruno Caboclo, Clint Capela und Dragan Bender sehen konnte. Doch genau wie der Highschool-Boom, der Spieler wie Kevin Garnett und Kobe Bryant hervorgebracht hatte, bewies auch der Hype um internationale Spieler nur, wie selten solche Ausnahmetalente wie Dirk oder Giannis sind.

Dass Antetokounmpo zu Größerem bestimmt war, konnte man zumindest am Anfang noch nicht klar erkennen. Er war ein naiver Rookie. Er bekundete auf Twitter seine Vorliebe für Smoothies und zeigte sich überwältigt von der neuen Welt, in die er Eingang gefunden hatte. Er war unbekümmert und wurde sofort zum Liebling der Fans, auch wenn sie Probleme damit hatten, seinen Namen auszusprechen. Sie wichen einfach auf Spitznamen aus: Zuerst war er The Alphabet, dann der Greek Freak.

Athleten wie Giannis hat es nur selten gegeben. Er ist groß genug, um die Center-Posi-

Giannis Antetokounmpo zieht 2019 zum Korb.

tion einzunehmen, und doch so grazil und koordiniert, dass er als Flügelspieler durchgeht, mit dem Ballgefühl und den Instinkten eines Point Guards – obendrein verfügt er am anderen Ende des Courts noch über eine brachiale Zerstörungskraft. Seine Spannweite eliminiert den Raum zwischen ihm und dem Korb. Sein Potenzial war enorm.

Giannis war unausgereift und trotzdem konnte man es sehen. Er nahm an der Freiwurflinie Anlauf und dunkte über jeden hinweg. Er beamte sich über den ganzen Court, um einen gegnerischen Wurf ans Backboard zu nageln. Er sprang so hoch, dass er Bälle mit seinem Ellenbogen blockte.

Die Jahre, in denen er wieder und wieder die Offensive einleitete, hatten ihn zum größten Spielmacher der NBA werden lassen. Im Laufe seiner ersten Jahre in der NBA baute er Muskelmasse auf, wurde zu einem gefürchteten Rebounder und arbeitete an seiner einzigen wirklichen Schwäche: dem Werfen.

In seiner dritten Saison fügte sich alles zusammen. In seinem ersten Spiel holte Giannis aufsehenerregende 27 Punkte – Bilderbuch-Dunks, rüpelhafte Moves und, um das Ganze abzurunden, noch einen Dreier. Nach ein paar weiteren solcher Partien rief er seinen Agenten an.

»Ich kann das jeden Abend machen«, sagte er aufgekratzt. Zu diesem Zeitpunkt war er 20 Jahre alt.

Als Heranwachsender war es Antetokounmpos größter Traum gewesen, in der NBA zu spielen. Jetzt wollte er mehr.

2017 wurde Giannis mit 22 Jahren zum ersten Mal in ein All-Star-Team berufen. Obgleich er den so wichtigen Drei-Punkte-Wurf nicht beherrschte, hatten ihn seine Fans in die Startaufstellung gewählt. Im gleichen Jahr wurde er zum Most Improved Player (dem Spieler, der sich am meisten verbessert hat) ernannt, zum Ersten, der unter den Top 20 in den fünf bedeutendsten Kategorien abschloss – Punkte, Rebounds, Assists, Steals und Blocks.

Unaufhaltsam stieg er weiter auf, unbedingt wollte er noch besser werden. Wann immer er Veteranen um Rat fragte, nahm er Stift und Papier zur Hand. Er sog alles auf wie ein Schwamm und die Trainingshalle der Bucks wurde zu seinem zweiten Zuhause. Manchmal übernachtete er dort, anstatt

Giannis setzt sich gegen zwei Verteidiger der Celtics durch.

nach Hause zu gehen – genau wie damals in Griechenland.

Jahr für Jahr machte Giannis verblüffende Fortschritte. Er verlieh seiner einst dürren Gestalt das Aussehen eines griechischen Gottes und hatte mittlerweile fast 2,14 Meter erreicht. Seine Geschwindigkeit und Übersicht auf dem Feld machten es unmöglich, ihn aus dem Drei-Sekunden-Raum rauszuhalten, und unter dem Korb konnte ihn niemand mehr aufhalten. Darüber hinaus schüchterte er Gegner durch sein selbstbewusstes Auftreten und seinen bösen Blick ein. Den schüchternen Teenager von damals hatte er hinter sich gelassen.

Bis zur Saison 2018–19 hatte er sich in eine Ein-Mann-Armee mit höchster Zerstörungskraft entwickelt – seit Shaquille O'Neal hatte man so etwas auf der Low Post nicht mehr gesehen. Mit seinen 273 Dunks war er der Zweitbeste in der NBA, als einziger Nicht-Center-Spieler unter den Top Ten.

In jener Spielzeit führte er die Bucks zu 60 Siegen, den meisten der Liga. Nach der Saison schätzte der 24-jähriger Antetokounmpo, dass er gute 60 Prozent seines Potenzials als Spieler erreicht hatte.

Giannis hat es bis nach ganz oben geschafft. Es ist allerdings erstaunlich, wie viele extrem talentierte internationale Spieler es in der NBA gibt. Der Aufbau eines globalen Scoutings hat den Weg in die NBA für Athleten aus selbst den abgelegensten Regionen der Erde geebnet. In Dallas arbeitet Luka Dončić gerade an seinem Vermächtnis. Im Gegensatz zu Giannis ging bei Dončić – Pick Nummer drei beim Draft von 2018, ehemaliger EuroLeague MVP sowie mit 18 Jahren bereits Titelgewinner – niemand ein Risiko ein. Doch andere Athleten wie Giannis oder Nikola Jokić, Center der Denver Nuggets, demonstrieren uns tagein, tagaus, warum die globale Jagd nach jungen Talenten anhalten wird.

Die jährlich verliehenen Auszeichnungen der NBA verdeutlichten im Jahr 2019 eindrucksvoll, in welchem Ausmaß die Globalisierung auch im Basketballsport Einzug gehalten hat. Dončić (Slowenien) wurde zum Rookie des Jahres ernannt. Pascal Siakam (Kamerun) zum Most Improved Player. Rudy Gobert (Frankreich) zum Verteidiger des Jahres. Elf Jahre nachdem er in einer Turnhalle vor den Toren Athens übernachtet hatte, wurde Giannis Antetokounmpo (Griechenland) zum MVP ernannt.

Doch dies ist nur der Anfang.

2020
ZION UND DER SOCIAL-MEDIA-HYPE

Alle Augen waren auf Zion Williamson gerichtet. Der Forward der Duke University und voraussichtliche First Overall Pick des NBA-Drafts 2019 zog in seiner ersten und einzigen College-Saison eine gehörige Show ab. Ein weiterer Baustein in der Legendenbildung rund um einen 18-Jährigen, der mit unerhörten physischen Eigenschaften und großem Geschick gesegnet war.

Bei einer Größe von zwei Metern und einem Gewicht von 142,5 Kilogramm vollführte er einen senkrechten 1,15 Meter hohen Sprung à la Jordan. Er spielte Bodenpässe von einer Ecke des Courts in die andere und um Drei-Punkte-Würfe zu blocken, musste er in der Zone eigentlich nur kurz vom Boden abheben. Die Art und Weise, wie er Alley-oops und Dunks abschloss, ähnelte der von Charles Barkley oder Shawn Kemp, nur einen Gang hochgeschaltet. Als er in der NBA aufschlug, war Zion der zweitschwerste Athlet der Liga – gerade mal 2,5 Kilogramm leichter als der 2,21-Meter-Riese Boban Marjanović. Filmausschnitte mit Williamsons Highlights standen auf Sportkanälen und Websites oft höher im Kurs als die Topspiele der NBA.

Mit dem Draft vor der Tür wollten schwächere Teams unbedingt ganz unten in der Tabelle landen, um den First Pick zu bekommen. Die Liga hatte die Regeln der Draft-Lotterie in diesem Jahr abgeändert: Die letzten drei Teams der Tabelle hatten nun die Chance auf den First Pick. Dadurch, so hoffte man, verringerte sich der Anreiz, absichtlich

LeBron James 2003 in seinem vierten Highschool-Jahr

Zion Williamson beim Rising-Stars-Spiel 2020

Spiele zu verlieren. Was Teams aber trotzdem nicht davon abhielt, es zu versuchen. Zion im Draft an Land zu ziehen, würde schließlich den Hauptgewinn bedeuten. Womöglich war er das Jahrhunderttalent, dessen Präsenz nicht nur Spiele gewinnen, sondern auch mehr Fans anlocken und mehr Trikots verkaufen würde.

An einem Februarabend schaltete eine Rekordzahl von 4,3 Millionen Amerikanern ESPN ein, um dabei zuzusehen, wie Williamson mit seinem Team gegen den State-Rivalen North Carolina antrat. Vom Tip-Off weg zeigte sich, dass sogar Zions Missgeschicke außergewöhnlich waren. Im ersten Spielzug der Partie schnappte er sich den Ball und setzte seinen linken Fuß für eine Drehbewegung auf, wobei er sich eine Zerrung im Knie zuzog. Die ausgeübte Kraft war derart gewaltig, dass Zions Fuß förmlich durch seinen Nike-Schuh explodierte. Am Tag darauf verlor die Nike-Aktie einen Prozentpunkt.

Seine Knieverletzung veranlasste Experten und Spieler, unter ihnen Scottie Pippen, Zion aufzufordern, den Rest seiner College-Saison auszusitzen. Sein NBA-Start lag nur wenige Monate entfernt, das Risiko war einfach zu hoch. Doch Zion spielte die Playoff-Serie zu Ende und wurde zum MVP des ACC-Meisterschaftsturniers ernannt. Er erreichte eine Trefferquote von 77 Prozent und war damit neben Kevin Durant der einzige Erstsemesterspieler, dem durchschnittlich 27 Punkte und 10 Rebounds in einem Conference-Turnier gelungen waren.

Die Verletzung hatte den Hype um seine Person nicht im Geringsten eingedämmt. Er war der vielversprechendste NBA-Anwärter seit LeBron James. Genau wie King James schien Williamson alles Nötige mitzubringen. Das Spiel. Das Hollywood-Grinsen. Den richtigen Namen. Wie Larry, Shaq oder LeBron brauchte er weder einen Spitz- noch einen Nachnamen. Er war ganz einfach Zion.

Zion hatte bereits eine treue Fangemeinde aufgebaut, lange bevor seine Spiele im Fernsehen zu sehen waren. Als bekannt wurde, für welches College er sich entschieden hatte, waren seine Heldentaten aus Highschool-Tagen schon millionenmal bei YouTube und Instagram angeklickt worden. Seine Dunks erinnerten an Vince Carter, mit dem Unterschied,

dass Zion den Körperbau eines Verteidigers im American Football hatte. Da er im footballverrückten South Carolina aufgewachsen war, wäre er wohl tatsächlich ein Footballspieler geworden, hätte seine Schule ein Team gehabt. So aber landete Zion in der Basketballmannschaft.

Als er seinen Abschuss machte, war Zion bereits berühmt. 2018 zeigten sich Promis wie der Rapper Drake oder NFL-Star Odell Beckham junior in Williamsons Highschool-Trikot und Basketballkoryphäen wie Kevin Durant lobten seine athletischen Fähigkeiten.

Helden vergangener Tage wie Julius Erving oder Michael Jordan – in gewissem Maße auch LeBron – waren bei ihrem Eintritt in die League unbeschriebene Blätter gewesen. Man musste den einen oder anderen Bericht über sie lesen, um an den Mythos zu glauben. In Zions Fall muss man dafür einfach das Smartphone in die Hand nehmen.

Als er sich für die Duke University entschied, das landesweit bekannteste Sportprogramm, nannte er dies eine »geschäftliche Entscheidung«. An der Duke kletterte Williamson auf der Beliebtheitsskala immer weiter nach oben. Er war eine Übermacht auf dem Court und galt als guter Mannschaftskamerad. Obwohl er für das meistgehasste Team im College-Sport auflief, kam man nicht darum herum, ihn sympathisch zu finden. Bedeutende Werbemarken nahmen davon Notiz.

Bei der Draft-Lotterie schossen die New Orleans Pelicans sechs Plätze nach vorn und ergatterten sich dadurch das Recht auf den First Pick. Gleichzeitig wurde Center-Spieler und Superstar Anthony Davis im Rahmen eines Tauschgeschäfts an die Los Angeles Lakers abgetreten und so kam es, dass Zion ab seinem ersten Tag bei den Pelicans als feste Größe im Team behandelt wurde.

Unternehmen standen Schlange, um Zions gewinnendes Lächeln auf ihren Produkten platzieren zu dürfen. Die Marke Jordan legte Williamsons Berichten zufolge einen Vertrag über 75 Millionen Dollar auf den Tisch, mehr als jeder andere Rookie seit LeBron 16 Jahre zuvor angeboten bekommen hatte. »Kingdom Come«, warnte eine Anzeigenkampagne, in der die Zusammenarbeit verkündet wurde. Gatorade, Mountain Dew und weitere namhafte Firmen reihten sich in die lange Liste von Sponsoren ein.

Williamsons inoffizielles Debüt fand bei der jährlich abgehaltenen NBA Summer League in Las Vegas statt, wo Fans die ausverkaufte Sportstätte belagerten. Zion spielte so, als ob er von einem anderen Planeten auf den Platz gebeamt worden wäre. Er war ein Monstar, dunkte aus allen Himmelsrichtungen und riss seinen Gegenspielern den Ball buchstäblich aus den Händen. Allerdings wurde sein Aufenthalt in Las Vegas durch eine weitere Verletzung frühzeitig beendet. In der Vorsaison kehrte er in Höchstform auf den Court zurück und zeigte sich besser als je zuvor.

Zions 23,3 Punkte pro Partie waren das beste Resultat eines Rookies während einer Preseason, seit man 2006 begonnen hatte, diese aufzuzeichnen. Er warf spektakuläre 71,4 Prozent aus dem Feld. Als man ihm den 2,14 Meter großen Utah-Jazz-Center Rudy Gobert, zweimaliger und amtierender Verteidiger des Jahres, gegenüberstellte, war dieser Williamson unter dem Korb körperlich eindeutig unterlegen.

Der Zion-Virus breitete sich immer weiter aus. Seine Rookie Cards verkauften sich für 100 000 Dollar, bevor er überhaupt an einer Begegnung der NBA teilgenommen hatte. Was noch eine Weile dauern sollte. Am 22. Oktober 2019 zog sich Williamson einen Riss im Meniskus des rechten Knies zu. Die Verletzung ließ ihm keine andere Wahl, als die ersten drei Monate seiner Rookie-Saison auszusetzen. Mittlerweile ging manch einer vom ungünstigsten Fall aus, die Bilder von Barkley und LeBron verblassten und wurden durch die von Bill Walton und Greg Oden ersetzt.

Der Social-Media-Hype machte aus Zion noch vor dem Draft einen Superstar. Es bleibt abzuwarten, wie seine Karriere sich entwickelt. Williamson hat bis jetzt nur eine Sache versprochen: »Ich werde die Welt schockieren«, proklamierte er 2016, als die Hysterie um ihn langsam an Fahrt aufnahm.

Als er drei Jahre darauf bei Nikes Jordan-Brand unterschrieb, äußerte sich Michael Jordan höchstpersönlich über das neueste Wunderkind der NBA. »Er sagte uns, dass er die Welt schockieren werde, und bat uns, ihm zu vertrauen«, sagte Jordan. »Das tun wir.«

Am 22. Januar 2020 sah man Williamson endlich bei seinem offiziellen Debüt in der NBA und er lieferte die spektakuläre Show ab, auf die seine Anhänger geduldig gewartet hatten. Innerhalb eines Monats wurde er zum ersten Rookie seit Jordan, der in vier aufeinanderfolgenden Spielen mindestens 25 Punkte holte und aus dem Feld eine Trefferquote von über 57 Prozent hatte. In 19 Begegnungen hatte er bereits über 50 Dunks eingesammelt. Es hatte sich gelohnt, auf Zion zu warten.

BESTE ROOKIES ALLER ZEITEN

1.	Wilt Chamberlain	37,6
2.	Walt Bellamy	31,6
3.	Oscar Robertson	30,5
4.	Kareem Abdul-Jabbar	28,8
5.	Elvin Hayes	28,4

2020
ROLLENSPIELER

Spiel 6 der NBA-Finals 2019. Fred Van-Vleet steht unter Strom. Nachdem er mehrere spielentscheidende Treffer versenkt und Steph Curry in der Defense hin- und hergejagt hat, ist der Ersatz-Point-Guard der Toronto Raptors einer der Hauptgründe dafür, dass sein Team kurz davorsteht, die Golden State Warriors vom Thron zu stürzen. Im letzten Spiel, das jemals in der Oracle Arena stattfinden wird.

Bei einem Rückstand von drei Punkten im letzten Viertel zieht er mit einem Verteidiger direkt vor seiner Nase hoch zu einem Wurf, der das Unentschieden bringen wird. Bei einem Rückstand von zwei Punkten, nur wenige Augenblicke später, versenkt er mit Curry im Nacken einen weiteren Dreier.

Drei Jahre zuvor war VanVleet ungedraftet geblieben, obwohl er der Starspieler der Wichita State University gewesen war. Scouts zufolge war er zu klein und zu langsam. Sie glaubten nicht, dass er auf dem Court die nötige Übersicht haben würde, und übersahen die nicht sofort erkennbaren Eigenschaften, die ihn dazu befähigt hatten, eine unbedeutende Uni drei Jahre nacheinander zum NCAA-Turnier zu führen.

Nach einem Probetraining in der Vorsaison nahm man VanVleet doch noch unter Vertrag, den überwiegenden Teil seiner ersten Saison spielte er in der G-League. Als er in die NBA übertrat, machte er sich als Ersatzspieler einen Namen als Spielmacher. Drei Jahre später, im Alter von 24, spielte er um die Championship.

Bei einem 101-101-Unentschieden und weniger als vier Minuten zu spielen trickst VanVleet die Verteidigung der Warriors aus, macht einen Schritt hinter die Drei-Punkte-Linie und verwandelt erneut. Danach geben die Raptors die Führung nicht mehr aus der Hand. Man hat das Gefühl, das Videospiel *NBA Jam* zu sehen – nur dass keine Funken aus Van Vleets Schuhen sprühen.

Van Vleet machte zwölf Punkte im letzten Viertel und 22 insgesamt in diesem Spiel, mit dem sich die Raptors den Titel holten. Bei der Abstimmung für den Finals-MVP bekam Kawhi Leonard alle Stimmen außer einer. Diese eine ging an VanVleet.

Die Geschichte der NBA wird anhand ihrer Stars und der Teams, die durch sie bis an die Spitze befördert wurden, erzählt. Von Elgin Baylor bis hin zu LeBron James gibt es eine durchgängige Linie legendärer Spieler, deren Trikotnummern nicht mehr vergeben werden. Der Erfolg jeder großartigen Mannschaft beruht jedoch auf der Produktivität ihrer weniger berühmten Spieler, die Nebenrollen einnehmen.

Rollenspieler treten in den unterschiedlichsten Erscheinungsformen auf, vom vielseitigen Einwechselspieler bis zum Stammspieler mit ganz speziellen Eigenschaften. Es bedarf einer gewissen Selbstlosigkeit, diese untergeordnete Rolle zu akzeptieren, anzunehmen und darin aufzugehen.

Man darf eins nicht vergessen: In der NBA zu spielen, bedeutet, dass man als Heranwachsender mit ziemlicher Sicherheit der beste Spieler nicht nur in seiner Mannschaft, sondern auch überregional war. In der NBA ist dann plötzlich alles anders.

Die Namen, die als Aushängeschilder dienen, sind Ausnahmen. Im Basketball sind Rollenspieler die Regel.

Deine Rolle wird beschränkt sein wie noch nie zuvor. Man nimmt dir den Ball aus der Hand und verlangt, dass du dich im Hintergrund betätigst. Bring dich gut in Position, setz einen harten Pick, serviere dem Star deines Teams den Ball auf einem silbernen Tablett, sei überall auf dem Court und triff auch den Korb. Im College war J. J. Redick der absolute Superstar, unter den Top 20 der besten Scorer aller Zeiten im College-Basketball. In der NBA übertrug man ihm die Aufgabe eines Aushilfsschützen, der Rebounds abstauben sollte. Um sich auf seine Rolle vorzubereiten, empfahlen ihm seine Trainer, sich Theaterstücke anzuschauen und die Bewegungen sowie das Timing der Akteure im Hintergrund zu studieren.

Mit dieser neuen Ausrichtung nahm er den für ihn bestimmten Platz in der NBA an und erfreute sich dadurch einer langen Karriere.

Steve Kerr wurde erfolgreich, weil er bei seinem Eintritt in die Liga bereits über die Mentalität eines Rollenspielers verfügte. Seinen Platz in der Rangordnung stellte er nie infrage. Am College in Arizona war er ebenfalls nicht der Top-Scorer gewesen. Der Zweitrunden-Pick hatte bis zu seiner Ankunft bei den Chicago Bulls 1994 die Kunst perfektioniert, die großen Stars zu ergänzen. Der Ersatzspieler wurde zum Starter und fand seine Nische als äußerst zuverlässiger Schütze.

Die Dynastie der Bulls unter Phil Jackson und Michael Jordan hatte verstanden, wie entscheidend Rollenspieler sein können. Von Horace Grant über John Paxson bis Dennis Rodman, dem wohl bedeutendsten Rollenspieler von allen – Chicago wurde erst ab dem Zeitpunkt unschlagbar, an dem Jordan damit anfing, sich auf seine Mitspieler zu verlassen.

In Spiel 6 der Finals von 1993 spielte Jordan unter großem Druck bei noch weniger als vier Sekunden auf der Uhr den Ball an Paxson ab, der einen Dreier verwandelte und den Bulls damit gleichzeitig die dritte Meisterschaftstrophäe sicherte. Vier Jahre später befand sich Kerr im sechsten Spiel gegen die Utah Jazz in derselben Lage und bescherte den Bulls ihren fünften Titel der Ära Jordan.

Ein glücklicher Fred VanVleet mit seinen Teamkameraden nach Spiel 6 der NBA-Finals von 2019

2003 war es der 37-jährige Veteran Kerr bei der Dynastie der San Antonio Spurs, der für sein Team wieder einmal in einer kritischen Situation die Kastanien aus dem Feuer holte. Während der Playoffs hatte man ihn nur spärlich eingesetzt, doch in Spiel 6 der Western Conference Finals gegen Dallas verwandelte Kerr vier Dreier, was die Initialzündung für das anschließende Comeback, den Sieg und letztendlich die Finalteilnahme der Spurs war.

Während Superstars den Luxus vieler Minuten und Ballberührungen haben, um den eigenen Rhythmus zu finden, besitzen die fähigsten Rollenspieler die Gabe, gut geschmiert von der Bank weg effektiv ins Spielgeschehen einzugreifen.

Und nicht allein die Wurfqualitäten eines großartigen Supporters kann über den Verlauf eines Spiels oder einer ganzen Serie entscheiden. Es kann auch der richtige Block zur richtigen Zeit sein – wie Tayshaun Prince es in den Eastern Conference Finals von 2004 vormachte, als er Reggie Millers Schuss an das Backboard nagelte. Oder ein Offensiv-Rebound wie der, den sich Chris Bosh in einer Partie der Finals von 2011 unter den Nagel riss und an Ray Allen weiterleitete – zum spielentscheidenden Drei-Punkte-Wurf.

Die Dynastie der Spurs wurde von starken Leistungen solch großartiger Spieler wie Bruce Bowen, Rasho Nesterovič und Hall of Famer David Robinson, der gegen Ende seiner Laufbahn die Rolle als Ersatzmann für Tim Duncan akzeptierte, getragen.

Beim größten Konkurrenzkampf aller Zeiten zwischen den Lakers und den Celtics liefen die unvergesslichsten Spieler des Ballsports auf den Court. Allerdings waren es Rollenspieler, die jahrzehntelang ihren Beitrag leisteten, um das Vermächtnis ihrer Teams in Stein zu meißeln: John Havlicek, Frank Ramsey, Don Nelson, K. C. Jones, Gerald Henderson und unzählige weitere für Boston; Pat Riley, Michael Cooper, A. C. Green, Derek Fisher, Robert Horry und andere denkwürdige Namen für Los Angeles.

Wahrscheinlich wird es kein zweites Mal einen Rollenspieler wie Horry geben. 1992 an elfter Stelle gedraftet, stieß Horry zu einem Houston-Rockets-Team, das sich auf Championship-Kurs befand, und bekam schnell die Rolle eines energischen Forward in der Startaufstellung zugewiesen. Er behielt sowohl in den Western-Conference- als auch NBA-Finals die Nerven und holte auf Houstons Pfad zum ersten Meisterschaftserfolg im Jahr 1994 die entscheidenden Punkte. Von da an sollte es für Big Shot Rob nur noch aufwärts gehen.

1997 wechselte er zu den Los Angeles Lakers. Als der Verein im Sommer darauf Shaq und Kobe engagierte, akzeptierte er seine Rolle als Auswechselspieler. Wann immer seine Nummer aufgerufen wurde, war sein Einfluss aufgrund seiner Größe und Korbgefährlichkeit sofort spürbar. 2001 und 2002 verwandelte er

Dreier, die sein Team einen wichtigen Schritt näher Richtung Titelgewinn brachten.

»Ohne Jungs wie Brian Shaw, Rick Fox und Big Shot Rob«, so Shaquille O'Neal, »hätte ich wahrscheinlich nur eine Meisterschaftstrophäe mit nach Hause genommen anstatt vier.«

In den 2005er-Finals bescherte Horrys Siegtreffer in der Verlängerung den San Antonio Spurs die 3-2-Führung. In der ersten Halbzeit sah man ihn so gut wie gar nicht auf dem Platz und bis neun Sekunden vor Ende des dritten Vierte»Spielen oder nicht spielen?« Punkt geholt, das Spiel jedoch beendete er mit 21. »Das war die größte Leistung, bei der ich jemals mitgewirkt habe«, sagte Tim Duncan. Im Anschluss holten sich die Spurs den Titel.

Horry verabschiedete sich mit sieben Meisterschaftsringen in den Ruhestand – die viertmeisten aller Zeiten. Die Anzahl seiner durchschnittlich erzielten Punkte während seiner 16-jährigen Laufbahn passt dazu: Er ist in dieser Kategorie der einzige Nicht-Celtics-Spieler unter den besten acht aller Zeiten.

Robert Horry am Ende
der Lakers-Bank im Jahr 2000

2020 NBA BUBBLE

Am Abend des 11. März 2020 hatten vier Teams der NBA ihre Begegnungen absolviert, zwei weitere Spiele hätten noch folgen sollen. In Sacramento standen die Kings und New Orleans Pelicans unmittelbar vor dem Tip-Off, als ein Mannschaftsarzt mit Neuigkeiten auf den Platz geeilt kam: Rudy Gobert, Center-Spieler der Utah Jazz, dessen Mannschaft sich kurz vor einem Auswärtsspiel gegen die Oklahoma City Thunder befand, war positiv auf COVID-19 getestet worden. Die Partie der Kings wurde abgesagt, die Fans nach Hause geschickt. Dasselbe galt für das Spiel der Jazz gegen die Thunder. Die Teams wurden noch in der Arena voneinander getrennt und Spieler wie Mitarbeiter beider Mannschaften bis in die frühen Morgenstunden auf das Virus getestet.

Mittlerweile hatte die NBA verlauten lassen, dass man die Spielzeit zum ersten Mal seit Bestehen der Liga auf unbestimmte Zeit unterbrechen werde.

Bei der NBA hatte man die COVID-19-Pandemie bereits auf dem Schirm gehabt. Zehn Tage zuvor war eine Mitteilung an alle Vereine rausgegangen, in der Vorsichtsmaßnahmen beschrieben wurden, zum Beispiel keine Horden von Pressevertretern mehr in die Umkleideräume zu lassen. Viele Vereine zogen ihre Scouts von Auswärtseinsätzen ab, während es ansonsten »business as usual« hieß. In Los Angeles fand LeBron James gerade mit den Lakers zu alter Stärke zurück, führte die League bei den Assists an und machte Giannis Antetokounmpo die MVP-Trophäe streitig. Die von Kawhi Leonard angeführten Los Angeles Clippers hatten ebenfalls zu ihrem Rhythmus gefunden und stimmten sich auf den »Kampf um Los Angeles« in den Playoffs ein. Im Osten des Landes galten Giannis und seine Bucks als die Titelaspiranten.

Goberts Diagnose allerdings bedeutete einen Wendepunkt und führte zu der ungewollten Auszeit. In Anbetracht der Geschwindigkeit, mit der sich das Virus von Mensch zu Mensch übertrug, war das Risiko, die Saison fortzuführen, einfach zu hoch. Kurz darauf zeigte sich, dass Goberts Mannschaftskamerad Donovan Mitchell sowie auch einige Spieler der Brooklyn Nets inklusive Kevin Durant sich ebenfalls infiziert hatten.

Die Ankündigung der NBA, die Spielzeit auszusetzen, war der erste Dominostein, der in der Welt des Profisports fiel. Schnell folgten weitere Ligen und nach kürzester Zeit stand die Frage »Spielen oder nicht spielen?« nicht mehr zur Debatte. Zwei Tage nachdem die Saison 2019–20 von der NBA auf unbestimmte Dauer unterbrochen worden war, verhängten die Vereinigten Staaten den nationalen Ausnahmezustand. Mit steigender Todesrate trat das Sportgeschehen in den Hintergrund.

Unzählige Pläne, wie man die Spielzeit noch retten könnte, wurden von den Verantwortlichen der League hin und her gewälzt. Im Juni wurde schließlich entschieden, die Saison unter strengen Auflagen zu Ende zu bringen: Die 22 besten Teams wurden in die Bubble, eine im Freizeitpark Walt Disney World Resort eingerichtete Isolationszone, eingeladen, wo sie zunächst in acht Spielen die Paarungen für die Playoffs ermittelten. Während sich in der Runde der Eastern Conference die Miami Heat durchsetzten, waren in der Western Conference die Los Angeles Lakers das dominierende Team. Am 1. Oktober 2020 standen sich die beiden Teams im ersten Spiel der Finals der längsten Saison der NBA-Geschichte gegenüber und 365 Tage nach dem Saisonstart holten sich die Lakers in Spiel 6 den entscheidenden vierten Sieg und ihren 17. Meistertitel. LeBron James wurde zum Finals-MVP gewählt und ist damit der erste Spieler in der Geschichte der NBA, der diesen Award mit drei verschiedenen Teams abräumte.

Neben COVID-19 wurde diese besondere Saison durch eine weitere Entwicklung geprägt: Die Ermordung des Afroamerikaners George Floyd führte in den USA zu massenhaften Protesten gegen Polizeigewalt und Rassismus. Viele Spieler zeigten ihre Solidarität durch das Tragen von T-Shirts mit der Aufschrift »Black Lives Matter« und unterstützten so die Verbreitung dieser wichtigen Botschaft und den Kampf gegen ein Thema, mit dem auch die Liga seit ihrem Bestehen zu kämpfen hat.

STICHWORT-VERZEICHNIS

A

Abdul-Jabbar, Kareem 11f., 14, 38, 57ff., 68, 70, 76, 84, 86, 89, 95, 97, 101f., 113f., 116, 118, 124, 127, 136, 151, 158, 192, 203, 222, 245

Abdur-Rahim, Shareef 172

Ackerman, Val 162

Aguirre, Mark 124

Ainge, Danny 118

Alcindor, Lew. Siehe Abdul-Jabbar, Kareem

Ali, Muhammad 28, 35f., 58

Allen, Ray 106, 158, 160, 176, 189, 207f., 213, 237f., 247

Alston, Rafer 76

Antetokounmpo, Giannis 234, 240ff., 249

Anthony, Joel 212

Apatow, Judd 158

Archibald, Nate »Tiny« 76, 80

Ariza, Trevor 236

Arizin, Paul 25

Artest, Ron 183f., 208

Attles, Al 20, 36, 95

Auerbach, Arnold »Red« 11, 21, 24, 26ff., 50, 52, 70, 76, 97, 116, 120, 122, 208, 236

Axelson, Joe, 38

Aykroyd, Dan, 158

B

Bargnani, Andrea 240

Barkley, Charles 104f., 110, 112, 127, 131f., 134, 141ff., 156, 160, 195, 214, 216, 243

Barkley, Michael 70

Barksdale, Don 19ff.

Barnes, Marvin 95

Barnett, Dick 62

Barry, Rick 48ff., 80

Battista, James 202

Baylor, Elgin 6, 14, 19f., 28, 30ff., 35, 40, 42ff., 55f., 61, 72ff., 93, 108ff., 169, 246

Beasley, Michael 232

Beckham, Odell, Jr. 245

Bellamy, Walt 62, 245

Belushi, John 120

Bender, Dragan 240

Bender, Jonathan 112

Benjamin, Corey 172

Bennett, Anthony 228

Bennett, Clay 204

Beverly, Patrick 219

Bias, Len 119ff.

Biasatti, Hank 9

Biasone, Danny 22

Billups, Chauncey 170, 200f.

Bing, Dave 58, 122

Bird, Larry 11, 24, 38, 67, 95ff., 102, 104, 108, 114, 116, 118, 120ff., 126f., 131f., 144, 148, 156, 159, 185, 192, 195, 236f.

Bird, Sue 206

Bitove, John, Jr. 148

Blaylock, Mookie 150

Boggs, Wade 139

Bogues, Muggsy 156

Bol, Manute 180

Boone, Pat 46

Bosh, Chris 195, 211ff., 218, 247

Bowen, Bruce 188, 194, 247

Bowie, Sam 104f., 111f., 218

Bradley, Bill 38, 62

Bradley, Shawn 156

Brand, Elton 158

Bridgeman, Ulysses »Junior« 160

Brisker, John 46ff.

Brooks, Scott 219

Brown, »Downtown« Freddie 91

Brown, Arthur 58

Brown, Chucky 174

Brown, Jim 34, 58

Brown, John Y. 81

Brown, Kwame 152, 172

Brown, Larry 88, 176

Brown, Walter 8, 19, 43

Bryant, Gianna 198

Bryant, Joe »Jellybean« 169

Bryant, Kobe 32, 36, 48, 56, 76, 78, 106, 115, 127, 152, 158, 167ff., 176, 196ff., 200, 207ff., 212, 216f., 232, 237, 240

Bush, George 125

Buss, Jerry 101

Butler, Caron 196

Bynum, Andrew 152, 208

Byrnes, Tommy 9

C

Caboclo, Bruno 240

Callahan, Mike 203

Camby, Marcus 106

Capela, Clint 240

Caray, Harry 139

Carlisle, Rick 184

Carson, Johnny 93

Carter, Vince 6, 76, 78, 86, 148f., 174, 196, 245

Cartwright, Bill 128

Catchings, Tamika 162

Cervi, Al 24

Chamberlain, Wilton »Wilt« 11ff., 28, 31, 33ff., 38, 40, 42ff., 48, 50ff., 55, 58f., 60ff.,

72ff., 76, 80, 88, 110, 136, 154, 158, 164, 192, 196, 213, 238, 245
Chappell, Lenny 47
Charles, Tina, 163
Chenier, Phil 90
Clark, Archie 41, 76
Clifton, Nat »Sweetwater« 14f., 18ff.
Clinton, George 48
Coimbra, Herlander 133
Colangelo, Jerry 148
Collins, Doug 172, 174
Connors, Chuck 9
Cooke, Jack Kent 42, 73
Cooper, Chuck 14, 19f., 26, 28
Cooper, Cynthia 162
Cooper, Michael 102f., 116, 247
Counts, Mel 42
Cousy, Bob 12, 19, 21ff., 26ff., 40, 42ff., 52, 164, 203, 216
Cowens, Dave 216
Cummings, Pat 100
Cunningham, Billy »The Kangaroo Kid« 35
Curry, Dell 225, 237
Curry, Stephen 48, 223ff., 228, 230, 233f., 236ff., 248

D

D'Antoni, Mike 190, 192
Daly, Chuck 122, 132
Dampier, Louie 48, 236
Dandridge, Bobby 90f.
Dantley, Adrian 124
Daugherty, Brad 120
Davies, Bob 25
Davis, Anthony 245
Davis, Antonio 148
Davis, Walter 109
Dawkins, Darryl 83f., 151
DeBusschere, Dave 32, 62, 80, 122
DeRozan, DeMar 221
Diaw, Boris 192
Divac, Vlade 195
Dobson, James 67
Donaghy, Tim, 202f.
Dončić, Luka 195, 242
Dr. J. Siehe Erving, Julius

Drexler, Clyde 105, 108, 112, 128, 131f., 141
Driesell, Lefty 120
Drossos, Angelo 80
Dumars, Joe 122f.
Duncan, Tim 12, 52, 127, 164, 184, 186ff., 192, 194, 217, 220f., 227, 247f.
Dunn, T. R. 107
Durant, Kevin 52, 76, 112, 160, 182, 206, 217ff., 227, 230, 232ff., 244f., 249
Dyson, Michael Eric 176

E

Eaton, Mark 136
Ellis, Boo 19
Ellison, Pervis 112
Embiid, Joel 115
Embry, Wayne 6, 38, 41, 44, 46
English, Alex 108
Erving, Julius »Dr. J« 31, 46ff., 59, 68ff., 75ff., 80f., 83ff., 88, 90, 93, 97, 102, 105, 108f., 142, 158, 174, 185, 245
Evers, Medgar 28
Ewing, Patrick 104, 131f., 136, 141f., 156, 164, 166, 174

F

Falco, Edie 211
Falk, David 140, 156, 159
Fendi, Fang 180
Fisher, Derek 169, 170, 247
Fisk, Carlton 139
Fitzgerald, Bob 9
Fitzgerald, Dick 9
Fleisher, Larry 44
Fleming, Ed 19
Fox, Rick 169, 248
Francis, Steve 148, 182
Francona, Terry 139
Frazier, Walt »Clyde« 52, 58, 61ff., 67, 74, 95, 159
Fucarino, Frank 9
Fulks, Joe 9, 25

G

Gallatin, Harry 25
Gallico, Paul 24

Gandolfini, James 211
Garber, Arnie 60
Garnett, Kevin 48, 115, 127, 150ff., 164, 207ff., 216, 240
Gasol, Pau 180, 198, 208
Gates, William »Pop« 19
Gathers, Hank 120
George, Paul 222, 224, 234
Gervin, George »The Iceman« 48, 78, 80, 88ff., 93 186, 194, 232
Geschwindner, Holger 194f.
Gilmore, Artis 14, 48, 78, 80, 203
Ginóbili, Manu 188f., 217, 219, 220
Gobert, Rudy 242, 245, 249
Goldberg, Whoopi 158
Goodrich, Gail 35, 41, 72ff.
Gordon, Aaron 78
Gordon, Eric 236
Gottlieb, Eddie 14
Gottlieb, Leo 9
Granik, Russ 150, 176
Grant, Horace 128, 130, 153, 169, 246
Green, A. C. 247
Green, Ben 14
Green, Carl 76
Green, Draymond 227f., 231
Green, Jeff 207
Green, Johnny 31, 184
Greer, Hal 35, 43
Grevey, Kevin 90f., 93
Griffiths, Arthur 148
Gundy, Jeff Van 142

H

Hagan, Cliff 26
Hamilton, Richard 168
Hamilton, Rip 183
Hampton, R. J. 152
Hannum, Alex 34ff.
Hardaway, Penny 132, 137, 156, 160
Hardaway, Tim 192
Harden, James 38, 217ff., 224, 226, 232, 236ff.
Harder, Bill 158
Harper, Ron 153, 169
Havlicek, John 26, 28, 40ff., 52, 80, 88, 247

Hawkins, Connie »The Hawk« 48, 68, 76
Hawkins, Tom 41
Hayes, Elvin 90ff., 104, 203, 245
Haynes, Marques 14, 22
Haywood, Spencer 48, 81, 95, 150, 204
Heinsohn, Tommy 22, 26ff., 40, 43f.
Henderson, Gerald 116, 120, 247
Henderson, Tom 90
Hertzberg, Sonny 9
Hield, Buddy 224
Hill, Bob 186
Hill, George 220
Hill, Grant 132, 144ff., 156, 160, 192
Hill, Henry 202
Hillman, Darnell »Dr. Dunk« 46
Hoefer, Charlie 9
Holzman, Red 62
Horry, Robert 115, 169, 188, 192, 247f.
Howard, Dwight 78, 115
Howard, Juwan 164
Howell, Bailey 41
Hriniak, Walt 139
Hudson, Lou 66
Hughes, Howard 58
Hundley, Clark »Hot Rod« 20, 40
Hunter, Billy 165f.
Hurley, Roy 9
Hutchins, Mel 20

I

Ibaka, Serge 218f., 232
Iguodala, Andre 227, 233
Imhoff, Darrall 35
Irish, Ned 8
Irving, Kyrie 228, 230f.
Issel, Dan 77, 80, 83
Iverson, Allen 76, 106, 160, 172, 174ff., 216, 220, 240

J

Jabali, Warren 46
Jackson, Jaren 188
Jackson, Jim 174
Jackson, Mannie 14
Jackson, Mark 158

Jackson, Phil 62, 128f., 154f., 169ff., 176, 196, 208, 227, 246
Jackson, Stephen 183f.
Jackson, Steven 175
James, LaBron 31, 38, 48, 56, 92, 115, 127, 144, 158, 166, 178, 188, 195, 199ff., 211ff., 216, 219f., 221, 227ff., 232, 234, 243f., 246, 249
James, Mike 174
Jamison, Antawn 211
Jennings, Brandon 152
Johnson, Charles 90
Johnson, Dennis 109, 116, 122
Johnson, Earvin »Magic« 11, 22, 32, 36, 38, 59, 66, 68, 71, 74, 86, 95ff., 100ff., 104, 108, 113, 116ff., 122, 125ff., 131f., 134, 137, 142, 148, 152, 159, 186, 192, 200, 211, 220, 222
Johnson, Joe 192
Johnson, Kevin 142, 190
Johnson, Larry 156
Johnson, Vinnie »The Microwave« 122
Jokić, Nikola 38, 242
Jones, Bobby 70
Jones, Caldwell 203
Jones, K. C. 22, 41, 116, 247
Jones, Sam 28, 40, 42, 55
Jordan, James 138
Jordan, Michael 11f., 31f., 34, 52, 56, 78f., 95, 102, 104, 107ff., 115, 119ff., 124, 126ff., 136ff., 144f., 148, 153ff., 158ff., 164ff., 169f., 172, 174, 176, 180, 182, 192, 195f., 198, 200, 211ff., 216, 219f., 222, 227, 229f., 232, 234, 238, 243, 245f.

K

Kalinsky, George 61
Kaplowitz, Ralph 9
Karl, George 142, 204
Kemp, Shawn 78, 141f., 164, 195, 204, 243
Kennedy, Walter 43, 184
Kenon, Larry 78
Kerr, Johnny »Red« 24f., 35
Kerr, Steve 56, 130, 153f., 227, 234, 238, 246f.
Kidd, Jason 38, 190, 192
King, Albert 94
King, Bernard 95

King, Dolly 19
King, George 24
King, Larry 211
Knight, Billy 81, 104
Korver, Kyle 238
Krause, Jerry 110, 155
Krzyzewski, Mike 132, 144
Kukoč, Toni 134, 153f., 195
Kundla, John 28
Kupchak, Mitch 90, 92, 198

L

Ladner, Wendell, 46
Laimbeer, Bill 122, 124
Lanier, Bob 122
LaRusso, Rudy 31, 40
LaVince, Zach 78, 237
Lee, Spike 158
Lemieux, Mario 172, 174
Lemon, Meadow »Meadowlark« 36
Leonard, Kawhi 188f., 218, 220f.
Leslie, Lisa 162f.
Lever, Lafayette »Fat« 38
Levy, Sol 202
Lewis, Guy 115
Lieberman, Nancy 162
Lillard, Damian 178
Lloyd, Earl 19f., 24
Lobo, Rebecca 162f.
Louis, Joe 14
Love, Kevin 228
Lucas, Jerry 45, 62
Lucas, John 95
Lucas, Maurice 81, 84, 86

M

Macauley, Ed 26
MacLeod, John 236
Mahorn, Rick 122
Majerle, Dan 142
Malone, Karl 127, 131f., 141ff., 154, 166, 170, 174, 196, 200, 203
Malone, Moses 14, 48, 70, 80, 115, 142, 150f., 174, 192
Maravich, Pete 38, 59, 64ff., 81, 87, 89
Marbury, Stephon 106, 182

Marcus, George. Siehe Chamberlain, Wilt
Marion, Shawn 190
Marjanović, Boban 243
Marshall, Donyell 200, 237
Martin, Kenyon 182
Martin, Slater 11, 21
Marvin, »Bad News« Barnes 48
Massenburg, Tony 174
Maxwell, Vernon »Mad Max« 185
McAdoo, Bob 89, 102, 216
McCarron, Mike 9
McCloskey, Jack 122
McDaniel, Xavier 123, 204
McDaniels, Jim 48
McGinnis, George 48, 83, 163
McGrady, Tracy 145, 152, 163, 174, 181, 200
McGuire, Dick 23
McHale, Kevin 116, 118, 120f.
McKinney, Horace »Bones« 19
McKinney, Jack 101
McLendon, Aubrey 205
McMillian, Jim 74
McMorris, Lamell 203
Mikan, George 8, 11ff., 21f., 46, 57f.
Mikkelsen, Vern 11
Militzok, Nat 9, 24
Miller, Cheryl 161f.
Miller, Harry 9
Miller, Reggie 156, 183f., 207, 232, 237f., 247
Ming, Yao 179ff., 200, 211
Misaka, Wataru 19
Mitchell, Donovan 249
Moe, Doug 88
Molinas, Jack 202
Monroe, Earl »The Pearl« 60, 63, 76
Morey, Daryl 236, 238
Motta, Dick 90f.
Mourning, Alonzo 150, 156, 164, 166
Mullaney, Joe 73
Mullens, Bob 9
Mullin, Chris 104, 131, 133, 192
Muresan, Gheorghe 180
Murphy, Dennis 46
Murphy, Dick 9

Murray, Bill 156
Mutombo, Dikembe, 144, 176

N

Nader, Ralph 203
Naismith, James 8, 147
Nance, Larry 78
Nash, Steve 22, 106, 176, 180, 190ff.
Nelson, Don 28, 41f., 192, 194, 247
Nelson, Willie 46
Nesterovič, Rasho 247
Nicholson, Jack 196
Nixon, Norm 102
Nostrand, George 9
Nowitzki, Dirk 12, 86, 180, 190, 193ff., 211, 213, 216, 232, 240

O

O'Brien, Larry 80, 159, 208, 213
O'Neal, Jermaine 106, 152, 183f.
O'Neal, Shaquille 32, 36, 56, 115, 127, 132, 135ff., 144, 150, 156, 158, 160, 164, 167, 169ff., 178, 180ff., 192, 196, 200, 202, 208, 211, 216, 220, 232, 242, 248
Oakley, Charles 203
Oden, Greg 112, 182, 218, 232, 245
Odom, Dave 186
Odom, Lamar 208
Olajuwon, Hakeem 12, 104, 106, 112ff., 136f., 160, 174, 177, 180f., 203, 216, 234
Ollie, Kevin 174
Outlaw, Charles 145

P

Papanek, John 95
Parish, Robert 86, 116, 118, 120, 203
Parker, Smush 196, 198
Parker, Tony 180, 188f., 217, 220
Paxson, John 128f., 246
Payton, Gary 141f., 170, 196, 200, 204
Perkins, Sam 105, 112
Petrovic, Drazen 195
Pettit, Bob 25f., 52, 56
Pierce, Paul 174, 207f.
Pippen, Scottie 110, 128ff., 134, 140, 145, 153ff., 195, 244
Podoloff, Maurice 8, 24

Pollard, Jim 11
Pollin, Abe 166
Popovich, Gregg 186, 188f., 194, 220
Pressley, Babe 15
Presti, Sam 218f.
Price, Mark 127, 130

R

Rambis, Kurt 116
Ramsay, Jack 84, 111
Ramsey, Cal 76
Ramsey, Frank 22, 247
Raymond, Craig 81
Reed, Willis 48, 54, 59, 61ff., 216
Reeves, Bryant »Big Country« 112, 148
Richardson, Jason 78, 176
Richardson, Michael Ray 95
Richardson, Quentin 192
Richmond, Mitch 192
Riley, Pat 101f., 116, 124, 126, 198, 203, 211, 247
Robertson, Alvin 106
Robertson, Oscar 14, 20, 37ff., 43, 55f., 58, 70, 80, 108, 144, 165, 216, 219, 245
Robinson, Clifford 203
Robinson, David 131f., 136, 186, 247
Robinson, Elmer 14
Robinson, Jackie 19
Robinson, Nate 78
Rocha, Red 17
Rodman, Dennis »The Worm« 52, 122, 153ff., 185, 203, 246
Rondo, Rajon 208
Rose, Derrick 214ff.
Rosenstein, Hank 9
Rubio, Ricky 240
Rucker, Holcombe 75f.
Russell, Bill 9, 12, 14, 20, 22, 25ff., 35f., 40ff., 48, 50ff., 54f., 58f., 61, 86, 93, 102, 113, 116 120, 136, 154f., 204
Russell, Cazzie 61f.
Russell, William Felton 52

S

Sabonis, Arvydas 131
Sadowski, Ed 9
Salley, John 158

Sampson, Ralph 104
Sanders, Tom »Satch« 28, 76
Saperstein, Abe 13, 19
Schayes, Dolph 12, 16, 22, 24f., 50, 52
Schectman, Ossie 9
Schmeling, Max 14
Schrempf, Detlef 195
Schumer, Amy 158
Schultz, Howard 204ff.
Schwarzenegger, Arnold 35, 158
Seikaly, Rony 136
Seinfeld, Jerry 145
Selvy, Frank 40
Sharman, Bill 22, 26, 37, 56, 72ff.
Shaw, Brian 248
Short, Bob 43f.
Siakam, Pascal 115, 242
Silas, Paul 80, 95
Silna, Daniel 81f.
Silna, Ozzie 81f.
Silver, Adam 238
Skiles, Scott 127
Smith, Dean 105
Smith, Ish 174
Smith, Joe 174
Smith, LaBradford 130
Smith, Michael 135
Sprewell, Latrell 185
Spurs, Antonia 169
Stern, Daniel 158
Stern, David 80, 105, 119, 127, 138, 148, 159f., 162f., 165f., 176, 180, 202, 206, 208
Stipanovich, Steve 112
Stockton, John 86, 104, 106, 130ff., 141f., 154
Stojakovic, Peja 106
Stokes, Maurice 14, 120
Stoudamire, Damon »Mighty Mouse« 148
Stoudemire, Amar'e 190, 192f., 211
Stutz, Stan 9
Swift, Robert 152
Swoopes, Sheryl 162

T

Tart, Levern »Jelly« 46
Tatum, Goose 14, 22

Taylor, Chuck 159
Thabeet, Hasheem 218
Thomas, Isiah 52, 70, 102f., 108ff., 122, 124, 127, 132, 145, 148
Thompson, David »Skywalker« 31, 36, 48, 78, 80f., 87ff., 93, 95, 108f.
Thompson, Klay 56, 219, 224, 226ff., 233, 236, 238f.
Thompson, Mychal 227
Thompson, Tina 162
Thomson, Bobby 73
Thorpe, Otis 106
Thurmond, Nate 48
Toler, Penny 162
Tomjanovich, Rudy 185
Truman, Harry S. 14
Tskitishvili, Nikoloz 240
Turpin, Mel 130
Twardzik, Dave 84

U

Ujiri, Masal 115
Unseld, Wes 48, 58, 90, 92, 192, 216

V

van Breda Kolff, Willem »Butch« 73
Van Horn, Keith 172
VanVleet, Fred 246f.

W

Wade, Dwyane 171, 195, 211ff., 218
Walker, Antoine 106, 236
Walker, Chet 35
Wallace, Ben 184, 200
Wallace, Rasheed 185, 202
Walton, Bill 11, 36, 68, 70, 81, 83ff., 90, 95, 105, 108, 112, 118, 120, 136, 182, 216, 245
Walton, Luke 170
Washington, Denzel 158
Washington, Kermit 185
Wayans, Damon 158
Weatherspoon, Teresa 162
Webber, Chris 132
Weber, Jake 9
Wedman, Scott 118
Weinreb, Michael 120

Wellington, Bill 153
Weltman, Harry 112
Welts, Rick 162
Wertis, Ray 9
West, Jerry 6, 22, 31f., 35, 37f., 40, 42ff., 52ff., 61, 72ff., 89, 93, 97, 116, 128, 169, 230
Westbrook, Russel 38, 217ff., 232, 234
Westhead, Paul 101f.
White, Herb 65
White, Maurice 11
Wiggins, Andrew 228
Wilder L. Douglas 178
Wilkens, Lenny 44, 74, 205
Wilkes, Jamaal 102
Wilkins, Dominique 77f., 150
Williams, Buck 203
Williams, James »Fly« 46
Williams, Gus 93
Williams, Lou 178
Williams, Ray 91
Williamson, Zion 243ff.
Willis, Kevin 106
Willoughby, Bill 151
Wilson, Ben »Benji« 120
Winfrey, Oprah 145
Winter, Tex 128
Wise, Willie 80
Wooden, John 74
Worthy, James 74, 102, 116, 118, 124, 230

Y

Yao, Ming 179ff., 200, 211
Yardley, George 24f.
Yastrzemski, Carl 139
Young, Korleone 152
Young, Neil 64

Z

Zedong, Mao 182
Zhiyuan, Yao 180

BILDNACHWEIS

Associated Press
Darren Abate: 188
Alonzo Adams: 234
AEM: 42
Al Messerschmidt Archive: 66, 129, 136
Elise Amendola: 238
Anonymous: 7, 10, 20, 23, 25, 26-27, 33, 36, 37, 43, 45, 49, 50, 51, 56, 57, 59, 60, 61, 62-63, 64-65, 67, 71, 74, 81, 83, 88-89, 92, 99, 101, 119, 205
Victoria Arocho: 167
Doug Atkins: 77
Julian Avram: 147
Greg Baker: 182
Al Behrman: 125
Duane Burleson: 145, 146, 183
Anthony Camerano: 13
Chris Carlson: 192, 198, 243
Paul Connors: 248-249
Michael Conroy: 168
Ed Crisostomo: 221
Darron Cummings: 239
Tony Dejak: 173
Kevork Djansezian: 170-171
Gino Domenico: 166
Kirthmon Dozier: 109
Richard Drew: 47
Michael Dwyer: 201, 241
Mark Elias: 94, 140
Frank Franklin II: 215
Ross D. Franklin: 191
Ron Frehm: 32
John Gaps: 131, 132-133
Ted Gartland: 4-5
Morry Gash: 210-211, 242
Eric Gay: 195, 199, 217
Jeff Glidden: 130
Daniel Gluskoter: 247
Al Goldis: 185
Jacob Harris: 12
Harry Harris: 75, 82
Nam Y. Huh: 178, 245-255
JC: 87
Fred Jewell: 141, 153, 203
Tim Johnson: 113, 177
Bob Jordan: 121
Rusty Kennedy: 175
Charles E. Knoblock: 15, 110
Ron Koch: 39
Robert Kradin: 18
Marty Lederhandler: 105, 106, 112
Eric S. Lesser: 206
Bebeto Matthews: 165
Ben Margot: 179, 222, 223, 229, 232-233
Dave Martin: 139
Harold Matosian: 30, 40-41
John W. McDonough: 69, 117
Jerome McLendon: 96
Jim Mone: 152
Peter Morgan: 123
Chris O'Meara: 126, 135
Carlos Rene Perez: 91
David J. Phillip: 189, 193, 213, 237
Doug Pizac: 118
Kerwin Plevka: 114
Steve Pyle: 84-85
Susan Ragan: 134
Eric Risberg: 79, 149
Jeff Robbins: 54
Jeff Roberson: 218
Gus Ruelas: 150-151
Don Ryan: 159
Marcio Jose Sanchez: 224-225
Reed Saxon: 100, 124
Ron Schwane: 230, 231
Lynne Sladky: 187, 212
David F. Smith: 72
John Starks: 216
Pat Sullivan: 143, 197
John Swart: 107
Barry Sweet: 86
TCP: 111
Dave Tenenbaum: 161
Mark J. Terrill: 103, 163, 181, 207, 209, 226
Tony Tomsic: 53
Paul Vathis: 34
Cliff Welch: 21, 154-155
Ed Widdis: 29
Warren M. Winterbottom: 17

Everett Collection
Warner Bros.: 157

Torstar Syndication
Toronto Star: 8

Umschlagabbildungen
Vorn:
Hintergrund: Charles Bennett/Associated Press
Von links nach rechts:
Mark J. Terrill/Associated Press
Chuck Burton/Associated Press
imago/ZUMA Press
Al Messerschmidt Archive/Associated Press
Tom DiPace/Associated Press

Hinten:
Oben rechts: Eric Gay/Associated Press
Links: Anonymous/Associated Press
Mitte: Pat Sullivan/Associated Press
Unten rechts: Chris O'Meara/Associated Press

Vorsatz
Links: David J. Phillip/Associated Press
Rechts: John W. McDonough/Associated Press

Nachsatz
Links: Kirthmon Dozier/Associated Press
Rechts: Michael Dwyer/Associated Press

208 Seiten
24,99 € (D) | 25,70 € (A)
ISBN : 978-3-7423-0884-9

Kobe Bryant
Andrew D. Bernstein
Phil Jackson
Pau Gasol

Mamba Mentality
Mein Weg zum Erfolg

»Ich wusste, wo ich hinwollte und wie viel Arbeit notwendig war, um dieses Ziel zu erreichen.«
Fünf NBA-Meistertitel, zwei olympische Goldmedaillen, 81 Punkte in einem einzigen Spiel, 20 Jahre bei den Los Angeles Lakers – diese und zahlreiche weitere Meilensteine machen Kobe Bryant zu einem der besten Basketballer aller Zeiten. In *Mamba Mentality* gewährt Kobe »Black Mamba« Bryant einen tiefen Einblick in sein Mindset als Spitzensportler und erklärt seine akribische Herangehensweise an das Basketballspiel und die Schritte, die er unternahm, um sich geistig und körperlich auf sportliche Höchstleistungen vorzubereiten. Er verrät, wie er seine Gegner studiert, seine Leidenschaft auf das Spiel überträgt und sich von Verletzungen erholt hat. Die Kombination aus Bryants Erzählung und den Fotografien des Sportfotografen Andrew D. Bernstein macht dieses Buch zu einem beispiellosen Porträt einer Legende.